Francesco und
Luca Cavalli-Sforza

Vom Glück auf Erden

Antworten auf die Frage nach
dem guten Leben

Deutsch von Renate Heimbucher

Rowohlt

Die Originalausgabe erschien 1997 unter dem Titel
«La scienza della felicità. Ragioni e valori della nostra vita»
bei Arnoldo Mondadori Editore S.p.A., Mailand

Umschlaggestaltung Guido Klütsch

1. Auflage Juli 2000

Satz aus der Plantin PostScript PageOne
Gesamtherstellung Clausen & Bosse, Leck
Printed in Germany
ISBN 3 498 00917 6

Es gibt … ein Wissen, wo der Gegenstand nur durch sein Wesen oder durch die Erkenntnis seiner nächsten Ursachen gewußt wird.
Spinoza, *Tractatus Politicus, 1, IV*

Seid euch selbst das Licht.
Buddha

Inhalt

Für Adriano Buzzati-Traverso,
der die Notwendigkeit einer
wissenschaftlichen Erforschung
des Glücks erkannte

Vorwort

Die Tage deines Lebens

Heute ist der erste Tag vom Rest deines Lebens, lautet ein alter Denkspruch. Nur macht sich das, sollte man hinzufügen, kaum jemand bewusst. Denn wer hat schon Lust, sich jeden Tag von neuem in Frage zu stellen? Es ist schwer genug, den täglichen Anforderungen gerecht zu werden.

Trotzdem hängt unser Leben hauptsächlich von unseren eigenen Entschlüssen ab, von den tausenderlei Entscheidungen, die wir ständig treffen: unbewusst oder mit klarem Verstand, unbekümmert oder berechnend, aus Liebe oder unter Zwang. Entscheidungen zu treffen ist eine tägliche Notwendigkeit. So unzulänglich wir uns auch vorkommen – der Frage, wie wir handeln sollen, können wir nicht ausweichen.

Das Leben zwingt uns, Antworten zu geben. Und wenn wir sie nicht unter den zur Verfügung stehenden Möglichkeiten finden, steht es uns frei, neue Lösungen auszudenken.

Originelles Handeln ist immer möglich, aber es hat stets seinen Preis. Unsere eigenen, überlieferten Verhaltensweisen sind uns dabei ebenso im Weg wie die unserer Mitmenschen und die Trägheit der alltäglichen Gewohnheiten. In einer Diktatur frei seine Meinung zu äußern kann einen das Leben kosten, aber es gibt auch Zeiten, in denen die Gesellschaft auf innovative Entscheidungen neugierig ist oder sie zumindest nicht verhindert.

Jede unserer Handlungen hat Folgen. Sie wirkt sich auf unsere Umwelt aus, mindestens ebenso stark wie Wellen auf eine Wasseroberfläche. *Eine Kerze anzünden heißt einen Schatten werfen ...*[1] *Von jeder Handlung hängt das Gleichgewicht des Ganzen ab.*[2] Vielleicht sind wir bei dem, was wir tun, nicht unbedingt einem menschlichen oder göttlichen Urteil unterworfen, auf jeden Fall aber sind wir für unser Tun verantwortlich und haben die Folgen zu tragen.

Glückseligkeit ist das höchste Gut, das wir durch unser Handeln erlangen können: *Sie wollen wir immer wegen ihrer selbst, nie wegen eines anderen.*[3] So drückte es vor mehr als zweitausend Jahren Aristoteles aus, der eine neue Wissenschaft einführte, die Ethik (von griech. éthos, «Gewohnheit»), die sich mit der Suche nach dem Glück befasste. Die Ethik untersucht das menschliche Verhalten und stellt die Frage, wie man das eigene Handeln ausrichten soll, um in den Genuss eines glücklichen Lebens zu kommen. In späteren Jahrhunderten veränderte sich die Bedeutung des Begriffs Ethik, die sich nun mit der Frage von Gut und Böse, Richtig und Falsch sowie mit der Untersuchung der von der Gemeinschaft anerkannten Verhaltensweisen beschäftigte. Die Philosophie hat zu dieser Untersuchung einen bedeutenden Beitrag geleistet. Häufiger aber, und mit größerer Wirkung, haben Religion und Politik den Menschen ein bestimmtes Verhalten vorgeschrieben oder aufgezwungen.

Was bedeutet Glück, auf wie viel Glück dürfen wir hoffen, und wie erlangen wir es? Dieses schwierige Thema wollen wir in diesem Buch erörtern. Trotz der Versuche, die Aristoteles und viele andere in dieser Richtung unternommen haben, gibt es bis heute keine wirkliche «Wissenschaft vom Glück», obwohl vermutlich ein viel größeres Bedürfnis danach besteht als nach manch anderen Wissenschaften. Vielleicht lässt sich aber die Suche nach dem Glück gar nicht streng wissenschaftlich betreiben, denn Glück ist von seinem Wesen her etwas so Persönliches, dass es kaum mit der Exaktheit erforscht werden könnte, die wir von den Naturwissenschaften her gewohnt sind. Zugleich aber scheint das Streben nach Glück eine Konstante in jedermanns Leben zu sein, und so setzten sich die Menschen jahrtausende-, wenn nicht jahrmillionenlang – also seit ihrem Bestehen –, mehr oder weniger bewusst mit diesem Thema auseinander. Vielen Menschen gelingt es, Verhaltens- und Handlungsweisen zu entwickeln und Beziehungen aufzubauen, die ihnen helfen, glücklich zu sein, und was sie dabei erfahren, zeichnet sich durch eine gewisse Kohärenz und Kontinuität aus: Was heute Freude macht, wird einen – wenn es sich wiederholt – vermutlich auch morgen freuen. Die bewusste, alltägliche Suche nach dem, was das Leben schön und beglückend macht, ist die wahre «Wissenschaft vom Glück», die zwar nicht an Akademien gelehrt wird, aber im Leben vieler, um nicht zu sagen aller Menschen fest verankert ist.

Wer verstehen will, auf welchen Wegen die Menschen versuchten und bis heute versuchen, persönliches und allgemeines Glück zu erlangen, muss sich mit den verschiedenen Aspekten unserer Geschichte befassen, die uns einen Einblick in die komplexe «menschliche Natur» geben können. In unterschiedlichen Epochen und unterschiedlichen Kulturen haben sich Lebensideale herausgebildet, die sich grundlegend voneinander unterscheiden. So sind zum Beispiel in Asien und Europa ganz verschiedene Religionen und Philosophien entstanden, und wir sollten versuchen, diese große Dualität zwischen Orient und Okzident wieder zu entdecken. Sitten und Gebräuche entwickeln sich zudem weiter, und folglich ist ein und dasselbe

Land in ständigem Wandel begriffen und kann in jeder Epoche anders sein, auch wenn einige Merkmale über längere Zeit hinweg stabil bleiben. Ein Beispiel für einen solchen Wandel ist in unserer planetarischen und immer globaler werdenden Gesellschaft die große Revolution des Sexualverhaltens, die sich in den letzten fünfzig Jahren in weiten Teilen der Welt vollzog. Ein weiteres, geradezu universelles Beispiel ist die Verbreitung der Massenmedien und der Informatik. Zeitliche Veränderungen und die Unterschiede von Land zu Land sind zwei Seiten derselben Medaille und beide das Resultat desselben Phänomens, das der Evolution.

Trotz dieser manchmal wahrhaft erstaunlichen Vielfalt gibt es doch universale Aspekte innerhalb der menschlichen Kulturen. Unser Verhalten wird von biologischen Kräften beeinflusst, die ebenso einfach wie fundamental sind. Eine dieser Kräfte ist der simple Selbsterhaltungstrieb und der ihn kennzeichnende Individualismus und Egoismus. Ihm entgegengesetzt ist der Gemeinschaftssinn oder Altruismus, auch er eine natürliche Triebkraft. Ein einleuchtendes Beispiel dafür ist die Gastfreundschaft, die in fast allen Kulturen gepflegt wird.

Wir wollen versuchen herauszufinden, welche Faktoren das Verhalten menschlicher Individuen und Gemeinschaften im Hinblick auf das Glücksstreben bestimmt haben. Unserer Untersuchung liegt ein intellektuelles Interesse, aber auch eine ganz praktische Absicht zugrunde.

Wir stehen heute an einem entscheidenden Punkt, denn die jüngsten wissenschaftlichen Entwicklungen haben uns mit neuen, grundlegenden Problemen konfrontiert. Fast unvermittelt ist eine hitzige Debatte über die «Bioethik» entbrannt. Dieser neu entstandene Begriff trägt der Bedeutung der durch die jüngsten Fortschritte in den Biowissenschaften – vor allem in der Genetik – aufgeworfenen moralischen und praktischen Fragen Rechnung. Die Bioethik (also «Ethik des Lebendigen») sucht nach moralisch vertretbaren Lösungen für die sich aus der Anwendung neuer biotechnischer Verfahren ergebenden Probleme. Es gibt heute nie da gewesene Eingriffsmöglichkeiten in den verschiedenen Lebensphasen wie Geburt und Wachstum, Fortpflanzung, Alter und Tod, und diese Möglichkeiten eröffnen völlig neue Perspektiven, stellen uns aber auch vor schwierige Entscheidungen. Die Errungenschaften der Genetik ermöglichen in Verbindung mit denen der Gesundheitslehre eine «prädiktive Medizin», die es jedem Individuum gestatten wird, seine gesundheitliche Zukunft vorherzusehen und zu beeinflussen und dadurch die Wahrscheinlichkeit von Krankheiten zu verringern. Gesundheit – laut Volksmund unser höchstes Gut – wird bald in jedermanns Reichweite liegen, sie verlangt aber oft einschneidende persönliche Entscheidungen und bringt auch soziale Probleme mit sich. Man wundere sich also nicht, wenn in diesem Buch auch Biologie und Genetik zur Sprache kommen werden.

Die Genetik hat große Hoffnungen auf neue, wichtige Anwendungsmöglichkeiten aufkeimen lassen, sie weckt aber auch Ängste und Vorurteile. Es besteht kein Zweifel, dass unsere Zukunft teilweise durch die Gene bestimmt ist: Aber zu welchem Teil? Was bleibt dem Zufall überlassen? Was unserer freien Entscheidung, der Erziehung und der Umwelt? Ist unser Schicksal wirklich in unseren Genen festgeschrieben? Inwieweit ist es vorhersehbar? Manche behaupten sogar, auch das individuelle Glück sei durch die Gene bereits vorbestimmt. Bleibt also wirklich nichts mehr, was wir lernen können, nichts, was sich für ein glückliches Leben als nützlich erweisen könnte?

Um die Lektüre zu erleichtern, haben wir das Buch – da wir ohnehin verschiedene Themen behandeln – in drei Teile gegliedert. Im ersten werden einige der großen Ideen, die die Menschheit in den letzten Jahrtausenden entwickelt hat, sowie die damit verbundenen Handlungsweisen dargelegt. Es geht um Philosophie und Ethik, um Religion und um die geistige Suche. Der zweite, naturwissenschaftliche Teil behandelt die biologischen Grundlagen des Lebens. Er erzählt in knappen Zügen unsere Geschichte, um dann auf das einzugehen, was uns mit anderen lebenden Spezies verbindet und was uns von ihnen unterscheidet. Im dritten Teil schneiden wir wichtige Fragen des täglichen Lebens an, wie Geburt und Tod, Gene und Schicksal, die Weitergabe von Werten an die neuen Generationen, und setzen uns mit Schwangerschaftsunterbrechung und Euthanasie auseinander.

Naturwissenschaft, Philosophie und Religion stehen seit der Antike für drei unterschiedliche Arten, die Dinge zu sehen. Wir haben sie deshalb in den ersten beiden Teilen jede für sich behandelt, um dann im dritten Teil, in dem wir einige zentrale Lebensfragen untersuchen, jeden uns nützlich erscheinenden Blickwinkel heranzuziehen.

Wir hoffen, dass sich auf diese Weise jeder das heraussuchen kann, was ihn interessiert. Einige der Themen sind anspruchsvoll, alle aber werden einfach und verständlich dargestellt.

Die Menschheit, heißt es, kann ihre Zukunft heute selbst erschaffen – die der Individuen ebenso wie die der Gemeinschaft. Sie hat das allerdings schon seit sehr langer Zeit getan und tut es nur effektiver und energischer in den letzten zehntausend Jahren, seitdem sich die ursprüngliche Art der Nahrungsbeschaffung, die darin bestand, dass man annahm, was die Natur spontan hervorbrachte, als unzureichend erwies und man mit Hilfe von Landwirtschaft und Viehzucht Nahrungsmittel zu «produzieren» begann. Seither griffen die Menschen immer mehr und in immer einschneidenderer Weise in die Natur und in die eigene Zukunft ein. Bis heute denken wir bei diesen Eingriffen kaum an die möglichen Schäden; dabei werden die potenziellen negativen Folgen solcher Innovationen immer beträchtlicher; oft sind sie irreversibel und äußerst gefährlich. *There is no free lunch*, sagen die Amerikaner, es gibt nichts umsonst, alles hat seinen Preis. Oder etwas förmlicher ausgedrückt: Eine Innovation kann zwar Nutzen bringen, ist aber immer auch mit «Kosten» verbunden. Bevor man entscheidet, ob man sie übernehmen und lancieren oder sie lieber vergessen will, sollte man stets eine exakte Kosten-Nutzen-Analyse erstellen. Dies geschieht in Wirklichkeit so gut wie nie, unter anderem weil es sehr schwierig ist, nicht nur den Nutzen, sondern auch die «Kosten» jeder Handlung genau vorauszuberechnen.

Die Geschichte der Menschheit wird Tag für Tag von lebendigen Menschen gestaltet. Niemand zwingt uns, ewig die gleichen Verhaltensweisen zu wiederholen, man kann im Lauf des Lebens auch einmal etwas anderes versuchen. Die Geschichte der modernen Zivilisation zeigt, dass sowohl Gesellschaften als auch Individuen gedeihen oder sich selbst vernichten können. Am wünschenswertesten wäre es – für den Einzelnen ebenso wie für die gesellschaftliche Gruppe –, die Welt möglichst umfassend zu verstehen, um so die reiche Fülle des Lebens voll und ganz genießen zu können.

Bisweilen wird das persönliche Glück als Gegensatz zum allgemeinen Glück gesehen, so als ließe es sich nur auf Kosten anderer gut leben. Wir hoffen, mit diesem Buch zeigen zu können, dass das Gegenteil der Fall ist, dass jeder glückliche Mensch zum Glück der Gruppe beiträgt, der er angehört, und ebenso umgekehrt, wohingegen es sehr schwer ist, in einer Welt voller unglücklicher Menschen gut zu leben.

Unser Ziel ist es, einige der Wege zu untersuchen, die die menschliche Gemeinschaft im Lauf ihrer Geschichte eingeschlagen hat, und neues, in jüngster Zeit gewonnenes Wissen darzulegen. Wir befassen uns mit den wichtigsten Phasen unseres Lebenszyklus von der Geburt bis zum Tod und fragen uns, was uns helfen kann, glücklich zu werden.

Um ganz ehrlich zu sein: Wir erheben nicht den Anspruch, das Thema erschöpfend zu behandeln oder unumstößliche Lebensweisheiten anzubieten. Wir wollen mit dieser Untersuchung Informationen zur Verfügung stellen, die für den Leser fruchtbar oder ermutigend sein können und ihm helfen, sich selbst zu verstehen und besser zu werden. Aber Vorsicht: Es ist kein akademisches Buch, denn hier geht es um Themen, von denen wir alle jeden Tag betroffen und die zu wichtig für unser Leben sind, als dass wir sie nicht mit einer Prise Ironie angehen sollten.

Zu viel verlangt?

Was macht uns glücklich? Viele werden mit gutem Grund sagen, dass es auf diese Frage keine allgemein gültige Antwort gibt, weil jeder eine ganz persönliche Auffassung von Glück hat. Andere werden behaupten, dass es Glück gar nicht gibt, dass es sich um einen vieldeutigen und illusorischen Begriff ohne genau bestimmbare Inhalte handelt. Für einige liegt das Glück in einem angenehmen Leben voller Liebe und Freude, wieder andere verstehen darunter Erfolg, Reichtum, Vergnügungen. Für manche liegt das Glück darin, Entdeckungen zu machen – innerhalb der eigenen schöpferischen Arbeit oder einfach in der Bewältigung der Herausforderungen, vor die wir im Lauf unseres Lebens gestellt werden oder vor die wir uns selbst stellen. Wer ein ausgeprägtes Moralgefühl besitzt, wird Glück in tugendhaftem Handeln finden. Ein religiöser Mensch wird von einem Leben im Einklang mit dem Willen Gottes sprechen. Es gibt sogar Leute, die der Meinung sind, Glück sei ganz einfach ein fröhliches Lachen bei einer Tasse Tee.

Wer Augenblicke intensiven Glücks erlebt, wird Schwierigkeiten haben, sein Erlebnis in Worte zu fassen: Sein Glück wird sich eher in freudigen Gebärden ausdrücken, in Tanz, Gesang, Musik; vielleicht wird er auch einfach die Welt erkunden und seine Lebensfreude in seinem Verhalten äußern. Sein Zustand kann ansteckend wirken und sich positiv auf diejenigen auswirken, die in seiner Nähe sind.

Diese ansteckende Wirkung ist ein wunderbarer Aspekt, dem wir gleich noch einen weiteren hinzufügen können: Glück ist nur in einer Situation innerer Freiheit möglich. Es ist eine ganz persönliche Errungenschaft. Niemand kann gezwungen werden, glücklich zu sein.

Andererseits sind sich wohl alle darin einig, dass Not, Elend, Krieg und die vielen anderen Übel, mit denen die Menschheit geschlagen ist, einem fröhlichen Leben nicht förderlich sind. Aber wenn Glück ein inneres Phänomen ist – wird man vielleicht einwenden –, dann kann und muss unser Wille die dem Glück entgegenstehenden äußeren Faktoren überwinden. Natürlich gibt es Grenzen für das, was man ertragen kann; auch Hiob musste diese Erfahrung machen. Gibt es auch Grenzen für das Glücklichsein?

Die Suche nach dem Glück (zunächst natürlich nach unserem eigenen, aber vielen liegt auch das Glück anderer am Herzen) ist dem Menschen von der Natur gegeben. Man hat jahrtausendelang über das Glücksstreben diskutiert und die verschiedensten Theorien aufgestellt. Als ausdrückliches Recht postuliert wurde es aber erst in jüngster Zeit, nämlich 1776 in der Unabhängigkeitserklärung der Vereinigten Staaten von Amerika, in der *das Leben, die Freiheit und das Streben nach Glück* als unveräußerliche Rechte aller Menschen verbürgt sind.

«Ich bin glücklich»: Ein Satz, den man selten hört und selten sagt, obwohl ihn jeder gern häufiger aussprechen würde. In verschiedenen soziologischen Untersuchungen wurden Testpersonen nach ihrem persönlichen Glück befragt. Sie sollten zum Beispiel aussagen, ob sie sich selbst für *sehr glücklich / glücklich / mäßig glücklich / wenig glücklich / unglücklich* hielten. Solche Fragebogen ermöglichen zwar nur eine recht oberflächliche Analyse, aber es ist nicht einfach, etwas Besseres zustande zu bringen.

Diese in vielen Ländern durchgeführten Untersuchungen hatten recht merkwürdige Ergebnisse.[4] Das Durchschnittsglück ist in Europa sehr unterschiedlich und nimmt von Norden nach Süden ab. Die skandinavischen Länder, die Schweiz, Irland, Holland und England (ebenso wie die Vereinigten Staaten und Kanada) sind mit Abstand am «glücklichsten»; an letzter Stelle stehen Portugal und Griechenland, etwas besser sieht es in Frankreich, Italien und Spanien aus. Zwischen den allesamt im Norden liegenden Ländern mit hohen und den fast alle im Süden liegenden mit niedrigen Glückswerten rangieren Belgien, Österreich, die alten deutschen Bundesländer und Ungarn mit mittleren Werten. Der Zusammenhang zwischen Breitengraden und Glück ist fast durchgängig vorhanden, was leichte Zweifel an der Gültigkeit dieser Beobachtung aufkommen lässt, denn es scheint seltsam, dass ein schlechteres Klima das Glück begünstigen soll. Aber es gibt noch andere bedeutsame Zusammenhänge. Fast alle nordeuropäischen Länder sind germanischen Ursprungs, die Südeuropäer dagegen sind romanischer Abstammung. Es handelt sich wahrscheinlich nicht um genetische, sondern um kulturelle Unterschiede. Ein wichtiger Faktor ist sicherlich die allen nordeuropäischen Ländern gemeinsame protestantische Ethik, die es im Unterschied zur katholischen Ethik nicht zulässt, dass jemand Misserfolge eingesteht oder sich gar selbst bemitleidet. Sich als unglücklich zu bezeichnen wäre so viel wie das Eingeständnis «Ich bin gescheitert», womit nichts zu gewinnen wäre.

In den romanischen Ländern dagegen scheut man nicht davor zurück, sich von anderen bemitleiden zu lassen, zumindest verbal. Man scheut sich dort kaum, ganz offen über seine Sorgen zu sprechen. Die Frage «Wie geht's?», in England und Amerika kaum mehr als eine Grußformel, auf die eine nichts sagende Antwort erwartet wird, kann in Italien riskant sein, denn der Angesprochene zählt möglicherweise all seine Kümmernisse auf: vornehmlich Gesundheitsprobleme, aber auch berufliche Schwierigkeiten oder die jüngsten Herzensangelegenheiten. In nördlichen Ländern, in denen man meist zunächst über das Wetter plaudert, passiert einem so etwas nur selten. Das ist zum Teil auf die unterschiedlichen Sitten zurückzuführen, eine wichtige Rolle spielt aber auch der Aberglaube. In Italien, wo namentlich im Süden die griechische Tradition noch stark nachwirkt, fürchtet man mehr oder weniger unbewusst den Neid der Götter, die den Glücklichen bestrafen, und so zieht man es vor, sein eventuelles Glück nicht laut hinauszuposaunen.

Nahe liegend ist auch die Frage, ob es vielleicht einen Zusammenhang zwischen Glück und Wohlstand eines Landes gibt. Eine positive, wenn auch eher schwache Relation besteht zwischen dem Pro-Kopf-Durchschnittseinkommen der verschiedenen Länder und ihrem so genannten Durchschnittsglück. Allerdings gibt es dabei auch extreme Ausnahmen: Irland ist eins der ärmsten Länder Europas und zugleich eins der glücklichsten. Das in ein und demselben Land ermittelte persönliche Glück schwankt allerdings nur in sehr geringem Maß mit dem Monatseinkommen.

Ein Faktor, der zumindest teilweise als Erklärung für diese Unterschiede herangezogen wurde, ist die politische Stabilität und die Dauer der demokratischen Erfahrung im jeweiligen Land. Dass dieser Faktor eine gewisse Auswirkung hat, leuchtet ein. Es bleibt jedoch der Eindruck bestehen, dass die Unterschiede in den Sitten ausschlaggebend sind und dass deshalb die Ergebnisse der mit solchen Methoden durchgeführten Analysen mit großer Vorsicht zu genießen sind.

Auch ein anderer kultureller Unterschied könnte eine gewisse Rolle spielen. Das Wort «glücklich» deckt sich nämlich nicht exakt mit dem englischen «happy», dem französischen «heureux», dem italienischen «felice» usw. Für jeden dieser Begriffe gibt es eine große Anzahl von Synonymen. Für einige könnte man in den jeweiligen Sprachen genauer entsprechende Ausdrücke finden, die aber weniger gebräuchlich sind oder so viele verschiedene Bedeutungen haben, dass ein direkter Vergleich nicht möglich ist. Oder, wie der Übersetzer weiß: Eine Übersetzung deckt sich nie ganz genau mit dem Original.

Was bedeutet «Glück»? Im *Dizionario della lingua italiana*[5] wird *felicità*, Glück, als *Zustand vollkommener Zufriedenheit* und als Synonym für Freude oder Glückseligkeit bezeichnet; als zweite Bedeutung wird *günstige Fügung* oder *großer Erfolg* (zum Beispiel einer Idee) genannt. Als Synonyme und verwandte Begriffe werden unter anderem angeführt: Zufriedenheit, Heiterkeit, Fröhlichkeit, Freude, Jubel, Wonne, Verzückung, Frohsinn, gute Laune, Sorglosigkeit, Lustigkeit, Genuss, Genugtuung, Befriedigung.[6]

Webster's enzyklopädisches Wörterbuch[7] versucht eine tiefgründige Definition von *happiness*: Zustand des Wohlbefindens, gekennzeichnet von einer relativen Dauer und von überwiegend angenehmen Empfindungen, die zwischen bloßer Zufriedenheit und einer starken und tiefen Lebensfreude schwanken können, verbunden mit dem natürlichen Wunsch nach Fortdauer dieses Zustands.

Das italienische *felicità* stammt vom lateinischen *felicitas* ab, das sich von *felix* («fruchtbar, nahrhaft») ableitet und die gleiche Wurzel hat wie *fecundus*, also «fruchtbar».[8] Im Altgriechischen lautete der entsprechende Ausdruck εὐδαιμονία (eudaimonìa), was wörtlich übersetzt den Zustand dessen bezeichnet, der von einem guten Geist, also von einer günstig gestimmten Gottheit beseelt ist; er bedeutet also Glückseligkeit, Glück, Wohlergehen. Interessant ist, dass es im Altgriechischen auch andere Begriffe für Glück gab, darunter einen älteren εὐτυχία (eutyhía), der «günstiges Geschick» bedeutet, und das mindestens seit dem klassischen Zeitalter verbreitete μακαριότης (makariótes), das unserem Wort «Glückseligkeit» entspricht und nur in Bezug auf die Götter verwendet wurde, da man überzeugt war, dass vollkommenes Glück nur den Göttern zustehe.[9]

Die Wurzel des englischen *happiness* ist das archaische *hap* im Sinne von «günstiges Los, glückliches Ereignis». Das französische *bonheur* kommt vom spätlateinischen *bonum augurium* (möge es gelingen!). Im Deutschen haben wir das Wort *glücklich* von *Glück*; im Russischen *stschastje*, das auch «günstiges Geschick» bedeutet.

Im Sanskrit gibt es etwa ein Dutzend verschiedener Bezeichnungen für den Begriff Glück. *Sukha* bedeutet Lust, Wohlbefinden, Leichtigkeit, Wohlergehen: Es bezeichnet den Genuss, den eine angenehme Wahrnehmung (z. B. das Hören einer geliebten Stimme) bereitet, aber auch deren Überwindung (wer nicht mehr von Wahrnehmungen abhängt, gelangt zur Aufhebung des Schmerzes). *Ananda* steht für Freude und Glückseligkeit. Darüber hinaus gibt es noch viele andere Wörter[10], die ein breites Bedeutungsspektrum abdecken: Sichbegnügen (das Glück, das aus dem Sichbescheiden erwächst), Zufriedenheit darüber, dass man getan hat, was zu tun war, Zuflucht, Wonne, Fülle, Erfolg; weitere Ausdrücke stehen für das günstige

Schicksal, das man den in früheren Leben vollbrachten tugendhaften Taten verdankt, oder für die Vortrefflichkeit des Körpers, zu der man durch Yogaübungen gelangen kann, oder für die Glückseligkeit, die aus der erschreckenden Begegnung mit dem Göttlichen herrührt.

Im Protoindogermanischen, der (von Sprachwissenschaftlern rekonstruierten) Sprache, die den meisten heute in Europa, Persien und Indien gesprochenen Sprachen zugrunde liegt, lautete das entsprechende Wort *kob*: «sich gut einfügen, in angenehmer Weise geschehen» (so wie sich eine Nabe gut in eine Radachse einfügt).[11]

In diesen Sprachen gibt es also für einen alles in allem vielen Kulturen gemeinsamen Begriff verschiedene Wurzeln und ein weites Bedeutungsfeld mit zahlreichen Nuancen – Glückwunsch, Wohlbefinden, Heiterkeit, Wohlstand, günstiges Geschick. In der lateinischen Wurzel steckt auch die Vorstellung, dass Glück dem Leben förderlich ist, zu einem besseren Leben verhilft. Auch Dante Alighieri verwendet den Begriff *felice* in dieser Bedeutung: «völlige Befriedigung der Wünsche»; «gutes Gelingen bei allem, was man unternimmt».[12] In Sprachen wie dem Englischen und Französischen überwiegt eher die Bedeutung glückliches Geschick, günstiger Zufall. Der Unterschied ist nicht sehr tief greifend, aber dennoch ist klar, dass das Wort Glück eine unzulängliche Bezeichnung für ein so komplexes Phänomen ist und deshalb Anlass zu vielen Missverständnissen gibt. Man sollte wenigstens die zwei Bedeutungen «zufrieden» und «vom Glück begünstigt» auseinander halten, auch wenn der Unterschied möglicherweise geringer ist, als es auf den ersten Blick erscheint.

Sprache hat eine eminent praktische Funktion. Man braucht nur in einem Wörterbuch zu blättern, um festzustellen, dass die meisten Wörter konkrete Gegenstände bezeichnen sowie Phänomene, Individuen, Tätigkeiten, Gemütszustände und die entsprechenden Eigenschaften. Abstrakte Begriffe wie «Liebe», «Vernunft», «Freiheit» gibt es insgesamt nur wenige, im Vergleich zur Gesamtheit aller verfügbaren Wörter sind sie sogar sehr selten.

Eine praktische Tätigkeit wie die Schifffahrt bringt Tausende von präzisen und spezifischen Begriffen hervor: Schon allein um die verschiedenen Arten von Knoten zu bezeichnen, stehen Dutzende von Ausdrücken zur Verfügung; zur Benennung der Werkzeuge in einer Mechanikerwerkstatt sogar Hunderte. Für Liebe gibt es dagegen im Italienischen nur ein einziges Wort[13], dazu ein paar Synonyme (wie «Zuneigung», «Zärtlichkeit», «Hingabe»), die jedoch in ganz andere Bedeutungsfelder hineinreichen und dann nicht mehr das bezeichnen, was man speziell unter dem Begriff «Liebe» versteht.

Das ist auch nicht weiter verwunderlich. Sprache dient in erster Linie dazu, Informationen auszutauschen, die nötig sind, um mit anderen oder auch allein etwas zu tun. Wenn man zu zweit arbeitet, lassen sich auch die einfachsten Handgriffe nur schwer durchführen, ohne dass man ein paar Botschaften austauscht. In der Liebe dagegen kann man sich auch ohne viele Worte verständigen, ganz gleich, ob ein Gefühl oder Sinnlichkeit oder beides im Spiel ist. Die Freiheit ist Gegenstand von Verfassungen und Gesetzen; man diskutiert, ob ein bestimmtes Gesetz die Freiheit der Staatsbürger fördert oder beschneidet; wir können erklären, unter welchen Bedingungen wir uns freier oder weniger frei fühlen, aber wir können nicht absolut definieren, was Freiheit ist. Abstrakte Begriffe dienen weniger dazu, ein Referenzfeld zu bestimmen oder abzugrenzen, als vielmehr, es zu öffnen.

Das Gleiche gilt auch für das Glück. Es ist ein Wort, das

Möglichkeiten eröffnet, kein geschlossenes Gefäß. Andere Wörter können ihm nur in dem Maß gerecht werden, wie sie zu erklären vermögen, was ein Läufer beim Laufen, ein Musiker während eines Konzerts oder zwei Liebende in der Intimität empfinden. Glück muss man entdecken; man kann nicht wissen, was es ist, bevor es einem nicht begegnet. Es ist eine Sache des Erlebens, und jeder wird etwas anderes darüber sagen, je nachdem, wie er es selbst erlebt hat.

Worin besteht Glück? Es gibt Leute, die behaupten, dass es gar nicht existiert. Für den amerikanischen Psychiater Thomas Szasz[14] ist es *ein imaginärer Zustand, den früher die Lebenden den Toten zuschrieben und der heute von den Erwachsenen meist den Kindern und von den Kindern den Erwachsenen zugeschrieben wird.* Wir haben jedoch ganz andere Erfahrungen gemacht. Wir kennen Menschen, die man wohl mit Recht glücklich nennen kann, Kinder und Erwachsene. Es gibt Leute, die sich selbst für glücklich halten und auch von denen, die sie kennen, als glücklich bezeichnet werden. Wenn man sich genau umsieht, findet man viele, die ein glückliches Leben führen. Die Frage lautet unserer Ansicht nach weniger, *ob es möglich ist,* glücklich zu sein, sondern eher, ob es möglich ist, es für längere Zeit zu sein, viele Jahre oder ein ganzes Leben lang. Eine Frage, die nicht neu ist, denn schon Aristoteles hat sie sich gestellt, als er, ebenso wie viele andere vor ihm, über die Hinfälligkeit des Lebens nachdachte.

Das menschliche Leben ist ein Spiel des Zufalls ... Vor seinem Ende darf man niemanden glücklich nennen, sondern höchstens mit seinem Schicksal zufrieden ... Überall muß man auf das Ende und den Ausgang sehen. Gar manchem winkte die Glückseligkeit, und doch hat ihn dann die Gottheit ins tiefste Elend gestürzt.[15] So antwortete Solon, der den Athenern im 6. Jahrhundert v. Chr. auf ihren Wunsch Gesetze gegeben hatte, als Krösus, der sagenhaft reiche König von Lydien, ihn fragte, ob er in ihm nicht einem wahrhaft glücklichen Menschen begegnet sei. Krösus, der sich selbst für den glücklichsten aller Menschen hielt, war zunächst verärgert, aber nachdem er sein Reich verloren hatte und vom siegreichen Perserkönig Kyros an den Scheiterhaufen gekettet worden war, fielen ihm Solons Worte wieder ein.

Ganz ähnlich äußert sich zweihundert Jahre später im Kohelet («Prediger») König Salomo: *Denn wer weiß, was dem Menschen nützlich ist im Leben, in seinen kurzen, eitlen Tagen, die er verbringt wie einen Schatten? Oder wer will dem Menschen sagen, was nach ihm kommen wird unter der Sonne?*[16]

Der Tod ist die andere Seite des Lebens und Ungewissheit eine Konstante im menschlichen Dasein. Aber immer wieder in der Geschichte gab es auch Stimmen, die diese Schwierigkeiten nicht für unüberwindlich hielten oder sie nicht einmal als Schwierigkeiten ansehen wollten, wie etwa bereits vor 2500 Jahren die Taoisten in China. *Da Leben und Tod einer des andern Gefährten sind, weshalb sich darum sorgen? Alle Lebewesen sind eins*, sagte Chuang-tzu.[17] Nach der Lehre Buddhas, eines Zeitgenossen von Solon, sind Geburt, Leben und Tod nur Übergangsphänomene und die Vorstellung einer von den anderen getrennten, individuellen Existenz eine Täuschung, da jedes Einzelwesen eng und untrennbar mit dem Weltganzen verbunden ist. Wer diese Einischt erlangt, dem kann der Tod nichts anhaben.

Wir für unser Teil versuchen gar nicht erst, Glück zu definieren[18], denn jede formale Definition erschiene uns ohnehin unvollkommen. Was wir von der Welt um uns herum sehen, ist nur ein winzig kleiner Teil, verglichen jedenfalls mit der nicht sichtbaren Unermesslichkeit all dessen, was sozusagen darin und dahinter steckt und die sichtbare Welt hervorbringt.

Es gibt mehr Ding' im Himmel und auf Erden,
Als Eure Schulweisheit sich träumt, Horatio[19],

lässt Shakespeare seinen Hamlet sagen, und ebendieser geheimnisvollsten Seite des Lebens scheint auch das Glück zu entspringen. Es wurde immer als flüchtig, hinfällig, nicht fassbar geschildert. Sonst wäre es wohl längst erschöpfend erklärt worden, nachdem sich die Menschheit seit Jahrtausenden mit dem Thema beschäftigt.

In der Alltagssprache steht das Wort «Glück» für ein intensives, freudiges und erhebendes, meist vorübergehendes Erlebnis, aber auch für tiefe und dauerhafte Zufriedenheit, die vielleicht sogar ein ganzes Leben währen kann. Beide Beschreibungen sind für unsere Zwecke geeignet: Eine glückliche Lebensphase ist eine begeisternde Perspektive, und ein glückliches Leben ist noch besser. Auf jeden Fall ist aber darauf hinzuweisen, dass der Gegenstand ebenso wie die Inhalte von Glück nicht nur von einer Kultur zur anderen, sondern auch von einem Menschen zum anderen ganz verschieden sein können.

Wir wissen, dass es ein weit verbreitetes, allgemeines, manchmal ausdrückliches, manchmal unausgesprochenes Streben nach dem gibt, was wir Glück nennen. Jeder ist frei, unter Glück das zu verstehen, was er für richtig hält. Keiner liebt oder hasst auf die gleiche Weise, und jeder ist auf seine Weise glücklich.

Wer sagt «Ich bin glücklich», der ist es wirklich, behaupten die Psychologen, denn um festzustellen, ob jemand glücklich ist, verfügen wir über kein anderes Kriterium als seine eigene Aussage. Man hat diesbezüglich über mehr als vierzig Jahre hinweg Angaben von über einer Million Menschen gesammelt, und obwohl uns diese Daten zu einem besseren Verständnis dessen verhelfen, was wir als Glück bezeichnen, geht daraus immer noch nicht hervor, worin es tatsächlich besteht.

Man kann sich hinsichtlich seines eigenen Glücks auch täuschen, so wie Krösus[20], der am Ende am Hof des Perserkönigs auf dem Scheiterhaufen steht. Als bereits die ersten Flammen hochschlagen, erkennt Krösus, dass Solon Recht gehabt hatte. Der Grieche Herodot, der erste große Geschichtsschreiber der Menschheit, erzählt uns die Episode hundert Jahre später: ... *als Krösus auf dem Scheiterhaufen stand, kam ihm trotz seiner furchtbaren Lage jenes von der Gottheit eingegebene Wort des Solon ins Gedächtnis: kein Mensch sei glücklich, solange er lebe. Und wie er an dies Wort dachte, seufzte er nach langem Schweigen tief auf und rief dreimal den Namen: «Solon!» Als Kyros das hörte, hieß er die Dolmetscher Krösus fragen, wen er da anriefe.*[21]

Interessant ist, dass genau diese Einsicht Krösus rettete, denn *als Kyros von den Dolmetschern hörte, was Krösus gesagt, bereute er seinen Entschluß, daß er, der doch auch nur ein Mensch war, einen anderen, nicht minder mit Glücksgütern gesegneten Menschen lebendig dem Feuer überliefern wollte. Auch fürchtete er die Vergeltung und sagte sich, daß es im menschlichen Leben nichts Beständiges gäbe. Er befahl daher, das flammende Feuer schleunigst zu löschen ...* Doch man konnte des Feuers nicht Herr werden, und so soll Krösus *laut zu Apollon gerufen und gebetet haben: wenn er ihm je erwünschte Opfer gebracht habe, möge der Gott ihm jetzt helfen und ihn aus seiner Not befreien.* Denn inzwischen stand der Scheiterhaufen in Flammen, und keiner vermochte sie mehr zu löschen.

Was Kyros dazu bewegt, das Leben von Krösus mit allen Mitteln retten zu wollen, ist das Bewusstsein, dass er selbst unglücklich werde, wenn er Krösus töte, da das Geschick der Menschen von ein und demselben Schicksal gelenkt wird. Herodot erzählt die faszinierende Geschichte weiter: Ein Unwetter mit heftigem Regen bricht los und löscht die Flammen. Der gerettete Krösus wird zum besten Ratgeber von König Kyros und später von dessen Sohn Kambyses; wir wollen mit dieser Geschichte aber vor allem darauf hinweisen, wie vergänglich und wie wechselhaft Glückserleben sein kann.

«Erkenne dich selbst», lautete die Inschrift auf dem Giebel des Apollotempels zu Delphi, wo der Gott dem Orakel und der heiligsten Kultstätte der alten Griechen vorstand. Heute, da sich viele Dinge sehr rasch ändern und kaum einer behaupten kann, er sei noch der Gleiche wie gestern, klingt diese Aufforderung aktueller denn je.

Wir wollen uns deshalb als Erstes fragen, wer wir sind und wie wir das wurden, was wir sind. Wir befassen uns in diesem Buch also mit Verhaltensweisen und Überzeugungen, die tief in uns Menschen verwurzelt sind; dann stellen wir einige besonders interessante und bedeutsame Lebensläufe vor, um uns nach einer kurzen Geschichte der Menschheit den Mechanismen des Lebens und dem verborgenen Wirken zuzuwenden, durch das alles Lebendige erzeugt wird.

In der westlichen Kultur herrschte jahrhundertelang die Überzeugung vor, dass der Mensch in der Natur eine absolute Vorrangstellung innehabe. Der Mensch galt als

«Herr der Schöpfung», eine Würde, die ihm traditioneller religiöser Auffassung zufolge von Gott selbst verliehen wurde.

Mit diesem Mythos hat die Evolutionslehre innerhalb von wenigen Generationen aufgeräumt. Heute wissen wir, dass menschliches Leben durch das Wirken von Myriaden von Lebewesen möglich wurde, die lange vor uns existierten. Die Meeresvegetation erzeugte die Atmosphäre, indem sie Hunderte von Millionen Jahre lang Sauerstoff entwickelte, bis so viel davon zur Verfügung stand, dass auf der Erdoberfläche Leben entstehen konnte. Bis sich das Leben vom Wasser auf das Land ausdehnte, vergingen weitere Hunderte von Millionen Jahre, in denen die Evolution unendlich viele Wege ausprobiert und eine riesige Vielfalt von Lebewesen hervorgebracht hat, bevor ein Organismus auftrat, der dem unseren ähnlich war. Nichts, aber auch gar nichts innerhalb der Informationen, über die wir verfügen, weist darauf hin, dass es dabei irgendein Ziel gab, nichts legt den Gedanken nahe, dass das Leben einem «Plan» folgte, an dessen Ende der Mensch und nicht der Dinosaurier oder die Ameise stehen sollte. Und es gibt auch keine Anhaltspunkte dafür, dass der Mensch «auf Dauer» und nicht nur vorübergehend auf der Erde ist. Wie wichtig wir uns auch nehmen mögen, wir genießen auf jeden Fall das zweifelhafte Privileg, die erste lebende Spezies auf unserem Planeten zu sein, die hoch effiziente Möglichkeiten der Selbstzerstörung entwickelt hat.

Menschen und Tiere, Insekten, Pflanzen und Bakterien, alle sind wir Teilchen ein und desselben lebendigen Universums. Unsere Körper bestehen alle aus der gleichen Materie. Der Vorgang, dank dessen wir geboren werden und uns reproduzieren können, ist bei allen Lebewesen ähnlich. Durch ihn unterscheiden wir uns von der unbelebten Materie. Wir bewohnen alle dieselbe Umwelt, eine dünne Schicht, in der Leben möglich ist. Sie reicht von einigen tausend Metern unter der Meeresoberfläche bis einige tausend Meter über die Erdoberfläche. Die Biosphäre, also der Teil der Erde, auf dem es Leben gibt, wurde im Lauf unendlich vieler Generationen von den Lebewesen selbst erzeugt und gebildet.

Aber nicht nur das: Da sich die Lebewesen voneinander ernähren, gaben sie sich im Lauf der Zeit auch gegenseitig die Möglichkeit zu existieren. Wir können uns nicht selbst erkennen, wenn wir uns nicht unserer Wurzeln bewusst sind, die uns mit allem Lebendigen verbinden.

Wie wird man glücklich? Das Geheimnis des Glücklichseins würde jeder gern kennen. Damit der Leser nicht das ganze Buch durchblättern muss, um es zu finden, enthüllen wir es gleich zu Anfang.

Eine kleine Geschichte aus Tibet erzählt von einem jungen Mann, der sich aufmachte, das Geheimnis des Lebens zu finden. Jahrelang wanderte er umher, ohne jemandem zu begegnen, der es ihm hätte offenbaren können. Endlich sagte ihm ein alter Einsiedler, der in den Bergen hauste, er wisse jemanden, der ihm das Geheimnis des Lebens verraten könne, und erzählte ihm von einem alten Raben, der am anderen Ende der Welt in einem tiefen Wald wohne, wohin nie ein Sonnenstrahl dringe. Der junge Mann überquerte Flüsse und Ebenen, Wüsten und eisbedeckte Berge und war viele Jahre lang unterwegs. Als er bei dem Wald ankam, war er kein junger Mann mehr. Er verlief sich und irrte lange im Dunkeln zwischen riesigen Bäumen umher, bis er schließlich alle Hoffnung aufgab und erschöpft unter einem großen Baum niedersank.

Auf einem Ast hoch oben auf dem Baum funkelte ein Sonnenstrahl, der durch die Wipfel gedrungen war. In diesem Lichtfleck saß ein großer schwarzer Rabe und putzte sein Gefieder. Der Wanderer fuhr auf, reckte seine Arme empor und rief: «Alter Rabe! Alter Rabe!» Der Vogel blickte neugierig zu ihm hinab, sträubte die Federn und schlug mit den Flügeln.

«Sag mir: Was ist das Geheimnis des Lebens?»

«Das musst du selber suchen!», krächzte der Rabe und flog davon.

Dies also war das Geheimnis des Lebens. Die gleiche Geschichte ließe sich auch über das Geheimnis des Glücks erzählen. Es ist so gut wie unmöglich, dass jemand anderes es für uns entdeckt, denn es ist ein Geheimnis, das man nur aus eigener Kraft finden kann. Das ist das Schöne und das Geheimnisvolle daran. Wäre das Glück ein noch so ausgesuchtes und erlesenes Fertiggericht, es würde lediglich ein paar raffinierte Feinschmecker verlocken und wäre im Grunde genommen eine exklusive Erfahrung.

Es ist aber ganz im Gegenteil eine Erfahrung, die allen offen steht. Die Suche nach dem Glück bietet im Vergleich zu vielen anderen menschlichen Aktivitäten und Beschäftigungen einen großen Vorteil: Man braucht dafür keine besonderen finanziellen Mittel, keine höhere Bildung und keine einflussreichen Freunde. Und es gibt auch keine Kontraindikationen: Glück ist für den, der es entdeckt, genauso gesund wie für alle, die mit ihm zusammen sind.

Es scheint klar, dass jeder den Weg zum Glück, wenn überhaupt, nur auf seine ganz persönliche Weise finden kann. Auch deshalb ist es eine so wichtige Errungenschaft. Gleichzeitig aber sind die Voraussetzungen für das Glück, genau wie die für das Leben, wohl für alle Menschen gleich: Unterschiedlich sind nur die Mittel und Wege, die der Einzelne benutzt, um es zu erlangen.

So schwierig das Leben sein mag, wir sind auf dieser Welt zu Hause. Aus diesem einfachen Grund ist es nicht zu viel verlangt, glücklich sein zu wollen.

ERSTER TEIL

Die menschlichen Entscheidungen

I Wie Menschen sich entscheiden

Wissen wir doch beide nur zu gut, daß es bei Verhandlungen unter Menschen nur dann Gerechtigkeit gibt, wenn beide unter dem gleichen Zwange stehen, daß dagegen die Überlegenen unternehmen, was möglich ist, und die Schwachen es ihnen zugestehen.[1]

Wir schreiben das Jahr 416 vor Christus. Der Sommer hat gerade begonnen. Eine Flotte des von Athen angeführten Bündnisses ist mit tausend Soldaten an der Küste der Insel Melos gelandet, die sich in dem grausamen Krieg, der Griechenland seit fünfzehn Jahren spaltet, bisher neutral verhalten hatte. Die Gesandten Athens treten vor die Behörden und die Vornehmen der Hauptstadt und teilen ihnen ihre Absicht mit, die Insel zu unterwerfen. Sie sind zahlenmäßig überlegen und sie sind eine beherrschende Seemacht: *Wir verzichten also auf schöne Worte ... Wir wünschen die Herrschaft über euch ohne Mühsal zu gewinnen und euer Leben zum Nutzen für beide Teile zu erhalten ... weil Unterwerfung für euch besser sein dürfte, als das Äußerste zu erleiden, und weil es unser Gewinn wäre, euch nicht zu vernichten.*

In dieser Episode, über die der Geschichtsschreiber Thukydides berichtet, kommt eine jahrtausendealte Einstellung zum Ausdruck: Das Gesetz des Stärkeren ist das Naturgesetz. Nur wenn die Kräfte gleich sind und eine kriegerische Auseinandersetzung beide Seiten teuer zu stehen käme, wird über Recht und Unrecht diskutiert.

Zweitausend Jahre später beruft sich der englische Philosoph Thomas Hobbes auf ebendieses Prinzip und versucht, Knechtschaft als eine Übereinkunft zwischen Sieger und Besiegten zu legitimieren. Er stellt das Problem ganz ähnlich dar wie die Gesandten Athens: *Bei diesem Übereinkommen ist der Vorteil, den der Besiegte oder Schwächere erhält, daß ihm das Leben gelassen wird, welches nach dem Rechte des Krieges im Naturzustande der Menschen ihm genommen werden konnte, der Vorteil aber, den er verspricht, der Dienst und der Gehorsam.*[2]

Und die Bewohner der Insel Melos? Sie beschlossen, auf die Erpressung nicht einzugehen, boten den Athenern ihre Freundschaft an und versprachen, sich im Krieg weiterhin neutral zu verhalten. Und so lautete ihre Antwort: *Unsere Ansicht, ihr Athener, ist noch dieselbe wie zuvor. Wir wollen nicht in kurzer Frist eine siebenhundert Jahre bewohnte Stadt ihrer Freiheit berauben.*

Die Athener verhängten eine Blockade über Melos und zogen einen Wall rings um die Stadt. Als der Winter begann, verstärkten die Athener die Bewachung, nachdem die Belagerten zweimal mit Erfolg versucht hatten, ein Stück des Walls niederzureißen, und Getreide in die Stadt gebracht hatten. *Als dann später ein anderes Heer von Athen anlangte und die Belagerung mit aller Kraft ihren Fortgang nahm, mußten sie sich, da auch noch ein Verrat aus ihrer eigenen Mitte hinzukam, den Athenern ergeben, die nun über sie Beschluß fassen konnten. Sämtliche erwachsenen Männer aus Melos wurden getötet, die Kinder und Frauen zu Sklaven gemacht. Das Land wurde von ihnen selber besiedelt, indem sie bald darauf fünfhundert Siedler dorthin schickten.*

Das Ereignis bedarf keines Kommentars. Es ist nur eine kleine, strategisch übrigens unbedeutende Episode aus dem dreißig Jahre dauernden Peloponnesischen Krieg, der zwischen Stadtstaaten geführt wurde und den Untergang des klassischen Griechenlands einleitete. Und doch ist sie emblematisch, denn Konflikte wurden, zumindest seit es schriftliche Zeugnisse menschlichen Handelns gibt, immer auf diese Weise gelöst.

Heute werden Kriege lediglich in größerem Maßstab geführt, entsprechend der Zunahme der Weltbevölkerung und der Entwicklung effizienterer Tötungstechnologien. An Grausamkeit stehen die heutigen Konflikte den früheren in nichts nach. Jeder kann sich Tag für Tag mit eigenen Augen davon überzeugen.

Kein Mensch ist unverständig genug, Krieg dem Frieden vorzuziehen: Begraben doch im Frieden die Kinder ihre Eltern und im Kriege die Eltern ihre Kinder.[3] Diese Sätze schrieb Herodot als Zeuge der Umwälzungen in der westlichen Welt vor nunmehr 2500 Jahren. Krieg stellt die natürliche Ordnung der Dinge auf den Kopf: Er bringt Trauer und Schmerz, Zerstörung und Tod, während wir uns doch alle Gesundheit, Wohlergehen und Frieden wünschen. Krieg ist der höchste Ausdruck all dessen, was dem Gedeihen und dem Glück der Menschen entgegensteht, ein aus biologischer Sicht völlig unsinniges Verhalten, das dem Selbsterhaltungstrieb zuwiderläuft. Warum also Krieg?

Aufschlussreich ist, dass seit der Antike immer wieder Abhandlungen über die Kunst des Kriegführens veröffentlicht wurden, während die Gründe, warum Kriege geführt werden, im Grunde immer als selbstverständlich hingenommen und viel weniger diskutiert werden. Erst in unserem Jahrhundert haben sich Anthropologie, Soziologie und Psychologie gründlicher mit den Ursachen der organisierten und systematischen kollektiven Gewalt auseinander gesetzt, wie sie im Krieg entfesselt wird. Wenn es uns gelänge, sie ganz zu verstehen, dann bestünde Hoffnung, ihr wirksamer zu begegnen oder sie zu bannen. Theorien, die von einer dem Menschen angeborenen Aggressivität ausgehen, haben an Glaubwürdigkeit verloren, seit man entdeckt hat, dass es auch friedliche Völker gibt. Viele Ursachen für Konflikte zwischen Gemeinschaften wurden eindeutig ermittelt; eine entscheidende Rolle spielt dabei der Bevölkerungsüberschuss. In den letzten fünftausend Jahren wurden aus Konflikten zwischen Nachbarvölkern zunehmend Kriege zwischen Staaten, angezettelt von einer kleinen führenden Klasse, deren Motive leicht zu erkennen sind: Eroberungen bringen Vorteile, und es kann von Nutzen sein, die Staatsbürger gegen einen äußeren Feind zu mobilisieren, um sie von inneren Problemen abzulenken, usw. Doch auch wenn die Gründe für einen Krieg klar sind, erklären sie noch nicht die damit verbundene sinnlose und nutzlose brutale Gewalt.

Auch wir haben keine Erklärung dafür. Wir möchten hier nur auf zwei starke und universale menschliche Triebkräfte aufmerksam machen: den Selbsterhaltungstrieb und den Machttrieb. Den auf das Überleben ausgerichteten Instinkt, den so genannten Selbsterhaltungstrieb, als wichtigstes biologisches Gebot, als grundlegenden Impuls, mit dem die Natur jede lebende Spezies ausgestattet hat, werden wir später behandeln. Niemand kann sich selbst zur Welt bringen, aber jeder hat es in der Hand, sich am Leben zu erhalten. Der Selbsterhaltungstrieb vermag alle verfügbaren Reserven eines Individuums zu mobilisieren, und er steckt auch hinter allen großen Neuerungen der Menschheit, angefangen bei der Herstellung von Steinwerkzeugen und der Kontrolle über das Feuer bis hin zur Erfindung der Landwirtschaft. *Not macht erfinderisch*, sagt ein altes Sprichwort. Ebenso alt ist der Traum, sich von der Not zu befreien, aber – bis es so weit ist – bleibt sie zweifellos ein starker Antrieb zum Handeln.

Der Wunsch zu überleben führt aber nur gelegentlich zum Krieg und zur Gewalt zwischen Menschen. Viel häufiger veranlasst er die Kooperation zwischen den Angehörigen einer Gruppe. Nur im Ausnahmefall kommt es zu Extremsituationen, in welchen *mors tua vita mea* (dein Tod mein Leben) ist, wie ein anderes lateinisches Sprichwort lautet. Es kann schon einmal vorkommen, dass die Notwendigkeit, sich Nahrungs- oder Energiequellen zu beschaffen, eine Gemeinschaft zum Krieg treibt. Weit häufiger freilich finden wir Gruppen oder ganze Völker, die von äußeren Aggressoren unterjocht werden und irgendeiner Form von Diktatur unterworfen sind. In diesen Fällen geht es um das physische und ökonomische Überleben oder um die Verweigerung der Grundrechte, und es kommt zu gewaltsamen Reaktionen. Widerstand gegen Invasionen oder der Kampf gegen totalitäre Regime führen auf friedlichem Weg selten zum Erfolg. Bedeutsam ist in diesem Zusammenhang, dass Befreiungskriege gegen Diktaturen oder gegen kolonialistische Unterdrückung heute in gewissem Maß völkerrechtlich anerkannt sind. Sie entsprechen im Grunde der Notwehr, die von der Gesetzgebung den einzelnen Ländern allgemein zugestanden wird.

Um die Ursprünge von Kriegen und ganz allgemein die Ursachen für die vielerlei Formen von Gewalt zu verstehen, die Menschen erleiden und sich gegenseitig zufügen, sollten wir uns eher mit dem Machtstreben befassen. «Macht» ist ein Begriff, der verschiedene Aspekte hat. Die Fähigkeit des Bildhauers, einem Stein Form zu geben, ist Macht über die Materie, die der Künstler dank der Entfaltung seines Geschicks und seiner Intuition erlangt hat. Die Macht zu heilen, über die einige Menschen zu verfügen scheinen, nützt den Menschen. Die Macht über die Natur, die sich unsere Spezies im Lauf der Zeit angeeignet hat, führte zu großartigen Leistungen, aber auch zu Umweltverschmutzung und zur Verödung ganzer Landstriche. Eine starke Zentralmacht schuf bisweilen außergewöhnliche Werke – denken wir nur an die ägyptischen Pyramiden –, aber sie wandte dabei Zwang an und beutete Sklaven aus. Die Touristen, die heute die Pyramiden besichtigen, erfreuen sich daran; für die Arbeiter, die sie bauen mussten, war die Schufterei damals sicher alles andere als angenehm. Die Macht einiger weniger, anderen ihren Willen aufzuzwingen und über ihr Leben und Handeln zu bestimmen, war der Grund für die schlimmsten Massaker der Geschichte und ist nach wie vor eine der Hauptursachen von Unglück und Leid.

Wie kommt es zu diesem unter Menschen so verbreiteten Machtstreben? Ist es ein bloßer Ausdruck von Habgier? Oder das Bedürfnis, sich gegen andere durchzusetzen, um das eigene Selbstgefühl zu stärken und Selbstvertrauen zu gewinnen? Ist es die Überzeugung, mehr wert zu sein, oder die Unsicherheit dessen, der sich unterlegen fühlt? Steckt der Versuch dahinter, sich dafür zu entschädigen, dass man als Kind nicht genug geliebt wurde? Beruht Machtgier vielleicht auf einer inneren Spaltung des Individuums, das sich gegen andere durchzusetzen sucht, weil es in sich selbst keine Ruhe finden kann? Von der Habgier einmal abgesehen scheint derjenige, der Macht über andere ausübt, eine Bestätigung außerhalb seiner selbst zu suchen, um sich der eigenen Existenz zu vergewissern.

Menschen, die mit sich selbst im Reinen sind, haben es nicht nötig, andere zu manipulieren. Selbst während der Jahrtausende andauernden Sklaverei gab es nicht wenige, die ihren Sklaven spontan die Freiheit schenkten – in der klassischen Antike ebenso wie in den Vereinigten Staaten des letzten Jahrhunderts. Heute ist Sklaverei weltweit gesetzlich verboten, wird aber in vielen Ländern noch immer auf breiter Ebene praktiziert, zum Schaden der Schwächsten, also der Kinder, Frauen und Armen. Mancherorts wird Sklaverei sogar noch von den Eltern auf die Kinder vererbt.

Macht über andere Menschen kann nicht nur mit militärischer oder ökonomischer Gewalt, sondern auch durch psychische Manipulation ausgeübt werden. Religionen, Ideologien und politische Propaganda haben Jahrtausende hindurch das Denken der Menschen gesteuert, ihre Überzeugungen geprägt und ihr Verhalten beeinflusst, ja, sogar ihre Beziehung zu Gott bestimmt.

Die Achtung vor dem anderen ist die Grenze für das Handeln des Einzelnen. Eine Grenze, die man leicht überschreiten kann, manchmal, ohne es zu merken. Gewalttätigkeit, Übergriffe und Machtmissbrauch sind aber alles andere als ungewollt. Individuelle Handlungsbereiche überschneiden sich teilweise, und auf diesem Niemandsland oder, wenn wir so wollen, diesem Gemeinschaftsland entscheidet sich das Schicksal der menschlichen Freiheit.

Die Freiheit des Einzelnen stößt an ihre Grenzen, wenn sie die Handlungsfreiheit des anderen in Frage stellt: Diese auf den Gleichheitsprinzipien gründende zeitgenössische Sicht ist universal gültig. Jeder ist in seinem Handeln so weit frei, wie er die Freiheit des anderen nicht missbraucht. Jenseits dieser Grenze ist Machtausübung unrechtmäßig.

Im täglichen Leben der Menschen ist diese Grenzlinie meist unsichtbar und veränderlich und hängt vom Willen der Betroffenen ab; sie lässt sich nicht abstecken oder bis ins Kleinste beschreiben, auch nicht zum Gegenstand gesetzlicher Bestimmungen machen. Manchmal ist sie völlig immateriell: Wie soll man zum Beispiel die Sphäre der Mutter von der des ungeborenen Kindes abgrenzen, da sie ja beide Teil ein und desselben Organismus sind? Und doch sind sie dazu bestimmt, als voneinander getrennte Individuen zu leben.

Im gesellschaftlichen Leben wird diese Grenze leicht verwischt, und der dem Einzelnen zustehende Freiheitsraum wird von Kräften beeinflusst und beeinträchtigt, die viel stärker sind als er selbst. Die Machtverteilung innerhalb einer Gesellschaft steht in engem Zusammenhang mit der Verteilung der Ressourcen. Der weitgehenden Ungleichheit bei der Verteilung des Reichtums auf Weltebene entspricht eine ähnliche Ungleichheit in der Machtverteilung, in den Beziehungen zwischen den Nationen und den verschiedenen Gruppen in den einzelnen Ländern. 20 % der Weltbevölkerung verfügen bekanntlich über 80 % der Ressourcen. Aus dem 1996 von den Vereinten Nationen herausgegebenen Bericht über die menschliche Entwicklung[4] geht hervor, dass über die Hälfte der Weltbevölkerung weniger als 3 DM pro Tag verdient. Die soziale Schichtung, in der sich diese extreme Ungleichheit bei der Verteilung der wirtschaftlichen Mittel widerspiegelt, lässt die Gleichberechtigung zur Utopie werden.

Um den Krieg zu überwinden, ist ein Qualitätssprung, ja, ein ganz neues Bewusstsein nötig. Es gibt jedoch eine Form von Macht, die für unser Thema viel interessanter ist, nämlich die Macht, die man nicht über andere, sondern über sich selbst hat. Wir meinen damit nicht die Kontrolle, der manche Leute ihre Gedanken, Gefühle und Handlungen unterwerfen, sondern im Gegenteil das Verständnis, das in jemandem erwacht, der in sich hineinzuschauen vermag und das, was er dort sieht, als das akzeptieren kann, was es ist: die Fehler ebenso wie die Vorzüge, die Ängste und Freuden, Triebe und Überzeugungen. Jeder von uns verfügt in erster Linie über sich selbst. Dank der Tatsache, dass wir einen Körper haben und ein Individuum sind, können wir die Welt wahrnehmen und mit allem Existierenden in Beziehung treten. Unser Innerstes zu erforschen, zu verstehen, wie wir sind, hinzunehmen, was wir in uns entdecken, heißt, zu bewusstem Handeln fähig zu werden. Die wahre Macht ist die heitere Gelassenheit, die aus der inneren Harmonie erwächst: Anstatt über das Leben anderer bestimmen zu wollen, hilft diese Macht anderen Menschen, sich selbst zu verstehen; sie kann nicht nur das eigene Leben, sondern auch das der Mitmenschen bereichern.

Wer gelernt hat, das zu schätzen, was das Leben ihm beschert, hat es nicht mehr nötig, das Leben anderer zu manipulieren. Er entwickelt stattdessen Neugier und Interesse für den anderen, Teamgeist, Solidarität und selbstlose Großzügigkeit. Dies sind keine Eigenschaften außergewöhnlicher Menschen. Nur dank der Kooperationsfähigkeit, die die Kräfte des Einzelnen vervielfacht und gegenseitige Achtung, Toleranz und Frieden verlangt, kann eine Gesellschaft funktionieren. Dass es Zivilisation gibt, verdanken wir der alltäglichen Kooperation, die auch in finstersten Zeiten nicht aufhört und sich gerade nach verheerenden Katastrophen und Kriegen entschlossen durchsetzt.

Macht und Geld machen in der Regel nicht glücklich, wie eine alte Volksweisheit sagt, die von neueren Forschungen bestätigt wird.[5] Sie sind eher Quelle großer Sorgen. Und sie schaffen Gegensätze: Wo ein Sieger ist, gibt es einen Besiegten, wo ein Herr ist, gibt es Diener, und jeder

Herrscher hat Untertanen. Nur wer als Gleichgestellter auftritt, findet Freunde.

Wie die meisten menschlichen Dinge ist auch Macht vergänglich. Die Opfer lehnen sich irgendwann auf, und erlittene Gewalt wird in gleicher Münze zurückgezahlt. Die Folgen, die eine Handlung – jede Handlung – hervorbringt, reifen mit der Zeit und fallen früher oder später auf den zurück, der sie begangen hat; dabei handelt es sich nicht um einen Akt göttlicher Gerechtigkeit, sondern um eine schlichte Tatsache. Athen zettelte den Peloponnesischen Krieg in der Überzeugung an, sich ein Reich zu errichten, am Ende aber wurde die Stadt zerstört, und es begann ihr unaufhaltsamer Niedergang. Alle Reiche sind im Lauf der Geschichte zerfallen. Die alten Römer eroberten die Welt. Sie beherrschten sie jahrhundertelang und schufen eine vortreffliche Staatsordnung, um dann von Völkern hinweggefegt zu werden, die noch nicht einmal die Schrift kannten. Das chinesische Reich geriet nach zwei Jahrtausende währender Autarkie unter die Herrschaft der mongolischen Nomaden. England hatte mehr als zweihundert Jahre lang die Kontrolle über die Meere; Anfang dieses Jahrhunderts umfasste das britische Kolonialreich ein Viertel der Erdoberfläche und ein Fünftel der Weltbevölkerung. Seither sind kaum hundert Jahre vergangen, und doch erinnern sich heute nur noch die wenigsten daran. Politische, wirtschaftliche und militärische Dynastien überleben nur wenige Generationen.

Wer Macht ausübt, setzt sich von den anderen ab: Vielleicht wirkt in ihm mehr oder weniger bewusst die Überzeugung, dass er von den anderen Menschen getrennt und losgelöst ist, fast als wären wir im Ozean verstreute Inseln, und jeder könne ganz allein wachsen und so groß wie ein Kontinent werden. Im solidarischen und uneigennützigen

Handeln dagegen äußert sich die entgegengesetzte Überzeugung: dass wir mit den anderen letztlich eine Einheit bilden und dass das Wohlergehen eines jeden mit dem aller anderen eng verknüpft ist. So wie der Embryo im Uterus mit dem Körper der Mutter verbunden ist und bis zu seiner Geburt nicht getrennt von ihr leben kann, so sind wir, sobald wir auf die Welt kommen, mit dem Körper der Welt und mit den anderen sich von ihr ernährenden Lebewesen verbunden und können, jedenfalls bis zum Augenblick unseres Todes, keine von ihnen getrennte Existenz führen.

Was wir alle gemein haben, ist die Erfahrung des Lebens. Deshalb ist ein Austausch sogar zwischen Menschen möglich, die sich hinsichtlich ihrer Sprache, ihres Glaubens und ihrer Sitten sehr fern stehen. Unsere Lebensqualität hängt von der Qualität dieser Erfahrung ab, und wir sollten ihr deshalb unsere Aufmerksamkeit widmen, denn sie ist alles, wovon wir mit Sicherheit behaupten können, dass wir es kennen. Wenn wir vorhin sagten, jeder sei ein Teil des Lebens, dann ist das im Grunde nicht ganz richtig, denn jeder von uns *ist* das Leben in seiner Gesamtheit. Was wir «Leben» nennen, manifestiert sich in jedem Lebewesen. Alle bestehen wir aus den gleichen Elementen, werden von ein und derselben Natur hervorgebracht und bewohnen ein und dasselbe Universum. Ohne das Subjekt, ohne das erkennende Individuum kann auch die Welt nicht existieren, so wie diese Zeilen nicht existieren würden, wenn niemand da wäre, der sie liest.

Wenn das Existenzerlebnis für alle auch grundlegend ein und dasselbe ist, so unterscheidet sich doch jeder Mensch vom anderen, und jeder macht in seinem Leben ganz persönliche Erfahrungen. Das Leben erweist sich dabei als außerordentlich reich und mannigfaltig. Jeder

Mensch ist mit besonderen Fähigkeiten begabt, die ihn zu etwas unwiederholbar Besonderem machen: Der eine hat eine schöne Stimme, der andere geschickte Hände, wieder ein anderer einen scharfen Verstand oder einen ausgeprägten Sinn für Humor. Es gibt tausenderlei verschiedene Begabungen und natürlich ebenso viele Fehler, aber jedes Individuum ist einzigartig. Das menschliche Potenzial ist vielfältig: Es gibt Menschen mit der scheinbar unerklärlichen Fähigkeit, Krankheiten zu heilen, andere mit einem außergewöhnlichen Gedächtnis, wieder andere verfügen über ein sehr feines Gehör oder über die Fähigkeit, aus wenigen Zutaten ein köstliches Gericht zuzubereiten. Wo unsere wirklichen Fähigkeiten liegen, finden wir aber erst dann heraus, wenn wir uns bemühen, sie zu entwickeln.

So unterschiedlich die Individuen, so vielfältig ihre Art, das Leben zu meistern, und diese Vielfalt ist die beste Gewähr dafür, dass Probleme gelöst werden, eben weil man sie von so verschiedenen Blickwinkeln aus in Angriff nimmt. Manch einer wird einwenden, dass es Menschen gibt, die absolut unbedeutend scheinen; Zyniker werden sogar den größten Teil der Menschheit als unbedeutend bezeichnen. Dazu ist zu sagen, dass man die Vorzüge der anderen möglicherweise aufgrund der eigenen Unzulänglichkeit nicht wahrnimmt: Viele sind ja nicht einmal imstande, ihre eigenen Möglichkeiten zu erkennen und zur Entfaltung zu bringen. Der eine pflegt seine natürlichen Gaben, der andere vernachlässigt sie, aber auch die vom Schicksal Begünstigten können ihre Qualitäten nur dann zur Geltung bringen, wenn sie sie mit Fleiß und Einsatz Tag für Tag weiterentwickeln und trainieren. Etwas Neues zu lernen ist anregend, und eine bestimmte Tätigkeit gut zu beherrschen ist eine Genugtuung. Schöpferische Arbeit kann berauschend sein, doch in jedem Kunstwerk steckt auch das Leid des Künstlers, in jeder Brücke oder Kathedrale die Mühe der Arbeiter, hinter jeder wissenschaftlichen Entdeckung die Geduld und Anstrengung der Forscher. Ein Kind zu gebären gilt als eine der schmerzhaftesten Erfahrungen, die es gibt, aber nur so kommen Menschenwesen auf die Welt.

Die besten Dinge im Leben, so kann man wohl sagen, entstehen aus der Entfaltung menschlicher Fähigkeiten. Liebe, Klugheit, Erfindungsgeist und viele andere Gaben, die jeder von uns in einem gewissen Maß zu entwickeln vermag, können jeden Tag und jedes Leben zu einem begeisternden Abenteuer werden lassen. Sie steigern mit der Zeit unser Verständnis der Dinge und unsere Handlungsfähigkeit und helfen uns, Resultate hervorzubringen, die uns selbst und anderen nützen. Den eigenen Fähigkeiten Gestalt zu geben ist die wahre Lebenskunst. So mühsam es sein mag, dies zu lernen, uns erscheint es als wichtiger Schritt auf dem Weg zu einem glücklichen Leben.

Wenn wir ein Kind beobachten, das in ein Spiel vertieft ist oder Schritt für Schritt eine Wiese erkundet und dabei von jeder Bewegung, jedem Blick ganz in Anspruch genommen ist, seine ungeteilte Aufmerksamkeit auf das richtet, was in dieser Welt geschieht, die ganz neu für es ist, dann sehen wir ein Bild des Glücks. Es gibt kein Gestern und kein Morgen, nur das Hier und Jetzt. Ein kleines Tier, ein Feuer, eine Pfütze, jedes noch so unbedeutende Ereignis wird zu einem Wunder und weckt Neugier, alles wird mit totaler Anteilnahme erlebt, weil in diesem Augenblick nichts anderes existiert. Ein kleines Kind beobachtet alles, was geschieht, unvoreingenommen, vorurteilslos und ohne Erwartungen, mit begeisterter Anteilnahme.

Diese Fähigkeit bewahrt sich das Kind über Jahre hinweg. Wenn es heranwächst und allmählich seinen Horizont erweitert, lernt es, alltägliche Gegenstände in seiner Phantasie zu verwandeln. Aus einem Hocker wird ein Berg, eine Eisenbahn, eine Theaterbühne; ein Zimmer weitet sich zu einem ganzen Kontinent; ein alter Dachboden wird zum unerforschten Planeten. Erwachsene bewahren sich nur selten diese Fähigkeit zu staunen, Phantasiereisen zu machen, alles, was man tut, mit der Intensität zu tun, die jeder Augenblick verdient, weil der gegenwärtige Augenblick tatsächlich alles ist, was es gibt. Die Vergangenheit ist Erinnerung, und die Zukunft existiert nicht.

Eine ähnliche Fähigkeit ist auch bei Tieren, vor allem bei Jungtieren, festzustellen. Wir können kleine Katzen beobachten, wie sie eingehend den Fußboden oder ein Sofa erforschen, fast als handle es sich um einen Wald; wie sie über einen hüpfenden kleinen Ball staunen, jedem Schatten nachjagen, sich stundenlang mit einem bunten Wollknäuel herumbalgen. Jede kleine Unternehmung wird zum großen Abenteuer. Auch viele erwachsene Tiere haben noch die Fähigkeit, etwas nur zum Vergnügen und scheinbar ohne unmittelbaren Zweck zu tun, aus reiner Lebensfreude, möchte man sagen. Vögel fliegen nicht nur, um Nahrung oder einen Partner zu finden: Bisweilen sieht man ihren Flugfiguren an, mit welchem Genuss sie sich spielerisch den Windströmungen überlassen. Eichhörnchen jagen einander gern von Baum zu Baum, die Stämme und Äste hinauf, und oft scheinen sie es einfach aus Spaß zu tun. Diese Spielfreude ist bei vielen Tierarten zu beobachten, vom Papagei bis zum Fischotter, von den Bären bis zu den Delphinen.

Auf der wenig befahrenen Autobahn durch den Apennin konnten wir einmal etwas schier Unglaubliches beobachten: Eine große Eidechse sprang vom Straßenrand aus unter die Räder eines fahrenden Autos. Beeindruckt von diesem scheinbaren Selbstmordversuch, hielten wir an und gingen zu der Stelle zurück, wo wir die Eidechse gesehen hatten. Sie saß bereits wieder am Rand des Seitenstreifens und wartete auf das nächste Auto, und einen Augenblick bevor es vorbeifuhr, sprang sie mit einem wohlbemessenen Satz zwischen die Räder, wo sie sich im Luftwirbel mehrmals um sich selbst drehte, um dann perfekt auf allen vieren zu landen und zu dem weißen Randstreifen zurückzueilen. Dort wartete sie auf das nächste Auto, um ihr Spiel fortsetzen zu können, bei dem sie vermutlich den gleichen Kitzel empfand wie ein Mensch in einem Karussell, das sich sehr rasch dreht und die Wirkung der Schwerkraft aufhebt.

Freude am Spiel ist bekanntlich angeboren, nicht nur dem Menschen. Spiel und Glück haben mindestens zweierlei gemein: Sie heben die Seele aus den Alltagssorgen heraus und regen dazu an, sich aus bloßem Vergnügen einer Tätigkeit zu widmen, die reiner Selbstzweck ist – Laufen aus Freude an der Bewegung z. B. und nicht, um abzunehmen, in Form zu bleiben oder einen Wettlauf zu gewinnen. Für Kinder hat das Spiel eine wichtige Funktion beim Einüben lebenswichtiger Strategien. Vielleicht ist auch Glück, genauso wie das Spiel, vor allem ein Naturzustand: keine Gabe und keine Errungenschaft, sondern eine Art Gemeingut, aus dem jeder schöpfen kann, der am Leben teilhat.

Die Fähigkeit zu staunen, das Leben mit immer neuen Augen zu sehen, scheint ein wichtiger Bestandteil des Glücks zu sein. Diese Fähigkeit ist eine Art von Unschuld, die man Tieren und Kindern zuschreibt *(Es sei denn, daß ihr euch umkehret und werdet wie die Kinder* – sagt Jesus –, *so werdet ihr nicht ins Himmelreich kommen).*[6] Dass die meisten

Erwachsenen diese Fähigkeit verlieren, liegt vielleicht daran, dass sich die alltäglichen Erfahrungen über die Jahre hinweg ständig wiederholen und man so zur Überzeugung gelangt, dass es nichts Neues und Überraschendes mehr gibt. Man verharrt gewissermaßen bei der Sicht der Dinge, die man schon am Tag zuvor hatte. Man wird gleichgültig, zieht sich in sich selbst zurück und verliert die Fähigkeit, sich an der Welt zu freuen. Das muss aber nicht so sein. Das Leben ist zu mannigfaltig und zu geheimnisvoll, als dass man je behaupten könnte, alles gesehen und alles erlebt zu haben. Auch ein Kind sieht jeden Tag dieselben Personen und dieselben Dinge, und doch erregen sie stets von neuem sein Staunen, und auch ein Kind kann sich in sich selbst verschließen und das Interesse am Sammeln von Erfahrungen verlieren, wenn es nicht in seinem Forschungsdrang ermutigt wird. *Das Kind ist des Menschen Vater*, schrieb der englische Dichter William Wordsworth und forderte dazu auf, jeden Tag von neuem über die Welt zu staunen:

Mein Herz hüpft auf, seh ich im Blau
Den Regenbogen fern:
Wie als mein Leben hier begann,
So ist es noch, nun ich ein Mann,
So sei's auch, bin ich alt und grau, –
Sonst stürb ich gern![7]

Ein indischer Meister unserer Zeit drückt es so aus: Das Leben ist aus Freude gemacht. Sie ist die Substanz, aus der es besteht. So wirst du, je mehr du fähig wirst, am Leben teilzuhaben, von immer mehr grundloser Freude und Wonne erfüllt sein.[8]

II Gibt es Gut und Böse?

Was hilft uns, gut zu leben? Gut leben will jeder, aber was als «gut» und was als «schlecht» anzusehen ist, lässt sich gar nicht so einfach herausfinden.

In der klassischen Antike leitet die Überzeugung, dass Glück das höchste Gut sei, die Suche nach dem, was uns dem Guten nahe bringt bzw. uns davon entfernt. Die mit Aristoteles als Wissenschaft vom Glück entstandene Ethik fragt nach dem, was im Verhalten der Individuen annehmbar oder abzulehnen, zu fördern oder zu verurteilen sei. In der römischen Welt prägt der Rhetor Cicero mit dem Wort «moralis» (von *mores*, Sitten, Bräuche) einen dem griechischen Wort «ethos» entsprechenden Begriff, der in den folgenden Jahrhunderten enorme Wirkung haben sollte. Die Ethik oder Moral fragt natürlich nicht nur nach dem einfachen Handeln, den üblichen Verhaltensweisen einer Person oder Gruppe, sondern vor allem nach dem richtigen Handeln (das vom tatsächlichen Verhalten stark abweichen kann).[1]

Allgemeiner gesagt: Soll man eher ausschließlich im eigenen Interesse handeln und anderen dabei nur deshalb keinen Schaden zufügen, um spätere Vergeltung zu vermeiden, oder soll man bei dem, was man tut, die Bedürfnisse und Interessen der Gesamtheit berücksichtigen, um die Lebensqualität und das Zusammenleben in der menschlichen Gemeinschaft zu verbessern, auch wenn ein solches

Handeln unbequem ist? Solche und ähnliche Fragen wurden jahrtausendelang erörtert. Da jeder Mensch Interessen und Bestrebungen mit auf die Welt bringt, die ähnlich und zugleich anders sind als die der anderen, erweist es sich als äußerst schwierig, zu bestimmen, welches die gemeinsame Grundlage für ein Verhalten sein könnte, das dem eigenen Wohlergehen und zugleich dem der anderen förderlich ist.

Was ist recht und was ist unrecht? Was ist gut und was ist böse? Diesen Fragen kann man nicht ausweichen. Wenn keiner der Gegner sich mit Gewalt durchsetzen kann, weil «die Kräfte gleich sind», muss man sich – wie die Athener, die Melos zunächst mit Waffengewalt erobern wollten –, mit diesem Problem auseinander setzen und mit dem Feind verhandeln. Man beginnt, miteinander zu reden. Im klassischen Griechenland sandte man, wenn keiner der beiden Gegner mit Argumenten zu überzeugen war, Boten zu einem Orakel, oder man ernannte eine angesehene Persönlichkeit zum Schiedsrichter und bat sie um eine unparteiische Bewertung, so wie Athen es tat, als es Solon beauftragte, seine Gesetze zu schreiben.

Bezeichnend ist, dass sich Wörter wie gut und böse (oder andere Begriffspaare wie Gut und Schlecht, Richtig und Falsch, Schön und Hässlich) genauso auf die Gesundheit, den Körper oder die Psyche einer Person beziehen können wie auf die Wechselfälle des Lebens und auf das, was moralisch wünschenswert oder zu verurteilen ist. Diese breite Anwendung weist darauf hin, dass sie für Grundbegriffe stehen. Es handelt sich um Bezeichnungen, die universal sind, aber nur in dem Sinn, dass sie allen gemein sind, was allerdings nicht heißt, dass alle dasselbe darunter verstehen.

Das Anliegen, Gut von Böse zu unterscheiden, ist sehr alt und lässt das Bedürfnis erkennen, Konfliktsituationen zu vermeiden oder zu bewältigen. Schon aus frühesten Zeugnissen geht klar hervor, dass die Regeln dabei nicht für alle gleich sind. In den vor 4000 Jahren von den babylonischen Königen erlassenen Gesetzen wird die Absicht erklärt, im Land Gerechtigkeit herzustellen und das Böse zu beseitigen. (Bei den Babyloniern heißt das Wort für Gerechtigkeit wörtlich übersetzt «das, was recht ist»; und auch bei uns sind die Wörter «Recht», «richtig» und «gerecht» miteinander verwandt.) Wird einem Adligen Schaden zugefügt, dann gilt das *Ius talionis*, das Gesetz des Auge um Auge; gehört das Opfer der Unterschicht an, genügt eine Geldstrafe.

Bei den Ägyptern schien der Wunsch zu überwiegen, einen geregelten und harmonischen Ablauf des sozialen Lebens sicherzustellen: Die Bezeichnung *Maat* bedeutet Gerechtigkeit und Ausgewogenheit, Wahrheit, Ordnung, Regel. Von der irdischen Gerechtigkeit abgesehen muss jeder dereinst auch vor die Richter des Jenseits treten und sich nicht nur für die Missetaten verantworten, die er gegen Menschen, sondern auch für diejenigen, die er gegen Tiere begangen hat.

Im alten Indien stand der Begriff des Guten für Glück, Gesundheit, Überleben, Kindersegen, Freude, Ruhe, Freundschaft, Wissen und Wahrheit. Die entgegengesetzten Eigenschaften bezeichnen das Böse. Gut und Böse betreffen nicht nur die Menschen, sondern jedes empfindungsfähige Wesen. Die kosmische Ordnung hält unermessliche Wohltaten bereit: Damit man sie in ihrer ganzen Fülle genießen kann, muss jeder in Harmonie mit dem ewigen Gesetz leben. Der Begriff *Dharma*, seit Jahrtausenden und bis heute einer der Hauptbegriffe der Religion und Philosophie auf dem indischen Subkontinent, bezeichnet das richtige Handeln, die Lebensführung im Einklang mit dem universalen Gleichgewicht.

Im Orient wie im Okzident beschäftigte man sich schon vor über 2500 Jahren systematisch mit der Frage, was «gut» und «richtig» sei, und mit den Prinzipien, auf die sich menschliches Verhalten gründen solle. Es entstehen zahlreiche philosophische Schulen, und die Diskussion wird Jahrhunderte und Jahrtausende hindurch bereichert und vertieft.

In China entwickelt sich der Begriff des *Tao* («Weg», «Bahn»), der auf unterschiedliche Weise definiert wird. Für Konfuzius (551–479 v. Chr.), dessen Denken den Lebensstil und die Kultur Chinas bis heute tief beeinflusst hat, ist das Tao der Weg des Menschen, der alten weisen Könige, der Tugend: ein moralischer Weg, der in Normen und vorgeschriebene Verhaltensweisen unterteilt ist. Für Lao-tse, der in der ersten Hälfte des 6. Jahrhunderts v. Chr. gelebt haben soll, ist das Tao der Weg der Natur. Konfuzius lehrt Menschlichkeit, Offenheit des Herzens, die Wahrung der Traditionen und der von den Ahnen überlieferten Verhaltensweisen, Verbundenheit mit der Familie und der sozialen Gruppe, der man angehört. Das Ziel ist für ihn die moralische Vervollkommnung. Die Menschen sind von Natur aus gleich, unterscheiden sich aber durch ihre praktische Lebensführung. Lao-tse bezichtigte die konventionelle Moral der Scheinheiligkeit und legte den Schwerpunkt auf das Mysterium der Natur, das man zwar durch Intuition ergründen, aber nicht mit der Sprache beschreiben kann. Dadurch, dass der Mensch zwischen Gut und Böse, Schön und Hässlich mit Worten unterscheidet, erklärt er nicht das Wesen der Dinge, sondern schafft im Gegenteil Gegensätze, die das Erkennen der Wahrheit behindern.

Laut Lao-tse ist das Tao in allen Dingen gegenwärtig, es ist in ewigem Wandel begriffen, wohltuend wie das Wasser, das alles fruchtbar macht und selbst nichts verlangt: *Mutter der zehntausend Wesen.*[2]

Kapitel 1
Könnten wir weisen den Weg,
Es wäre kein ewiger Weg.
Könnten wir nennen den Namen,
Es wäre kein ewiger Name.

Was ohne Namen,
Ist Anfang von Himmel und Erde;
Was Namen hat,
Ist Mutter den zehntausend Wesen.

Wahrlich:
Wer ewig ohne Begehren,
Wird das Geheimste schaun;
Wer ewig hat Begehren,
Erblickt nur seinen Saum.

Diese beiden sind eins und gleich.
Hervorgetreten, sind ihre Namen verschieden.
Ihre Vereinung nennen wir mystisch.
Mystisch und abermals mystisch:
Die Pforte zu jedwedem Geheimnis.

Kapitel 2
Erst seit auf Erden
Ein jeder weiß von der Schönheit des Schönen,
Gibt es die Häßlichkeit;
Erst seit ein jeder weiß von der Güte des Guten,
Gibt es das Ungute.

Wahrlich:
Sein und Nichtsein entspringen einander.[3]

Ebenfalls im 6. Jahrhundert vor unserer Zeitrechnung vertrat der griechische Philosoph Heraklit aus Ephesos an der Küste Kleinasiens ganz ähnliche Ansichten. Alles fließt, meinte Heraklit. *«Man kann nicht zweimal in denselben Fluß steigen»*, denn das Wasser darin wechselt ständig. Die Welt besteht aus Gegensätzen, die sich bekämpfen, aber aus diesem ewigen Kampf geht das Wunder der Harmonie hervor: *«Das widereinander Strebende zusammengehend; aus dem auseinander Gehenden die schönste Fügung» … «und alles geschieht aufgrund von Zwist.»* Wie Lao-tse erforscht er die Wege der Natur, die allerdings verborgen sind und einer *«unsichtbaren Fügung»*, die stärker ist als alle *«sichtbare»*, unterliegen. Die menschliche Seele ist Teil dieses kosmischen Spiels: *Der Seele Grenzen kannst du im Gehen nicht ausfindig machen, ob du jegliche Straße abschrittest; so tiefen Sinn hat sie.* Die Menschen verzichten darauf, das Gleichgewicht des Ganzen zu erforschen, und legen Gut und Böse willkürlich fest. *Für Gott ist alles schön und gut und gerecht, die Menschen aber haben das eine als ungerecht, das andere als gerecht angenommen.*[4]

In Indien lenkte die Lehre Buddhas, der ein Zeitgenosse von Konfuzius und Heraklit war, die Aufmerksamkeit auf die Verantwortung, die wir für unser Handeln tragen:

Sieh nicht auf die Fehler anderer,
Was sie getan haben oder unterlassen,
Sieh, was du selbst getan
Und was du unterlassen hast.[5]

Um zu verstehen, ob eine Handlung gut oder schlecht ist, müssen wir sowohl die Motive betrachten, die uns dazu treiben (z. B. Habsucht, Hass, Verblendung anstelle von Großzügigkeit, Liebe, Verstehen), als auch die Folgen, die sie nach sich zieht: Macht sie einen anderen Menschen glücklich oder unglücklich, tut sie ihm gut oder schadet sie ihm? Die Folgen jeder Handlung setzen sich in Zeit und Raum fort und ziehen in einer Kettenreaktion weitere Handlungen nach sich. Wer zum Opfer von Hass geworden ist, wird auf Rache sinnen. Wenn es ihm gelingt, sie zu vollziehen, weckt dies neuen Hass, der wiederum Rache auslöst. Auf jeden Sieger kommt ein Besiegter, der auf Rache sinnen wird. Die Keime von Neid und Eifersucht, Wut und Frustration reifen im Herzen des Menschen langsam heran, und wenn sie ans Licht kommen, vergiften sie das Leben und lösen endlose Zyklen negativer Taten aus.

Gute Taten hingegen erleichtern und bereichern das Leben der anderen und veranlassen sie zu neuen, edlen Taten. Der Hass kann erlöschen. Liebevolles, uneigennütziges Handeln verbreitet Freude:

Noch nie in dieser Welt
Hat Haß gestillt den Haß.
Nur liebende Güte stillt den Haß.
Dies ist ein ewiges Gesetz.[6]

Die Moral, von der Buddha spricht, umfasst einen Bereich, der unendlich viel größer ist als der anderer Denkrichtungen, denn sie gilt nicht nur für die Menschen, sondern für jedes empfindende Wesen vom großen Säugetier bis zum winzigen Insekt. Die Verpflichtung, nicht zu töten und im weitesten Sinn niemandem Leid zuzufügen, gilt gegenüber allem, was an der Schöpfung teilhat.

Die große buddhistische Tugend ist das Mitleid, das um das Leiden weiß, dem jedes Wesen unterliegt, und es zu lindern trachtet. Der gebräuchliche Ausdruck «Mitleid» trifft die Sache allerdings nicht ganz: Man sollte eher von «Einfühlungsvermögen» sprechen, von der Fähigkeit, Anteil zu nehmen an dem, was der andere empfindet, sich in seine Lage zu versetzen, um ihm zu helfen und ihm das zu geben, was er benötigt. Der von Buddha aufgezeigte Weg zielt auf die endgültige Überwindung, die Aufhebung allen Leidens durch die Loslösung, die aus der Einsicht erwächst: Wer erkennt, dass alle Begierde und alles Haften an vergänglichen Dingen nur Wahn ist, befreit sich davon.

Im Griechenland des 5. bis 4. Jahrhunderts v. Chr. schaffen drei große athenische Philosophen die Grundlagen für das Denken und die Ethik des Abendlandes und versuchen, zu einem vernünftigen Verstehen der Grundsätze menschlichen Verhaltens zu gelangen. Sokrates (469–399 v. Chr.) lehrte seine Schüler, ihre erworbenen Gewissheiten in Frage zu stellen. «Ich weiß, dass ich nichts weiß», sagte er von sich selbst. Nur von Wahrheitsliebe getrieben, lehnte er es im Gegensatz zu anderen Philosophen seiner Zeit ab, sich für seine Lehrtätigkeit bezahlen zu lassen. Er lebte in Armut, ging barfuß und trug sommers wie winters dieselben Kleider. Er zog jeden ins Gespräch, der den Wunsch hatte, sich selbst zu erkennen. Seine Arbeit verglich er mit der einer Hebamme: Durch Fragen brachte er seine Mitbürger dazu, ihr vermeintliches Wissen auf seinen Bestand hin zu überprüfen, und zwang sie immer wieder, ihre Unwissenheit zuzugeben.

Sokrates wurde bekanntlich wegen seiner philosophischen Tätigkeit vom Athener Gericht zum Tode verurteilt. Man warf ihm vor, er verderbe die Jugend. Er hat nichts Schriftliches hinterlassen. Was wir über ihn wissen, wurde uns vor allem von seinem Schüler Platon (ca. 427–ca. 347 v. Chr.) überliefert, der die Ideen des Sokrates zu einem komplexen und originellen Gedankengebäude weiterentwickelte. Platon wiederum war der Lehrer von Aristoteles (384–322 v. Chr.), dem wir die beeindruckendste Systematisierung des menschlichen Wissens in der Antike verdanken.

Für Sokrates ist es unsere Unwissenheit, die uns hindert, das Gute zu erkennen, und uns das für gut halten lässt, was nicht gut ist. Deshalb messen wir zum Beispiel dem Reichtum und der Macht Wichtigkeit zu. Doch das Gute kann man nur finden, wenn man sich um seine Seele kümmert und sie zur Wahrheitssuche erzieht. Denn das Wahre ist zugleich auch das Rechte, Schöne und Gute. *Am glücklichsten ist also der, dessen Seele mit keiner Schlechtigkeit behaftet ist.*[7] Das Gute zu kennen und danach zu handeln macht das Leben glücklich; wenn wir zur Erkenntnis des Guten gelangen, können wir gar nicht mehr anders, als unser Handeln danach auszurichten.

Um zu erklären, weshalb das Gute in der ursprünglichen Natur der Menschen liegt, beschreibt Platon es als eine Art Bild, das das gesamte Universum prägt. Vor unserer Geburt, als wir noch Teil der unsichtbaren Realität des Kosmos waren (in die wir bei unserem Tod wieder zurückkehren werden), war uns die Idee des Guten vertraut, und wenn wir ihr im Leben begegnen, erinnern wir uns an unsere überirdische Existenz, die uns neuerlich erwartet und in der sich unsere wahre, geistige Natur zeigt. Deshalb zieht uns das Gute unwiderstehlich an, denn es ist das Prinzip, das alles Seiende formt.

Man könnte es aber bedenklich finden, daß einer trotz richtiger Ansichten sollte unenthaltsam sein können[8], sagt mit viel praktischem Sinn Aristoteles, für den die Menschen eine Verbindung von Leib und Seele sind und nicht – wie für Platon – Seelen, die nur vorübergehend in einem Leib wohnen. *Der Mensch ist Prinzip seiner Handlungen*[9], und es ist klar, dass viele, obwohl sie wissen, was für sie im Leben gut ist, trotzdem das Schlechte tun: So betrinken sich beispielsweise manche Leute immer wieder, obwohl ihnen klar ist, in welchen Zustand sie der Alkohol versetzt. In einem solchen Fall ist der Mensch nicht bei klarem Verstand, denn die Hingabe an leibliche Genüsse und an die Leidenschaft trübt die Urteilsfähigkeit. Ein Mensch, der sich nicht beherrschen kann, spielt, wie Aristoteles sagt, gewissermaßen eine Rolle und spricht *Worte wie ein Schauspieler auf der Bühne.*[10]

Unmäßige Hingabe an Genüsse von kurzer Dauer hemmt den Gebrauch der Vernunft, führt in die Irre und lenkt von der höchsten Lust, der Glückseligkeit, ab, die jeder unbewusst zu erlangen sucht, auch wenn er sie auf die falsche Weise anstrebt. Für Aristoteles ist *der Umstand, daß alles, Tier und Mensch, nach der Lust verlangt und strebt, ein Zeichen, daß sie in gewissem Sinne das höchste Gut ist. ... so trachten auch nicht alle nach derselben Lust, und doch ist die Lust es, nach der alle trachten. Vielleicht trachten sie auch nicht nach der, die sie zu begehren meinen oder auch zu begehren vorgeben würden, sondern in Wirklichkeit immer nach einer und derselben. Denn alle Wesen haben von Natur etwas Göttliches.*[11]

Die Kenntnis des höchsten Guts und der höchsten Lust wird nur von demjenigen erreicht, der tugendhaft ist, so wie man *durch Zitherspielen z. B. ein guter und auch ein schlechter Zitherspieler wird.*[12] Erst durch das, was wir im Leben tun, werden wir gerecht oder ungerecht, mutig oder feige: Keine der sittlichen Tugenden wird uns von Natur zuteil, sondern wir haben die natürliche Anlage, sie in uns aufzunehmen, zur Wirklichkeit aber wird diese Anlage durch Gewöhnung.[13] Vortrefflichkeit ist das Resultat täglicher Übung. Das Kriterium, das uns zu tugendhaftem Verhalten führt, ist für Aristoteles die «rechte Mitte» zwischen extremen Verhaltensweisen: Wer beispielsweise im Krieg seinem

Impuls folgt und losstürmt, ist tollkühn, wer flieht, ist feige; mutig ist derjenige, der festen Fußes die Gefahren der Schlacht abwartet. Dieser Mittelweg ist aber nie ein vorbestimmtes und für alle gleiches Verhalten. Jeder muss das für sich richtige Maß erkennen, so wie ein schmächtiger Mensch nicht die gleiche Menge Nahrung zu sich zu nehmen braucht wie ein Athlet: *So meidet denn der Kundige das Übermaß und den Mangel und sucht und wählt die Mitte, nicht die Mitte der Sache nach, sondern die Mitte für uns.*[14]

Gut zu leben ist in der klassischen Antike das Ziel, das die unterschiedlichen philosophischen Strömungen verbindet. Dieser Suche widmet sich der Weise. Was «gut» ist, wird auf verschiedene Weise definiert, nach unterschiedlichen Kriterien beurteilt und auf diversen Wegen angestrebt. Für Epikur (341–270 v. Chr.), der seine Schule 306 v. Chr. in einem Hausgarten in Athen eröffnete, führt allein das zur Erkenntnis, was unsere Sinne wahrnehmen, wie z. B. Lust und Schmerz. Alles ist Materie, auch die Seele, die aus besonders leichten Atomen besteht. Die Freiheit von körperlichem Schmerz und psychischen Störungen verhilft uns zum Gleichgewicht und ist das höchste Ziel eines glücklichen Lebens. Der epikureische Weise «lebt in der Verborgenheit», von der Welt zurückgezogen, er beschränkt seine Bedürfnisse auf das Minimum und pflegt die Freuden der Freundschaft und der Gesellschaft anderer Wahrheitssuchender.

Auch für die Philosophie der Stoa, die wenige Jahre später ebenfalls in Athen aufkam, ist die Sinneswahrnehmung Grundlage jeder Erkenntnis. Aber die Welt besteht nicht nur aus Materie, sie ist auch von Vernunft durchdrungen wie von einem göttlichen Feuer. Im Einklang mit der Ordnung der Natur zu leben ist das Lebensziel des Menschen.

Dieser ist «Bürger der Welt», der gegenüber er Pflichten hat. Er soll nach dem großartigen und wohlwollenden Vorbild der Natur tugendhaft, gerecht und mit Standhaftigkeit handeln. Der stoische Weise ist ein Mann der Tat, er übernimmt Verantwortung im Staat und für seine Mitmenschen. Es gibt in der Geschichte viele Persönlichkeiten, die dieses Ideal verkörpern; die herausragendsten sind vielleicht zwei Römer: der Philosoph Seneca (ca. 4 v. Chr. – 65 n. Chr.) und der Kaiser Marc Aurel (121 – 180 n. Chr.).

Der Skeptizismus, auch er Anfang des 3. Jahrhunderts in Athen entstanden, beruft sich auf Sokrates, obwohl er viel ältere Wurzeln hat. Er greift dessen dialektische Methode wieder auf, die sich mit den von den Gesprächspartnern dargelegten Wahrheiten nie zufrieden gibt. Die Skeptiker – auf Altgriechisch bedeutet σκεπτικός (skeptikós) der «Schauende, Spähende» – unterziehen die Aussagen der philosophischen Schulen der damaligen Zeit einer radikalen Kritik, indem sie deren Thesen, Methoden und Schlussfolgerungen analysieren und systematisch verwerfen. Es gibt keine absoluten Werte. Es gibt kein universales Gutes, sondern nur verschiedene Auffassungen verschiedener Menschen und verschiedene Sitten und Gewohnheiten in unterschiedlichen Ländern.

Auch für den Skeptiker ist das glückliche Leben das des Weisen. Wer erkennt, dass Theorien die Wirklichkeit nicht zu erklären vermögen, befreit sich vom philosophischen Schein; anstatt dem angeblich Guten und Bösen nachzujagen, sieht er, dass der Wert der Dinge je nach dem sie beurteilenden Subjekt immer wieder anders ist, und verzichtet darauf, sie zu definieren. Dieses Verständnis bringt ihn dazu, die Begierden zu überwinden, die das Individuum im Zustand ewiger Unruhe halten und es zu Dingen treiben, deren wahre Natur unbekannt ist. Der Weise enthält sich des Urteils und gelangt zum Gleichmut, zu einer heiteren Gelassenheit, die nicht mehr durch die Wechselfälle des Lebens und die unvernünftige Erregung der Menschen zu erschüttern ist. Mit dieser Seelenruhe widmet er sich der Kontemplation dessen, was in der Welt geschieht, ohne den Anspruch, es zu deuten.

Mit Ausnahme der Skeptiker teilten alle Philosophien des klassischen Griechenlands die Überzeugung, dass das als das «Gute» Bezeichnete in der materiellen oder geistigen Welt existiert und vom Menschen erreicht werden kann, wenn er mit den geeigneten Mitteln ausgestattet ist. In der Sicht der Griechen ist dieser «Mensch» immer männlichen Geschlechts, als freier Mann geboren und fähig, Waffen zu tragen, um seine Stadt zu verteidigen.

Die Eroberungen Alexanders des Großen (dessen Lehrer Aristoteles war) setzten der Unabhängigkeit Griechenlands und dem System der Stadtstaaten ein Ende. Gleichzeitig breitete sich dadurch aber die griechische Kultur in Vorderasien, in Ägypten und bis an die Schwellen Indiens aus. Es entstand die hellenistische Weltkultur, die große Synthese des Wissens der ältesten Zivilisationen. Auch die Ausgrenzungen verschwanden. Epikur öffnete die Tore seiner Schulen für Frauen und Sklaven. In der Sicht der Stoiker eint universale Brüderschaft das ganze Menschengeschlecht.

Die alexandrinische Kultur ist kosmopolitisch und polytheistisch. Nur die Juden, die in den Jahrhunderten nach Christi Geburt durch die erste Diaspora fast überall in Europa verstreut werden, sprechen von einem einzigen göttlichen Wesen. Doch die Denksysteme der Zeit gingen alle in diese Richtung, und als sich in der Spätantike das Christentum zu behaupten begann, fiel die neue, in Vorderasien entstandene monotheistische Religion auf fruchtbaren Boden und konnte rasch Wurzeln schlagen: Die Idee von einem einzigen und für alle zugänglichen Guten nahm die Gestalt und den Namen Gottes an. Auf diese Weise sollte die Philosophie des klassischen Griechenlands, den Vorschriften der neuen Religion angepasst (die zum Beispiel die Sklaverei abschaffte), weitere tausendfünfhundert Jahre überdauern. Als im Spätmittelalter viele grundlegende Texte der Antike dank arabischer Gelehrter wieder zugänglich wurden, fand Aristoteles in Thomas von Aquin (ca. 1221–1274) einen genialen Interpreten, der die Verschmelzung zwischen heidnischem und christlichem Denken kodifizierte.

Du sollst deinen Nächsten lieben wie dich selbst.[15] *Liebt eure Feinde; segnet, die euch fluchen; tut wohl denen, die euch hassen; bittet für die, die euch beleidigen und verfolgen.*[16] Vergib deinem Bruder *nicht siebenmal, sondern siebzigmal siebenmal.*[17] *Ein Reicher wird schwer ins Himmelreich kommen.*[18] Sätze, die revolutionär klingen im Kontext der antiken Welt, wo Vergeltung als legitim angesehen wird und jeder Mensch mit anderen Menschen nicht nur um die Macht, sondern um die Vorrangstellung in allen Dingen konkurriert; wo Reichtum außer von den Philosophen als wichtigstes Gut angesehen wird und der Wert des Einzelnen vor allem von seiner sozialen Stellung abhängt.

Sich Gott zum Vorbild zu nehmen und im Leben so zu handeln, wie Gott gegenüber der Menschheit handelt: Dies ist die Lehre von Jesus Christus. Vergeben, weil Gott uns zuerst vergibt, die Feinde lieben, nicht weil sie sich dann auf unsere Seite stellen, sondern weil Gott seine Feinde liebt. *Denn wenn ihr den Menschen ihre Verfehlungen vergebt, so wird euch euer himmlischer Vater auch vergeben.*[19] Jedem helfen, der Hilfe braucht, ohne Einschränkung, denn alle sind unsere Brüder und Schwestern, wie das Gleichnis vom guten Samariter zeigt. *Was ihr getan habt einem von diesen meinen geringsten Brüdern, das habt ihr mir getan.*[20]

Als er aber von den Pharisäern gefragt wurde: Wann kommt das Reich Gottes?, antwortete er ihnen und sprach: Das Reich Gottes kommt nicht so, dass man's beobachten kann; man wird auch nicht sagen: Siehe hier ist es! oder: Da ist es! Denn siehe, das Reich Gottes ist mitten unter euch.[21] Wer den Willen Gottes annimmt und im Einklang mit ihm handelt, gewinnt damit das dauerhafteste aller Güter. Gott liebt seine Kinder: Wenn er sogar für die Bösen und Ungerechten sorgt, kümmert er sich erst recht um diejenigen, die seine Liebe erwidern. *Darum sorgt nicht für morgen, denn der morgige Tag wird für das Seine sorgen.*[22]

Sieben Jahrhunderte später predigte in derselben Weltgegend ein Prophet erneut Gehorsam gegenüber dem göttlichen Willen. *Islam* bedeutet «Unterordnung» (unter Gott). *Nur wer bekennend sein Angesicht zu Allah wendet und fromm ist, der erhält Belohnung von seinem Herrn, und weder Furcht noch Trauer kommt über ihn.*[23] Mohammed oder Muhammad («der Gepriesene», ca. 570–632) ist ein arabischer Hirte und Kaufmann, der mehr als zwanzig Jahre lang göttliche Mitteilungen erhielt. Allah, der mitunter durch den Erzengel Gabriel zu ihm spricht, ist der Gott der Bibel: *Es gibt keinen Gott außer ihm. Er ist der aus sich selbst Lebendige, der Ewige. Er offenbarte dir die Schrift mit der Wahrheit und bestätigte hiermit sein schon früher gesandtes Wort. Er offenbarte schon vorher die Thora und das Evangelium.*[24] «Die Schrift» ist der Koran, in dem diese Offenbarungen gesammelt sind. Er wird für die irdische Kopie eines himmlischen und ewigen Originals gehalten. Mohammed erkennt fast alle biblischen Patriarchen und Propheten an, auch Jesus Christus, der für ihn der letzte Prophet vor ihm selbst ist (dessen göttliches Wesen er aber nicht anerkennt, ebenso wenig wie den Tod am Kreuz und die Auferstehung).

Die Behauptung Christi, dass allein Gott gut ist[25], wird vom Koran bestätigt. Wie der Jahwe des Alten Testaments ist Allah ein strenger Gott und unbeugsamer Richter (der auch das alte «Auge um Auge» bekräftigt). Und doch ist er unendlich barmherzig, und so gehört zu den Pflichten eines Moslems die Barmherzigkeit gegenüber den Bedürftigen. *Verrichtet das Gebet, leistet eueren Beitrag zum Almosen, denn was ihr zu euerem Seelenheil auf Erden Gutes tut, das findet ihr einst bei Allah wieder: Allah ist allwissend.*[26] Allah will, dass die Menschen die Vernunft auf die Offenbarungen anwenden und ihre Lebensführung danach ausrichten. Von den Gläubigen verlangt er, die Ungläubigen an Tugend zu übertreffen. *Einem jeden Volke gaben wir Norm und einen offenen Weg. Wenn es Allah nur gewollt hätte, so hätte er euch allen nur einen Glauben gegeben; so aber will er euch in dem prüfen, was euch zuteil geworden ist. Wetteifert daher in guten Werken.*[27] Die moralische Grundlage des Handelns und gleichzeitig das Gewissen des Menschen, dem die Verantwortlichkeit gegenüber Gott und den Mitmenschen entspringt, wird in dem Begriff *taqva* (Frömmigkeit) zusammengefasst: *O ihr Menschen, wir haben euch von einem Mann und einer Frau erschaffen und euch in Völker und Stämme eingeteilt, damit ihr liebevoll einander kennen mögt. Wahrlich, nur der von euch ist am meisten bei Allah geehrt, der am frömmsten unter euch ist.*[28]

Die Überzeugung, dass das Gute etwas Universales sei, für alle gleich und für alle erreichbar, gerät in der Renaissance ins Wanken.

Der Fortschritt der Naturwissenschaften erschüttert die

verfestigten Gewissheiten der aristotelischen Tradition. Die Erforschung der Welt und die Entdeckung des amerikanischen Kontinents konfrontieren die Europäer mit Kulturen und Völkern, von deren Existenz man bisher nichts ahnte, und mit deren unbekannten und fremden Sitten und Gebräuchen. Dank des sich rasch durchsetzenden Buchdrucks kommt es zu einer nie da gewesenen Intensität im Austausch von Ideen und deren Verbreitung.

Alles verändert sich. Sogar die Erde selbst, von der man immer angenommen hatte, sie bilde den unbeweglichen Mittelpunkt des Universums, dreht sich neuerdings um die Sonne.[29] Im Krieg wird jetzt mit Feuerwaffen gekämpft, und so verliert sogar eine traditionelle, jahrtausendelang hochgehaltene Tugend an Bedeutung: der Mut des Kriegers, der in der Schlacht Mann gegen Mann kämpft.

Im 16. Jahrhundert spaltet sich das Christentum. Martin Luther (1483–1546) lehnt sich gegen den korrupten Klerus auf und streitet den Priestern die Befugnis ab, als Mittler zwischen Gott und den Menschen aufzutreten. Die Beziehung zu Gott vollzieht sich im persönlichen Gewissen jedes Einzelnen. Jeder Gläubige ist Priester. Für Johannes Calvin (1509–1564) ist die Seele zum Heil oder zur Verdammung prädestiniert. Der Glaube ist ein Zeichen der Gnade Gottes: Er gibt die Gewissheit, zu den Auserwählten zu gehören.

Die religiösen Streitigkeiten spitzen sich zu und werden in hundert Jahre währenden Kriegen ausgetragen, die zu den grausamsten und brutalsten der europäischen Geschichte gehören. Christen unterschiedlicher Glaubensrichtungen metzeln sich im Namen ein und desselben Gottes gegenseitig nieder. Die Intoleranz triumphiert.

Es wird immer schwieriger, zu glauben, dass es ein gemeinsames Gutes gibt.

Der Franzose Michel de Montaigne (1533–1592) stellt sich auf die Seite der Toleranz und entwickelt Themen der antiken Skepsis weiter. Unser Verstand vermag die Dinge nicht mit Gewissheit zu erkennen, wir können uns nur selbst erkennen. Wenn wir bessere Menschen werden wollen, müssen wir uns als Erstes so akzeptieren, wie wir sind, und dann daran arbeiten, unser Wesen zu erkennen. Das Kriterium unserer Suche liegt in uns selbst. Die Art und Weise, wie wir die Welt interpretieren, ist willkürlich, aber gerade das gibt uns die Möglichkeit, glücklich zu werden, denn unser Wohl und Wehe hängt allein von uns selbst ab.

Der jüdische Philosoph Baruch de Spinoza (1632 bis 1677) wurde ein Opfer von Dogmatismus und Intoleranz. Er war Mitglied der jüdischen Gemeinde in Amsterdam, die wegen seiner «Irrlehren» den Bannfluch über ihn verhängte. Als einer der Ersten forderte er die Freiheit der Gedanken und der Meinungsäußerung und die Freiheit, sich so zu verhalten, wie es einem gefällt:

So folgt daraus, daß jedes Individuum das höchste Recht dazu hat ... zu existieren und zu wirken, so wie es von Natur bestimmt ist.[30] *Jeder existiert nach dem höchsten Recht der Natur, und folglich tut jeder nach dem höchsten Rechte der Natur all das, was aus der Notwendigkeit seiner Natur folgt ... Damit also die Menschen einträchtig leben und sich untereinander Hilfe leisten können, ist es nötig, daß sie auf ihr natürliches Recht verzichten und einander Sicherheit dafür geben, nichts tun zu wollen, was zu des anderen Schaden gereichen könnte.*[31]

Für Spinoza sind Gott und Natur eins, und *die ganze Natur (ist) ein Individuum*[32] *... Die menschliche Seele ist ein Teil des unendlichen Verstandes Gottes.*[33] Die Menschen haben sich eingeredet, *daß alles, was geschieht, um ihretwillen geschehe ...* und daher mussten sie *als die Hauptsache bei jedem Ding das beurteilen, was ihnen daran am meisten nützte, und* *alles das als das wertvollste schätzen, wovon sie am angenehmsten affiziert wurden. Daher mußten sie, um die Natur der Dinge zu erklären, Begriffe bilden wie Gut, Schlecht, Ordnung, Verwirrung* ... Doch die Natur hat *sich keinen Zweck vorgesetzt* und *alle Zweckursachen sind nichts weiter als menschliche Einbildungen*[34] ... Laut Spinoza wollen, erstreben und begehren wir etwas nicht, weil wir es als gut beurteilen, sondern wir beurteilen etwas *darum als gut, weil wir danach streben, es wollen, erstreben und begehren.*[35] ... *Wir nennen gut oder schlecht das, was der Erhaltung unseres Seins nützt oder zuwider ist ...*[36]

Spinoza, ein zutiefst religiöser Denker, legt ein originales und rigoroses philosophisches System vor, eine weltliche und rationale Theologie, der zufolge die Menschen notwendig zum Guten getrieben und nur durch fehlendes Bewusstsein davon abgehalten werden. *Denn sie sind zwar ihrer Handlungen und Triebe sich bewußt, aber unkundig der Ursachen, von denen sie bestimmt werden, etwas zu erstreben*[37], *der Leitung der Vernunft zu leben ...*[38] *(Folglich) wissen wir nur von dem gewiß, daß es gut sei, was wahrhaft zur Einsicht beiträgt.*[39] *... Das Gut, das jeder, der den Weg der Tugend geht, für sich erstrebt, wird er auch für die übrigen Menschen begehren, und zwar um so mehr, je größer die Erkenntnis Gottes ist, die er hat.*[40] *... Wenn die Menschen frei geboren würden, würden sie keinen Begriff vom Guten und Schlechten bilden, solange sie frei blieben.*[41]

Für den schottischen Philosophen David Hume (1711 bis 1776), einen der Väter des modernen Denkens, gibt es Erkenntnis nur noch aus der Erfahrung. Keine Theorie kann den Anspruch erheben, von der Wirklichkeit Rechenschaft abzulegen. Die Wünsche und Empfindungen, die jeder Mensch hat, treiben ihn zum Handeln. Unsere Gefühle

(Hume fasst den Begriff sehr weit und versteht darunter alles, was wir empfinden) bringen uns dazu, das für uns selbst, aber auch für andere Nützliche oder Angenehme zu billigen, und sie sind es auch, die unsere moralischen Entscheidungen bestimmen. Die Wurzeln des Altruismus, aufgrund dessen wir uns nicht nur unser eigenes Glück, sondern auch das unserer Mitmenschen wünschen, liegen in der Natur des Menschen als Gemeinschaftswesen, das Freude und Leid von seinesgleichen instinktiv teilt. Um zu überleben, müssen wir zusammenarbeiten. Persönliches und kollektives Interesse decken sich letztendlich. Dadurch, dass wir Sympathie mit der Menschheit entwickeln und die spontan in uns erwachenden Affekte sowie die Freude aufrichtiger Freundschaft pflegen, können wir ein befriedigendes Gesellschaftsleben aufbauen und persönliches Glück finden.

Nach Hume kodifizierte der englische Jurist Jeremy Bentham (1748–1832) die Idee, dass die größtmögliche Lust für die größtmögliche Zahl die Grundlage der Moral und der Gesetzgebung zu sein habe, und schlug vor, den Wert unserer Handlungen in einem ausgefeilten «Lustkalkül» nach der Lust zu bemessen, die sie uns selbst und anderen verschaffen. Bei der Entscheidung über ethische Fragen zählt laut Bentham jeder als einer und keiner mehr als der andere. Ein Satz, der den Slogan der Bürgerrechtsbewegungen «Ein Mann, eine Stimme» um zwei Jahrhunderte vorwegnahm. Wenn die Förderung des persönlichen Glücks mit der des kollektiven Glücks in Konflikt gerät, müssen wir die Gesellschaft ändern, um diesen Konflikt auszuräumen. Dieser Überzeugung folgend, setzte sich Bentham an die Spitze einer aktiven Reformbewegung.

Den großen Versuch, die Welt allein im Licht der menschlichen Vernunft zu interpretieren, unternahm der

Deutsche Immanuel Kant (1724–1804)[42], den viele für den größten Philosophen zumindest der Neuzeit halten. Die Grundsätze, die unser Handeln leiten, sind nur dann moralisch, wenn sie für alle gültig sind. Menschliches Zusammenleben könnte beispielsweise nicht auf der Lüge gegründet sein, denn in einer Welt von Lügnern würde niemand glauben, was der andere sagt, selbst wenn es gerade die Wahrheit wäre. Kant formuliert sein Moralgesetz in dem berühmten Satz: «Handle nur nach derjenigen Maxime, durch die du zugleich wollen kannst, daß sie ein allgemeines Gesetz werde.» Dies ist der so genannte «kategorische Imperativ», der keine Ausnahmen zulässt. Wenn wir danach streben, in absoluter Freiheit zu handeln, müssen wir die gleiche Freiheit auch den anderen zugestehen. Deshalb drückt sich die höchste Freiheit in einer Pflicht aus, nämlich in der Pflicht, nach dem moralischen Gesetz zu handeln. Diese Pflicht findet universalen Ausdruck im «praktischen Imperativ», nach dem die «Menschheit» in der eigenen Person wie in der jedes anderen immer als Zweck zu achten ist und niemals als Mittel für beliebige Zwecke missbraucht werden darf.[43] Wir sind nie berechtigt, die Handlungsfähigkeit anderer Menschen zu beeinträchtigen. Sie als Zweck zu behandeln und nicht als bloßes Mittel unserer Wünsche beinhaltet auch, dass wir uns ihnen angesichts ihrer Verletzlichkeit und der Schwierigkeiten, mit denen sie zu kämpfen haben, nützlich machen, ihnen helfen, wenn sich die Gelegenheit bietet.

Wiewohl höchst bemerkenswert, wurde Kants Ansatz auch viel kritisiert, und zwar mit triftigen Argumenten. Einerseits wirkt das von ihm vorgeschlagene moralische Gesetz leer, es definiert keine Prinzipien, die helfen könnten, das eigene Handeln konkret zu lenken. Andererseits ist es eine kalte, herzlose, riskante Sichtweise, wenn bei der

Formulierung der Verhaltenskriterien die menschlichen Empfindungen und Bestrebungen ganz außer Acht gelassen werden und die Pflicht gegenüber einer abstrakt verstandenen Menschlichkeit über alles erhoben wird: Es ist gefährlich, im Namen einer durch eine rein theoretische Untersuchung festgelegten Pflicht zu handeln und nicht um der Sympathie für unsere Mitmenschen willen.

Im Lauf einer ausführlichen Analyse des Begriffs «gut» kam der englische Philosoph George E. Moore in der ersten Hälfte des zwanzigsten Jahrhunderts zu dem Schluss, dass sich die Bedeutung von «gut» nicht definieren lasse.[44] Man könne lediglich angeben, was gut sei, eine Handlung als gut und eine andere als schlecht bezeichnen, so wie sich ja auch nicht erklären lasse, was Gelb sei. Man könne nur auf einen Gegenstand zeigen und sagen: «Das ist gelb.»

Im zwanzigsten Jahrhundert hat sich die Ethik in verschiedene Richtungen entwickelt, die bis zu einem gewissen Grad konvergieren, auch wenn sie sich oft widersprechen. Die Auffassung, dass ein Moralprinzip nur universal sein könne, also so beschaffen sein müsse, dass es von allen gleichermaßen angewandt werden kann, wurde weitgehend akzeptiert.[45] Das bedeutet auch, dass meine eigenen Interessen nicht einfach deshalb, weil sie meine Interessen sind, mehr zählen als die Interessen irgendeines anderen.[46]

Große Aufmerksamkeit hat man der Untersuchung der sprachlichen Formulierungen gewidmet, die «moralisches» Verhalten vorschreiben, empfehlen oder beschreiben. Solche Untersuchungen sind sehr wichtig, da sonst die Gefahr besteht, dass wir bei der Entscheidung, ob eine bestimmte Handlungsweise *gut* oder *schlecht* ist, womöglich nicht einmal wissen, wovon wir sprechen. So versuchte man beispielsweise herauszufinden, was es bedeutet, wenn man sagt, «ich *sollte* das und das tun» oder jemand «sei *gehalten*», in einer bestimmten Weise zu handeln, und man bemühte sich herauszufinden, worin diesbezüglich alle Menschen übereinstimmen könnten. Das ist nicht viel, aber doch von grundlegender Bedeutung.

Ethik ist laut Aristoteles eine «praktische Wissenschaft», und die Zeit gab ihm Recht. Ein großer Teil der modernen Moralphilosophie befasst sich mit ganz konkreten Fragen und versucht, Kriterien von praktischem Nutzen aufzustellen, die von der Allgemeinheit geteilt werden können und uns dringende und nahe liegende Probleme zu bewältigen helfen, mit denen wir hier und jetzt konfrontiert sind. Es geht nicht mehr um moralische Vortrefflichkeit oder um überirdisches Heil, sondern um unser persönliches Leben und um das der anderen Menschen und jeder anderen lebenden Spezies. Umweltverschmutzung, Ausbeutung der Natur, Hunger in der Welt, die Beziehungen zwischen den Völkern, Krieg und Atomwaffen, Tierschutz, die Rechte der Kinder, das Bildungswesen, die Stellung der Frau in der Gesellschaft, die Menschenrechte und -pflichten, Nationalismus und Rassismus, Geschäftspraktiken, Waffenproduktion, Verbrechen und Bestrafung, Abtreibung und Euthanasie, Patientenrechte und ethische Probleme der Medizin, die Gentechnik, aber auch der Verlust an Lebensqualität und Lebenssinn in breiten Schichten vor allem der großstädtischen Bevölkerung, die Frage, was man tun kann, um die letzten noch überlebenden Urbevölkerungen zu retten, wenn es nicht schon zu spät ist: Dies sind die Probleme, die sich heute jedem stellen, der bewusst über die Welt nachdenkt. Zumindest mit einigen davon werden wir uns auch in diesem Buch befassen.

Allzu abstrakte Untersuchungen, die sich als wenig

nützlich erwiesen, wenn es darum ging, Verhaltensrichtlinien zur Verfügung zu stellen, wurden mit der Zeit aufgegeben. Einige Denker befassen sich allerdings noch immer mit der Frage nach dem Guten oder nach den natürlichen Grundlagen des Moralgesetzes. Andere versuchen zu klären, ob Moralität eine allen Menschen gemeinsame Basis hat – beispielsweise in der Fähigkeit, bestimmte Grundprinzipien intuitiv zu erkennen – oder ob in der Welt einfach vielfältige Subjektivitäten, Interessenträger, Einstellungen und unterschiedliche Kulturen agieren. In gewissem Sinn wirken auch die Philosophien der Vergangenheit nach. Sie befruchten und regulieren das heutige Denken, das sich mit der Gesamtheit der menschlichen Kultur und nicht nur mit der Gegenwart messen muss.

In den letzten hundert Jahren übernahmen bestimmte Wissenschaftszweige Aufgaben, mit denen sich früher die Moralphilosophie befasst hat. So geben uns Psychologie, namentlich die Tiefenpsychologie, Anthropologie und Soziologie oft besser Aufschluss über unsere inneren Triebkräfte und über die Gründe unseres Verhaltens, als es die Philosophie je vermochte.

Bei unserem kurzen Ausflug ins Dickicht der Ethik haben wir gerade nur ein paar Bäume gestreift, ohne tiefer einzudringen. Die Vielzahl und das Format der Persönlichkeiten, die sich oft von Grund auf mit der Frage auseinander gesetzt haben, was für den Menschen gut ist, die vielfältigen Voraussetzungen, von denen sie dabei ausgingen, ihre scharfsinnigen Argumentationen: All das lässt sich unmöglich auf wenigen Seiten zusammenfassen. Wir haben uns darauf beschränkt, die wechselhafte Geschichte der Idee des Guten kurz zu umreißen und auf einige der bedeutendsten Auffassungen hinzuweisen, die sich in den letzten Jahrtausenden herausgebildet haben. Jeder von uns hat einen zumindest unbewussten Begriff von dem, was gut oder schlecht ist, und wenn er versuchte, ihn explizit darzulegen, würde er höchstwahrscheinlich erkennen, dass er aus irgendeiner der großen Strömungen der modernen Philosophie stammt. Und auch diese haben wiederum Themen weiterentwickelt, die bereits in der Antike diskutiert wurden. Eine universale Ethik hat es nie gegeben, aber der Eifer, mit dem Fragen der Moral seit Jahrtausenden debattiert werden, ist gewiss universal zu nennen.

Kann es überhaupt universale ethische Kriterien geben? Im Lauf der Geschichte trat menschliche Ethik immer als Funktion der Kultur eines Volks unter dem Impuls der Umstände in Erscheinung. Die Phönizier opferten ihre eigenen Kinder, um sich die Götter wohlgesinnt zu machen: Um Unheil abzuwenden, wurden Säuglinge umgebracht. Kaum denkbar, dass die Phönizier dies gern taten; eher betrachteten sie es als unerlässlich für das Wohl der Familie und der Gemeinschaft. Die Azteken rissen lebendigen Menschen das Herz aus der Brust und opferten deren Blut der Sonne, wobei sie glaubten, dass ein derartiger Tod dem Opfer das ewige Leben sichere. So gesehen könnte man sogar denken, dass sie ihm im Grunde einen Gefallen erwiesen. Die Christen verfolgten trotz der Lehren des Evangeliums mehr als tausend Jahre lang im Namen Jesu jeden, der einen anderen Glauben hatte oder den ihren anders auslegte: Die letzten Scheiterhaufen, auf denen Ketzer, Hexen oder Homosexuelle verbrannt wurden, sind erst vor kaum zweihundert Jahren erloschen. Die Inquisitoren, die mit Tod und Folter drohten, waren Verfechter der katholischen Moral: die *heilige* Inquisition. Die Forderung, das Böse zu bekämpfen, verpflichtet den gläubigen Moslem zum heiligen Krieg gegen Ungläubige, eine Pflicht, die noch heute von vielen ganz wörtlich genommen wird. In Wirklichkeit soll man den *Djihad*, den heiligen Krieg, vor allem gegen sich selbst führen, gegen das Herz, die Zunge und die Hand (das heißt, man soll rein werden und Gutes tun), und weniger mit dem Schwert. In Indien kam zu dem heiligen Ritual, bei dem Witwen lebendigen Leibes verbrannt wurden, um ihrem Mann in den Tod zu folgen, der Brauch, die Ehefrau in der Küche anzuzünden, auch ohne dass der Mann gestorben war, wenn ihre Familie die Mitgift nicht vollständig ausgehändigt hatte.[47] In Brasilien streifen nachts Polizisten durch Großstädte und erschießen schlafende Straßenjungen. Diese sich selbst überlassenen Kinder können zwar sehr gefährlich sein, wenn sie wach sind, aber ist es nicht inhuman, dass die Gesellschaft keine andere Lösung findet, als diese Kinder einfach abzuknallen? Würden wir ihre Mörder zur Rede stellen, so würden sie sagen, sie hätten es für das Wohl der anderen Bürger getan. Aus ähnlichen Gründen wurden in den Südstaaten von Amerika bis vor wenigen Jahrzehnten schwarze Staatsbürger von Mitgliedern des Ku-Klux-Klan erhängt.

Die schlimmsten Gewalttäter können überzeugt sein, für einen guten Zweck zu handeln, so monströs dies jedem vernünftigen Menschen oder Angehörigen eines anderen Kulturkreises erscheinen mag. Als Hitler die Juden vernichten ließ, wollte er damit auf seine Weise das Böse in der Welt ausrotten. So verrückt er war, brachte er doch ein ganzes Volk dazu, ihm zwölf Jahre lang Gefolgschaft zu leisten. Wenn man eine Lüge nur oft genug wiederholt, wird sie zur Wahrheit, sagte Goebbels. Beim Nürnberger Prozess hielten sich ausnahmslos alle Nazigrößen für unschuldig «vor Gott und vor den Menschen». Als Adolf Eichmann, der den Völkermord organisiert hatte, vor seinem Prozess 1961 in Jerusalem verhört wurde, beteuerte er mit großem Nachdruck, *sein Leben lang den Moralvorschriften Kants gefolgt zu sein und vor allem im Sinne des kantischen Pflichtbegriffs gehandelt zu haben.* Beim Prozess selbst führte er aus: *Da verstand ich darunter, daß das Prinzip meines Wollens und das Prinzip meines Strebens so sein muß, daß es jederzeit zum Prinzip einer allgemeinen Gesetzgebung erhoben werden könnte*[48], und erklärte, dass er unter Millionen von Fällen, die durch seine Hände gingen, nur zweimal ausnahmsweise der menschlichen Sympathie gefolgt sei und darauf verzichtet habe, seine Pflicht zu erfüllen. Obwohl er, wie er behauptete, von Kant beeinflusst war, kannte er offenbar dessen Philosophie nur sehr oberflächlich, denn die «Selbstzweckformel» verlangt, einen Menschen nie als Mittel (zur Erreichung eigener Wünsche) zu behandeln, sondern ihn immer als Selbstzweck zu sehen. (Dies erfordert, wie Kant erläutert, dass die Zwecke eines Subjekts, das ein Selbstzweck ist, so weit wie möglich auch meine Zwecke sind. Zu diesen Zwecken gehört natürlich auch der Wunsch weiterzuleben.)

Der Begriff von Gut und Böse ist wahrlich höchst relativ und subjektiv. Er ist nicht nur von Kultur zu Kultur und von Individuum zu Individuum unterschiedlich, sondern kann sich auch für ein und denselben Menschen je nach dessen Lebensumständen abrupt ändern. Es gibt Menschen, die für Mord die Todesstrafe fordern; doch wenn der eigene Sohn oder Bruder zum Mörder wird, wie viele wären dann bereit, ihn zu verstecken oder zu decken, damit er, wenn möglich, der Justiz entgeht?

In der gesamten Geschichte der Ethik wird man kaum eine überzeugendere Richtlinie finden als die so genannte Goldene Regel, wie sie Buddha, Konfuzius und Christus formuliert haben: *Alles nun, das ihr wollet, das euch die Leute thun sollen, das thut ihr ihnen auch*[49]*;* oder, negativ ausgedrückt: *Was du nicht willst, das man dir tu, das füg auch keinem andern zu.*[50]

In ihrer positiven Form stellt diese Regel ein altruistisches Handlungsprinzip auf, in negativer Form ein Prinzip der Enthaltung, das im Grunde dazu auffordert, die Leute tun zu lassen, was sie wollen, solange sie damit niemandem schaden. Die negative Formulierung ist vielleicht vorzuziehen, denn sie regt zu einer toleranten Haltung an. Die Wahrnehmung der Wirklichkeit, die persönlichen Aspirationen, die Dinge, denen man Wert oder keinen Wert beimisst, variieren von Person zu Person sehr stark. Manche Leute würden ihre Wünsche gern auch den anderen aufdrängen: Wer zum Beispiel für Totalitarismus ist, würde ihn typischerweise gern allen aufzwingen, was ihm natürlich keineswegs das Recht gibt, es auch zu tun. Wir können nie wissen, ob der andere die gleichen Wünsche hat wie wir, aber wir können sicher sein, dass er seine eigenen Wünsche hat. Handlungen zu vermeiden, die negative Folgen haben (so das große Gebot Buddhas), erscheint klüger, als um jeden Preis «Gutes tun» zu wollen, solange es keinen ausdrücklichen Konsens darüber gibt, was unter «gut» zu verstehen ist.

Gegen die Goldene Regel in ihrer negativen Form scheint es keine Gegenanzeige zu geben. Sie statuiert vor allen Dingen ein Prinzip höchster Freiheit: Wir können uns vorstellen, dass in einer Welt, in der sich alle an diese Regel halten, jeder die größte Achtung für die Meinungen, Gefühle und Initiativen seiner Mitmenschen hat. Das entsprechende Verhalten seitens der anderen wäre zugleich die beste Garantie für die persönliche Autonomie des Denkens und Handelns eines jeden. Eine solche Haltung fördert eine außergewöhnliche Mannigfaltigkeit und Diversität der

Lebensstile. Die einzige Grenze, die der Handlungsfreiheit gesetzt wird, besteht darin, die entsprechende Freiheit der anderen nicht zu beeinträchtigen. In einer solchen Welt zu leben wäre sehr ermutigend.

Dieses Prinzip hat noch weitere Vorteile. Es ist eine praktische Regel, die sich auf vielerlei Lebenssituationen anwenden lässt. Man muss sich dazu nur einen Augenblick lang in die Lage des anderen hineinversetzen. Die Goldene Regel zwingt uns also zum Nachdenken, sie bringt uns dazu, unseren Mitmenschen (nicht nur denen in unserem engsten Umfeld, sondern auch Fremden) gegenüber so aufmerksam zu sein, wie wir es spontan wohl kaum wären. Daraus entsteht bewusstes Handeln.

Die Goldene Regel zeigt zudem deutlich, dass jeder für sein Handeln selbst verantwortlich ist, denn es ist leicht ersichtlich, dass derjenige, der etwas tut, was er selbst nicht erleiden will, das Risiko eingeht, dass ihm seine Tat in gleicher Münze zurückgezahlt wird.

Ethik drückt sich im Verhalten aus. Die soziale Natur des Menschen, der sich in großen, gegliederten Gemeinwesen organisiert, erfordert eine Regelung des Zusammenlebens durch Gesetze und Konventionen. Die Denksysteme und Gesetze jeder Gesellschaft versuchen so, eine ideale, zumindest aber realistische und wünschenswerte Moralität zu kodifizieren. Geschichte aber wird durch Taten, nicht durch Worte gemacht.

Der Grundsatz, dass vor dem Gesetz alle gleich sind, ist eine noch sehr junge Entwicklung in der Menschheitsgeschichte. In Italien zum Beispiel wurde die Gleichberechtigung von Mann und Frau erstmals in der republikanischen Verfassung anerkannt, die 1948 in Kraft trat. In den Vereinigten Staaten von Amerika wurde die Diskriminierung aufgrund der Hautfarbe erst in den sechziger Jahren abgeschafft. Die Allgemeine Erklärung der Menschenrechte stammt von 1948, und obwohl sie von der Generalversammlung der Vereinten Nationen einstimmig angenommen wurde, verstoßen heute mehr als hundert Mitgliedsstaaten systematisch gegen diese Rechte, darunter einige der größten Nationen unseres Planeten. Wie viele der sechs Milliarden Menschen, die auf der Erde leben, hatten je Gelegenheit, diese Allgemeine Erklärung auch nur zu lesen? Wie viele wissen überhaupt, dass sie existiert?

Mord wird von der Gesetzgebung, von den Philosophien und von vielen Religionen generell verboten. Das hindert viele Regierungen, deren Aufgabe es ist, für die Anwendung der Gesetze zu sorgen, nicht daran, politische Gegner umzubringen oder an schwächeren Bevölkerungsgruppen Genozid zu verüben. Die Todesstrafe ist eine von vielen Staaten praktizierte Form des institutionalisierten Mords, und im Kriegsfall erlauben alle Staaten ihren Bürgern zu töten; die Tüchtigsten werden dabei mit besonderen Ehrungen ausgezeichnet. In der Tierwelt gibt es keine Spezies, die eine mit der des Menschengeschlechts vergleichbare Grausamkeit an den Tag legt.

Im Krieg werden andere Menschen zu unseren Feinden und wir werden zu ihren Feinden. Jeder projiziert auf den anderen das Andersartige, jeder schreibt dem Gegner alles Böse zu und gibt ihm die Schuld für alles, denn damit man den Feind töten kann, muss er alles verkörpern, was schädlich ist und dem eigenen Wohl entgegensteht. Es handelt sich um eine primitive, psychologische Methode: So wie in vielen Filmen der «Gute» und der «Böse» in groben Zügen holzschnittartig charakterisiert sind, so macht die Propaganda, heute wie gestern, den Gegner zum Dämon.

Was ist das universale Verbot zu töten dann eigentlich

noch wert? Wenn es einen Sinn haben soll, dann doch gerade gegenüber Feinden. Weshalb sollte jemand, der im Vollbesitz seiner geistigen Fähigkeiten ist, seine Freunde oder einen x-beliebigen Fremden umbringen?

Gut und Böse sind menschliche Schöpfungen. Wir schaffen sie, weil wir sie brauchen. Alles kann im Leben mehr oder weniger «gut» oder «schlecht» für uns sein, angefangen bei dem, was wir essen und wie wir mit unserer Gesundheit umgehen, von der wiederum die Möglichkeit des Weiterlebens abhängt. Außerhalb der Menschenwelt aber haben die Begriffe Gut und Böse keine Gültigkeit. Die Natur ist unparteiisch, sie bringt herrliche Landschaften und schreckliche Katastrophen hervor und folgt dabei immer den gleichen Gesetzen. Wenn wir die Natur beobachten, finden wir keine Spur dieser Kategorien. Der Wald, der hundert Jahre gebraucht hat, um heranzuwachsen, wird in einer Nacht vom Feuer zerstört, wie Seneca schrieb.

Ist es wirklich sinnvoll, zu definieren, was gut und was böse ist? Die beiden Begriffe als absolute Entitäten zu behandeln, wie es in der Geschichte der Philosophie immer wieder getan wurde, ist ein völlig willkürliches Unterfangen und kann sogar gefährliche Folgen haben, denn die Menschen neigen von jeher dazu, sich extrem ernst zu nehmen, wenn sie festgelegt haben, dass eine bestimmte Handlungsweise als gut und eine andere als schlecht anzusehen sei. Sobald das Gute da ist, gibt es auch das Schlechte: Die Wirklichkeit wird in zwei Lager gespalten, hier die Guten und Gerechten, dort die Bösen und Ungerechten. Wer Kriterien definiert, die einen Menschen zum Heiligen machen, füllt die Welt mit Sündern. Eine solche Aufteilung ist ein zweischneidiges Schwert: Sie spaltet nicht nur die äußere Wirklichkeit, sondern auch die Person in ihrem Inneren. Die Trennungslinie, die wir in der Welt gezogen haben, setzt sich in uns fort und führt zu Spaltungen, Widersprüchen, Schuldgefühlen. Ist das wirklich nötig?

Traditionell galt als moralisch, wer gemäß den gesellschaftlichen (und religiösen) Normen handelte, und als unmoralisch, wer seinen Trieben oder, wenn wir so wollen, seiner Natur folgte. Bei dieser Weltsicht jedoch muss man zu dem Schluss kommen, dass weder der eine noch der andere ein freier Mensch ist, denn alle beide gehorchen bestimmten Gesetzen, ob diese nun von der Gesellschaft oder vom eigenen Instinkt diktiert sind.

Es gibt einen dritten Weg, der darin besteht, dass wir bei allem, was wir tun, an die Folgen denken, die unser Handeln für das Wohl unserer Mitmenschen hat, und nicht versuchen, anderen unsere Entscheidungen aufzuzwingen.

Es scheint viel klüger und gesünder, nicht allzu viele Gewissheiten zu verkünden und zu erkennen, wann ein Urteil überflüssig ist oder wir nicht dazu in der Lage sind zu urteilen, und stattdessen zu versuchen, eine Frage von allen Seiten zu beleuchten, sie transparent zu machen, viele verschiedene Standpunkte und Subjektivitäten zum Tragen kommen zu lassen. Es ist interessanter, das menschliche Potenzial zu erkunden und ihm eine Richtung zu geben, als zu versuchen, die Außenwelt zu definieren und ihr dabei unsere geistigen Kategorien überzustülpen.

Echte Moralität kann nur dann entstehen, wenn man sich von der Moral ebenso befreit wie von der Unmoral. Erst dann beginnt ein Mensch, Urheber seiner Entscheidungen zu sein.

Moralisches Verhalten entspringt dem Bewusstsein eines Menschen. Wird jedoch von vornherein eine Moralvorschrift auferlegt, kann das Individuum nie Bewusstsein erlangen.

Das ist keine Aufforderung, sich jeden Urteils zu enthalten. Was die wirklich wichtigen Dinge im Leben betrifft, ist ein Urteil unerlässlich. Wie aber kann zum Beispiel die Sexualität Gegenstand eines moralischen Urteils sein? Was in den intimen Beziehungen zwischen zwei Erwachsenen im gegenseitigen Einverständnis geschieht, geht nur sie selbst und sonst niemanden an. Was uns alle angeht, sind eher die Ausbeutung der Arbeitskraft und der Missbrauch des Lebens anderer, wenn uns Freiheit und Menschenwürde wichtig sind.

Es empfiehlt sich, weniger auf Urteile zu achten als auf das Verhalten. Ob jemand eine Handlung als gut oder schlecht ansieht, sagt uns weniger über die Handlung als über die Person, von der das Urteil stammt. Wir erfahren dabei etwas über ihre Motivationen: ob sie sich nach ihrem Gewissen oder nach einem ethischen Prinzip oder nach ihrem eigenen Vorteil richtet; ob Habgier oder Vorurteile oder selbstlose Zuneigung hinter ihrem Urteil steckt. Und so weiter. Das Urteil als solches bringt uns nicht weit. Die einzigen Entscheidungen, die wir wirklich treffen müssen, sind die in Bezug auf unser Verhalten.

Worauf ist der ethische Diskurs also anzuwenden? Auf das, was dem persönlichen und kollektiven Glück förderlich bzw. hinderlich ist und was menschliches Leid tilgen hilft. Das ist es, was uns alle angeht, *so lange*, wie der zeitgenössische australische Philosoph Peter Singer sagt, bis *wir keine Kinder mehr finden können, die durch Unterernährung verkümmert sind oder an leicht heilbaren Infektionskrankheiten sterben; keine Obdachlosen, die sich mit Pappe warm zu halten versuchen; keine politischen Häftlinge ohne Gerichtsverfahren;*

keine Atomwaffen, die ganze Städte vernichten können; keine Flüchtlinge, die jahrelang in primitiven Lagern leben; keine Tiere, die auf so engem Raum eingesperrt sind, daß sie sich nicht umdrehen oder ihre Glieder ausstrecken können; keine Pelztiere, die mit einem Bein in den Stahlklauen einer Falle hängen; keine Menschen, die wegen ihrer Rasse oder Religion, ihres Geschlechts, ihrer sexuellen Orientierung oder einer irrelevanten Behinderung getötet, geschlagen oder diskriminiert werden; keine durch Umweltgifte verseuchten Flüsse; keine seit langem bestehenden Urwälder, die gefällt werden, um triviale Bedürfnisse der im Überfluß Lebenden zu befriedigen; keine Frauen, die häusliche Gewalt ertragen müssen, weil sie nirgends Zuflucht finden; und so weiter und so fort. Wie wir einen Sinn in unserem Leben finden könnten, wenn alle vermeidbaren Schmerzen und Leiden beseitigt wären, ist eine interessante philosophische Frage, doch leider dürfte sie in absehbarer Zukunft keine praktische Bedeutung haben.[51]

III Wie Götter sich entscheiden

Das Geheimnis des Lebens, die Ungewissheit, was morgen sein wird, der Tod, über den wir nichts wissen, die mangelnde Kenntnis, die wir von uns selbst haben, das Bedürfnis nach einer Richtschnur, die uns hilft, uns im Leben zu orientieren, und der Wunsch, am Ende unserer Tage nicht spurlos zu verschwinden: In ihren zahllosen Religionen suchten die Menschen, die Tag für Tag ein Dasein leben, dessen Sinn und Zweck ihnen verborgen bleibt, eine Antwort auf Fragen, die über ihr Vorstellungsvermögen hinausgingen. Wie David Hume feststellte, kann man ja nicht einmal mit Sicherheit wissen, ob die Sonne morgen wieder aufgeht: Wer garantiert es uns? Wir können nur sagen, dass sie bis heute jeden Tag aufgegangen ist, und daraus den Schluss ziehen, dass sie es mit hoher Wahrscheinlichkeit weiterhin tun wird.

Um es mit den Worten der Bibel zu sagen: *Wohl dem, dessen Hilfe der Gott Jakobs ist, der seine Hoffnung setzt auf den Herrn, seinen Gott, der Himmel und Erde gemacht hat, das Meer und alles, was darinnen ist; der Treue hält ewiglich.*[1] Viele Religionen verheißen ewige Freude und Glückseligkeit nach dem Tode; einige auch in diesem Leben. Sie werden also aus gutem Grund in unsere Untersuchung einbezogen. Die heiligen Texte weisen immer wieder darauf hin, dass Gott ein verlässlicher Gesprächspartner ist: Er ist allmächtig, und die Garantien, die er bietet, gelten ewig. Obwohl der ägyptischen Religion zufolge die Seelen der Gerechten auferstehen und die Evangelien erzählen, dass Lazarus und Jesus vom Tode auferstanden seien, ist nicht mit Gewissheit bekannt, ob je irgendjemand aus dem Jenseits zurückgekehrt ist, um zu berichten, ob die Verheißungen erfüllt werden. Zumindest aber können wir uns mit den irdischen Aspekten der Religionen befassen. Die bei einem guten Verhältnis zur Gottheit verheißenen Wohltaten gibt es niemals umsonst: Der Gläubige muss dafür beträchtliche Gegenleistungen erbringen. In den Religionen der Antike schmeichelte man sich bei den Göttern durch Opfergaben ein, meist Vieh und Feldfrüchte; viele Völker brachten aber auch Menschenopfer dar (und schenkten damit den Göttern das, was als das Wertvollste galt). Es herrschte die Überzeugung, dass die Gottheit dem ihr zu Ehren vollzogenen Ritus beiwohne und sich an dem zum Himmel aufsteigenden Duft labe. *Die Götter aber rochen ihren Duft und scharten sich den Fliegen gleich um den Opferspender*[2], heißt es in einem jahrtausendealten Text. Im Tempel oder Orakel des Gottes wurden, je nach Wichtigkeit und Größe der erbetenen Gnade, auch sehr wertvolle Gaben dargebracht. In den jüngeren Religionen entscheidet eher das Verhalten des Gläubigen über sein Verhältnis zu Gott. Man verlangt von ihm, dass er glaubt und gute Werke vollbringt. Mit Reichtum und Geschenken kann man das Paradies nicht erkaufen. Das Opfer ist geblieben, wenn auch nur als Ritual. Im Gegensatz zu den antiken Religionen opfert sich im Christentum Gott für den Menschen. Für die katholische Kirche ist es ein Glaubensdogma, dass bei der Eucharistie Leib und Blut Christi materiell gegenwärtig sind. Für jeden an der Kommunion teilnehmenden Gläubigen wiederholt sich das Opfer des Gottessohns, der am Kreuz gestorben ist, um die Menschheit zu erlösen. *Wer mein Fleisch isset und trinket mein Blut, der hat das ewige Leben, und Ich werde ihn am Jüngsten Tag auferwecken.*[3]

Die antiken Religionen und die Rituale neolithischen Ursprungs spielen in der heutigen Welt kaum noch eine Rolle; neue Kulte sind an ihre Stelle getreten. Dennoch muss daran erinnert werden, welche Bedeutung sie in der Geschichte hatten: Für viele Völker der Erde hing vom perfekten Vollzug der verschiedensten Riten das Geschick nicht nur des Stammes, sondern der Natur selbst ab. Der Jahreszeitenzyklus, die Fruchtbarkeit des Bodens und der Frauen, der Fortgang des Lebens, die regelmäßige Wiederkehr der Sonne am Himmel wurden nicht als selbstverständlich hingenommen: Die menschliche Gemeinschaft musste ihren Beitrag dazu leisten, indem sie Handlungen vornahm, die im Lauf der Jahrtausende erprobt und vervollkommnet worden waren. Führte ein Ritus beispielsweise die Wintersonnenwende herbei, sodass die Tage wieder länger werden konnten, dann war dieser Ritus von solcher Wichtigkeit, dass man es niemals unterließ, ihn zu begehen. Niemand wusste ja, was geschehen würde, wenn das Versöhnungszeremoniell nicht vollführt wurde. Auch das war ein Glaube. Reste dieser alten Praktiken sind bis heute erhalten: Ein Beispiel dafür ist das Weihnachtsfest.

Einige Jahrtausende lang lebte praktisch jeder Mensch in einer religiösen Gesellschaft mit einer oder mehreren Gottheiten bzw. Kulten. Er musste sich also gleichzeitig mit der Natur messen, um zu überleben, und mit der sie gestaltenden Gottheit, um zu erfahren, wie er sich zu verhalten hatte. Im klassischen Griechenland wird erstmals die Ansicht vertreten, dass die Götterkulte Fiktion seien. So sagte beispielsweise Heraklit über seine Zeitgenossen: *Zu den Götterbildern dort beten sie, wie wenn einer mit Häusern schwatzte und wüßte nicht, was Götter und Heroen in Wahrheit sind.*[4] Doch erst in allerjüngster Zeit traten auch Gesellschaften auf, die nicht religiös sind.

Zwei Typen von Religionen waren, könnte man sagen, in den letzten Jahrtausenden besonders erfolgreich.

Für den ersten Typ, dessen Alter sich schwer feststellen lässt, *ist* der Mensch Gott, er hat es nur sozusagen vergessen und ist sich dessen nicht mehr bewusst. Wenn er einen geeigneten geistigen Weg geht, kann er seine wahre Natur in der göttlichen Vernunft wieder erkennen, aus der das Universum hervorgegangen ist. Dies ist die Lehre der Upanishaden – das Wort bedeutet «(heimliche) Verbindung», Erkenntnis der Einheit des Individuums mit dem Kosmos; im weiteren Sinn bedeutet Upanishad auch die geheime Lehre, die der Lehrer dem Schüler übermittelt. Es handelt sich um philosophische Texte, die zu den Veden gehören, den heiligen Schriften der arischen Wanderhirten, die sich vor etwa viertausend Jahren in Nordindien niederließen. Möglicherweise existierte die Philosophie, an der sich die Upanishaden inspirierten, aber schon vor deren Ankunft. *Wenn sie nun hier in bezug auf den einzelnen Gott sagen, opfere diesem oder jenem, so ist der nur eine Einzelschöpfung von ihm; denn es* [das Selbst] *begreift alle Götter in sich ...*[5] Noch heute ist der traditionelle Gruß, *namasté*, üblich, bei dem man die aneinander gelegten Hände zur Stirn hebt, was so viel bedeutet wie: «Ich verneige mich vor dem Gott in dir.»

Für den zweiten Typ, wie er sich in den großen monotheistischen oder polytheistischen Religionen präsentiert, sind die Gottheiten oder der eine Gott von den Menschen getrennt und klar unterschieden und viel mächtiger als diese. In der polytheistischen Form ist dieser Religionstypus der älteste, über den wir historische Zeugnisse besitzen: Schon in der mesopotamischen Welt vor 6000 Jahren wurden personifizierte Naturkräfte angebetet. Die ersten Zeugnisse über Rituale oder Kulte sind noch um einige zehntausend Jahre älter und schwer zu entschlüsseln. In der modernen Welt ist die weitaus wichtigste polytheistische Religion der Hinduismus, dessen Wurzeln bis ins vorvedische und vorarische Indien zurückreichen. Verehrt wird eine unüberschaubare Vielzahl von Göttern. Der Monotheismus entstand erst vor etwa 4000 Jahren in der Tradition des jüdischen Volks. Aus der jüdischen Wurzel entwickelte sich vor fast 2000 Jahren das Christentum und vor etwa 1400 Jahren der Islam.

Die drei großen monotheistischen Religionen sprechen von einem *Bund*. In der Bibel schließt Jahwe, der die Gerechten liebt, ein Bündnis mit Noah, Abraham, Jakob, David und ganz allgemein mit dem jüdischen Volk. Er verheißt ihnen, sie zu einem mächtigen und zahlreichen Volk zu machen. Christus bietet ein neues Bündnis an, das sich auf gegenseitige Liebe gründet und das ewige Leben gewährt. Allah besiegelt im Koran ein Bündnis mit den Gläubigen. Er wird sie zum Triumph führen, aber er fordert Unterwerfung. *Und wenn sie mit dir* (über den Inhalt der Offenbarung) *streiten, dann sag: «Ich ergebe mich Gott, (ich) und wer mir folgt!»*[6] Ganz anders der Ansatz des Hinduismus: Man versucht, sich einen oder mehrere Götter wohlgesinnt zu stimmen, und sucht und findet tausenderlei verschiedene Wege, um dies zu erreichen. Da überrascht es nicht, dass der Hinduismus eine außerordentlich kreative Religion ist.

Alle Religionen, die einen äußeren Gott anerkennen, haben eins gemeinsam: Die Menschen müssen diesem Gott Zugeständnisse machen, denn er besitzt unendliche Macht. Er zeigt sich den Menschen als wohlwollendes Wesen, aber er verlangt, dass sie sich an die Regeln halten.

Von der Beziehung, die jeder Einzelne zur Gottheit unterhält, hängt sein Glück nicht nur in diesem Leben, sondern erst recht im künftigen Leben ab. Gott ist auch in der menschlichen Seele unendlich mächtig, und so bleibt einem nichts anderes übrig, als zu tun, was er verlangt, und sich unendlich zu ergeben: Das ist es, was jede Religion vorschreibt und was in der Erfahrung der Mystiker verherrlicht wird. Gott will sich aber der menschlichen Freiheit nicht aufzwingen, er erlegt den Menschen vielmehr die Freiheit auf. Er verdammt und verflucht, wenn es nötig ist, oder er stellt den Menschen auf die Probe und sendet ihm Strafen; er gibt mehr oder weniger deutliche Zeichen seiner Präsenz und fordert dazu heraus, diese zu erkennen; entscheiden und handeln jedoch muss jeder selbst.

Gott lässt sich nicht betrügen. Wer keine guten Werke anzubieten hat, versucht jedoch, ihn zu bestechen: eine Praxis, die in der heidnischen Antike weit verbreitet war und im christlichen Mittelalter erneut in Schwang kam. Im sechzehnten Jahrhundert war der Ablasshandel der Auslöser für das Schisma, aus dem die reformierten Kirchen hervorgingen.

Die Offenbarung des göttlichen Wortes, zu der es in der Geschichte immer wieder kommt, genießt natürlich hohe Autorität. Das direkte Eingreifen des Gottes lässt dessen Präsenz noch mehr zur Gewissheit werden, obwohl viele es nicht anerkennen oder nichts davon wissen wollen. Oft auch verliert der Hirte mit der Zeit den Kontakt zur Herde, oder der Gott selbst gerät in Vergessenheit.

Wie die Veda, die Upanishaden und die monotheistischen Religionen biblischer Abstammung betrachten sich viele Religionen als offenbart. Zuweilen ist es die Gottheit selbst, die die Religion zu den Menschen bringt. Dionysos, *der du über allen Göttern stehst*[7], ist der Sohn des Zeus, in Wirklichkeit aber ist er Zeus selbst und jeder andere Gott. Er kommt zu den Menschen und lehrt sie – seine letzte Gabe – Wein zu keltern. Als Vorläufer von Christus, der beim Letzten Abendmahl seinen Jüngern den Weinkelch reicht und zu ihnen sagt: «Nehmt und trinkt, dies ist mein Blut», lässt sich Dionysos während des Ritus zerfleischen und lebendig verschlingen, um den Gläubigen zum ewigen Leben zu verhelfen. In der Religion der Etrusker entspringt ein göttlicher Knabe, Tagetes, einer tiefen, frisch gepflügten Ackerfurche und lehrt die Priester, die herbeigeeilt waren, um das Wunder zu sehen, singend die Kunst der Weissagung. Die griechischen Götter sprechen durch das Orakel, doch zu der Zeit, von der Homer erzählt, treten sie in direkte Beziehung zu den Menschen und geben sich dabei gelegentlich auch zu erkennen. Im 6. Jahrhundert v. Chr. offenbart sich der allweise Gott dem Zarathustra; seine «Religion des Feuers» hat im Iran und in Indien noch heute zahlreiche Anhänger. In Mesopotamien erfährt Mani vor 1700 Jahren von einem «göttlichen Zwilling», dass Gott einen Funken seines Lichts in jede menschliche Seele gelegt hat. Jeder Mensch genießt absolute Gleichberechtigung, denn jeder kann sich mit dem göttlichen Licht wieder vereinigen. Mani gründet eine Weltreligion, den Manichäismus, der bewusst Elemente aus allen anderen Religionen der Zeit aufnimmt und von allen anderen Religionen verfolgt wird, sich aber trotzdem zwischen dem 3. und dem 15. Jahrhundert vom Atlantik bis zum Pazifik, im Mittleren Orient, in Nordafrika und Westeuropa bis nach Usbekistan, Sibirien und Formosa ausbreitet. 1827 wurde einem Amerikaner von einem halb göttlichen Wesen das Buch Mormon übergeben, eine Art Bibel, in der die Geschichte von Juden erzählt wird, die vor 2400 Jahren nach Amerika auswanderten. Obwohl es kaum plausibel erscheint, dass dies wirklich geschehen ist, zählt die Gemeinschaft der Mormonen heute fast fünf Millionen Gläubige, weit mehr, als zu Homers Zeiten die Götter anbeteten.

Die religiöse Suche, die in den Upanishaden zum Ausdruck kommt, geht in eine andere Richtung als die der eben genannten Religionen. Der große Unterschied besteht darin, dass Gott nicht jemand anderes ist, sondern das Selbst des Menschen. Deshalb bietet diese Lehre nicht nur Beschreibungen der Welt an, sondern vor allem Techniken, mit deren Hilfe man die eigene Göttlichkeit erkennt. Der im Monotheismus stark ausgeprägte ethische Aspekt (wie verhalte ich mich gegenüber meinen Mitmenschen) fehlt hier völlig. Es gibt keinen Unterschied zwischen dem, was in uns ist, und dem, was außerhalb von uns ist, beides sind Aspekte ein und desselben Phänomens. Das Individuum ist identisch mit dem Ganzen. Das Selbst, mit dem jeder Einzelne Erfahrung hat – in den Upanishaden *Atman* genannt – ist die ganze Welt. *Fürwahr, dieses Selbst (Atman) ist der Oberherr aller Wesen, ist der König aller Wesen*; *darum, gleichwie in der Radnabe und in der Radschiene alle Speichen befestigt sind, also sind in diesem Selbste (Atman) alle Wesen, alle Götter, alle Welten, alle Lebenshauche, alle diese Seelen befestigt.*[8] *... diese ist das Unsterbliche, diese das Brahman, diese das Weltall.*[9]

Nach dieser Lehre gibt es auch im Innern des Menschen keinen Unterschied zwischen Leib und Seele: Das Bewusstsein ist der Kern, der Körper die Peripherie ein und desselben Dings, das alles ist, was ist. Wer sich dessen nicht bewusst ist, macht die Erfahrung des Leidens, so wie ein unfähiger Flötenspieler sich nicht mit dem Orchester vereinigen kann; wer es hingegen erkennt, erlebt jede Freude und hat teil an der unendlichen Harmonie des Ganzen. *Das göttliche Manas … durch welches einer voll Wonne wird, also daß er sich nicht mehr bekümmert.*[10]

Die Suche der Upanishaden geht vom Hauch aus und gelangt zur Unsterblichkeit.[11] … *Aus den Wassern und aus dem Monde gehet in ihn ein der göttliche Prâna (Odem).*[12] … *wird zur ganzen Welt. Auch die Götter sind nicht imstande, dies Werden zu verhindern. Denn er ist ihr Atman. Aber wer eine andere Gottheit verehrt und denkt: «Sie ist etwas anderes als ich», der hat kein Verständnis. Er ist wie ein Nutztier für die Götter. Wie viele Tiere dem Menschen zum Nutzen dienen, so dient der einzelne Mensch den Göttern zum Nutzen. Wenn nur ein einzelnes Tier ihnen genommen wird, so ist das ihnen schon nicht angenehm, geschweige denn, wenn viele ihnen genommen werden. Darum ist es ihnen nicht lieb, wenn die Menschen zu dieser Erkenntnis gelangen.*[13] Gelangt man im Lauf dieses Lebens nicht zur Erkenntnis, geht die Suche von Dasein zu Dasein weiter.

Wie aus einer Quelle entspringt den Upanishaden eine Tradition, die verschiedene Gesichter und Namen annimmt und auch heute noch fortgesetzt wird. Sie prägt den Hinduismus, bringt den Taoismus hervor, fließt in den Buddhismus ein, der ebenfalls danach strebt, das Individuum wieder mit dem Ganzen zu vereinigen, so wie ein Wassertropfen im Meer aufgeht. Im Buddhismus gibt es keine Opferrituale mehr, und die Götter verlieren an Bedeutung. Die gewohnte Wahrnehmung unserer selbst und der Dinge um uns herum ist ein bloßer Wahn. Es gibt keine Verehrung des Selbst: Sogar die Existenz der Götter ist bloßer Wahn, und auch das Selbst hat wie alle Einzelexistenzen keine autonome Wirklichkeit. Es gibt weder Geburt noch Tod; man tritt in einen Körper ein und verlässt ihn wieder, um neue Bewusstseinszustände und neue Leben zu erlangen. Die Aufmerksamkeit für den Atem entwickelt sich zu Formen der Meditation weiter: Man arbeitet an der Erlangung von Bewusstsein.

Der Buddhismus ist keine Religion mehr, sondern eine spirituelle Wissenschaft. Wir behandeln ihn deshalb auch nicht an dieser Stelle, sondern haben uns weiter vorn mit ihm beschäftigt. Er bietet keine offenbarte Wahrheit an, sondern deren Erfahrungsweg, der sich im Lauf der Zeit weiterentwickelte und immer neue Methoden und Inhalte fand. Von Indien gelangte er in den Fernen Osten, nach Tibet, China und Japan, und sorgte für die Verbreitung der Meditationspraktik. Es entstehen viele verschiedene Schulen und Liturgien. Der Zustand der Versenkung, den man im Sanskrit mit dem Begriff *dhyana* und in der Pali-Sprache als *jhana* bezeichnet, wird im Chinesischen zu *ch'an* und in Japan zu *Zen*. Im Zuge dieser spirituellen Suche entstand im 6. und 7. Jahrhundert unserer Zeit auch der *Tantrismus*, der besonders wirksame Techniken entwickelte, mit deren Hilfe sich das Individuum schon in diesem Leben mit dem Brahman vereinigen kann, um auf diese Weise die immer neue Reise von Dasein zu Dasein zu vermeiden.

Man muss unterscheiden zwischen (organisierter) Religion und Religiosität, ob diese nun spontan ist oder sich an der Lehre von Heiligen, Sehern, Propheten oder Göttern orientiert. Das Gefühl, dass alles heilig ist, dass eine Weltvernunft alles Sein beseelt und eine Melodie, eine universale Feier das Leben erfüllt, ist auch außerhalb der Grenzen der Religionen verbreitet und prägt Erfahrungen fern aller kirchlichen Strukturen. Es gibt tiefreligiöse Menschen, die behaupten, mit Gott im Gespräch zu stehen, ohne einer Kirche anzugehören. Mit ihren apodiktischen Glaubenspostulaten stellen die organisierten Religionen für den geistig Suchenden oft sogar ein Hindernis dar.

Das große Problem ist, dass jede Religion behauptet, als einzige die höchste Wahrheit innezuhaben, und Andersgläubige oder Ungläubige gnadenlos bekämpft, wobei oft die eigenen heiligen Prinzipien verleugnet werden. Dies mag ja noch verständlich sein, wenn es sich um Kulte handelt, die jeweils verschiedene Götter verehren, von denen man sich vorstellen könnte, dass sie miteinander konkurrieren. Höchst befremdlich ist dagegen die Feindschaft zwischen Religionen, die von ein und demselben Gott offenbart wurden. Juden, Christen, Moslems («die Völker der Schrift», also der Bibel, wie es im Koran heißt) haben sich im Lauf der Geschichte gegenseitig aufs grausamste bekämpft und verfolgt. Der Koran schildert sehr eindrücklich diese Rivalität, zu der er die Moslems nach dem Vorbild ihrer Vorläufer verpflichtet. *Die Juden sagen: «Die Christen entbehren (in ihren Glaubensanschauungen) der Grundlage.» Und die Christen sagen: «Die Juden entbehren (in ihren Glaubensanschauungen) der Grundlage.» Dabei lesen sie doch (in gleicher Weise) die Schrift.»*[14] *«Und sie sagen: ‹Ihr müßt Juden oder Christen sein, dann seid ihr rechtgeleitet.› Sag: ‹Nein! (Für uns gibt es nur) die Religion (milla) Abrahams, eines Hanifen – er war kein Heide.›»*[15] *«... Und wenn sie an das gleiche glauben wie ihr, sind sie rechtgeleitet. Wenn sie sich aber abwenden, sind sie eben in der Opposition. Doch Gott wird dir (als Helfer) gegen sie genügen. Er ist der, der (alles) hört und weiß.»*[16] Ein einziger Gott für viele Religionen, die sich gegenseitig nicht dulden. Was ist daraus zu schließen? Dass eine dieser Religionen Betrug ist? Schwer zu sagen. So unergründlich der Wille Gottes auch sein mag, man kann sich doch kaum einen Gott vorstellen, der die Menschen, die auf ihn hören, zum Krieg gegeneinander aufhetzt.

Ein weiterer Punkt, der gegen die organisierten Kirchen spricht, ist ihr Machtstreben. Macht über die Seelen ist effizienter als andere Formen der Macht, wie z. B. wirtschaftliche oder politische Macht. Im europäischen Mittelalter beraubte die päpstliche Exkommunikation den Kaiser der göttlichen Investitur und entband die Untertanen von der Treuepflicht. Im Übrigen kann jede Religion nur dann in der Gesellschaft etwas zählen, wenn sie Macht über die Seelen gewinnt. Schon in frühester Zeit, seit Priester sich zu Mittlern zwischen Gott und den Menschen erhoben, konnte man den göttlichen Willen nur durch das Wort der Geistlichen erfahren. Das brachte Missbrauch aller Art mit sich, denn es lässt sich nie überprüfen, ob ein Priester tatsächlich mit Gott in Verbindung steht und ob er dessen Wort wahrheitsgemäß wiedergibt. Beinahe jede menschliche Gesellschaft im Orient wie im Okzident unterhielt jahrtausendelang parasitäre Priesterkasten und erlebte, wie furchtbar die Macht des Heiligen ist. Die Schlüssel in der Hand zu haben, die über Glück oder Verderben im Jenseits entscheiden, erwies sich als höchst effizientes Mittel, die Menschen im Diesseits zu unterjochen.

Um diese Kontrolle zu erlangen, muss man jedoch ins Innenleben der Menschen eingreifen, zwischen Erlaubtem und Unerlaubtem unterscheiden, eine Trennung vornehmen zwischen dem Gutzuheißenden und dem zu Verwerfenden und so die Welt des Individuums spalten, den einen Teil billigen und den andern verdammen. An diesem schrecklichen Dualismus auf Kosten ihrer Anhänger leiden die Kirchen ganz allgemein: Der Körper wird von der Seele getrennt, der Seele wird ein unsterbliches, göttliches Wesen zuerkannt, der Körper hingegen gilt als schändlich und sündig. Körper und Seele (was immer man darunter verstehen mag) sind im menschlichen Erleben jedoch nie voneinander getrennt. Erst der Körper ermöglicht es uns zu existieren. Ohne den Körper ist auch kein Denken möglich. Die äußere Hülle, das, was wir von uns und den anderen sehen, ist unsere Schnittstelle zur Welt, auch wenn es wenig ist im Vergleich zu dem, was in uns ist und was man nicht sieht. Nur durch die Sinnesorgane sind Erkenntnis und Austausch möglich. Die elementaren Erfahrungen von Lust und Schmerz sind unsere ersten Richtlinien im Leben. Physis und Psyche, das, was wir als «Materie», und das, was wir als «Geist» bezeichnen, sind zwei Seiten derselben Medaille, sind zwei Seiten unseres Körpers. Aus ihm kommen Lust und Leid, Gesundheit und Krankheit, Freude und Schmerz, Zufriedenheit und Frustration. Durch ihn und durch nichts sonst ist Erleben und Verstehen möglich. So wie die Natur, das Himmelsgewölbe, die Tiere und Früchte der Erde heilig sind, so ist auch der menschliche Körper heilig.

Die Verdammung des Körpers richtet sich gegen Lust und Sexualität. Jahrhunderte, ja Jahrtausende hindurch wurden die Gläubigen vieler Religionen dazu getrieben, sexuelle Lust zu bestrafen, zu verabscheuen, zu unterdrücken, zu verachten und sich ihretwegen zu kasteien. Sexualität ist der stärkste unserer biologischen Triebe, sobald das Bedürfnis nach Wasser, Nahrung und Schlaf gestillt ist: Das Sexualleben eines Menschen zu kontrollieren heißt, seine Lebenskraft zu beschneiden. So ist es kein Wunder, wenn in einer sexuell unterdrückten Gesellschaft die Menschen unglücklich sind. In vielen afrikanischen Ländern ist es bis heute üblich, kleinen Mädchen die äußeren Geschlechtsorgane zu verstümmeln, um ihnen die Orgasmusfähigkeit zu nehmen oder diese wenigstens einzuschränken, denn man ist überzeugt, dass eine Frau, die kein Interesse an Sex hat, eine treue Ehefrau ist. Die Religionen haben ein vielleicht noch wirksameres psychologisches Äquivalent zu dieser körperlichen Verstümmelung erfunden: die Verdammung der sexuellen Lust, die uns angeblich von Gott entfernt. Es wäre freilich ein perverser Gott, der die Menschen als sexuelle Wesen erschaffen hat, um dann sexuelle Enthaltsamkeit von ihnen zu verlangen, wenn sie ihm gefällig sein wollen. Viele geistliche Führer setzen Lust mit Sünde gleich. So zu sprechen heißt, das Leben zu hassen. Doch es wäre falsch, Gott solche Ansichten zu unterstellen. Was hier zum Ausdruck kommt, ist nichts als menschliche Machtgier. Eine Spaltung zwischen Sexualtrieb und moralischem Gebot herbeizuführen, Schuldgefühle zu wecken, mit überirdischen Strafen und mit Gottes Zorn zu drohen ist die wirksamste (und sadistischste) Strategie, um die Menschen zu beherrschen. Wenn es einen Gott und Schöpfer gibt, ist es viel vernünftiger, zu glauben, dass er seine Geschöpfe mitsamt ihren vitalen Trieben gutheißt. Als wir mit einem befreundeten Benediktinermönch über die homosexuellen Beziehungen der jungen Mönche im Kloster sprachen, sagte er: «Unsere Oberen behaupten, es sei wider die Natur; aber wie können solche Begierden widernatürlich sein, wenn sie spontan in uns erwachen und ihre Befriedigung zu unserem Wohlbefinden beiträgt?»

Die eigenen Triebe zu unterdrücken hat nichts mit Religiosität zu tun. Wir sollten ihnen im Gegenteil mehr Wert beilegen, wenn wir wissen wollen, wer wir sind. In einer Gesellschaft, in der gleichgeschlechtliche Liebe verurteilt wird, gehört großer Mut dazu, homosexuell zu sein, genauso wie eine Frau sehr viel Courage braucht, wenn sie in einer Gesellschaft, in der Frauen unterdrückt werden, sexuelle Freizügigkeit praktiziert. Aber auch in der fortschrittlichsten Welt muss jeder seine Triebe selbst erforschen und zu einer befriedigenden Form seiner Sexualität finden, wenn er sich selbst erkennen will.

In einem ihrer Romane schreibt die zeitgenössische amerikanische Schriftstellerin Ursula K. LeGuin: *Was sind Liebe und Lust eines Mannes und einer Frau gegen die Geschichte zweier Welten, die großen Umwälzungen in unserem Leben, die Hoffnung und die unendliche Grausamkeit unserer Spezies? Etwas sehr Kleines. Aber auch ein Schlüssel ist klein, verglichen mit der Tür, die er aufschließt. Verliert man den Schlüssel, läßt sich die Tür vielleicht nie wieder öffnen. In unseren Körpern beginnt die Freiheit oder geht sie uns verloren, in unseren Körpern nehmen wir die Sklaverei hin oder setzen ihr ein Ende.*[17]

In bestimmten östlichen Traditionen wird ausdrücklich gesagt, dass sich beim sexuellen Orgasmus, wenn für Augenblicke das Denken aussetzt, Zeit und Raum auflösen und es kein «Ich» und kein «Du» mehr gibt, weil die beiden Liebenden miteinander verschmelzen. In diesem Moment haben Mann und Frau die erste Ahnung von einem Bewusstseinszustand, in dem sie keine Einzelwesen mehr sind, sondern eins mit dem Ganzen werden. Wenn sie einmal von dieser Erfahrung gekostet haben, besitzen sie einen kleinen Schlüssel, der ihnen auch auf andere Weise Zugang verschafft: vor allem durch Meditation, die stille Versenkung in das, was in uns und außerhalb von uns ist.

Joseph Campbell (1904–1987), ein großer Mythenforscher, erzählt von einer Episode, die ein New Yorker Sozialphilosoph erlebte, den er auf einer Konferenz in Japan kennen lernte. Der Philosoph hatte tagelang staunend den kunstvollen Shinto-Tänzen zugesehen. Der Shintoismus oder «Weg der Götter» ist die alte traditionelle Religion Japans. Neugierig näherte er sich einem Geistlichen und sagte zu ihm: «Ich verstehe eure Theologie nicht.» Der Priester schwieg eine Weile, dann erwiderte er: «Wir haben keine Theologie. Wir tanzen.»[18]

In dieser schlagfertigen Antwort scheint die Essenz der religiösen Haltung zum Ausdruck zu kommen, die Bewunderung und Dankbarkeit gegenüber allem Seienden ist und auf vielerlei Weise zur Kommunikation mit Gott gelangt. Das Leben wurde uns geschenkt: Was könnten wir Besseres damit tun, als seinen Wert zu schätzen, es zu erkunden und die Welt ein klein wenig schöner zurückzulassen, als wir sie vorgefunden haben?

Erlebnisse grenzenloser Glückseligkeit werden von Menschen berichtet, denen es gelungen ist, Gott zu schauen, Gott zu werden, oder zu entdecken, dass es illusorisch ist, zwischen dem Einzelnen und Gott, zwischen dem Suchenden und dem Gesuchten zu unterscheiden. Unzählige Zeugen aller Religionen und aller Strömungen geistlicher Suche berichten von dauerhaften Glückszuständen oder auch von Seelenzuständen, in denen der Suchende sogar die Glückseligkeit hinter sich lässt, weil sie für ihn keine Bedeutung mehr hat.

Im Matthäusevangelium beginnt Jesus Christus seine Predigt über die Glückseligkeit mit den Worten:

Selig sind, die da geistlich arm sind, denn ihrer ist das Himmelreich.
Selig sind, die da Leid tragen, denn sie sollen getröstet werden.
Selig sind die Sanftmütigen, denn sie werden das Erdreich besitzen.
Selig sind, die da hungert und dürstet nach der Gerechtigkeit; denn sie sollen satt werden.
Selig sind die Barmherzigen; denn sie werden Barmherzigkeit erlangen.
Selig sind, die reinen Herzens sind, denn sie werden Gott schauen.
Selig sind, die um der Gerechtigkeit willen verfolgt werden; denn ihrer ist das Himmelreich.[19]

Und weiter hinten heißt es:

Sorgt nicht um euer Leben, was ihr essen und trinken werdet; auch nicht um euren Leib, was ihr anziehen werdet. Ist nicht das Leben mehr als die Nahrung und der Leib mehr als die Kleidung? ... Schaut die Lilien auf dem Feld an, wie sie wachsen: Sie arbeiten nicht, auch spinnen sie nicht. Ich sage euch, daß auch Salomo in aller seiner Herrlichkeit nicht gekleidet gewesen ist wie eine von ihnen.[20]

Das Glück ist im Hier und Jetzt. Das Leben genügt sich selbst. Es ist gar nicht nötig, Ziele anzustreben, die uns woandershin führen; alles, was wir brauchen, finden wir in unserer Umgebung. Wir müssen es nur erkennen. Der heilige Franziskus lobte Gott mit den Worten: *Gepriesen seist du, mein Herr ... mit Frau Sonne, der Schwester ... durch Mond und Sterne, die Brüder ... vom Bruder Winde ... durch Schwester Quelle ... durch Bruder Feuer ... durch unsere Schwester Mutter Erde ... durch sie, die dir zuliebe vergeben ... durch unsern Bruder, den Tod der Leiber, dem kann kein lebendes Menschenkind enteilen ...*[21] Franziskus predigte den Vögeln, «bekehrte» den Bruder Wolf, und als er einmal zur Winterszeit bei grimmiger Kälte ins Kloster zurückkehrte, erklärte er dem Bruder Leo, Glückseligkeit bedeute nicht, dass alles so geschehe, wie man es wolle: *Völlige Glückseligkeit* bestehe nicht darin, heilig zu sein, Wunder zu vollbringen oder alles zu wissen, sondern darin, dass man das Schlimmste, das einem widerfahren könne – für Franziskus und Bruder Leo wäre das zum Beispiel gewesen, dass der Pförtner sie an der Klosterpforte mit Stockschlägen verjagen und in den Schnee werfen würde –, hinnehme und trotzdem fröhlich bleibe. *Wenn wir alles geduldig und heiter ertragen ... o Bruder Leo, schreib es dir auf, das ist volle Glückseligkeit.*[22]

Am Ende seiner langen Reise durch das Jenseits findet

Dante zu dieser vollkommenen Freude, als er bewusst der Liebe Gottes teilhaftig wird. In den letzten Versen der *Göttlichen Komödie* sucht er gar nicht erst nach Worten, um diese Erfahrung zu beschreiben. Er beschränkt sich darauf, festzustellen, dass sich sein Wille nunmehr der göttlichen Liebe ergibt, so wie die Speichen eines Rades die Bewegung ausführen, die von der Nabe vorgegeben ist. Dante verwendet dabei ein ganz ähnliches Bild wie die Upanishaden:

Hier war die Macht der Phantasie bezwungen,
Doch Wunsch und Will', in Kraft aus ew'ger Ferne,
Ward, wie ein Rad, gleichmäßig umgeschwungen
Durch Liebe, die beweget Sonn' und Sterne.[23]

Uns ist die christliche Tradition am vertrautesten, aber ähnliche außergewöhnliche Erfahrungen, denen Worte niemals gerecht werden können, finden wir in den geistlichen Traditionen der ganzen Welt. Man verliert sich in der Liebe Gottes und findet sich darin wieder; diese Liebe verändert unser ganzes Leben und verklärt uns. In den erhebenden Erlebnissen der persischen Mystikerin Rabi'ah, die im 8. Jahrhundert lebte, ist es eine Liebe, die man um ihrer selbst willen erlebt. Es gibt keine Hoffnung auf das Paradies und keine Furcht vor der Hölle. Gott ist hier, er durchdringt das Dasein.

Die Begegnung mit Gott kann nur stufenweise vor sich gehen, denn das göttliche Licht blendet und keiner kann ihm standhalten. Die sufischen Mystiker, die in der islamischen Welt verehrt werden, sprechen von den siebenundsiebzig Schleiern Gottes, die einer nach dem andern gelüftet werden müssen. Die Freude, sich Gott zu nähern, verändert das Leben. Der Mann Gottes schweift frei umher wie ein Schwan[24], sagt der indische Mystiker Kabìr (um 1398–1448).

Noch diesen Morgen, Schwan,
wach auf, erhebe dich und
folge mir.
Es gibt ein Land, in dem nicht Zweifel
und nicht Kummer herrschen;
wo keine Todesfurcht mehr ist.
Da stehen die Wälder des Frühlings in voller
Blüte, und der Wind trägt den zarten Duft des
«ER IST ICH».[25]

Es lohnt sich, sich etwas näher mit Kabìr zu befassen, der in seinen Gedichten die Liebe und das Vertrauen zu Gott besingt und sich über die islamischen und hinduistischen Geistlichen lustig macht, die sich in Ritualen verlieren, die zu nichts führen:

Hast du nicht die Melodie vernommen, die in ungespielter Musik erklingt? Mitten im Zimmer wird mild und sanft die Harfe der Freude geschlagen; mußt du denn ins Freie gehen, um sie zu hören?

Wenn du nicht vom Nektar dieser EINEN LIEBE getrunken hast, welchen Gewinn hättest du, selbst wenn du dich von allen Flecken reinigtest?

Der Kazi erforscht die Worte des Korans und unterrichtet die andern: aber wenn sein Herz nicht durchtränkt ist von jener Liebe, was hülfe es ihm, ein Lehrer der Menschheit zu sein?

Der Yogi färbt seine Kleider rot; aber wenn er nichts weiß von jener Farbe der Liebe, was hülfe es ihm, wenn seine Kleider gefärbt sind?[26]

Kabìr, der Analphabet war, hat nichts geschrieben. Die Texte seiner Lieder entstanden spontan bei seiner Suche und wurden im Lauf der Zeit von seinen noch heute sehr zahlreichen Anhängern gesammelt und überliefert. *Horch! Die Muschelhörner und Glocken beginnen zu tönen. Kabìr sagt: «Bruder, sieh! Der Herr ist in dem Gefäß meines Leibes.»*[26] Dazu braucht es nichts als die Fähigkeit zuzuhören. *Man nennt ihn LEEREN, der die WAHRHEIT der Wahrheit ist.*[27]

Ich bin weder fromm noch gottlos,
Ich lebe weder nach dem Gesetz, noch
nach dem Gefühl,
Ich bin weder Sprecher noch Hörer,
Ich bin weder Diener noch Herr,
Ich bin weder gebunden noch frei,
Ich bin weder beteiligt noch unbeteiligt,
Ich bin keinem fern; ich bin keinem nah.
Ich komme weder in die Hölle, noch in den Himmel.
Ich tue alle Arbeit; jedoch bin ich geschieden von aller Arbeit.
Wenige verstehen, was ich meine; und wer
es verstehen kann, bleibt ungerührt.
Kabìr sucht weder zu gründen, noch zu zerstören.[28]

Osho, ein indischer Meister dieses Jahrhunderts, spricht von zwei Gesetzen: von der Schwerkraft, die das Gesetz der Erde ist und nach unten zieht, und der Gnade, dem Gesetz des Himmels, das nach oben trägt. Dies ist das Prinzip, das die Reise dorthin erlaubt, was viele Gott nennen. Schwerkraft ist das äußere Gesetz, Gnade das innere Gesetz.

Wenn ein Mensch nicht beginnt, sich seinem Innern zuzuwenden, kann die Gnade, das zweite Gesetz, nicht wirken. Wenn wir uns mit unserem Körper identifizieren, überwiegt das Gesetz der Erde: der Leib ist Teil der Erde.

Wenn wir beginnen, uns nach innen hin zu bewegen – und Meditation ist nichts anderes als das –, erlangen wir das Bewußtsein von etwas, das nicht Teil des Leibes ist. Es ist im Leib, es ist nicht der Leib. Der Leib ist nur ein Tempel, nicht das Göttliche.

Wenn man sich der inneren Göttlichkeit, die im Körper wohnt, bewußt geworden ist, beginnt sogleich das zweite Gesetz zu wirken und man wird nach oben gezogen. Das Leben wird immer reicher und vielfältiger, immer unendlicher, immer vollkommener. Es strebt dem Himmel zu, es wird weit wie der Himmel, und auch der Himmel ist nicht die Grenze. Das Geheimnis aber ist die Meditation.[29]

Christus war kein Christ. Buddha war kein Buddhist. Die großen geistlichen Meister erzeugten einen Riss im religiösen Gewebe der Gesellschaft, in die sie hineingeboren wurden. Ihre Botschaft begeistert viele Menschen; in dem Begriff «Enthusiasmus»[30] stecken die griechischen Worte ἐν (en) und θεός (theós), was so viel bedeutet wie «Gott ist in dem Gläubigen». Die Anhänger des neuen Glaubens durchbrechen die Regeln: So begannen zum Beispiel die frühen Christen, Sklaven freizulassen. Bald wurden sie als gefährliche Rebellen betrachtet und vom Staat bekämpft. Wenn dann jedoch eine Religion entsteht, die Einfluss auf die großen Massen hat, wird die neue Religion zu einem machtvollen Instrument der sozialen und politischen Kontrolle, und die Botschaft der Religionsstifter wird verfälscht.

Christus kam, um das Reich Gottes zu bringen. Man warf ihm vor, er wolle sich zum König von Israel machen, und kreuzigte ihn. Er bereitete keinen politischen Umsturz vor, sondern lehrte im Gegenteil, sanftmütig zu sein und dem, der dich schlägt, auch «die andere Wange hinzuhalten». Als ihn die Knechte der Juden festnahmen, befahl er

Simon Petrus, der nach einem von ihnen schlug, sein Schwert in die Scheide zu stecken – *denn wer das Schwert nimmt, der soll durchs Schwert umkommen*[31] –, und heilte den Verwundeten. Gewaltlosigkeit war für die frühen Christen Gesetz. Obwohl sie fast dreihundert Jahre lang verfolgt wurden, weigerten sie sich, im kaiserlichen Heer Kriegsdienst zu leisten, weil sie nicht töten wollten. Sie ließen sich auf die schrecklichste Art ermorden und beteten noch für diejenigen, die ihnen das Leben nahmen. *Wie kann man Krieg führen, ja selbst im Frieden Soldat sein ohne das Schwert, das der Herr fortnahm*[32], fragt der christliche Schriftsteller Tertullian (ca. 160–ca. 220). Hippolyt, Bischof von Rom im 3. Jahrhundert, befahl den Jägern, entweder die Jagd aufzugeben oder auf die Bekehrung zum Christentum zu verzichten. Lieben und Töten sind unvereinbar.

Im Jahr 313 wird das Christentum im Römischen Reich offiziell als Religion anerkannt. Dem Bildnis des Sonnengottes, das die Schilder der römischen Soldaten ziert, wird das Zeichen Christi aufgeprägt. Ein Jahr später, 314, droht das Konzil von Arles desertierenden Christen die Exkommunikation an. Bald sind die obersten Heeresführer Christen. Die neue Religion stellt sich in den Dienst der Einheit des Römischen Reichs, und der Krieg wird heilig. Die einstigen Verfolgten werden binnen weniger Jahre zu Verfolgern. Ihre ersten Opfer sind die Anhänger der donatistischen Gegenkirche in Nordafrika, die von 317 an bekämpft werden. Zwischen 391 und 392 werden die anderen Kulte verboten. Das Christentum wird zur Staatsreligion des Römerreichs. Die Repression wird auf die Heiden ausgedehnt. 396 führen christliche Mönche die Goten bei der Zerstörung von Eleusis an, das über ein Jahrtausend lang die Kultstätte der heiligsten Mysterien der klassischen Antike war. 416 schließt ein kaiserlicher Erlass alle Nichtchristen aus dem Heer aus. Mehr als anderthalb Jahrtausende lang sollte die Kirche in Kriegen und Kreuzzügen Andersdenkende in großem Maßstab verfolgen und morden. Päpste und hohe Würdenträger führten Heere. Christliche Missionare wirkten mit am Völkermord an den Indianern Amerikas. Die Sklaverei wird wieder eingeführt: Man hält es für legitim, die als Untermenschen geltenden Schwarzen Afrikas ebenso wie die Eingeborenen der von den europäischen Konquistadores eroberten Weltgegenden zu unterjochen. Der Vatikanstaat hat übrigens die Todesstrafe, die früher an Freidenkern wie Giordano Bruno vollzogen wurde, bis heute nicht abgeschafft. Seit der Besetzung Roms durch italienische Truppen wurden allerdings keine Exekutionen mehr vorgenommen. Noch 1969 segnete der Erzbischof von New York die amerikanischen Soldaten, die nach Vietnam geschickt wurden. Wäre er dem Geist des Christentums treu geblieben, hätte er sie exkommunizieren müssen. Was hat Jesus mit alldem zu tun?

Doch nicht nur das Christentum leidet an dieser Krankheit. Buddha predigt das *ahimsa*, die uralte hinduistische Vorschrift der Gewaltlosigkeit. Er und seine Mönche sind Vegetarier. Aus buddhistischer Sicht ist es fast ebenso schlimm, ein Tier zu töten wie einen Menschen. Heute sind nur noch wenige Buddhistenmönche Vegetarier. Man rechtfertigt sich damit, dass die Tiere nicht von den Mönchen selbst getötet werden. Allerdings hat Buddha das Verzehren von Fleisch niemandem verboten, er hat seinen Mönchen lediglich empfohlen, darauf zu verzichten.

In seinem «Buch der 4000 Wörter», dem Tao-Te-ching, erklärt Lao-tse, dass man den Weg des Himmels nur durchlaufen kann, wenn man ohne Mühe geht und von jeder inneren Tätigkeit ablässt; wenn man darauf verzichtet, die Welt zu beschreiben, da man sonst zum Gefangenen der eigenen Beschreibung wird. Seine Botschaft ist höchst wirkungsvoll, wenn es darum geht, das Bewusstsein zu verändern; jede Art von Kult liegt ihr fern. Lao-tse würde beim Anblick der taoistischen Tempel und Zeremonien, wie sie in späteren Jahrhunderten entstanden, seinen Augen nicht trauen: Er würde sich vor Lachen den Bauch halten, wenn er sehen könnte, wie seine Bildnisse und Statuen auf den Altären wie ein Gott angebetet werden. Nichts scheint die Botschaft eines Religionsstifters so wirksam zu verfälschen wie ihre Umwandlung in eine Institution.

Scheinheiligkeit, uralte Göttin. Sich ihr zu entziehen ist den Religionen anscheinend aus mehreren Gründen unmöglich. Die menschliche Natur hat Licht- und Schattenseiten: Kleinlichkeit gehört ebenso zu ihr wie Großmut, Fleischeslust ebenso wie die Fähigkeit zur losgelösten Kontemplation, die Fähigkeit zu hassen ebenso wie die Fähigkeit zu lieben. Ein so hehres Vorbild, wie es Christus oder Buddha gegeben haben, kann man vorleben, aber nicht aufzwingen. Weder Gewaltlosigkeit noch Keuschheit lassen sich erzwingen. Nur das aufgrund von Erfahrung und innerer Reife erlangte eigene Bewusstsein bringt einen Menschen dazu, physische und psychische Gewalt oder jene andere, weit verbreitete Form der Gewalt, die Durchsetzung der eigenen Interessen auf Kosten der anderen, zu überwinden. Erst die Erkenntnis der Liebe lässt Sexualität von der bloßen Triebbefriedigung zum ekstatischen Spiel werden oder bringt manche dazu, sie zu transzendieren. Niemand jedoch kann dazu gezwungen werden, jeder muss selbst dahin gelangen. Wenn man den Leuten beibringt, dass der Körper ein Sack voller Unrat ist, dessen man sich schämen muss, und dass Sexualität eine Entwürdigung der menschlichen Natur darstellt – ein Thema, das vielen Religionen lieb und teuer ist –, und den jungen Generationen diese Ansichten mit dem ganzen Druck der gesellschaftlichen Konventionen und Institutionen aufzwingt, unterdrückt man nicht nur einen wichtigen biologischen Impuls, sondern auch einen lustvollen Instinkt und Lebenstrieb. Aus solchen Jugendlichen werden orientierungslose und verängstigte Menschen, zerrissen vom Widerspruch zwischem dem, was sie möchten, und dem, was von ihnen verlangt wird, bereit, zu heucheln und zu lügen, voller Schuldgefühle in ihren sexuellen Beziehungen. Wer solchermaßen konditioniert ist, fühlt sich möglicherweise schon beim bloßen Gedanken ans Glücklichsein schuldig und versucht gar nicht erst herauszufinden, was er tun könnte, um Glück zu finden. Religionen, die extreme und in Bezug auf die Sexualität widernatürliche ethische Modelle vorschreiben, fördern nicht die spirituelle Suche, sondern die soziale Kontrolle, und sie bringen keine Heiligen, sondern Scheinheilige hervor.

Natürlich würde niemand, der über gesunden Menschenverstand verfügt, solche Bedingungen akzeptieren. Doch die Religionen haben ein gutes Mittel, sie durchzusetzen: die Androhung der Hölle und die Verheißung des Paradieses. Es handelt sich dabei um Orte, die als sehr weit entfernt geschildert werden, und man gelangt dorthin erst nach dem Tod. Man muss fest daran glauben, damit sie existieren. Da das Leben vergänglich ist, wird es als etwas Nebensächliches hingestellt. Das wahre Leben ist nicht das irdische, sondern ein anderes im Jenseits. Die besten Dinge sind nicht auf Erden zu finden, sondern immer woanders.

Wer glaubt, vermittelt vielleicht den Eindruck, zu wissen, aber glauben und wissen ist nicht dasselbe. Glauben mag Kraft schenken, aber der Glaube an etwas, das sich nicht beweisen lässt, fördert auch Unversöhnlichkeit und

Intoleranz. Wahres Wissen, und dazu gehört auch das Bewusstsein, unwissend zu sein, ist die einzige Form soliden und verantwortungsbewussten Wissens. Wer beschließt, an etwas zu glauben, worüber er nichts weiß, kann sich nur auf das Wort anderer verlassen und sich nur nach dem richten, was er hört. Auch wenn es das Wort Gottes ist. Der Handelnde ist der Mensch, nicht Gott, und der Mensch, nicht Gott, ist für sein Handeln verantwortlich. Jesus Christus lehrte Nächstenliebe um des Werts und der Würde des Mitmenschen willen, nicht um der Höllenstrafe zu entgehen. Göttliche Strafe oder Lohn nahm er als Tatsachen, er benutzte sie nicht als Zuckerbrot und Peitsche. Trotzdem setzte man im mittelalterlichen Abendland bis in unsere Zeit hinein Hölle und Paradies immer als Druckmittel ein, um die Herde der Christen in Schach zu halten. Dank der Erfindung des Fegefeuers blieb jedem die Hoffnung, doch noch einen Platz im Jenseits zu finden.

Hölle und Paradies sind in Wirklichkeit gar nicht so fern, sie sind tägliche Dimensionen des Lebens, um die es im Hier und Jetzt geht, nicht erst in einem zukünftigen Leben. Eine Fabel erzählt von einem japanischen Kaiser, der in den Krieg ziehen musste und sich vorher von einem berühmten Zenmeister segnen lassen wollte. Er wusste aber nicht, wie er diesem die Bitte vortragen sollte, da Zenmeister bekanntlich gegen den Krieg sind. Er lud ihn an seinen Hof ein, aber der Meister ließ ihm mitteilen, dass es ihm dort, wo er sich befinde, bestens gehe und er keinen Grund sähe wegzugehen. «Der Durstige muss selbst zum Brunnen kommen», sagte er. Widerstrebend machte sich der Kaiser auf den Weg. Wir müssen uns vorstellen, dass er sich dem Meister mit großem Pomp, in würdevoller Pose und mit dem Tross seiner Höflinge näherte. Doch als er dann vor ihm stand, war er ein wenig verlegen und fand nicht die rechten Worte. So sagte er nur: «Ich möchte, dass du mir erklärst, was der Himmel ist und was die Hölle ist.»

«Du bist ein Dummkopf!», fuhr der Meister ihn an. Der Kaiser wurde wütend, zog sein Schwert und wollte dem Meister den Kopf abschlagen. «Da hast du die Hölle!», sagte der Meister. Der Kaiser begriff, dass dies die Antwort auf seine Frage war. Behutsam steckte er das Schwert wieder in die Scheide. «Und da das Paradies», sagte der Meister.[33]

Was also sollen wir von den Religionen annehmen? Gewiss nicht den Gegensatz zwischen dem Göttlichen und dem Menschlichen, der Gott als über und außerhalb der Natur sieht und die Natur als eine minderwertige Form der Schöpfung, die durch Kasteiung zu verdammen und zu läutern ist. Wer sich bestraft, überzeugt uns nicht. Der Asket, der sich in der Wüste oder in seiner Zelle durch Fasten und Beten kasteit, um auf diese Weise dem Dämon zu widerstehen, wirkt nicht glücklich, sondern gequält, er macht auf uns nicht den Eindruck eines spirituellen Menschen, sondern den eines Individuums, das nach exotischen, überirdischen Gütern giert. Welche Erkenntnis man durch Selbstkasteiung erlangen kann, bleibt unklar. Wenn Gott der Freund der Menschen ist, dann sorgt er dafür, dass die ihn Suchenden ihn auch finden.

Wir sollten lieber die Unschuld und Begeisterung dessen annehmen, der seine Augen dem Unerwarteten öffnet und erkennt, dass das Leben ein großes Geheimnis ist. Neugierig macht er sich auf den Weg, um es vorurteilslos zu erkunden. Dabei erkennt er, dass alles auf dieser Welt kostbar ist und unser Interesse verdient, und dass im ununterbrochenen Fluss des Lebens immer nur der Augenblick existiert. Dass es in unserer Hand liegt, Schönheit und Liebe zu bringen. Diese Erkenntnis erfüllt einen mit Freude und Dankbarkeit. Man wird lebendig und unkompliziert. Wenn das Leben so reizvoll ist, könnte man daraus schließen, dass sich vielleicht auch der Tod als faszinierend erweist.

Je mehr man den Dingen auf den Grund zu gehen sucht, umso neugieriger wird man. Was ist der Ursprung allen Lebens? Gibt es eine göttliche Vernunft, die die Welt hervorgebracht hat, und hinter dieser vielleicht noch eine andere, und immer so weiter, bis ins Unendliche? So viel man auch nachforscht und so umfassend das Instrumentarium dazu auch sein mag, die Antwort auf diese Frage ist äußerst schwierig, und es scheint willkürlich und auch nutzlos, alles einem Schöpfergott zuzuschreiben. Brauchen wir ihn, um glücklich zu sein? Es sieht nicht so aus. Es gibt so viele Gläubige, die sich zermartern, und so viele Ungläubige, die heiter und unbeschwert sind.

Wer an einen Gott glauben will, der nicht in ihm selbst ist, dem wünschen wir, einen zu finden, der alle Menschen achtet, nicht nur diejenigen, die an ihn glauben. Das könnte dem Glück förderlich sein, und zwar nicht nur dem des Gläubigen. Irrationale Götter, die dem Menschen, der sich nicht so verhält, wie sie es wünschen, das Glück verwehren, sind gefährlich, und jeder hat das Recht, sich von ihnen zu befreien.

IV Die Ansicht der Philosophen

Weder soll ein junger Mensch zögern, sich mit Philosophie zu befassen, noch soll ein alter Mensch damit aufhören. Denn niemand ist zu jung oder zu alt für das, was der Seele gut tut. Wer aber behauptet, die Zeit zum Philosophieren sei noch nicht gekommen oder bereits verstrichen, gleicht dem, der sagt, die rechte Zeit für das Glück sei nicht oder nicht mehr da ... Es ist folglich nötig, viel Sorgfalt auf das Glück zu verwenden, weil wir ja alles haben, wenn es da ist, und alles tun, um es zu haben, wenn es fehlt.[1]

Diese wunderschönen Sätze, mit denen Epikur seinen *Brief an Menoikeus* beginnt (besser bekannt als *Brief über das Glück*), könnten als Symbol für die philosophischen Bemühungen durch zwei Jahrtausende hindurch stehen. In der ursprünglichen Bedeutung heißt Philosophie bekanntlich «Liebe zum Wissen» oder auch «Liebe zur Weisheit», und es war lange Zeit eine allen Denkströmungen gemeinsame Überzeugung, dass nur der Wissende oder Weise wahrhaft glücklich sein könne. Die Weisheit scheint *von allen Dingen allein den Menschen selig und glücklich zu machen*, lässt Platon Sokrates in einem seiner Dialoge sagen.[2] Eine ganz ähnliche Auffassung äußert auch Christus, wenn er sagt: *Und die Wahrheit wird euch frei machen.*[3] Was Weisheit ist, darüber gehen die Meinungen auseinander, aber man ist sich weitgehend einig, dass es darum geht, das Gute zu erkennen und danach zu handeln.

Der von dieser Suche begeisterte Apollodoros, ein Schüler des Sokrates, sagt von sich: *Denn auch ohnehin schon bereiten mir Reden über philosophische Gegenstände, mag ich sie nun selbst vortragen oder von anderen vorgetragen hören, – abgesehen von dem Nutzen, den sie mir, wie ich glaube, gewähren –, die größte Freude.*[4] Sokrates berichtet von einem Gespräch mit einer weisen Lehrerin, bei dem er zur Erkenntnis gelangte, dass das Gute und das Glück ein und dasselbe sind: *Wohlan, Sokrates, wer das Gute liebt, was begehrt er eigentlich damit?*

Dass es ihm zuteil werde, war meine Entgegnung.

Und was wird jenem zuteil werden, dem das Gute zuteil wird?

Das, erwiderte ich, kann ich leichter beantworten: er wird glückselig.

Denn durch den Besitz des Guten, fügte sie hinzu, sind die Glückseligen glückselig. Und nun bedarf es nicht mehr der weiteren Frage: Was erstrebt derjenige eigentlich damit, welcher glückselig zu sein wünscht? Sondern hier scheint die Antwort am Ziele angelangt zu sein.[5] Wer glücklich ist, ist auch zufrieden und braucht sich keine anderen Ziele zu setzen.

Platon setzt Glück mit der Erkenntnis des höchsten Guten gleich, welches wir aber *nicht näher bestimmen können.*[6] Es ist jedoch das Urprinzip, das das ganze Universum formt: Es leuchtet durch die der Vernunft erkennbaren Welt, so wie die Sonne die Sinnenwelt erhellt. Dies begreift nur, wer die höchsten Gaben der Seele entwickelt, eine Erfahrung, die berauschend ist: *Finde es gar nicht auffallend, daß die, welche zu jener Erkenntnis gelangt sind, gar keine Lust haben, sich mit den Händeln der Menschen abzugeben, sondern daß sie immer zum Verweilen im Überirdischen sich gezogen fühlen.*[7]

Für Platon ist Glück ein Seelenzustand. Man erreicht

ihn, wenn man aktiv die Tugenden, vor allem Gerechtigkeit praktiziert, und er führt zu einer ekstatischen Kontemplation. Es handelt sich also im Grunde um eine mystische Erfahrung. Platons Position übte eine enorme Wirkung aus: Wir finden sie bei den Stoikern und Neoplatonikern ebenso wieder wie bei Augustinus und Thomas von Aquin.

Für Aristoteles dagegen ist Glück eine Tätigkeit, kein kontemplativer Zustand: *Das menschliche Gut ist der Tugend gemäße Tätigkeit der Seele, und gibt es mehrere Tugenden: der besten und vollkommensten Tugend gemäße Tätigkeit. Dazu muß aber noch kommen, daß dies ein volles Leben hindurch dauert; denn wie eine Schwalbe und ein Tag noch keinen Sommer macht, so macht auch ein Tag oder eine kurze Zeit noch niemanden glücklich und selig.*[8]

Die Ausübung der ethischen Tugenden ermöglicht also ein in seiner Gesamtheit glückliches Leben. Aristoteles erörtert ausführlich, wie man zu diesen Tugenden finden und sie durch Erfahrung erkennen kann, denn sie betreffen unser Verhältnis zu unserem Körper, zu den Mitmenschen, zum Staatswesen. Es sind praktische Tugenden wie Mut, Mäßigung, Großzügigkeit, Sanftmut, Wahrhaftigkeit, Humor. Man soll gerecht handeln, die Gesetze und die Gleichberechtigung der Menschen achten. Die Tugenden kommen nicht von selbst: Nur wer sich darum bemüht, indem er den vernünftigen Seelenteil entwickelt, kann sie erringen. Mit der Zeit wird tugendhaftes Handeln dann zu einer eingefleischten Gewohnheit.

Glück lässt sich erlernen, es ist kein Geschenk der Götter oder eines günstigen Zufalls, denn *das Größte und Schönste dem Zufall zu überlassen, wäre Irrtum und Lästerung.*[9]

Für ein glückliches Leben bedarf es auch materieller

Güter, eines gewissen äußeren Wohlergehens, *da es unmöglich oder schwer ist, das Gute und Schöne ohne Hilfsmittel zur Ausführung zu bringen.*[10] Man darf aber *nicht meinen, daß dazu viele und große Güter erforderlich wären … Man kann, auch ohne über Land und Meer zu herrschen, sittlich handeln; denn auch mit mäßigen Mitteln läßt sich der Tugend gemäß handeln. Es genügt also, wenn die dazu nötigen Mittel vorhanden sind.*[11] Schwere Schicksalsschläge freilich stehen dem Glück im Wege: Es würde schwer fallen, einen Menschen wie den trojanischen König Priamus als glücklich anzusehen. Zwar hatte er ein erfülltes und reiches Leben geführt, als Greis jedoch musste er erleben, wie seine Söhne und Töchter getötet wurden und seine Stadt unterging, bevor er selbst erschlagen wurde.

Ein endgültiges Urteil ist also nur nach dem Tode möglich, meint Aristoteles, denn erst dann, wenn er *allem Übel und Ungemach enthoben ist,*[12] kann man einen Menschen glücklich nennen. Trotzdem wäre es absurd, den Tod eines Menschen abzuwarten, um sein Leben glücklich zu nennen. Das menschliche Glück kann nicht bloß ein Spielball des Schicksals sein. *Offenbar müßte man, wenn man sich nach den Schicksalen richten wollte, denselben Menschen oftmals glückselig und wieder unglückselig nennen und so den Glückseligen für eine Art Chamäleon erklären und für einen Mann, der auf schwachen Füßen steht.*[13] Sofern ihn nicht schreckliches Unheil trifft, wird der glückliche Mensch nie unglücklich werden. *Der wahrhaft Tugendhafte und Verständige wird, das steht zu hoffen, jedes Geschick mit Würde tragen und immer dasjenige tun, was unter den jeweiligen Umständen das Beste ist, wie wir uns ja auch den guten Strategen als einen Mann vorstellen, der sein Heer, wie es eben ist, so gut als möglich zum Kriege verwendet, und den guten Schuster als einen Mann, der aus dem verfügbaren Leder so gute Schuhe wie mög-*

lich macht[14] *... Bei keinem menschlichen Ding ist eine solche Beständigkeit zu finden wie in den tugendhaften Tätigkeiten ... So wird denn das Geforderte sich wirklich bei dem wahrhaft Glücklichen finden, und sein Leben lang wird er sein, was sein Name besagt. Denn stets oder häufiger als alles andere wird die Tugend der Gegenstand seiner Tätigkeit und seiner Betrachtung sein, und stets wird die Unglückfälle aufs beste und in aller Weise würdiglich zu tragen wissen der wahrhaft tugendhafte Mann ...*[15]

Obwohl Glückseligkeit sich nicht mit Lust gleichsetzen lässt, ist sie doch in höchstem Maß Lust bringend. Einer unangenehmen Tätigkeit widmet man sich nicht gern, und so ist die Lust ein wichtiger Ansporn zu tugendhaftem Handeln: Die Lernfreude regt uns zum Studium an, und der Genuss, den uns das rechte Leben bringt, motiviert uns, gut zu handeln. Das Glück umfasst alles, was gut und schön ist, deshalb strebt jeder danach, in seinen Genuss zu kommen. *Glückseligkeit ist das Beste, Schönste und Genußreichste zugleich, und diese Dinge liegen nicht auseinander, wie die Aufschrift zu Delos will:*

Das Schönste ist die Gerechtigkeit, das Beste Gesundsein,
Aber das Süßeste ist, wenn man erlangt, was man liebt.[16]

Freundschaft ist ein wichtiger Bestandteil des Glücks. Sie ist *fürs Leben das Notwendigste. Ohne Freundschaft möchte niemand leben, hätte er auch alle anderen Güter.*[17] Die beste Freundschaft ist natürlich die zwischen Tugendhaften: Indem sie den Freund lieben, lieben sie zugleich, was für sie selbst gut ist. *Denn der Gute wird, zum Freund geworden, für den ein Gut, dessen Freund er ist.*[18]

Bei seiner Untersuchung, welche Tätigkeiten zu einem

glücklichen Leben führen, nähert sich Aristoteles wieder an Platon an und behauptet, vollkommenes Glück könne nur durch eine kontemplative Tätigkeit erlangt werden, da diese Tätigkeit dem Besten in uns zu eigen ist, *mag das nun der Verstand oder etwas anderes sein, was da seiner Natur nach als das Herrschende und Leitende auftritt und das wesentlich Gute und Göttliche zu erkennen vermag, sei es selbst auch göttlich oder das Göttlichste in uns.* Ferner ist *unter allen tugendgemäßen Tätigkeiten die der Weisheit zugewandte eingestandenermaßen die genußreichste und seligste.*[19] Sie ist auch die einzige Tätigkeit, die um ihrer selbst willen geliebt wird: *Sie bietet uns ja außer dem Denken und Betrachten sonst nichts; vom praktischen Handeln dagegen haben wir noch einen größeren oder kleineren Gewinn außer der Handlung.* Wir wählen die betrachtende Tätigkeit genauso wie das Glück immer um ihrer oder seiner selbst willen und nie als Funktion von etwas anderem. *Die Glückseligkeit scheint in der Muße zu bestehen. Wir opfern unsere Muße, um Muße zu haben, und wir führen Krieg, um in Frieden zu leben.* Da sich also in dieser Tätigkeit alles findet, was man dem Glücklichsein beilegt, *wäre dies die vollendete Glückseligkeit des Menschen, wenn sie außerdem noch die volle Länge eines Lebens dauert.*

Man darf aber nicht jener Mahnung Gehör geben, die uns anweist, unser Streben als Menschen auf Menschliches und als Sterbliche auf Sterbliches zu beschränken, sondern wir sollen, soweit es möglich ist, uns bemühen, unsterblich zu sein, und alles zu dem Zweck tun, dem Besten, was in uns ist, nachzuleben.[20] Obwohl die Glückseligkeit, die wir anstreben können, zwangsläufig unvollkommen sein muss und nicht die ewige Glückseligkeit sein kann, die wir den Göttern zuschreiben, kann uns das, was wir finden, vollkommen befriedigen und jedem menschlichen Streben Erfüllung bringen. Die Glückseligkeit ist *keines anderen Dinges bedürftig, sondern sich selbst genug.*[21]

Epikur gibt demjenigen, der ein glückliches Leben führen will, drei Ratschläge. Als Erstes empfiehlt er zu glauben, *daß ein Gott ein unvergängliches und glückseliges Lebewesen ist. … Füge dem nichts hinzu, was der Unvergänglichkeit fremd oder der Glückseligkeit unangemessen ist. Glaube alles, was geeignet ist, die Unvergänglichkeit samt der Glückseligkeit des Gottes zu bewahren. Götter gibt es, ganz offensichtlich können wir sie erkennen. Nur sind sie nicht so, wie die Mehrheit meint …*[22] Sein zweiter Rat bezieht sich auf die Todesfurcht, die nur auf törichtem Aberglauben beruhe und sich in nichts auflöse, sobald man darüber nachdenke: *Gewöhne dich an den Gedanken, daß der Tod für uns keine Bedeutung hat, da ja alles Gute und Schlechte eine Frage der Wahrnehmung ist. Der Tod aber ist die Beraubung der Wahrnehmung. Diese richtige Erkenntnis, nämlich daß der Tod für uns keine Bedeutung hat, macht die Vergänglichkeit des Lebens zu einem Genuß, nicht etwa weil diese Erkenntnis dem Leben unendliche Zeit hinzufügen würde, sondern weil sie das Verlangen nach Unsterblichkeit beseitigt. … So hat das schauderhafteste Übel, der Tod, für uns keine Bedeutung, da ja, solange wir leben, der Tod nicht anwesend ist, sobald aber der Tod eintritt, wir nicht mehr leben werden.*[23] Drittens soll man immer daran denken, *daß die Zukunft weder ganz noch gar nicht in unserer Hand liegt.*[24] Wenn wir uns dies vor Augen halten, erwarten wir nicht ständig, dass alles, was wir uns erhoffen, auch eintreten müsse. Das Gleiche gilt für unsere Triebe: *Manche sind natürlich, andere nichtig, manche der natürlichen notwendig, andere nur natürlich. Manche der notwendigen sind für das Glück notwendig, andere für das Wohlbefinden des Körpers, noch andere für das Leben selbst. Bei ruhiger Betrachtung dieser*

Dinge ist jede Neigung und Abneigung auf die Gesundheit des Körpers und die Ungetrübtheit der Seele zurückführbar, da ja dies das Ziel eines glücklichen Lebens ist ... Sobald uns das einmal völlig klar ist, legt sich der ganze Sturm in der Seele, und das Lebewesen muß nicht mehr umherirren und nach etwas suchen, was das Gute der Seele und des Körpers ergänzen würde.[25]

Für Epikur ist die Freude, die wir am Leben haben können, *der Anfang und das Ziel eines glücklichen Lebens.* Unser ganzes Handeln zielt darauf ab, denn *wir haben die Freude als erstes Gut und als angeboren erkannt, von ihr lassen wir jede Neigung und Abneigung ausgehen, und sie ist das Ziel, an dem wir jedes Gut messen.*[26] Das heißt aber nicht, dass wir uns für jede Freude entscheiden und jeden Schmerz meiden sollen. Es sei vielmehr nötig, *durch Vergleichen und Abwägen der Vor- und Nachteile all das zu entscheiden. Denn etwas Gutes verwenden wir manchmal wie etwas Schlechtes, etwas Schlechtes umgekehrt wie etwas Gutes ... Wenn wir sagen, die Freude sei das Ziel, so meinen wir nicht die ungezügelten Freuden, die im Genuß liegen – das meinen manche, die entweder unwissend sind oder nicht mit uns übereinstimmen oder schlecht informiert sind –, sondern wir sprechen von der Schmerzlosigkeit am Körper und der Ungetrübtheit der Seele.*[27]

Es kommt darauf an, sich von den Begierden zu befreien und die einfachen Lebensgenüsse schätzen zu lernen, sich mit wenigem zu begnügen, die Vernunft darauf zu verwenden, die Welt zu erforschen und frei über unser Verhalten zu entscheiden, ohne den Anspruch, über das realistisch Mögliche hinaus über die Zukunft bestimmen zu können. Die Basis für ein glückliches Leben ist laut Epikur *die nüchterne Überlegung, die die Ursache jeder Neigung und Abneigung zu ergründen sucht und Irrmeinungen aus dem Weg räumt, aus denen die meisten Unannehmlichkeiten für die Seele entstehen.*[28] Unser Glück hängt nicht vom Schicksal ab, es liegt in unserer Hand und geht einher mit dem, was vernünftig, gut und gerecht ist, und ist untrennbar mit den Tugenden verbunden. *Das alles … sollst du bedenken, … und nie wirst du im Schlaf oder im Traum gestört sein, und du wirst leben wie ein Gott unter den Menschen. Denn ein Mensch, der in unsterblichen Gütern lebt, gleicht ganz und gar nicht einem sterblichen Lebewesen.*[29]

Das Thema Glück zieht sich durch die ganze Philosophiegeschichte des klassischen Altertums. Das christliche Mittelalter übernimmt diese Thematik und entwickelt sie weiter. In den von Kriegen und Ungewissheit geprägten Jahrhunderten der römischen Eroberungen im Mittelalter lehren die Philosophen der Stoa, dass das Glück durch tugendhaftes Verhalten erobert wird und gegen alle Widrigkeiten des Lebens bewahrt werden kann. Aristoteles stellte fest, dass Unglück sich nicht unbegrenzt mit Gelassenheit ertragen lässt: Wer einen Menschen, der auf das Rad geflochten wird, glücklich nennt, weiß nicht, was er sagt. Die Stoiker dagegen wollen nicht einmal Elend oder Krankheit, Unglücksfälle oder Tod als Übel sehen. Es kommt nur auf die richtige Einstellung an: Der Weise nutzt Schwierigkeiten dazu, seinen Willen und seinen Charakter zu stählen. *Handle so, mein Lucilius: Befreie Dich für Dich selbst*[30], beginnt Seneca seinen «Briefwechsel» mit dem Freund Lucilius. Seneca, der Lehrer von Nero und jahrelang der eigentliche Führer des römischen Staats, schneidet sich, als der Kaiser ihn dazu zwingt, die Venen auf und stirbt heiter und gelassen. Seinen Freunden hinterlässt er die Erinnerung an ihn, das einzige Gut, das ihnen bleibt, und zugleich das Wertvollste: das Bild seines Lebens.[31]

Der Grieche Epiktet (ca. 50–ca. 130 n. Chr.) war der Sklave eines von Nero Freigelassenen.[32] Nachdem er selbst freigelassen worden war, gründete er in Epirus eine philosophische Schule. Da das Glück von der Verwirklichung unserer Wünsche abhängt, so Epiktet, können wir mit Sicherheit glücklich werden, wenn wir so genügsam leben, dass sich unsere Wünsche erfüllen lassen. «Dulde und entsage», ist sein Motto: Wir sollen uns damit zufrieden geben, auf das einzuwirken, was wir zu ändern imstande sind.

Die antiken Skeptiker verwerfen die falschen Behauptungen der anderen Schulen und versuchen, die Menschen von ihrem vermeintlichen Wissen zu befreien, das sie treibt, nicht existenten Gütern und Wahrheiten nachzujagen und sich damit selbst unglücklich zu machen. *Das motivierende Prinzip der Skepsis nennen wir die Seelenruhe.* So Sextus Empiricus, der zwischen dem 2. und 3. Jahrhundert nach Christus gelebt hat und der wichtigste Vertreter dieser philosophischen Richtung der Spätantike ist. *Denn die geistig Höherstehenden unter den Menschen, beunruhigt durch die Ungleichförmigkeit in den Dingen und ratlos, welchen von ihnen man eher zustimmen solle, gelangten dahin zu untersuchen, was wahr ist in den Dingen und was falsch, um durch die Entscheidung dieser Frage Ruhe zu finden. Das Hauptbeweisprinzip der Skepsis dagegen ist, daß jedem Argument ein gleichwertiges entgegensteht, und er wird glücklich und unbehelligt leben, ohne sich über das Gute zu freuen noch sich über das Schlechte zu betrüben, und er wird mannhaft alles hinnehmen, was die Notwendigkeit ihm bringt, frei von dem Mißbehagen, das auf der Überzeugung beruht, daß es Gutes oder Schlechtes gibt.*[33]

Ebenso wie für die Stoiker und die Skeptiker kann auch für den Griechen Plotin (205–270 n. Chr.) ein widriges Schicksal das Glück des Weisen nicht trüben. Plotin gründete in Rom eine philosophische Schule, in der er auf ganz neue Weise Platons Suche nach dem höchsten Guten fortsetzte. Wenn Glückseligkeit Freiheit von Schmerz, Krankheit, Unglücksfällen und Unheil erfordern würde, wäre niemand glücklich, sagt er.[34] Für Plotin ist Glück die Vereinigung der Seele mit dem Geist, dem das ganze Universum entströmt.

Wenn die Seele verschiedene Stadien durchlaufen hat und bereit ist, sieht sie diese Präsenz plötzlich in sich selbst erscheinen, weil ihr nichts mehr im Wege steht: Es gibt keine Zweiheit mehr, sondern zwei sind in einem. Die Seele wird eins mit dem Gott, und in diesem Zustand der Glückseligkeit weiß sie, ohne Täuschung, dass sie glücklich ist.[35] Es gibt keinen Unterschied mehr zwischen Subjekt und Objekt, zwischen dem Wahrnehmenden und dem Wahrgenommenen. Es gibt keinen Raum mehr und keine Zeit, und nicht mehr Seele und Geist, sondern nur noch das höchste Eine, das unserem wahren Selbst gleich ist. Man erkennt das Selbst in seiner Einfachheit und in seiner wahren Natur. Wir sollten vielleicht nicht mehr von «Sehen» und «Gesehenwerden» sprechen, sagt Plotin. Obwohl wir von zweien sprechen, von demjenigen, der sieht, und demjenigen, der gesehen wird, sollten wir eher sagen, dass sie beide eins sind, so kühn der Ausdruck auch sein mag. Bei diesem Sehen, so Plotin weiter, halten wir weder einen Gegenstand fest, noch treffen wir Unterscheidungen. Es gibt keine Zweiheit, denn das Subjekt hat sich verwandelt, es ist nicht mehr es selbst und gehört nicht mehr sich selbst: Es ist verschmolzen mit dem Höchsten, ist eins mit ihm, so wie der Mittelpunkt mit dem Mittelpunkt zusammenfällt. Auch in dieser Welt sind ja zwei Mittelpunkte von Kreisen, die sich decken, eins.[36]

Plotin entwickelt einen Weg, der den uralten Vorstellungen in den Upanishaden erstaunlich nahe kommt. Er erkennt die große Schwierigkeit, diese mystische Vereinigung zu beschreiben, die nur erlebt werden kann. Wer dahin gelangt, der entdeckt, dass Glückseligkeit etwas stets *Gegen-*

wärtiges ist – die Wechselfälle des Lebens vermögen sie weder zu mehren noch zu mindern. Sie ist der Zeit enthoben, sie ist ewig. Dieser Gedanke ist dem aristotelischen Denken entgegengesetzt. Aristoteles wird denn auch von Plotin ausdrücklich kritisiert: *Das Glück in den Tätigkeiten zu sehen heißt, es in Dingen zu sehen, die außerhalb der Tugenden und außerhalb der Seele liegen. Wohingegen sich die Seele nicht in den Handlungen, sondern im Verstehen und in ihrer eigenen Melodie äußert. Dies ist Glückseligkeit.*[37] Wäre Aristoteles noch am Leben gewesen, hätte er Plotin wahrscheinlich entgegnet, dass Glückseligkeit, wenn sie nichts anderes ist als ein innerer Zustand und nicht in Tätigkeiten zum Ausdruck zu kommen braucht, auch nicht zu gutem Handeln führen kann. Dann könne auch jemand glücklich sein, der sein Leben schlafend verbringt.

Der aus Nordafrika stammende Augustinus (354–430) bekämpfte die heidnischen Philosophen, obwohl er viele ihrer Ideen übernahm. Augustinus, der später Bischof von Hippo Regius im heutigen Algerien wurde, behauptete ebenfalls, dass alle nach dem Glück streben und dass Glück ein vollkommener Zustand sei, in dem einem an nichts mangele, in dem nichts zu wünschen übrig bleibe und den man auch nicht verlieren könne, selbst wenn man es wolle. Es ist der Besitz der Wahrheit, der das Leben glücklich macht, die Wahrheit aber ist Christus, der das Verständnis des menschlichen Geistes übersteigt und mit dem wir nur ein Verhältnis der Liebe eingehen können. *Wie also soll ich, Herr, dich suchen? Denn such ich dich, meinen Gott, so suche ich das selige Leben. Suchen will ich dich, daß meine Seele lebe. Denn es lebt mein Leib von meiner Seele, und es lebt meine Seele von dir.*[38] Gott steht zu hoch über den Menschen, um Gegenstand von Liebe sein zu können, aber zugleich ist er Quell unserer Liebe zu ihm. Die Seele kommt von Gott und muss deshalb schon eine Vorahnung ihrer Glückseligkeit in sich tragen.

Die Tugenden der Antike werden von Augustinus neu gedeutet, denn, so sagt er, wenn die Tugend uns zum glücklichen Leben führt, dann ist Tugend absolut nichts anderes als höchste Liebe Gottes.[39] Er schließt jedoch aus, dass es möglich sei, Gottes Angesicht vor dem Tode zu schauen. Seiner Meinung nach unterlagen die Philosophen der Antike einer Selbsttäuschung, wenn sie meinten, dass dieses vom Bösen und vom Unglück umzingelte Leben glücklich sein könne. Nicht einmal die Tugenden, die unsere Verteidigung sind, vermögen das uns umgebende Elend zu besiegen. So armselig das Leben auch ist, meint Augustinus, gibt uns doch die Tatsache, dass wir errettet werden, Hoffnung auf ewige Glückseligkeit, und das genügt schon, das Leben glücklich zu machen. *Doch kann man den, welcher von seinem gegenwärtigen Leben rechten Gebrauch macht und es auf das Ziel jenes Lebens einstellt, das er glühend liebt und in festem Glauben erhofft, auch jetzt schon sinnvoll glückselig nennen, freilich mehr in Hoffnung auf das Jenseits als im Besitz des Diesseits. Diesseitiger Besitz aber ohne Hoffnung auf das Jenseits ist falsches Glück und großes Elend ...*[40]

Achthundert Jahre später verband Thomas von Aquin, Theologe der päpstlichen Kurie und Magister der Theologie in Paris, die Lehren des Aristoteles (den er als «den Philosophen» schlechthin bezeichnet) mit denen des Augustinus (der kaum Kenntnis von Aristoteles besessen hatte). Im diesseitigen Leben, so Thomas von Aquin, können wir lediglich ein unvollkommenes Glück anstreben, erst in der Welt des Jenseits wird uns grenzenlose Glückseligkeit zuteil.

Die vollkommene Glückgeborgenheit, wie sie die Engel ha-

ben, weist die Ansammlung aller Güter durch die Verbundenheit mit der alleinslichen Quelle des gesamten Gut auf; ohne der einzigen Teilgüter zu bedürfen. Aber in dieser unvollkommenen Glückgeborgenheit hier wird die Ansammlung hinreichender Güter zur vollkommensten Werktätigkeit in diesem Leben erfordert. In der vollkommenen Glückgeborgenheit wird der ganze Mensch vervollkommnet … In der unvollkommenen Glückseligkeit aber des jetzigen Lebens gibt es demgegenüber den Weg von der Vollkommenheit der tiefer gelegenen Seite zur Vollkommenheit der höher liegenden.[41]

Den zahlreichen von Aristoteles[42] geschilderten «menschlichen» Tugenden fügt Thomas von Aquin die drei «göttlichen» Tugenden hinzu: Glaube, Hoffnung und Nächstenliebe. Sie führen uns zur überirdischen Glückseligkeit, da sie Gott zugewandt sind, Gott selbst sie uns eingepflanzt hat und wir sie nicht kennen würden, wenn sie uns nicht von Gott in der Heiligen Schrift offenbart worden wären. In seiner sehr umfassenden und sehr gründlichen Untersuchung legt Thomas von Aquin die Grenzen menschlichen Handelns dar: Der Mensch ist außerstande, seine Natur zu überwinden, und was die Naturgesetze überschreitet, kann nur von Gott vollbracht werden. Nur er macht den Menschen glücklich, der Mensch jedoch muss sich durch sein Handeln Gott gewogen machen. *Die Glücksruhe des Menschen ist in Bezug auf die Ursache oder den Gegenstand etwas Unerschaffenes; dahingegen ist sie gerade in Bezug auf das Wesen von Glückseligkeit etwas Erschaffenes …*

Es gehört sich also, daß die Glückgeborgenheit im letzten Wirklichsein des Menschen besteht. Es liegt aber auf der Hand, daß Werktätigkeit das letzte Wirklichsein eines Wirkenden ist … Notwendigerweise ist also die Glückseligkeit des Menschen eine Werktätigkeit.[43] Menschliches Glück ist also eine Tätigkeit, wie Aristoteles schon sagte, aber die endgültige und höchste Glückseligkeit liegt in Gott allein.[44]

Das philosophische Denken der Neuzeit ist geprägt von einem schwierigen Verhältnis zum Glück. Das große Vertrauen der antiken Philosophen, dass Glück in diesem Leben möglich, und die Zuversicht der christlichen Denker, dass es im jenseitigen Leben zu erlangen sei, geriet ins Wanken. Für viele schien es unmöglich. Gleichzeitig aber machte sich die Überzeugung breit, dass es eine Art natürlichen Rechts auf Glück gebe, eine Überzeugung, die der 1723 geborene britische Volkswirtschaftler und Moralphilosoph Adam Smith folgendermaßen ausdrückte: *Die Glückseligkeit der Menschheit, so wie die aller anderen vernünftigen Wesen, scheint der vom Schöpfer der Natur beabsichtigte ursprüngliche Vorsatz gewesen zu sein, als er diese Wesen schuf.*[45]

Es gab bedeutende Ausnahmen, was den Pessimismus der Neuzeit anbelangt. Bei Spinoza ist Glück nicht nur eins mit der Tugend, sondern auch eins mit der Freiheit und der Verwirklichung der Liebe. Glück besteht für ihn darin, dass der Mensch sein Sein zu erhalten vermag. Unter Erhaltung des Seins versteht Spinoza aber nicht bloßes Überleben, sondern das Streben nach größerer Vollkommenheit. Die kann nur erlangt werden, wenn die einzelnen Menschen zusammenarbeiten und so ihre Fähigkeiten im Hinblick auf das Glück der Gemeinschaft ebenso wie auf das individuelle Glück weiterentwickeln. *Für den Menschen ist daher nichts nützlicher als der Mensch; nichts Wertvolleres, sage ich, können sich die Menschen zur Erhaltung ihres Seins wünschen, als daß alle in allem dergestalt übereinstimmen, daß die Seelen und Körper aller zusammen gleichsam eine einzige Seele und einen einzigen Körper bilden, daß alle zumal, soviel sie können, ihr Sein zu erhalten streben und alle zumal für sich den gemeinsamen Nutzen aller suchen; woraus folgt, daß die Menschen, die sich durch die Vernunft lenken lassen, das heißt die Menschen, die nach der Leitung der Vernunft ihren Nutzen suchen, nichts für sich erstreben, was sie nicht auch für die übrigen Menschen begehren, und mithin daß sie gerecht, redlich und ehrbar sind.*[46]

Wenn man Spinoza liest, wird klar, dass das, was ihn selbst glücklich machte, die wissenschaftliche Arbeit war. Seine Ethik schließt mit folgenden Sätzen: *Die Glückseligkeit ist nicht der Lohn der Tugend, sondern selbst Tugend; und wir erfreuen uns ihrer nicht deshalb, weil wir die Gelüste hemmen, sondern umgekehrt, weil wir uns ihrer erfreuen, deswegen können wir die Gelüste hemmen.*[47]

Im Gegensatz zu Spinoza glaubte Kant nicht an die Möglichkeit, Glückseligkeit zu erlangen. Für ihn war Glückseligkeit auch nicht das höchste Gut, er sah sie allein in der Pflichterfüllung. Nur wenn wir unserer Pflicht nachkommen, machen wir uns «des Glückes würdig». Der Mensch will seiner natürlichen Veranlagung nach Glück, aber gleichzeitig gibt es für ihn keine Hoffnung, es zu erlangen.

Für Kant bedeutete Glückseligkeit, dass dem Menschen in der Welt alles nach Wunsch und Willen gerät und sein Leben angenehm verläuft. Für diese Art von Glück, sagte er, lässt sich kein allgemein gültiger Weg aufzeigen, und kein Sittengesetz könnte uns sagen, wie wir uns verhalten müssten, um glücklich zu werden, denn jeder Mensch strebe nach etwas anderem, seine Wunschvorstellungen veränderten sich immer wieder, und im Voraus Richtlinien für ein entsprechendes Handeln aufzustellen sei müßig.

Bei seinem Versuch, ein ausschließlich auf der menschlichen Vernunft gründendes philosophisches System zu erschaffen, stieß Kant auf große Schwierigkeiten (die er übrigens selbst mit großer bewundernswerter Aufrichtigkeit zugab). Dem Pflichtgefühl zu folgen und einem abstrakten universellen Moralgesetz zu gehorchen mag zwar für die Vernunft reizvoll sein, aber warum sollte jemand es tun, wenn ihm daraus keine Glückseligkeit oder zumindest eine gewisse Befriedigung erwächst? Kant war sich dieses Widerspruchs bewusst und räumte ein, dass Gott, wenn er die Welt geschaffen habe, damit die Menschen aus eigener Kraft das höchste Gut erlangten, als letzte Krönung dieser «wunderbaren Ordnung der Dinge» auch eine entsprechende Glückseligkeit vorgesehen haben müsse.

Mit diesem Konflikt zwischen Lust und Vernunft, zwischen Neigung und Pflicht, setzte sich auch Hegel (1770–1831) auseinander. Er führte Kants Werk in vielerlei Hinsicht weiter und wandelte es ab. Grundlegend kritisierte er allerdings die abstrakte Bedeutung der Pflicht, die, so Hegel, das gute Leben zu einem unablässigen Kampf gegen jede Befriedigung werden lasse, die aus unserem Handeln erwachsen könnte. Menschliche Leidenschaften und Begierden hätten die Geschichte gemacht, sagte Hegel, und obwohl die Begierden sowohl im Individuum als auch in den zwischenmenschlichen Beziehungen miteinander kollidierten, werde dieser Widerstreit durch Erziehung und Wissen immer geringer, und die Leidenschaften würden sowohl im Leben des Einzelnen als auch in der Geschichte der Menschheit miteinander harmonisieren. Die Begierde treibe den Einzelnen dazu, instinktiv sein Glück zu suchen, aber gerade dadurch erkenne jeder das entsprechende Glücksstreben beim anderen. Mit der Zeit fördere die natürliche Abhängigkeit der Menschen voneinander die Entwicklung von Gesellschaftsstrukturen, die dem kollektiven Wohlergehen dienlich seien. Das Glücksstreben jedes Einzelnen sei eins mit dem Streben nach Freiheit und Unabhängigkeit seines Wollens und Denkens. Da aber auch dieses Begehren allen Menschen gemein sei, sei es nicht ohne Widerspruch möglich, für sich selbst eine besondere Freiheit und ein besonderes Glück zu wollen, das der Freiheit und dem Glück der anderen entgegenstehe.

In der klassischen Antike und noch im christlichen Mittelalter wurde die Suche nach dem Glück meist als etwas ganz Persönliches betrachtet, das den Einzelnen und allenfalls den Kreis seiner engsten Freunde betraf. Zwischen dem achtzehnten und dem neunzehnten Jahrhundert wurde sie zum Gemeingut, und heute ist jedermann davon überzeugt, dass die Suche nach dem Glück alle angeht. Zum einen, weil jeder glücklich sein will, zum anderen, weil das Handeln jedes Einzelnen mit dem Handeln der anderen verknüpft ist und deren Glücksstreben fördern oder hemmen kann. Als in Nordamerika die erste Demokratie der Neuzeit entstand, wurde das Recht eines jeden auf das Streben nach Glück proklamiert. Wenn die Gesellschaft die menschlichen Bestrebungen behindert, muss sie verändert werden. *Die Philosophen haben die Welt nur verschieden interpretiert, es kommt drauf an, sie zu verändern,* lautet die Inschrift auf dem Grab von Karl Marx in London.

Das *Private ist politisch* war ein Schlagwort der siebziger Jahre: Die Art und Weise, wie man sich im Privatleben verhält, wirkt sich auf die Gesellschaft aus, die Privatsphäre ist keine von der Außenwelt abgeschlossene Kapsel, da das menschliche Leben immer «öffentlich» ist. Wir leben in einem Beziehungsgefüge, und dieselben Kriterien, die unser Privatleben bestimmen, tragen wir auch ins soziale Leben hinaus und beeinflussen es dadurch. Der Slogan wurzelt im Werk einer Reihe europäischer Denker vom 16. Jahrhundert bis heute.

Die Denkströmung, die am nachdrücklichsten darauf bestand, die persönliche Suche nach dem Glück müsse auf das kollektive Glücksstreben abgestimmt sein, war der Utilitarismus, der im achtzehnten Jahrhundert in Großbritannien entstand. Der wichtigste Vertreter dieser Richtung war Jeremy Bentham. Lust und Schmerz seien die Triebfedern menschlichen Handelns, legte Bentham in Übereinstimmung mit Epikur dar, sie bestimmten, was wir tun, und entschieden darüber, wie wir handeln. Sowohl Lust als auch Schmerz könnten unterschiedlicher Natur sein – zum Beispiel eher sinnlich als intellektuell –, und doch würden sie von jedermann gleich erlebt. In diesem Punkt seien wir alle absolut gleich: Wie groß auch die Unterschiede nach Herkunft, Bildungsstand, Einkommen usw. seien, Lust und Schmerz des einen seien genau gleich zu bewerten wie die des anderen. Es gebe deshalb nur ein allgemein gültiges Kriterium, an dem sich unser Handeln orientieren könne: die größtmögliche Lust für die größtmögliche Zahl von Menschen zu erreichen. Glück bestehe im Wesentlichen darin, dass die Lustgefühle über die Unlustgefühle überwiegen. Der Grundsatz laute also, so zu handeln, dass das größtmögliche Glück für die größtmögliche Zahl von Menschen bewirkt werde.

Bentham trat mit seinen Schriften hauptsächlich für Rechts- und Gesellschaftsreformen in England ein – mit einigem Erfolg. Wenn jeder so handeln soll, dass das persönliche wie das allgemeine Wohl gefördert wird, muss die Gesetzgebung ein solches Verhalten begünstigen und das Handeln der Menschen leiten. Das *Nützlichkeitsprinzip* bewertet laut Bentham jede Handlung danach, ob sie darauf ausgerichtet ist, das Glück dessen zu mehren oder zu vermindern, dessen Interesse dabei auf dem Spiel steht, also sowohl das der Gemeinschaft als auch das des Einzelnen.

Die Bestrafung eines Verbrechens sei zum Beispiel unangebracht, wenn das Leid, das dem Verurteilten zugefügt werde, vollkommen nutzlos sei, oder wenn die Bestrafung nicht dazu diene, eine Wiederholung des Delikts zu vermeiden; aber auch, wenn das Gegenmittel schlimmer sei als das Übel selbst oder eine Strafe sich erübrige, da es einfachere Methoden zur Vermeidung einer Wiederholungstat gebe.

Aus dieser Einstellung ergab sich ein so genanntes «Glückskalkül», das allerdings etwas naiv ist, da die zukünftigen Auswirkungen unseres Handelns auf das individuelle oder gesellschaftliche Glück ja nicht genau absehbar sind. Lustgefühle sind außerdem schwer zu bewerten. Unterschiedliche, aber auch gleiche Freuden werden von jedem Menschen anders empfunden. Das von Bentham vorgeschlagene Bewertungskriterium ist aber tatsächlich universell, da jeder Mensch Wünsche hat, die er zu befriedigen sucht, und alle Menschen mehr oder weniger das Gleiche begehren.

Der Utilitarismus ist keine egoistische Philosophie, denn er vertritt die Auffassung, dass es zwar jedem zustehe, das eigene Glück anzustreben, aber dort, wo von seinem Handeln auch andere betroffen seien, sollte er das Wohlergehen der Gemeinschaft im Auge behalten. Revidiert, verbessert und abgewandelt ist der Utilitarismus eine der wenigen Denkströmungen der Vergangenheit, die bis in die heutige Zeit nachwirken und lebendig geblieben sind.

Glück soll das ganze Leben lang währen. Jeden Tag glücklich zu sein, von dem Augenblick an, in dem man zu denken beginnt, bis zum Tode (und wenn möglich, auch darüber hinaus), ist das gemeinsame Ziel der meisten Autoren, mit denen wir uns hier befasst haben. Allerdings ist darauf hinzuweisen, dass sich nicht alle Philosophen mit dem Glück befasst haben. Und auch von denen, die das Glück zu ihrem Thema machten, haben wir uns hier, um die Geduld des Lesers nicht allzu sehr zu strapazieren, auf die beschränkt, die wir für die wichtigsten halten. Wir haben die glücklichsten und optimistischsten zitiert, aber neben ihnen gibt es auch viele zutiefst unglückliche, die das menschliche Glück sehr pessimistisch sehen. Auch sie blieben hier unberücksichtigt. Nicht etwa, weil sie uns nichts bedeuten – wer sich mit dem Glück beschäftigt, muss sich schließlich auch mit dem Unglück befassen –, sondern einfach deshalb, weil wir unser Thema, über das man leicht auch ein viel dickeres Buch schreiben könnte, auf möglichst wenigen Seiten abhandeln wollen. Die Experten werden es uns hoffentlich verzeihen! Wir wollen (und können) auch nicht diskutieren, ob menschliches Glück aus logischer oder philosophischer Sicht möglich ist. Die Erfahrung lehrt jedoch, dass es möglich und auch nicht weiter schwierig ist, glücklich zu sein. Die Philosophen können uns lediglich helfen, dem Glück auf die Spur zu kommen.

Ihr Denken hat allerdings einen Schwachpunkt, den wir ihnen jedoch nicht ankreiden wollen, denn das hieße ja, sie arbeitslos zu machen. Dieser Schwachpunkt besteht darin, dass Philosophen «für alle denken» und (meist unausgesprochen) davon ausgehen, dass die Erkenntnisse eines Einzelnen (der durchaus ein Genie sein kann) für alle gültig sind. Es ist aber klar, dass bei aller Ähnlichkeit zwischen den Menschen doch jeder anders ist: Frauen sind anders als Männer, Jugendliche unterscheiden sich von älteren Leuten, Gesunde von Kranken, der Analphabet denkt anders als der Gebildete, der Eskimo anders als der Araber, der Reiche anders als der Arme und so fort. Was für den einen richtig ist, mag auch für manchen anderen richtig sein, aber sicherlich nicht für alle. Der Mensch, mit dem sich die abendländische Philosophie bis vor kurzem hauptsächlich befasste, war männlich, erwachsen, im Wesentlichen gesund, gebildet, weiß und mit dem Lebensnotwendigen ausgestattet (wenn auch in bescheidenem Maß). Alles in allem trifft dies auf etwa 2–3% der heutigen Menschheit zu: eine recht interessante, aber nicht sehr repräsentative Stichprobe.

Kommen wir aber auf das zurück, was wir von den Philosophen lernen können. Eine verbreitete Überzeugung ist, dass die Menschen das Glück von Natur aus anstreben und dass dieses um seiner selbst willen und nicht nur als Mittel zum Zweck begehrenswert ist. Der Erste, der diese später nahezu universal gewordene Auffassung vertrat, war Aristoteles. Er schrieb auch als Erster, dass in der Frage, was Glückseligkeit sei, die Ansichten weit auseinander gingen, wenn sich auch die meisten darin einig seien, dass gut leben und erfolgreich handeln mit Glück gleichzusetzen sei.[48] Nicht alle Philosophen haben allerdings diese Vorstellung von Glück. Kant und andere zum Beispiel halten die Erfüllung aller Wünsche für Glück: eine Auffassung, die zwar manches mit der von Aristoteles gemein hat, aber in einigen Punkten davon abweicht. Wir können auch gut leben und erfolgreich in unserem Handeln sein, wenn einige unserer Wünsche unerfüllt bleiben. In diesem Fall wären wir nach Meinung von Aristoteles glücklich, nach der von Kant hingegen nicht (so gesehen wundert es nicht, dass Kant Glückseligkeit für unerreichbar hielt). Für andere Denker wiederum bedeutete Glück etwas völlig anderes. Die Schule der Kyrenaiker[49] zum Beispiel, die in der Antike sehr berühmt war (und heftig kritisiert wurde), sah das Glück in dem ein ganzes Leben lang oder zumindest über eine lange Zeit hinweg immer wiederkehrenden sinnlichen

Genuss. Wir haben schon angedeutet, dass auch für Aristoteles die Sinnenlust von grundlegender Bedeutung war, zum einen, weil sie tugendhaftes Handeln fördere, und zum anderen, weil Lust die angenehmste Erfahrung sei, die es gebe. Aber nicht alle Lüste sind gleich zu bewerten[50], es gibt gute und perverse: Wie immer kommt es darauf an, das Richtige zu wählen.

Was unter Glück verstanden wird, variiert zwar von einer Philosophenschule zur anderen, dennoch kann man nicht sagen, dass sie etwas völlig Verschiedenes meinen, wenn sie vom Glück sprechen. Einige Punkte sind allgemein akzeptiert: So sind sich zum Beispiel alle darin einig, dass Zufriedenheit allein noch nicht Glück bedeute, selbst wenn sie über lange Zeit anhält. Denn Zufriedenheit kann auch durch etwas erzeugt werden, was uns unglücklich macht. Ein klassisches Beispiel ist der Alkoholiker, der mehr als zufrieden ist, wenn er eine volle Flasche in der Hand hält, obwohl es gerade der Alkohol ist, der sein Leben zerstört. Wer sich über eine falsche Nachricht freut (weil er nicht weiß, dass sie falsch ist), schwebt vielleicht im siebten Himmel: Dennoch können wir ihn nicht glücklich nennen, denn sobald er die Wahrheit erfährt, fällt er aus allen Wolken. So ist es mit allen Projektionen und Phantasien, mit denen wir uns selbst täuschen, wenn wir nicht wissen, wie die Dinge wirklich stehen. Wer im Lotto gewinnt, fühlt sich glücklich und malt sich aus, wie Geld sein Leben verändern wird. Dabei zeigt die Erfahrung – ebenso wie statistische Untersuchungen –, dass dieses Hochgefühl innerhalb weniger Monate verfliegt und der Betreffende dann zwar wohlhabender, aber nicht glücklicher ist.

Die aristotelische Auffassung, nach der Glückseligkeit im Handeln liegt, scheint weit entfernt von dem auf Platon zurückgehenden Standpunkt, wonach Glückseligkeit ein kontemplativer Zustand ist. Praktisch aber verschwindet dieser Unterschied im Denken der unmittelbar darauf folgenden Philosophen weitgehend. Von Epikur bis Sextus Empiricus und Plotin – also seit dem Ende der Unabhängigkeit Athens bis zur letzten Blütezeit der Philosophie – wird Glück häufig mit Ataraxie gleichgesetzt. Dieses griechische Wort bezeichnet einen Zustand, der frei ist von allen Widrigkeiten, die die Gemütsruhe stören könnten, und wird im Allgemeinen mit «Unerschütterlichkeit» oder «Seelenruhe» übersetzt. Unerschütterlich ist der kontemplative Weise, der sich in den Mittelpunkt des Kreises, in seine Innenwelt, versenkt. Ohne die Ruhe zu verlieren, interagiert er mit dem aufgeregten Getümmel am Rande seines Kreises, mit der Außenwelt. Das Leben und die Selbstbetrachtungen des römischen Kaisers und Philosophen Marc Aurel sind ein berühmtes Beispiel für diese Geisteshaltung. Für den Stoiker lässt sich auf diese Weise die innere Ruhe mit dem aktiven Leben vereinbaren. Umgekehrt ist für den Aristoteliker «vollkommenes Glück» die betrachtende Haltung, in der tugendhaftes Tun gipfelt.

Von einigen extremen Positionen wie denen der Kyrenaiker und anderer Hedonisten abgesehen, könnte man die von den meisten dieser philosophischen Traditionen vertretenen Ansichten mit Kreisen vergleichen, deren Mittelpunkte nah beieinander liegen und die sich deshalb weitgehend überschneiden, ohne sich ganz zu decken. Es drängt sich auch der Gedanke auf, dass viele der Divergenzen einfach in der Natur der Sache liegen, denn viele sind es, die das Glück suchen – und wenn man etwas sucht, muss man eine Vorstellung von dem Gesuchten haben –, nur wenige aber verkünden, dass sie fündig geworden sind. Und diese wenigen Glücklichen haben alle Mühe, sich den anderen mitzuteilen und ihnen mit Worten klarzumachen, was Glück bedeutet.

Ist es Glückssache, ob man glücklich wird? Dieser Ansicht ist keiner der Philosophen, denen wir bisher begegnet sind. Aristoteles zufolge wird man glücklich durch tugendhaftes Handeln, allerdings sind für ihn auch Gesundheit, materielle Güter, Freunde und zum Teil auch ein günstiges Geschick unerlässlich zum Glücklichsein. Treffen uns schwere Schicksalsschläge, dann bleibt uns nichts anderes übrig, als sie mutig zu ertragen, denn dies ist der Lauf der Welt: Auch wenn es uns gelingt, mit Mühe und Fleiß das beste Leben aufzubauen, kommt am Ende doch der Tod und nimmt uns alles weg. Für Epikur hingegen, der dazu auffordert, liebenswürdig zu sein, die Freundschaft zu pflegen, sich mit wenigen, aber guten Dingen zu bescheiden und sich keine Gedanken über den Tod zu machen, *ist der Weise auch auf dem Folterrad glücklich* (wie uns einer seiner antiken Biographen und Bewunderer berichtet). *Trotzdem wird er, wenn er dann auf dem Rad ist, jammern und wehklagen.*[51] Die Stoiker polemisieren zwar unentwegt gegen die Epikureer, im Grunde aber hatten sie eine ganz ähnliche Auffassung von Glückseligkeit: Beschränkung der Wünsche auf das, was man mit Gewissheit erlangen kann. Der Unterschied zu den Epikureern bestand lediglich darin, dass sie Natur und Schicksal über ihren Willen zu bezwingen trachteten und behaupteten, tugendhaftes Handeln genüge, um ein glückliches Leben zu gewährleisten. Der sterbende Seneca riet seiner Frau, die sich gemeinsam mit ihm die Pulsadern aufgeschnitten hatte, in den Nebenraum zu gehen, damit keiner durch den Anblick des leidenden anderen beunruhigt würde.

Augustinus vertraute (ebenso wie Kant) die Glückseligkeit der Liebe und Güte Gottes an, zweifelte aber nicht daran, dass sie erst als Lohn für menschliches Handeln zuteil werde. Die Utilitaristen ermittelten das Glück anhand der Folgen dieses Handelns und setzten sich – wie viele andere nach ihnen – dafür ein, die Welt so zu gestalten, dass man darin glücklich werden konnte. Von jedem dieser Philosophen können wir etwas lernen, keiner aber ist der Ansicht, dass Glück sich von selbst ergibt: Man erlangt es, indem man einen Bewusstseinsprozess durchmacht, sich selbst und die Welt erforscht und offen auch für das ist, was man aus leidvollen Erfahrungen lernen kann. Epikur drückt dies sehr schön in folgendem Satz aus: … *daß es nicht möglich ist, lustvoll zu leben, ohne verständig, schön und gerecht zu leben, noch auch verständig, schön und gut, ohne lustvoll zu leben.*[52]

Glück stellt sich also nicht von selbst ein, es wird uns nicht von einem günstigen Geschick beschert und auch nicht durch einen Schicksalsschlag genommen. Es liegt an uns selbst, glücklich zu werden. Glücklich wird man nicht über Nacht, sondern nur durch tägliche, geduldige Arbeit. Glück muss aufgebaut werden, und das erfordert Zeit und Mühe.

Um glücklich zu werden, müssen wir imstande sein, uns zu ändern. Diese Lehre können wir aus dem Werk der großen Philosophen ziehen.

Wie gesagt, ist unserer Meinung nach nicht einzusehen, warum Glück für alle ein und dasselbe sein sollte. Da Glücklichsein immer als ein so wertvolles persönliches Gut beschrieben wird, könnte man sich auch vorstellen, dass es für jeden etwas anderes, Besonderes und Einzigartiges bedeutet. Es ist bekannt, dass Glück ansteckend sein kann – man fühlt sich wohl in Gegenwart eines glücklichen Menschen –, aber es ist auch bekannt, dass dieser sein Glück nicht auf andere übertragen kann. Jeder muss sein ganz persönliches Glück selbst entdecken. Das, was uns hilft zu leben, die Erfahrung von Freude und Leid, Gefühlen und Empfindungen und vieles andere sind jedoch für alle Menschen gleich, und deshalb können uns glückliche Menschen doch helfen, das Glücklichsein zu lernen.

Zu werden, was man ist, forderte Friedrich Nietzsche am Ende des letzten Jahrhunderts und rief dazu auf, moralische Scheinheiligkeiten, Konventionen und Ideologien abzuschütteln. In der Tat waren nicht die Beiträge der neuen Philosophen das große Novum unseres Jahrhunderts (auch wenn sie sehr nützlich waren)[53], sondern die Entdeckungen der Psychologie und die Anwendung verhaltenstherapeutischer Methoden, die durch die wissenschaftliche Erforschung psychischer Vorgänge möglich wurden. In den letzten Jahrzehnten kamen bedeutende Fortschritte in der Erforschung der Biochemie des Gehirns und des Nervensystems sowie in der Psychopharmakologie hinzu.

Als Ursache für persönliches Unglücklichsein wurden häufig emotionale Störungen ermittelt, die auf Blockierungen zurückgehen, welche im Lauf der Entwicklung als Abwehr gegen Ängste und Lebenstraumata entstanden. Diese Abwehr wird teuer bezahlt, denn sie beeinträchtigt die körperliche und psychische Harmonie und die Fähigkeit des Individuums, sich mit der Flexibilität, die das Leben nun einmal erfordert, immer wieder zu verändern. Wenn wir uns selbst entdecken, indem wir unsere Psyche, unser Inneres, erforschen, unsere Ängste und das Bedürfnis überwinden, uns gegen die anderen zu verteidigen, werden wir fähig, Freundschaften einzugehen, uns auf fruchtbare persönliche Beziehungen einzulassen, Neugier und Interesse für das aufzubringen, was in der Welt geschieht, und offen zu sein für ihre Reize. Wir werden Bewusstsein und menschliche Werte entwickeln. Die moderne Psychologie zielt auf die Entwicklung aller Fähigkeiten des Menschen, sie will seine Handlungs- und Reaktionsfähigkeit aktivieren, es ihm ermöglichen, innere Unabhängigkeit zu erringen und die damit zusammenhängenden leidvollen Erfahrungen anzunehmen. Sie will ihn dazu bringen, sich selbst zu akzeptieren, sich kennen zu lernen und zu lieben, sein Glück zu finden.

Glück entspringt offensichtlich nicht den Mechanismen des Denkens. Denn sonst wäre die zweitausendsechshundertjährige Geschichte der Philosophie die Geschichte glücklicher Denker. Ob Glücklichsein ein Seelenzustand oder eine Tätigkeit oder was auch immer ist, eins steht fest: dass es nur in dem, was in uns vorgeht, und in unserem Verhalten zum Ausdruck kommen kann. Nur wenn wir an unserem persönlichen Bewusstsein arbeiten und lernen, uns selbst und die anderen besser zu verstehen, dürfen wir hoffen, auf Dauer glücklich zu sein oder uns wenigstens für das begeistern zu können, was uns das Leben bietet. Vieles kann uns dabei behilflich sein – ob es nun die Philosophie oder die Gartenarbeit ist. Jedes Mittel ist aber nur dann gut, wenn es dem, der es einsetzt, auch dienlich ist: wenn es ihm zum Beispiel hilft, zu verstehen oder Freude am Leben zu finden.

Mein Vater und ich lieben die Philosophie und halten sie für ein hervorragendes Werkzeug. Nichts ist immaterieller als eine Idee, aber vielleicht ist auch nichts so mächtig wie Ideen. Eine fruchtbare Idee, die einem hilft zu leben, kann sehr wertvoll für das Glück eines Menschen sein. Die großen Meister des Denkens begriffen die Philosophie als Suche und als Wissenschaft. Sokrates verglich sie oft mit der

Medizin, denn so, wie eine Medizin den Körper heilt, kann Philosophie die Seele heilen. Und Antisthenes, ein Schüler des Sokrates, gab auf die Frage, welchen Nutzen er aus der Philosophie gezogen habe, die Antwort: *Die Fähigkeit, mich mit mir selbst zu unterhalten.*[54]

V Drei Wege zwischen Orient und Okzident

Der Okzident, heißt es, sei nach außen gewandt, habe die Materie und die Technologie erobert und eine die Symptome behandelnde Medizin entwickelt, während der Orient sich nach innen wende, den Geist erforsche, Meditationstechniken und eine die Ursachen behandelnde Medizin entwickelt habe. Das klingt zwar gut, ist aber eine grobe Vereinfachung, denn es gibt nicht nur *einen* Orient und *einen* Okzident, es gibt zwischen Ost und West viele verschiedene Arten der Lebensführung. Wenn man in dem oben erwähnten Zusammenhang von Orient spricht, bezieht man sich auf spirituelle Traditionen, die von Indien ausgingen. Aber diese Traditionen zielen nicht darauf ab, Innerlichkeit zu entwickeln, sondern die Trennung zwischen Innen und Außen, zwischen Geist und Materie, Seele und Leib – oder wie immer man es nennen mag – zu überwinden. Sie suchen Freiheit sowohl von Schmerz als auch von Lust, Freiheit von negativen wie positiven Zuständen, von Elend ebenso wie von Glückseligkeit. Sie befreien sich sowohl von der Hölle als auch vom Paradies, denn beides ist eine Kette, ob sie nun eisern oder golden ist – und wer angekettet ist, ist ein Gefangener. Sie lassen die Unterscheidung zwischen dem Selbst und der Welt hinter sich, die sie als Wahn erkennen. Das Individuum geht im Weltganzen auf.

Über die ältesten Zivilisationen wissen wir natürlich am

wenigsten. China zum Beispiel hatte vielleicht 50 000 Jahre (manche behaupten sogar 500 000 Jahre)[1] lang eine eigenständige Entwicklung, Neuguinea und Australien mindestens 60 000 Jahre lang. Und die afrikanischen Völker, die ihren Kontinent im Gegensatz zu ihren Verwandten, die den Rest der Erde kolonisierten, nicht verlassen haben, über 100 000 Jahre lang. Die Zivilisationen, die sich in jenen Weltgegenden ansiedelten, stehen der westeuropäischen Kultur am fernsten, da sie sich Zehntausende von Jahren völlig unabhängig entwickelt haben.

Europa und Indien dagegen sind sich entschieden näher. Der größte Teil der Völker, die sich im Gebiet zwischen dem Atlantik und Persien bis Nordindien niedergelassen haben, stammt von den Bauern ab, die vor zehntausend Jahren in Vorderasien den Ackerbau erfanden und sich erst in den folgenden Jahrtausenden, also in einer der unseren viel näheren Zeit, voneinander getrennt haben. Aufgrund verschiedener Faktoren stellen diese Gebiete einen einheitlichen, allerdings sehr großen und stark differenzierten Kulturraum dar. So haben zum Beispiel die meisten der hier gesprochenen Sprachen einen gemeinsamen Ursprung.

Vermutlich sah sich seit undenklichen Zeiten jeder Mensch vor die gleichen großen Fragen gestellt. Blicken wir also einmal über die Grenzen der uns am besten vertrauten europäischen Kultur hinaus – ohne uns jedoch allzu weit von zu Hause zu entfernen –, um zu sehen, was drei große und in vielerlei Hinsicht exemplarische Gestalten in Vorderasien, Griechenland und Indien gesagt und getan haben: Gilgamesch, Sokrates und Buddha.

Einer der ältesten schriftlichen Texte der Menschheit, der uns in Keilschrift – also in einer der frühesten Schriftarten – auf Tontafeln überliefert ist, erzählt die Geschichte eines Helden, der zu zwei Dritteln Gott und zu einem Drittel Mensch ist und vor fast 5000 Jahren lebte: Gilgamesch, der historische und mythische König von Uruk in Mesopotamien am Euphrat, der nicht nur wegen seiner Heldentaten berühmt ist, sondern auch, weil er um seine Stadt eine mächtige Ziegelmauer von legendärer Festigkeit erbaut hat. Einem einige Jahrhunderte später angefertigten «Verzeichnis der sumerischen Könige» zufolge war er der fünfte König von Uruk nach der Sintflut und blieb 126 Jahre lang an der Macht. Seine Welt ist nicht mehr die vorsintflutliche, in welcher der Überlieferung nach die Götter persönlich vom Himmel herabstiegen, um über die Menschen zu herrschen, und jahrhundertelang auf der Erde blieben. Es ist aber immer noch eine Welt, in der Menschen bisweilen mit Göttern sprechen, die ihnen im Traum erscheinen, um ihre Absichten zu offenbaren.

Eine Göttin hat ihn erschaffen, *wilde Kraft setzt er ein gleich dem Wildstier, erhabenen Schrittes*[2], so stellt das Epos uns Gilgamesch dar. *Seine Gestalt ist prächtig.* Als Sohn einer Göttin und eines Priesters ist er mächtig, vom Glück begünstigt und unbesiegbar: Zwei Drittel an ihm sind Gott, ein Drittel nur Mensch.

Der Zyklus erzählt zunächst, wie die Bewohner von Uruk die Götter anrufen und sie bitten, Gilgamesch, der seine Untertanen knechtet und alle Männer, sogar kleine Knaben, verschleppt, um sie in den Krieg zu schicken, von seinem willkürlichen Tun abzubringen. *Nicht läßt Gilgamesch die Jungfrau zum Geliebten, die Tochter des Helden, die Gemahlin des Mannen.*[3] Die Götter erhören ihre Bitte und erschaffen aus Wasser und Lehm Enkidu, den Gewaltigen, *einen Sprößling der Nachtstille*[4], der stark genug ist, es mit Gilgamesch aufzunehmen. Nachdem sie gegeneinander gekämpft haben, werden die beiden Freunde, stürzen sich fortan in die kühnsten Abenteuer und erwerben sich großen Ruhm. Sie töten ein magisches Ungeheuer göttlicher Abkunft und ziehen damit den Zorn des Himmels auf sich. Nachdem Gilgamesch wieder heimgekehrt ist, wirbt Ischtar, die Göttin der Liebe[5], der Fruchtbarkeit und des Krieges, um ihn, er aber, das tragische Ende ihrer früheren Liebhaber vor Augen, weist sie ab. Aus Rache sendet Ischtar den Himmelsstier nach Uruk, der die Stadt vernichten soll, doch die beiden Helden erschlagen ihn. Die Götter beschließen, sie dafür zu bestrafen, und töten Enkidu durch eine plötzliche Krankheit. Der Tod des Gefährten, der für ihn mehr als ein Bruder ist, stürzt Gilgamesch in tiefe Todesfurcht. Zum ersten Mal in seinem glücklichen und maßlosen Leben, in dem sich alles seinem Willen beugte, erkennt er, dass er sterblich ist: *Werd ich nicht auch wie er mich betten und nicht aufstehn in der Dauer der Ewigkeit?*[6] Er beschließt, sich aufzumachen und die Unsterblichkeit zu suchen, und geht auf die Reise zum Garten der Götter jenseits der Berge, hinter denen die Sonne aufgeht und die sich von der Unterwelt bis zum Himmel erheben. Er bewältigt auch dieses sein ungewöhnlichstes Abenteuer. *Kein Sterblicher ist vor ihm diesen Weg gegangen und wird ihn je gehen, solange die Winde das Meer peitschen,* sagt ihm der Sonnengott, den er im Garten trifft. Der Sonnengott, der stets sein Beschützer war, versucht, ihn von seinem Vorhaben abzubringen, doch vergebens. *Möge mein Auge die Sonne erblicken, ich am Licht mich ersättigen*[7], entgegnet ihm der Held.

Aus der sumerischen Überlieferung weiß Gilgamesch von einem Menschen, der die Unsterblichkeit erlangt hat: Utnapischtim, «der Ferne»[8], den der Gott der Weisheit vor der Sintflut gerettet hat, indem er ihn eine Arche bauen ließ, um die Menschheit vor dem Untergang zu bewahren.

Auf dem Weg zu Utnapischtim begegnet Gilgamesch am Ufer des Ozeans der jungen Schiduri, in der Erzählung *das Weib der Traube, diejenige, die den Wein macht*, und setzt sich in ihren Garten am Meer. Als Schiduri erfährt, wonach er sucht, spricht sie Folgendes zu ihm:

Gilgamesch, wohin läufst du?
Das Leben, das du suchst, wirst du sicher nicht finden!
Als die Götter die Menschheit erschufen,
Teilten den Tod sie der Menschheit zu,
Nahmen das Leben für sich in die Hand.
Du, Gilgamesch, dein Bauch sei voll,
ergötzen magst du dich Tag und Nacht!
Feiere täglich ein Freudenfest!
Tanz und spiel bei Tag und Nacht!
Deine Kleidung sei rein, gewaschen dein Haupt,
Mit Wasser sollst du gebadet sein!
Schau den Kleinen an deiner Hand,
Die Gattin freu sich auf deinem Schoß!
Solcher Art ist das Werk der Menschen![9]

Aber auch Schiduris Worte halten Gilgamesch nicht davon ab weiterzusuchen. Es gelingt ihm, den Ozean und das «Wasser des Todes» zu überqueren, und er gelangt zu der «Ströme Mündung», wo Utnapischtim, «derjenige, der das Leben gesehen hat», friedlich mit seiner Gemahlin lebt. Die beiden sind die einzigen Menschen, denen die Götter Unsterblichkeit verliehen haben.

Der bittre Tod ist [wahrlich unausweichlich], sagt Utnapischtim. Baun wir ein Haus, das ewig steht, und siegeln für ewige (Dauer eine Tafel) wir?[10] Er erzählt Gilgamesch von der Sintflut und von den außergewöhnlichen Umständen, unter denen die Götter ihn, Utnapischtim, und seine Gemahlin unsterblich gemacht haben. Er will Gilgamesch eine

Chance geben, doch muss dieser zuvor eine Probe bestehen: *Auf, begib dich des Schlafs sechs Tage und sieben Nächte!* Dem von der langen Reise erschöpften Helden fallen indes bald die Augen zu, und er schläft sechs Tage und sieben Nächte lang. Als er aufwacht, muss er sich auf den Heimweg machen. Auf Drängen seiner Frau macht Utnapischtim ihm ein Geschenk: Er enthüllt ihm ein göttliches Geheimnis [11] und beschreibt ihm eine dornige Pflanze, die tief unterm Wasser wächst und Greisen die Jugend zurückgibt. Gilgamesch gelangt tatsächlich in den Besitz des Gewächses und will es nach Uruk bringen, um nicht nur sich selbst, sondern auch seine Mitbürger zu verjüngen. Doch als er unterwegs Rast macht und in einem Brunnen ein Bad nimmt, kommt eine Schlange aus dem Wasser gekrochen und frisst die Pfanze. Sie wirft sofort ihre alte Haut ab und verschwindet wieder im Wasser.

Das Epos schließt mit der Bestattung von Gilgamesch. Das Leben, das du suchst, wirst du nie finden, hatten ihm die Götter auf seiner Reise immer wieder gesagt. Das Leben, das er suchte, war nicht das Leben der Götter, nicht das von Schamasch, dem Sonnengott, der Tag für Tag in alle Ewigkeit seinen Weg durch die Welt macht, noch das ruhige ewige Leben in einem fernen Paradies, wie es Utnapischtim geschenkt worden war. Gilgamesch wollte auf dieser Welt unsterblich sein und Heldentaten vollbringen, er wollte, dass sein Ruhm von Jahrhundert zu Jahrhundert währte und alle seinen Namen priesen.

Das hat er zweifellos erreicht. Die Erzählung seiner Abenteuer wird noch nach zweitausend Jahren gelesen, sie wurde in die sumerische, akkadische, hethitische, hurritische, babylonische und assyrische Sprache übertragen. Gilgamesch war der Inbegriff des Helden: Seine Geschichte wurde in der Schule gelesen, sie war Gegenstand von Anekdoten und scherzhaften Apographen. Als 612 v. Chr. Ninive von den Babyloniern und Medern in Schutt und Asche gelegt wurde, verschwand unter den Trümmern auch die gewaltige Bibliothek des Königs Assurbanipal, der ein sehr gebildeter Herrscher und großer Feldherr war. Sie wurde erst Mitte des letzten Jahrhunderts wieder entdeckt. Auch in Babylonien blieben Kopien des Epos erhalten. Griechische und lateinische Schriftsteller wussten von seiner Existenz, kannten aber den Text selbst nicht, der 2500 Jahre lang als verloren galt. Die Legende breitete sich dennoch weiter aus und gelangte auch in Länder, die von Vorderasien weit entfernt sind. Einzelheiten der Geschichte und der Gestalt ihres Helden, dessen Namen und Leben in Vergessenheit geraten waren, tauchten zum Beispiel in den walisischen Ritterzyklen des Mittelalters wieder auf. Dass die Legende weiter überliefert wurde, auch nachdem der Text verloren gegangen war, ist nicht verwunderlich, denn die Sumerer, die vielleicht die Ersten waren, die die Schrift entwickelten (manche behaupten, sie seien auch die Erfinder des Biers), übten selbst nach ihrem Untergang noch großen Einfluss auf spätere Gesellschaften aus. Man könnte es mit dem Einfluss vergleichen, den die römische Kultur auf das mittelalterliche Europa hatte. Dank der archäologischen Ausgrabungen erstrahlte der Ruhm des antiken Königs von Uruk von neuem, und so kam Gilgamesch in den Genuss einer der wenigen Formen von Unsterblichkeit, die ein Mensch erwerben kann: das Gedenken der Nachwelt.

Was macht nun aber Gilgameschs Größe aus? Er stellte sich jeder Gefahr und wich keinem der Abenteuer aus, die das Schicksal für ihn bereithielt. Er kämpfte gegen jeden Feind, liebte jede Frau und nahm es mit allen Ungeheuern auf, die ihm über den Weg liefen; die gefährlichsten suchte er sogar selbst auf, um sich mit ihnen zu messen. Als einziger Mensch gelangte er in den Garten der Götter und überquerte das Wasser des Todes. Er erfuhr Geheimnisse, die gewöhnlichen Sterblichen verborgen bleiben. Er erreichte alles, was er sich vornahm. Nur vor dem, was über die menschliche Natur hinausgeht, musste er kapitulieren.

Sich selbst auf die Probe stellen, sein Möglichstes tun, das ausleben, was uns auf unserem Lebensweg angeboten wird, nichts unversucht lassen, bevor der Tod kommt. Entdecken, was wir sind. Die Wunder des Lebens genießen. Sein Bestes geben. Das ist es, was laut der Geschichte von Gilgamesch und laut Schiduris Worten den Menschen an Glück zuteil werden kann.

Sokrates war vom Athener Gericht zum Tode verurteilt worden und wartete im Kerker darauf, dass man ihm den Schierlingsbecher bringen würde, mit dem er sich, wie in Athen üblich, selbst den Tod geben musste. Auch diese letzten Tage verbrachte er mit philosophischen Gesprächen im Kreis seiner engsten Freunde und liebsten Schüler. Einige von ihnen hatten die Gefängnisaufseher bestochen und alles für die Flucht des Meisters vorbereitet. Sokrates aber lehnte es ab, sich dem Urteil zu entziehen, obwohl dieses ungerecht war, denn er wollte den Gesetzen seiner Stadt gehorchen. Nachdem er seine Frau und seinen kleinen Sohn nach Hause geschickt hatte – so erzählt uns ein Augenzeuge –, setzte sich Sokrates auf sein Bett, *zog das Bein an sich und rieb sich den Schenkel mit der Hand, indem er zugleich sagte: Was für ein eigenes Ding, ihr Männer, ist es doch um das, was die Menschen angenehm nennen, wie wunderlich es sich verhält zu dem, was ihm entgegengesetzt zu sein scheint, dem Unangenehmen, daß nämlich beide zu gleicher Zeit zwar nie in dem Menschen sein wollen, doch aber, wenn einer dem einen nachgeht und es erlangt, er meist immer genötigt ist, auch das andere mitzunehmen, als ob sie zwei an einer Spitze zusammengeknüpft wären; und ich denke, wenn Aisopos dies bemerkt hätte, würde er eine Fabel daraus gemacht haben, daß Gott beide, da sie im Kriege begriffen sind, habe aussöhnen wollen und, weil er dies nicht gekonnt, sie an den Enden zusammengeknüpft habe, und deshalb nun, wenn jemand das eine hat, kommt ihm das andere nach. So scheint es nun auch mir gegangen zu sein: weil ich von der Fessel in dem Schenkel vorher Schmerz hatte, so kommt mir nun die angenehme Empfindung hintennach.*[12]

Genuss und Leid, Freude und Schmerz, Zufriedenheit und Unzufriedenheit ... das Leben besteht aus Gegensätzen, Widersprüchen, düsteren Augenblicken und lichterfüllten Tagen. Mit dieser Ambivalenz, vor allem aber mit dem letzten Gegensatz, dem zwischen Leben und Tod, müssen wir uns abfinden. Sokrates strebte nicht nach Unsterblichkeit wie Gilgamesch, aber nachdem er sich sein ganzes Leben lang Fragen gestellt hatte, verbrachte er folgerichtig auch seine letzten Stunden damit, sich zu fragen, was ihn mit dem Tod erwarte. *Auch ziemt es sich ja wohl am besten, daß der, welcher im Begriff ist, dorthin zu wandern, nachsinne und sich Bilder macht über die Wanderung dorthin, wie man sie sich wohl zu denken habe. Was könnte einer auch wohl noch weiter tun in der Zeit bis zum Untergang der Sonne?*[13] (Todesurteile durften laut Gesetz erst nach Sonnenuntergang vollstreckt werden.)

Sokrates fand sein Glück in der Suche nach Weisheit und vor allem in der Suche nach dem Guten. Angesichts des Todes legte er einen einfachen und überzeugenden Gedankengang dar und stellte fest, dass die Seele am besten zur Wahrheit gelange, wenn nichts Körperliches, weder Hören noch Sehen, kein Schmerzgefühl noch Lustgefühl sie störe: … *sie denkt offenbar am besten, wenn nichts von diesem sie trübt, weder Gehör noch Gesicht noch Schmerz und Lust, sondern wenn sie am meisten ganz für sich ist, den Leib gehn läßt und, soviel irgend möglich, ohne Gemeinschaft und Verkehr mit ihm dem Seienden nachgeht.*[14] Für den Philosophen wird es eine Freude sein, vom Körper befreit zu werden und in den Hades aufzubrechen: *Denn gar stark wird ein solcher dies glauben, daß er nirgends anders die Wahrheit rein antreffen werde als nur dort.*[15]

Sokrates war bei allen, die ihn kannten, dafür berühmt, dass er über Stunden hinweg, ja sogar einen ganzen Tag lang in die Betrachtung irgendeiner Wahrheit versunken, völlig reglos dasitzen konnte und alles um sich herum vergaß. Seinen Freunden, die traurig waren, weil ihr Lehrmeister sie bald verlassen würde, und auch ein wenig gekränkt, weil er so ruhig und freudig von ihnen ging, ohne dem Leben nachzutrauern, erklärte Sokrates: *In der Tat … trachten die richtig Philosophierenden danach, zu sterben, und der Tod ist ihnen unter allen Menschen am wenigsten furchtbar.*[16]

Dennoch scheint ihr, sagte er zu seinen Gesprächspartnern, *gern auch diesen Satz noch weiter durcharbeiten zu wollen und euch zu fürchten wie die Kinder, daß nicht gar buchstäblich der Wind sie, wenn sie aus dem Leibe herausfährt, auseinanderwehe und zerstäube, zumal wenn einer nicht etwa bei Windstille, sondern in recht tüchtigem Sturmwinde stirbt.* Lächelnd erwiderte einer der Anwesenden: *So tue denn so, als fürchteten wir uns, und versuche, uns zu überreden! Lieber jedoch nicht, als ob wir selbst uns fürchteten, sondern vielleicht ist auch in uns ein Kind, welches dergleichen fürchtet. Dieses also wollen wir versuchen zu überzeugen, daß es den Tod nicht fürchten müsse wie ein Gespenst.*[17]

Wie aber können wir sicher sein, dass die Seele weiterlebt und sich nicht auflöst wie Rauch, wenn sie den Körper verlassen hat? Auch hier argumentierte Sokrates sehr einfach. Er stellt fest, dass der Tod das Gegenteil des Lebens ist. Wenn ein Lebender sterben kann, dann lässt sich nicht ausschließen, dass auch ein Toter ins Leben zurückzukehren vermag, so wie ein Schlafender erwacht, und zwar auf Grund einer Art universalen Ausgleichsprinzips: Denn wenn alles Lebendige nur sterben würde, wäre bald alles Leben erloschen. Einen Beweis dafür, dass die Seele schon da ist, bevor sie in den Leib eintritt, sah Sokrates darin, dass wir alle mit abstrakten Ideen versehen sind, die keinen Bezug zu dem haben, was tatsächlich in der Natur existiert. Wir können uns zum Beispiel vorstellen, dass zwei Dinge absolut gleich sind, obwohl es diese vollkommene Gleichheit im Leben gar nicht gibt. Ebenso machen wir uns eine Vorstellung von dem, was schön, gut, gerecht oder heilig ist, obwohl man von dem, worauf sich diese Begriffe beziehen, nur eine sehr vage direkte Erfahrung hat. Diese allen Menschen gemeinsamen Ideen können nicht im Lauf des Lebens in uns entstanden sein, da es auf der Welt ja nichts ihnen Entsprechendes gibt: Sie müssen also schon vor unserer Geburt in uns gewesen sein. Unsere Seele besaß dieses Wissen, bevor sie in unseren Körper einzog, und alle Erkenntnis, die wir in diesem Leben erlangen, ist im Grunde nichts anderes als ein Wiedererinnern an das, was wir wussten, bevor wir Fleisch wurden: Wir wissen die Dinge, die sich unseren Sinnen zeigen, zu deuten, weil sie in unserem vorgeburtlichen Wissen gespeichert sind.

In dem langen Gespräch vor Sonnenuntergang erläuterte Sokrates seine Überzeugung, dass die Seele aus der gleichen Substanz bestehe wie das Unsichtbare und nach dem Tode weiterlebe. Nach einem mehr oder weniger langen Verweilen im Jenseits werde sie in andere Körper übergehen, je nachdem wie ihr Leben gewesen sei: Wer ein ausschweifendes Leben geführt habe, werde die Gestalt eines Esels oder eines ähnlichen Tiers annehmen, diejenigen, die sich in tyrannischen und räuberischen Handlungen gefielen, würden zu Wölfen oder Geiern, und wer fleißig und gerecht gelebt habe, werde zu einer Biene, einer Ameise oder auch wieder zu einem Menschen. In einem anderen Gespräch[18] ließ Platon Sokrates sagen, dass sich die Seele dessen, der die Weisheit geliebt und gesucht habe, nach einer sehr langen Zeit von der Erde loslösen und ihre göttliche Natur wiedererlangen könne.

Die Seele ist an den Leib gefesselt, und die Philosophie lehrt sie, sich davon zu befreien: Der Tod ist die große Gelegenheit, die Wahrheit der Dinge zu erkennen, nachdem man die Übel des Menschseins hinter sich gelassen hat. Bevor der Kerkermeister den Schierlingsbecher bringt, verlässt Sokrates die Freunde, um sich zu baden. Die Freunde klagen, *ganz darüber einig, daß wir nun gleichsam des Vaters beraubt als Waisen das übrige Leben hinbringen würden*[19] – Sokrates aber macht sich mit freundlichen Worten über sie lustig. Als das Gift zu wirken begann, legte er sich auf das Bett und verhüllte sich. Dann schlug er die Hülle noch einmal kurz zurück und bat die Freunde, dem griechischen Gott Asklepios in seinem Namen einen Hahn zu opfern, als Dank dafür, dass er von einer langen Krankheit, dem Leben, geheilt wurde.

Die Suche nach der Glückseligkeit kann nach dem Tod nur weitergehen, und wenn die Wahrheitsliebe und die Liebe zum Guten und Schönen uns im Leben glücklich gemacht haben, dann werden wir im Tod erst recht glücklich sein: Dies die bewundernswerte Lehre und Überzeugung des Sokrates. Auch wenn wir nicht an die Unsterblichkeit der Seele und an die Reinkarnation glauben – die auch für Sokrates eine bloße Hypothese war –, und auch wenn wir den Leib nicht als Hindernis für unser Verständnis der Welt sehen (wie sollten wir denn ohne Körper die Welt erkunden?), können wir etwas von Sokrates lernen: Wer den Pfad der Erkenntnis geht und im Leben sein Bestes gibt, hat keinen Grund zur Angst, denn der Tod an sich stellt keine Grenze dar.

Sein Vater war ein Fürst aus dem Adelsgeschlecht der Schakjas im Vorland des nepalesischen Himalaya, und so wuchs Prinz Siddhartha Gautama im Reichtum auf und es mangelte ihm an nichts. Er selbst erzählt uns davon: *Ich hatte drei Paläste, einen für die Regenzeit, einen für den Winter und einen für den Sommer. In dem ersten war ich während der vier Monate Regenzeit von weiblichen Musikanten umgeben und stieg nicht hinunter aus dem Palast.*[20] Der Vater, der durch eine Prophezeiung gewarnt worden war, setzte alles daran, seinen Sohn im Luxus aufwachsen zu lassen und die unangenehmen Seiten des Lebens von ihm fern zu halten. Doch dann begegnete dem Prinzen bei vier aufeinander folgenden Ausfahrten am ersten Tag ein vom Alter zerstörter Greis, am nächsten Tag ein Schwerkranker, am dritten Tag ein Leichenzug und am vierten schließlich ein Bettelmönch. Er war zutiefst beeindruckt vom Anblick des Leidens und des Todes bei den ersten beiden Begegnungen und von der Heiterkeit, mit welcher der Mönch durch die von Leid geprägte Welt zog. Er erkannte (genau wie Gilgamesch), dass auch ihm Alter, Krankheit und Tod drohten. *Da sagte ich mir: Und auch dieser Körper ist so beschaffen, wird das werden, kann dem nicht entgehn.*

Im Alter von neunundzwanzig Jahren verließ Siddhartha das Haus seines Vaters und machte sich *auf die Suche nach dem, was gut tut, nach dem höchsten Zustand himmlischen Friedens*[21], nach einem Weg zur Überwindung aller Übel der Menschheit. Er schloss sich verschiedenen großen Meistern seiner Zeit an. Als er von ihnen nichts mehr lernen konnte, setzte er seine Suche allein fort. Viele Jahre lang führte er mit wenigen Gefährten ein Eremitenleben und übte harte Askese bis zur völligen Entkräftung. Als ihm klar wurde, dass die Kasteiung des Körpers nicht zur Erkenntnis der Wahrheit führte, nach der er suchte, begann er, wieder normal zu essen. Empört über seine Abwendung von der Askese, verließen ihn seine Gefährten.

Eines Abends setzte er sich unter einen Baum und meditierte, fest entschlossen, erst dann wieder aufzustehen, wenn ihm die Erleuchtung zuteil geworden sei. Er verfiel in einen Zustand immer tieferer Versenkung, den er zunächst als angenehm empfand, bis er sich schließlich frei von jeder Schmerz- oder Lustempfindung fühlte. Als er die vollkommene Versenkung erreicht hatte, richtete er seine Aufmerksamkeit auf die erinnernde Erkenntnis früherer Daseinsformen, bis er sich an jedes einzelne seiner früheren Leben erinnerte. *Dieses Wissen hatte ich nun in den ersten Stunden der Nacht als erstes errungen, das Nichtwissen zerteilt, das Wissen gewonnen, das Dunkel zerteilt, das Licht gewonnen, wie ich da ernsten Sinnes eifrig, unermüdlich verweilte.* In den mittleren Stunden der Nacht richtete er seine Aufmerksamkeit auf die Erkenntnis des Verschwindens und Wiedergeborenwerdens der Wesen. *Mit dem himmlischen Auge, dem geläuterten, über menschliche Grenzen hinausreichenden, sah ich die Wesen dahinschwinden und wiedererscheinen, gemeine und edle, schöne und unschöne, glückliche und unglückliche, ich erkannte, wie die Wesen je nach den Taten wiederkehren.* In den letzten Stunden der Nacht lenkte er seine Aufmerksamkeit auf die *Erkenntnis der Wahnversiegung. Das ist das Leiden, verstand ich der Wahrheit gemäß ... Das ist die Leidensentwicklung ... Das ist die Leidensauflösung ... Das ist der zur Lei-*

densauflösung führende Pfad. Am Morgen war er ein Buddha. *Also erkennend, also sehend ward da mein Gemüt erlöst ... Versiegt ist die Geburt, vollendet das Asketentum, gewirkt das Werk, nicht mehr ist diese Welt, verstand ich da.*[22]

Buddha ist kein Eigenname, sondern eine allgemeine Bezeichnung, die «der Erwachte» oder «der Erleuchtete» bedeutet. Im Lauf der Nacht war Gautama aus dem Schlaf zur Bewusstwerdung erwacht. Die Erleuchtung war ihm zuteil geworden: Er war nun nicht länger ein Gefangener des Wechsels zwischen Freude und Schmerz, der Erwartungen und Erinnerungen, der Gedanken und Begierden. Er sah mit Klarheit alles, was geschah. Er lebte, aber er brauchte das Leben nicht mehr: Er weilte im «Jenseits des Jenseits des Bekannten», jenseits von Leben und Tod. Er hatte erkannt, dass er keine Reinkarnation mehr erleben würde, weil er alles gefunden hatte, was zu finden war. *In mir erwachte das Bewußtsein und die Einsicht: «Meine Befreiung ist endgültig; dies ist meine letzte Geburt; nun erneuert sich das Sein nicht mehr.»*

Es war ein schwieriger Weg gewesen, und anfangs zweifelte er daran, ob er die Weisheit, die ihm zuteil geworden war, den Menschen verkünden sollte. Er dachte, dass die anderen dieses Dharma (Dharma bedeutet Weg, Wahrheit, Verhaltensrichtlinie, Lehre), das er entdeckt hatte und das *schwer zu gewahren, schwer zu erkunden, still, erlesen, unbekrittelbar, fein, Weisen erfindlich ist*, nicht begreifen würden und dass sie ihn, wenn er versuchte, es darzulegen, anstößig finden und verfolgen würden.[23] Doch als er zögerte, erschien ihm der Weltenschöpfer, Gott Brahma persönlich, und forderte ihn auf, all jenen das Dharma darzulegen, die es verstehen können. *Auf das Anliegen Brahmas nun ... blickte ich mit dem erwachten Auge in die Welt. Und ich sah ... Wesen edlerer Art und gemeinerer Art, scharfsinnige und stumpfsinnige, gut begabte und schlecht begabte, leicht begreifende und schwer begreifende …*[24] Er sah, wie die Wesen sich abmühten, wie sie allenthalben litten und kämpften, in Nichtwissen versunken oder in mehr oder weniger wachem Zustand. Die Welt erschien ihm wie der Wasserspiegel eines Lotosweihers: Einige Lotosblüten sind unter Wasser, einzelne dringen bis zum Wasserspiegel, andere steigen über das Wasser empor und stehen unbenetzt von Wasser da. Ebenso befinden sich auch die Menschen auf unterschiedlichen Entwicklungsstufen, und einige sind fähig, die Wahrheit zu begreifen. Und so überwand der Erhabene seine Bedenken und begann, seine Lehre zu verkünden, denn er wusste, dass Erleuchtung zwar nicht übertragen werden kann, sich aber doch der Weg lehren lässt, wie sie zu erlangen ist.

Eine in späterer Zeit entstandene Legende erzählt, Mara, der Versucher, Herr der Sinne und Gott der Liebe und des Todes, sei in der Nacht zu Gautama unter den Feigenbaum gekommen, um mit allen Mitteln zu verhindern, dass er erleuchtet würde und der Macht des Wahns entfliehe. Da ihm das nicht gelang, hetzte Mara sein Heer der Dämonen auf ihn. Der in Meditation versunkene Gautama spürte die Erde beben, tat aber nichts anderes, als sie mit einem Finger zu berühren, eine Geste, mit der er um das Recht bat, bleiben zu dürfen, wo er war. In dieser Pose stellen ihn viele Statuen dar. Die Erde willigte ein und zerstreute mit hunderttausend unterirdischen Donnerschlägen die Höllenscharen. Ein Freudengesang erschallte in den Himmeln, die Natur und die Götter feierten das Erwachen eines Menschenwesens.

Dank der Lehre Buddhas fanden später viele zu der Erkenntnis, die ihm zuteil geworden war. Die Legende erzählt, dass einer dieser Erleuchteten, der Bodhisattva Avalokiteshvara, in der Welt zu bleiben beschloss und den Augenblick, in dem er ins zeitlose Nichts eingehen sollte, verschob, um anderen Lebewesen auf dem Weg zur Erlösung zu helfen. Er ist der Bodhisattva des grenzenlosen Mitleids und der Vergebung, dessen Gegenwart die zehntausend Welten zwischen der Zeit, in welcher der historische Buddha lebte, bis zum Erscheinen des Maitreya, des letzten Buddhas, erfüllt. Er ist der Buddha der Liebe, der alle empfindungsfähigen Wesen zur Befreiung führen wird.

Siddharta Gautama war nicht der erste «Erleuchtete», aber er war der erste, der den Rest seines Lebens damit verbrachte, allen, die dazu bereit waren, den richtigen Weg zu weisen. Er gilt deshalb als der Inbegriff des Buddhas. Er hatte aber auch viele andere Namen. Er selbst nannte sich meistens Tathagata, eine Bezeichnung, die auf verschiedene Weise übersetzt wurde: «derjenige, der ist» oder «der die Wahrheit entdeckt hat», eigentlich aber unübersetzbar ist; denn wörtlich bedeutet Tathagata «So gekommen, so gegangen»: die Botschaft von der Abwesenheit des Todes bringend gekommen, indem er den Weg dazu gegangen ist.

Buddhas Lehre zufolge ist alles Dasein eine bloße Verkettung von physischen und psychischen Phänomenen, und deshalb ist es unmöglich, etwas zu finden, das von Dauer wäre. Alles vergeht, wir aber möchten, dass die Dinge bestehen bleiben, wir klammern uns an das im ständigen Wandel Begriffene und betrügen uns dabei selbst. Dieses Nichtwissen ist die Ursache allen Schmerzes. Wir suchen das Glück in flüchtigen Dingen, die wir nicht festhalten können, weil sie vergehen. Das konventionelle Weltverständnis sagt uns, dass die Welt aus Einzelwesen besteht, doch wer etwas weiter blickt, erkennt, dass jedes Selbst, jede Persönlichkeit nur Schein ist. Von Begierde getrieben und ohne das Wesen der Dinge zu begreifen, wandern die Wesen von einem Leben zum anderen. Auf der Suche nach einem neuen Selbst verkörpern sie sich immer wieder in einem anderen Leib und durchlaufen immer von neuem den Zyklus von Geburt, Krankheit, Alter und Tod. Wer zu der Erkenntnis gelangt, dass die Begierden und die Überzeugung, ein vom übrigen Universum isoliertes Leben zu führen, die Fesseln sind, die uns an das Leiden in neuen Existenzen binden, kann sich davon lösen und sich nicht nur vom Leiden, sondern auch aus dem Kreislauf von Leben und Tod, Nachtod und Wiedergeburt befreien.

Was uns an der komplexen Lehre Buddhas, auf die wir hier nicht in allen Einzelheiten eingehen können, interessiert, ist die schlichte und völlige Aufmerksamkeit für alles, was atmet, alles, was jeden Augenblick in uns und außerhalb von uns geschieht: die Beobachtung alles Seienden ohne Werturteil und ohne Einmischung. Daraus entspringt die Einsicht, und das *Dharma* weist die Wege, um sie zu entwickeln.

Der erleuchtete Geist ist der gewöhnliche Geist, so die Lehre des Buddhismus. Jeder von uns ist ein Buddha, nur hat er es vergessen, das Wissen wurde verdrängt von geistigen Prozessen, instinktiven und nie genau überprüften Überzeugungen und durch das Haften an allem, was uns angenehm erscheint. Um zum Erwachen zu gelangen, muss man sich vor allem vom falschen Wissen lösen, vorgefasste Gewissheiten erkennen, die irrig sind, da sie unbewusst erworben wurden. Buddha lehrt Konzentration und Meditation, den Blick nach innen, der zur Einsicht in das Wesen der körperlichen und geistigen Phänomene führt, aber auch eine liebevolle, um das Wohlergehen alles Lebendigen besorgte Lebensführung.

Als der indische Meister Osho von Schülern gefragt wurde: «Was sollen wir tun, um erleuchtet zu werden?», gab er ihnen zur Antwort, dass es unmöglich sei, erleuchtet zu werden, keiner könne ein «Erleuchteter» werden. Das Einzige, was ihr könnt, so Osho, ist, euch zu ent-erleuchten, und das tut ihr ja ständig. Morgens, wenn ihr aus dem Schlaf erwacht, seid ihr erleuchtet, aber wie lange hält das an? Nur Augenblicke, nicht einmal eine Minute, denn dann tritt sofort das Denken ein, die Vorstellung, die ihr euch von der Welt gemacht habt, setzt sich wieder durch, ihr beginnt an das zu denken, was ihr während des Tages zu tun habt, und so verliert der Blick sogleich seine Frische, ihr achtet nicht mehr auf den Augenblick und seht nur das, was der Geist sehen will. Es kommt nicht darauf an, etwas zu *tun*, sondern *nichts zu tun*. Das braucht seine Zeit; man schafft es nicht von einem Tag auf den andern, sondern nur ganz allmählich. Wenn man bereit ist, kommt die Erleuchtung von selbst, denn sie ist ein natürlicher Zustand. Man erlangt sie nicht, weil man sie sucht, aber wenn man sie nicht sucht, wird sie einem nie zuteil.[25]

Ich lehre eine Lehre, um sich vom groben Ich zu befreien, das man (mit der Zeit) erwirbt . . . ! Buddhas Lehre zielt auf die Befreiung des (mit der Zeit erworbenen) *«groben» Ichs, mit der die «verunreinigenden» Geisteszustände schwinden und die zur Reinheit strebenden Zustände gestärkt werden. Man erlangt, so Buddha, Reinheit und Vollkommenheit hier und jetzt und verliert sie nicht mehr. Wenn die verunreinigenden Geisteszustände schwinden, entwickeln sich nichts als Wohlgefühl, Ruhe, Fülle der Aufmerksamkeit und klares Bewußtsein: Und dies ist ein glücklicher Zustand.*[26] Das Glück, von dem Buddha spricht, kann sich nicht in Unglück verwandeln, sobald es einem nicht mehr gut geht. Es ist vielmehr der Zustand, in dem derjenige lebt, der eins mit dem Lebensstrom geworden ist. Er sieht die Quelle, aus der die Gegensätze wie Freude und Leid, Gut und Böse entspringen, aber er ist nicht mehr davon abhängig. Er hat sie «rückstandslos» hinter sich gelassen. Wir könnten diesen Zustand als Glückseligkeit bezeichnen, aber das ist natürlich nur eine Frage der Bedeutung, die man den Worten zuschreiben will. Was zählt, ist das Erleben.

Sein Leben lang sagte Buddha seinen Schülern immer wieder, sie sollten das, was er ihnen mitteile, nicht einfach aus Vertrauen zu ihm hinnehmen, sondern alles Punkt für Punkt selbst an ihrem eigenen Leben überprüfen, so wie ein Goldschmied das Gold prüft, indem er es wiegt, schleift, schneidet und einschmilzt. Seine Lehre, so sagte er, sei wie ein Floß, mit dessen Hilfe man den Fluss überqueren könne, aber sobald man das andere Ufer erreicht habe, benötige man es nicht mehr.

Ananda, Buddhas Cousin und ergebenster Schüler, fragte den achtzigjährigen und schwer kranken Meister, wie sich die buddhistischen Mönche fortan verhalten sollten. *Ich habe das Dharma gelehrt, Ananda,* erwiderte ihm Buddha, *ohne einen Unterschied zu machen zwischen dem, der drinnen ist, und dem, der draußen ist: Der Tathagata hat nicht «die geballte Faust des Meisters», was die Lehre betrifft ... Deshalb, Ananda, seid euch selbst das Licht, seid euch selbst Zuflucht, ohne eure Zuflucht bei einem anderen zu suchen, mit dem Dharma als Licht, mit dem Dharma als Zuflucht, ohne eine andere Zuflucht.*[27]

Sich selbst zu erkennen ist der Weg, den Buddha und Sokrates vorschlagen: Der eine verfolgte ihn in einsamer Meditation, der andere durch das Gespräch, bei dem sich die Gesprächspartner gegenseitig anregten, das in uns Verborgene ans Licht zu bringen. Keine leichte Arbeit. In einem griechischen Gedicht der Antike heißt es:

«Erkenne dich selbst»: leicht ist's gesagt,
doch nur Zeus weiß von allen Göttern, wie groß das Werk.[28]

Buddha lebte etwa hundert Jahre vor Sokrates, dem die buddhistische Lehre sicher gefallen hätte, wenn er Gelegenheit gehabt hätte, sie kennen zu lernen. Beide hörten auf ihre innere Stimme und beurteilten das, was sie nach und nach herausfanden, nach den Wirkungen, die es auf ihr eigenes Leben und das der anderen hatte. Beide waren, so könnte man sagen, Wissenschaftler der geistigen Suche. Beiden kam es vor allem auf das Bewusstsein, das Erwachen, an.

In seiner Verteidigungsrede vor dem Athener Gericht gab Sokrates seinen Mitbürgern zu bedenken, dass er und das, was er tat, für sie ein großes Glück bedeute. *Denn wenn ihr mich hinrichtet, werdet ihr nicht leicht einen andern solchen finden, der ordentlich, sollte es auch lächerlich gesagt scheinen, von dem Gotte der Stadt beigegeben ist, wie einem großen und edlen Rosse, das aber eben seiner Größe wegen sich zur Trägheit neigt und der Anreizung durch den Sporn bedarf, wie mich der Gott dem Staate als einen solchen zugelegt zu haben scheint, der ich auch euch einzeln anzuregen, zu überreden und zu verweisen den ganzen Tag nicht aufhöre, überall euch anliegend. Ein anderer solcher nun wird euch nicht leicht wieder werden, ihr Männer. Wenn ihr also mir folgen wollt, werdet ihr meiner schonen.*

Ihr aber werdet vielleicht verdrießlich, wie die Schlummernden, wenn man sie aufweckt, um euch stoßen und mich, dem Anytos folgend, leichtsinnig hinrichten, dann aber das übrige Leben weiter fort schlafen, wenn euch nicht der Gott wieder einen andern zuschickt aus Erbarmen.[29] Sokrates wurde zum Tode verurteilt, vor allem deshalb, weil viele Athener es nicht ertrugen, dass ein armer und inzwischen alter Mann, der ganz offen zugab, nichts zu wissen, ihnen Tag für Tag vor Augen führte, dass all ihr Wissen nur Täuschung war, indem er sie ganz einfach zum Reden aufforderte und darauf wartete, dass sie sich in Widersprüche verwickelten. Sie wollten nicht erweckt werden.

Sokrates war nicht die einzige Stimme im alten Griechenland. Heraklit zum Beispiel behauptete, dass *die Menschen sich dessen, was sie im Wachen tun, nicht bewußt seien, genauso wie sie das vergessen, was sie im Schlaf tun.*[30] In der indischen Tradition dagegen war die Ansicht, dass die Menschen einer Art Verzauberung unterliegen und Opfer eines großen Wahns sind, nicht die Ausnahme, sondern die Regel. Die ursprüngliche Bedeutung des Sanskrit-Wortes *maya*, das die verschiedenen Formen des großen Lebensreigens bezeichnet, ist «Zauberwerk». Einige spirituelle Traditionen strebten auf unterschiedlichen Wegen danach, diesen Art Hypnosezustand zu durchbrechen, in welchem wir um uns blicken, ohne zu sehen. Sie haben Augen und sehen nicht, sie haben Ohren und hören nicht, sagte Christus von seinen Zeitgenossen. Hier begegnen sich Orient und Okzident.

Die drei Gestalten, um die es in diesem Kapitel ging, haben eines gemeinsam: Jeder hat seine ganze Kraft darauf verwendet, die Barriere der Täuschungen zu überwinden. Sie lebten vor langer Zeit, aber sie haben mit uns das gemein, was allen Menschen gemein ist: Leben und Tod. Alle drei erfüllten die Bedingung Solons, der niemanden glücklich nennen wollte, bevor er nicht gestorben war. Gilgamesch gelingt es trotz seiner übermenschlichen Abenteuer nicht, Unsterblichkeit zu erlangen, dennoch ist seine Reise nicht vergebens, denn als er nach Uruk zurückkehrt, ist er kein allmächtiger Knabe mehr, sondern ist erwachsen geworden. Er jagt nicht mehr dem Wind nach (*warum kommst du hierher, läufst über die Steppe, auf der Jagd nach dem Wind?*[31], hatte ihn Schiduri gefragt), nun kann er das ihm zugeteilte Schicksal erfüllen, denn er hat gelernt, es anzunehmen. Sokrates, der sich sein Leben lang mit dem menschlichen Geschick befasste und dabei über die Fiktionen und das falsche Wissen hinausblickte, geht dem Tod lächelnd entgegen, weil er weiß, dass die Suche nun unter idealen Bedingungen weitergeht. Seine Erfahrung hat ihn zu dieser Einsicht gebracht. Aus Feingefühl spricht er mit seinen Freunden darüber wie von einer Überzeugung, aber für ihn ist es eine Gewissheit. Als sie ihn bitten, den Augenblick des Todes noch eine Weile hinauszuschieben, lehnt er ab. *Denn ich meine nichts zu gewinnen, wenn ich um ein weniges später trinke*[32], erklärt er.

Buddha gelangt mit seiner Erleuchtung zu der Einsicht, dass der Tod ebenso wie das Leben ein Wahn ist, und entdeckt im Urgrund aller Dinge eine Dimension, in der es keinen Wandel mehr gibt, sondern nur noch Liebe und Glückseligkeit, wo das ewige Getriebe des Lebens erlischt wie eine Kerze. Sein Tod, der im buddhistischen Kanon[33] eingehend geschildert wird, ist kein Sterben, sondern eine Wandlung, ein Übergang in einen anderen Zustand, denn ein Buddha hat den Tod schon im Leben überwunden.

Hinsichtlich des von Buddha gewiesenen Pfads – der dem von Lao Tse und vielen anderen orientalischen Meistern ähnlich ist – herrschen einige weit verbreitete Missverständnisse, z. B., dass die Begierden zu unterdrücken seien oder dass Glückseligkeit irgendwo jenseits des Lebens sei. Dies entspricht jedoch nicht dem Geist der buddistischen Lehre. Es geht nicht darum, die Begierden abzulehnen, sondern darum, sie zu überwinden, und um sie zu überwinden, muss man sie kennen lernen, also ausleben, soweit es nötig ist. Das Leben strömt ohne Anfang und ohne

Ende. Es geht nirgendwohin. Es gibt keinen Ort, an den man gelangen, kein Ziel, das man erreichen, nichts, was man verteidigen muss: Wir sollen einfach mit offenen Augen leben, an unserem Platz und in unserer Zeit, getragen von der Strömung des Flusses. Alles ist im Hier, die einzige Zeit ist das Jetzt. Nichts ist irgendwo anders, der Augenblick ist die Ewigkeit. Heilig und göttlich ist jedes Lebewesen und alles, was ist. Eine völlig andere Einstellung als die jener Religionen, für die das, worauf es ankommt, also Erkenntnis und Glückseligkeit, nie wirklich auf dieser Erde zu finden ist, sondern immer irgendwo anders oder in der Zukunft.

Mit den Worten eines Zen-Dichters aus unserem Jahrhundert:

Dieser dein Körper ist der Buddha,
dieser Ort ist das Paradies der Lotosblüten.[34]

Zweiter Teil
Die Wege der Natur

VI Mikrogeschichte der Menschheit

In diesem Kapitel geht es um ein Geschehnis, das nur den wenigsten bekannt ist. Es erreichte seinen Höhepunkt vor 10 000 Jahren und gab der menschlichen Geschichte eine entscheidende Wende. Die Bibel fasst es, wie sie es oft tut, in einem einzigen Satz zusammen: «Im Schweiße deines Angesichts sollst du dein Brot essen.»

Bisher haben wir das Glück aus der Sicht von Humanisten, Philosophen und religiösen Menschen betrachtet und Zeugnisse in den Lebenserfahrungen der Menschen gesucht. In diesem und den folgenden Kapiteln wechseln wir unseren Standpunkt und gehen unser Thema aus der Sicht des Wissenschaftlers an. Wir richten unseren Blick zunächst auf die Vergangenheit des Menschengeschlechts, um uns dann mit den biologischen Grundlagen unseres Menschseins zu befassen und herauszufinden, was zum Glück oder Unglück des Einzelnen als Angehöriger einer Spezies beiträgt.

Wenn man sich ein schwieriges Thema vornimmt, beginnt man am besten mit einem Rückblick in seine Geschichte. Da unsere Gesundheit, unsere Beziehungen zu den Mitmenschen und die ökonomischen Lebensverhältnisse eine wichtige Voraussetzung zum Glücklichsein sind, lohnt es sich zu fragen, was wir aus der sozioökonomischen Evolution des Menschen lernen können. Natürlich können wir diese Entwicklung hier nur in ganz groben Zügen nachzeichnen, zumal wir dabei sehr weit zurückgehen müssen. Wir bezeichnen unsere kurze Zusammenfassung von Ereignissen, die sich im Lauf von mehr als zwei Millionen Jahren zugetragen haben, als Mikrogeschichte, denn die Vorsilbe «Mikro» bedeutet ein Millionstel. (Wir bitten jene Historiker um Nachsicht, die diesen Begriff anders verwenden, nämlich für die Beschreibung eng umgrenzter Räume oder Zeitabschnitte.)

Der Mensch denkt gern, er sei etwas Besseres als die anderen Tiere, und einige (nicht alle) Religionen vertreten die Ansicht, dass er von Anbeginn an eine Sonderstellung einnahm. Gott soll ihn gar nach seinem eigenen Bilde geschaffen haben. Doch wann beginnt eigentlich die Geschichte der Menschheit? Der Bibel zufolge vor etwa sechstausend Jahren, aber diese Angaben überzeugen nur einen sehr begrenzten Personenkreis. Sogar unter Juden und Christen, für die die Bibel die Heilige Schrift ist, gibt es nur wenige, die wortwörtlich daran glauben.

Die Wissenschaft spricht von ganz anderen, viel weiter zurückliegenden Daten. Vor fünf- oder sechstausend Jahren begann die Entwicklung der ersten Schriftzeichen, und mit der Schrift begann die Geschichte im engeren Sinn: Bestimmte Nachrichten wurden nun in schriftlicher Form überliefert. Menschliche Entwicklung beginnt jedoch schon in viel, viel früherer Zeit.

Das unserer Zeit am nächsten liegende Bindeglied zwischen Mensch und Tier trat vor etwa fünf, vielleicht auch nur vier Millionen Jahren auf. Es handelt sich um einen Urahnen, den wir mit unserem engsten lebenden Vetter, dem Schimpansen, gemeinsam haben. Die Knochen dieses Urahnen wurden (bis jetzt) nicht gefunden, aber es gibt

Fossilien eines seiner ziemlich direkten Nachkommen, des Australopithecus.

Wie der Schimpanse und der Gorilla – ebenfalls ein Verwandter von uns, wenn auch ein etwas älterer, der sich vor neun Millionen Jahren von der zum Schimpansen und zum Menschen führenden Linie abspaltete – stammen auch wir aus Afrika, aus einem weiträumigen Gebiet, das sich von Südafrika bis nach Nordostafrika erstreckt. Vor zweieinhalb Millionen Jahren lebte dort ein Mensch, der typisch geformte Steinwerkzeuge herstellte und ein doppelt oder dreifach so großes Gehirn besaß wie der gemeinsame Urahne. Man nennt ihn *Homo habilis.*

Anfangs wurden die Steinwerkzeuge hauptsächlich dazu benutzt, tote Tiere auszunehmen und deren Knochen aufzubrechen, um an das Mark zu kommen. Der Mensch aß Fleisch, auch von großen Tieren, aber vielleicht nur von solchen, die von selbst verendet waren. Tiere zu töten lernte er erst später. Seine Hauptnahrung bestand wahrscheinlich aus Kräutern, Früchten und Kleintieren.

Zwei Millionen bis eine Million Jahre vor unserer Zeit (das Datum ist umstritten) begann der Mensch, sich auf dem Landweg bis in die nicht zu kalten Gebiete Europas und Asiens auszubreiten. Er entwickelte effizientere Werkzeuge und eine vermutlich recht primitive Sprache. Er lernte, mit Feuer umzugehen (wir wissen nicht wann, aber sicher vor mehr als einer halben Million Jahre).

Der uns und den Schimpansen gemeinsame Vorfahre war vermutlich bis zu einem gewissen Grad fähig, aufrecht auf den Hinterbeinen zu gehen, allerdings war sein Gang wohl nicht so gewandt wie unserer. Es dauerte geraume Zeit, bis die aufrechte Haltung entwickelt war, und es ist nicht auszuschließen, dass die Kreuzschmerzen, unter denen wir bisweilen leiden, wenn wir allzu viel Zeit im Sitzen verbracht haben, noch heute auf eine unvollkommene Anpassung hindeuten und uns daran erinnern, dass sich unsere Vorfahren weitaus länger auf Bäumen aufhielten als später auf Stühlen.

Dank des aufrechten Gangs hatten wir die Hände frei und konnten sie mit der Zeit besser entwickeln. So gelang es uns, immer perfektere Werkzeuge herzustellen. Ihr Gebrauch löste die Entwicklung einer Technologie aus, die mit grob behauenen Steinen begann und bis zum Computer führte. Die Menschen sind intelligenter geworden. Beim technologischen Fortschritt gibt es eine sozusagen automatische Selbststimulation: Aus einer Erfindung ergibt sich jeweils die nächste. Befriedigt ein neues Werkzeug ein vorhandenes Bedürfnis, wird es binnen kurzem von der Option zur Notwendigkeit. So verdrängte der Buchdruck in der Neuzeit innerhalb kurzer Zeit Inkunabeln und Handschriften, und die Waschmaschine trat an die Stelle der Handwäsche. Mit der Entwicklung der Technik ging die Verbesserung der Kommunikation zwischen Individuen und Gruppen einher, die wiederum durch die Entwicklung der Sprache möglich geworden war: Und auch diese ist ein Faktor, der einen starken Entwicklungsschub bewirkte.

Bei diesem Wandel veränderte sich natürlich unsere Hardware, also das Gehirn, dessen Volumen sich im Vergleich zu dem unserer nächsten Verwandten um das Vierfache vergrößerte. Das Gehirn erreichte seine größte Ausdehnung bereits vor dreihunderttausend Jahren, und seinem Inhaber wurde trotz des noch sehr groben Knochenbaus und anderer affenartiger Züge unbedachterweise der Titel *Homo sapiens* verliehen, der – wenn man *sapiens* mit weise übersetzt – bis heute unverdient erscheint. So wie die Hardware für die Leistung eines Computers nicht ausreicht, weil es auf die Software ankommt, so garantiert auch die Größe des Gehirns allein noch keine hoch entwickelte Intelligenz. Unsere Software ist die Sprache, die, so nimmt man an, ihren heutigen Stand vor etwa hunderttausend Jahren erreichte.

Aus dieser Zeit wurden, vor allem in Afrika – wieder auf einem von Süden nach Nordosten reichenden Streifen, aber diesmal auch etwas darüber hinaus bis nach Vorderasien – Fossilien gefunden, die praktisch kaum noch Unterschiede zum heutigen Menschen aufweisen. Da die Bezeichnung *Homo sapiens* schon vergeben war, verdoppelte man in Anbetracht der noch größeren, ja schon fast perfekten Ähnlichkeit seines Knochenbaus mit dem unseren einfach das Adjektiv: *Homo sapiens sapiens.*

Er ist der moderne Mensch. Er breitete sich rasch aus, nun auch auf dem Wasserweg. Vor sechzigtausend Jahren erreichte er die Südküsten Asiens, Australiens und Neuguineas; manche behaupten, er sei schon früher dort gewesen, aber dabei handelt es sich um eine sehr unsichere Datierung. Vor vierzigtausend Jahren gelangte er nach Europa und später auch nach Amerika. Über den genauen Zeitpunkt seines Eintreffens auf dem letztgenannten Kontinent wird erbittert gestritten. Die einen datieren die erste Ankunft auf vor fünfzehntausend Jahren, andere sprechen von dreißigtausend, wieder andere sogar von fünfzigtausend Jahren, mit weiteren, dazwischen liegenden Vorschlägen.

Dieser Mensch wird zu einem höchst geschickten Jäger. Er benutzt Lanzen, mit deren Hilfe er so große Tiere wie Mammuts erlegen kann. Er verwendet Pfeil und Bogen. Er fischt. Aus Tierfellen näht er sich Kleider, die ihn vor Kälte schützen. Aus Häuten und Knochen baut er sich feste Hütten, die oben eine Öffnung haben, damit der Rauch der Feuerstelle abziehen kann. Auf diese Weise erobert er sich auch den äußersten Norden der Erde, eine Etappe, die nötig war, um trockenen Fußes von Sibirien über die Beringstraße, die damals die beiden Kontinente noch nicht trennte, sondern eine Landbrücke bildete, nach Amerika zu gelangen. Das Wasser der Ozeane hatte sich an den Polen als Eis gesammelt, und der Meeresspiegel war um 80–100 Meter gesunken: Diese war die letzte einer langen Reihe von Vereisungen, die vor etwa 25 000 Jahren begann und vor etwa 12 000 Jahren endete.

Die ganze älteste Epoche der Menschheitsgeschichte, die vor etwa zehntausend Jahren endete, nennt man «Paläolithikum» (Altsteinzeit). Werkzeuge wurden nur aus Stein oder Holz (in Ostasien aus Bambus) hergestellt. Die Nahrungsbeschaffung erfolgte durch Jagd sowie durch Sammeln von Früchten, Blättern, Samen, Wurzeln und Knollen. Die Menschen schlossen sich zu kleineren Gruppen zusammen und führten meist ein Nomadenleben, ab und zu gab es auch feste Siedlungen.

Gegen Ende des Paläolithikums war die gesamte Erde von etwa fünf Millionen Menschen bewohnt, die diese Art von Leben führten. Die Bevölkerungsdichte betrug bis zu einem Einwohner pro Quadratkilometer in den besten Gebieten wie dem Tropenwald und den tierreicheren Savannen. In eng begrenzten Gebieten war sie auch höher, so zum Beispiel an den Flussmündungen Nordwestamerikas, wo man Lachse mit der Hand fangen konnte, vor allem im Frühling während der Laichwanderungen aus dem Ozean. Noch heute fischt der Bär Lachse mit Maul und Pranke, wenn sie die Flüsse hinaufwandern. Im Unterschied zum Bären war der Mensch imstande, die Fische zu räuchern und so für die übrigen Jahreszeiten zu konservieren. In raueren und kälteren Gegenden, vor allem dort, wo Steppe, Taiga und Tundra begannen, war die Bevölkerungsdichte geringer. Doch auch hier, ebenso wie im hohen Norden, in der Arktis, wo die Vegetation nicht genügend Nahrung lieferte, hatten es die Menschen geschafft, Fuß zu fassen. Sie ernährten sich von Fisch oder jagten Rentiere in Europa und Asien und Karibus in Amerika.

Weshalb nun ging diese Epoche, in der man nur vom Jagen und Sammeln lebte, vor zehntausend Jahren zu Ende? Es gab allmählich zu viele Mäuler zu stopfen; unter anderem aus diesem Grund wurden zu viele Tiere getötet; das Klima veränderte sich und mit ihm auch Flora und Fauna. Wir wissen nicht genau, welcher dieser Faktoren ausschlaggebend war: Vielleicht treffen alle drei Gründe zu.

Man musste sich an die veränderten Bedingungen anpassen und begann, sich auf andere Weise Nahrung zu beschaffen. Eine große Idee wurde geboren: Man aß nicht mehr nur das, was die Natur spontan hervorbrachte, sondern produzierte selbst Nahrung. Viele der Wildpflanzen, die man früher sammelte, wurden nun angebaut, vor allem Getreidearten mit hohem Nährwert. Nicht alle Gegenden der Erde jedoch boten günstige Voraussetzungen für den Ackerbau, der sich deshalb zunächst nur in einigen besonders fruchtbaren Gebieten durchsetzte, von wo aus er sich langsam ausbreitete. Noch heute gibt es Eingeborenenstämme, die als Jäger und Sammler leben.

Dass der Ackerbau eine Antwort auf ein globales Bedürfnis war, darauf deutet die Tatsache hin, dass es sich um ein allgemeines Phänomen handelte oder, besser gesagt, um ein Phänomen, das zeitgleich in mehreren Teilen der Erde auftrat, die sehr unterschiedlich und sehr weit voneinander entfernt sind. Man kann also nicht davon ausgehen, dass ein Austausch zwischen ihnen stattfand. Früheste Formen von Ackerbau finden sich im Gebiet von Euphrat und Tigris in Vorderasien (zu dem heute Israel, Libanon, Syrien, Irak und Westiran gehören); im mexikanischen Hochland und in den Bewässerungsgebieten der großen Flüsse in Nord- und Südchina. Es handelt sich um Gegenden mit subtropischem oder gemäßigtem Klima mit besonders günstigen ökologischen Bedingungen, die vielleicht schon damals eine dichtere Besiedelung als in anderen Gebieten zuließen.

Bei den noch heute vom Jagen und Sammeln lebenden Völkern herrscht Arbeitsteilung: Die Frauen sammeln Pflanzen, die Männer gehen auf die Jagd. Man nimmt an, dass es schon in der Frühzeit so war und dass die Landwirtschaft folglich eine Erfindung der Frauen ist, die sich mit Pflanzen auskannten und in deren Interesse es lag, sie in der Nähe der Behausungen zu haben, wo sie in Gärten und auf Feldern in der gewünschten Menge angebaut und bequem geerntet werden konnten. Die Männer gingen weiterhin auf die Jagd und lernten, einige besonders zahme Tiere zu domestizieren und selbst aufzuziehen, um sich lebende Fleischvorräte zu sichern.

Das Leben der Jäger und Sammler wird von allen, die mit noch heute unter ähnlich primitiven Bedingungen lebenden Gruppen in Berührung kamen, als glücklich geschildert, weitaus glücklicher als das unsere. Es soll ein angenehmes und im wesentlichen sorgenfreies Leben sein, das aufregende Tätigkeiten verlangt wie das Jagen, aber reichlich Freizeit für Vergnügungen lässt, für Spiel, Spaß und Tanz. Das bäuerliche Dasein ist härter, eintöniger und bisweilen undankbar. Der Bauer muss sich abschinden, um sein Brot zu erwerben, in gebückter Haltung sein Land bearbeiten, von dem er sich nicht entfernen kann. Der Nomade dagegen zieht, wohin es ihm gefällt, er ist nicht so eng an den Boden gebunden. Auch in der biblischen Erzählung von der Vertreibung aus dem Paradies schwingt die Überzeugung mit, dass Feldarbeit für die Menschheit eine Strafe ist.

Ein bestelltes Feld liefert zehn- bis hundertmal mehr, als spontan darauf wachsen würde. Vor dem Aufkommen der Landwirtschaft hatte sich die Zahl der Menschen auf der Erde in zwei Millionen Jahren etwa verhundertfacht. In den letzten zehntausend Jahren dagegen stieg sie um das Tausendfache. Dank Ackerbau und Viehzucht kann die Erde heute fast sechs Milliarden Bewohner ernähren. Diese Zahl wird weiter steigen (manche behaupten, auf zwanzig oder dreißig Milliarden), aber schon jetzt und für die nahe Zukunft entstehen dadurch ernste Probleme. Ein Viertel der Weltbevölkerung lebt unter der Armutsgrenze, mit schweren bis sehr schweren Ernährungs- und Gesundheitsproblemen. Wie bei jeder Erfindung kamen auch hier zum Nutzen die Kosten.

Wir können mit gutem Grund annehmen, dass das Leben früher, im Paläolithikum, besser war. Die heutigen Jäger und Sammler sind – in den wenigen Fällen, in denen sie noch unberührt und unbeeinträchtigt von der Zivilisation das ihnen gemäße Leben führen können – nicht geneigt, etwas daran zu ändern, auch wenn man ihnen die Möglichkeit bietet.

Dadurch, dass die Landwirtschaft das Privateigentum hervorbrachte, während das Jagdgebiet Gemeineigentum aller Jäger einer Horde war, kam es zu einem großen Unterschied zwischen der sozialen Organisation der Jäger und Sammler einerseits und der Bauern andererseits. Manchmal bleibt der Boden auch in bäuerlichen Gesellschaften Gemeineigentum, aber die soziale Organisation ist immer so, dass dem Einzelnen der Willen der anderen aufgezwungen wird. Der durch Ackerbau produzierte Nahrungsüberschuss begünstigte die Entstehung spezialisierter Tätigkeiten, wobei es zunächst eher um die Lagerung oder Haltbarmachung der Nahrungsmittel ging als um die Herstellung landwirtschaftlicher Geräte oder um den Bau von Bewässerungskanälen. Um alle zu ernähren, genügte es, dass ein kleiner Teil der Gemeinschaft den Boden bearbeitete. Organisation war dabei unerlässlich. So setzte sich die Arbeitsteilung durch, die eine Hierarchie erforderlich machte und unvermeidlich zur Entstehung fester Gesellschaftsklassen mit unterschiedlichen Rechten und Pflichten führte: Adlige, Beamte, Priester, Soldaten, Handwerker, Bauern.

Mit der Zeit nahm das Privateigentum an Umfang zu und wurde zur Grafschaft, zum Königreich. Die Schrift wurde erfunden, um die Güter des Herrn aufzulisten und einzutragen und um sicherzustellen, dass sie ordnungsgemäß besorgt und verwaltet wurden; um Verträge abzufassen oder über Schulden Buch zu führen. Zur Verrichtung manueller Arbeiten begann man, auf Sklaven oder zumindest auf die ärmsten Bevölkerungsschichten zurückzugreifen. Aus Konflikten zwischen Einzelnen wurden Konflikte zwischen Gruppen. Die für die Verteidigung erforderlichen Krieger wurden zu Berufssoldaten, die man bald auch für Angriff und Eroberung einsetzte. Die Macht, die einzelne Gruppen und Individuen innehatten, wuchs unaufhaltsam, je weiter sich die Tätigkeiten aufspalteten und je komplexer die Gesellschaften wurden.

Die Technologien entwickelten sich fort und differenzierten sich, und parallel dazu entstanden neue Berufe. In der Gesellschaft, die gerade den Übergang zur Landwirtschaft vollzogen hatte, war jedermann Bauer und erzeugte seine Nahrung selbst; je weiter die Entwicklung der Gesellschaft fortschritt, umso mehr nahm die Zahl der Bauern ab. Am Ende waren nur noch 5–10 % der Gemeinschaft in der Landwirtschaft tätig. Die übrige Bevölkerung produzierte andere mehr oder weniger notwendige Güter, während kontinuierlich der Anteil derer wuchs, die den Handelsaustausch in der Hand hatten und das Funktionieren der Gesellschaft überwachten (oder überwachen sollten), also der Bürokratie im weitesten Sinn (zu der auch die Priesterschaft gehörte).

Die wichtigste Rolle in der menschlichen Ernährung spielen noch heute drei Getreidepflanzen, die bereits in der Frühzeit des Ackerbaus entwickelt wurden, jede in der Gegend, in der sie bereits natürlich wuchs: der aus Vorderasien stammende Weizen, Reis aus Südchina und Mais aus Mittelamerika. Letzterer dient heute hauptsächlich als Tierfutter. Fleisch ist allgemein die begehrteste Nahrung und hat sich in den reichen Ländern immer mehr durchgesetzt. Fisch, in Küstenländern das verbreitetste und billigste Nahrungsmittel, wird jetzt auch im Landesinneren verzehrt, wo er oft das teuerste Nahrungsmittel ist. Fisch und Fleisch sind reich an Proteinen, an welchen es bei vorwiegend vegetarischer Ernährung manchmal bis zur kritischen Grenze mangelt. Bei besonders gravierendem Proteinmangel kam es nicht selten zu Kannibalismus, der mancherorts, rituell begründet, noch heute praktiziert wird.

Die Tierzucht war mit größeren praktischen Schwierigkeiten verbunden als die Pflanzenzucht. Heute wird eine ungeheure Vielzahl verschiedener Pflanzenarten angebaut, während sich nach wie vor nur wenige Tierarten leicht und wirtschaftlich züchten lassen. Die wichtigsten waren und sind Rind, Schaf, Schwein, Pferd und einige andere; die zahlreichen, mit anderen Tierarten unternommenen Versuche erzielten nun sehr begrenzte Erfolge. In Vorderasien vermochte man bereits sehr früh, Ziegen und Schafe zu züchten; Rinder tauchten zunächst im Saharagebiet auf, das vor acht- oder neuntausend Jahren noch keine Wüste war. Zur gleichen Zeit kam es ebenfalls in der Sahara zu einer weiteren Innovation von größter Bedeutung: der Verwendung von Keramik zur Herstellung u. a. von Gefäßen für Milch und andere Speisen.

Die Keramik wurde mehrmals erfunden: Das Grundmaterial Lehm ist weit verbreitet. Vor mehr als dreißigtausend Jahren gab es in Osteuropa eine reiche Produktion von Tonfiguren, die allerdings nur kurze Zeit währte. In Japan fand man Keramik, die fast zwölftausend Jahre alt ist, während die Landwirtschaft mit großer Verspätung dorthin gelangte. In Vorderasien dagegen hatte sich die Landwirtschaft bereits entwickelt und bis nach Griechenland ausgebreitet, als die Verarbeitung von Keramik eingeführt wurde (vielleicht aus dem Saharagebiet kommend oder lokal neu erfunden). Keramikerzeugnisse breiteten sich äußerst rasch überall dort aus, wo es bereits Ackerbauern gab, bisweilen auch unter Jägern und Sammlern, die in der Nähe von bäuerlich besiedelten Gegenden lebten.

Die gemischte Landwirtschaft – Getreide, andere Pflanzen und Viehzucht – begann sich von ihren Ursprungsgebieten bald in alle Richtungen auszubreiten, allerdings nur langsam. So brauchte sie beispielsweise viertausend Jahre, um von Vorderasien aus in die abgelegensten Teile Europas, also nach England, Südschweden und Spanien zu gelangen. Nach Indien kam sie noch später, über den Iran und Pakistan. Diese Langsamkeit ist vermutlich darauf zurückzuführen, dass der Wechsel vom Leben als Jäger und Sammler zum bäuerlichen Leben schwierig ist; es ist leichter, als Bauer auf die Welt zu kommen, als Bauer zu werden. Deshalb hat sich die Landwirtschaft meist nicht oder nicht allein als Idee, als nachahmenswertes Vorbild ausgebreitet, sondern wurde eher von denjenigen weitergetragen, die sie ausübten. Bauern konnten mehr Kinder aufziehen als Jäger und Sammler, und so wuchs ihre Zahl viel rascher. Sie hatten mehr Nahrung zur Verfügung, und es war für sie von Vorteil, viele Kinder zu haben, die das Land bebauten, wenn die Eltern für die Feldarbeit zu alt geworden waren.

Wenn eine Bevölkerung zu stark anwächst, lässt sich die Geburtenrate nur schwer senken, und den Überzähligen bleibt nur die Auswanderung. Europa war ein fruchtbares Land, und die Bauern rückten allmählich immer weiter vor, wenn sie an ihrem Geburtsort zu viele geworden waren. Mit der Ausbreitung der Landwirtschaft über den ganzen Kontinent vermehrte sich die Zahl der Europäer um etwa das Zehnfache und wuchs rasch weiter. Heute ist sie fünfhundert- oder tausendmal größer als gegen Ende der Steinzeit. Die zugewanderten Bauern vermischten sich nach und nach mit den Ortsansässigen. Noch heute sind auf den Genkarten die Folgen dieser Wanderbewegung aus Vorderasien zu erkennen. Neue Erfindungen wurden notwendig, wie der Pflug, der im Lauf der Zeit viele Veränderungen erlebte und immer leistungsfähiger wurde.

Das Gleiche geschah auch in anderen Weltgegenden. In China gab es zwei oder drei größere Ursprungszentren der Landwirtschaft. Im Norden begann sie in Xian, wo erfolgreich Hirse angebaut wurde. Man kann dort ein großes Bauerndorf von vor über fünftausend Jahren besichtigen, das heute ein Freilichtmuseum ist, in dem es einen noch mit Hirse gefüllten großen unterirdischen Silo gibt. Im Süden war Reis das am meisten angebaute Nahrungsmittel. Außerdem züchtete man dort Schweine und Büffel; auch das Huhn stammt aus China. Die Entwicklung der Landwirtschaft im Süden und das damit verbundene Bevölkerungswachstum lösten eine große Expansion in Richtung auf die Pazifikinseln aus, die vor fünf- bis sechstausend Jahren begann. Von der Insel Taiwan aus, die bis kurz vor dieser Zeit mit dem Festland verbunden war und an dieser Entwicklung teilgehabt hatte, brachen Siedler auf, die bis zu den Philippinen gelangten und sich dann nach Indonesien ausbreiteten. Von dort aus besiedelten sie die Küsten Neuguineas, das im Innern weiterhin von den noch heute dort lebenden Eingeborenen bewohnt wurde; dann die Küsten Melanesiens (die bereits von anderen dunkelhäutigen Völkern, den Melanesiern, besiedelt waren), und wandten sich schließlich weiter nach Osten, um ganz Polynesien zu kolonisieren. Als Letztes nahmen diese Bauern und Seefahrer die entlegensten Inseln in Besitz: nach Osten hin die Gesellschaftsinseln und die umliegenden Archipele, die Hawaii-Inseln, Neuseeland und vor etwa tausend Jahren oder wenig mehr die Osterinseln; nach Westen hin Madagaskar.

Ein weiteres großes Ursprungszentrum der Landwirtschaft war Mexiko, wo sie sich etwa zur gleichen Zeit wie in Vorderasien und in China entwickelte. Von Mexiko aus verbreiteten sich ihre Erzeugnisse in Südamerika und nur wenig später auch in Nordamerika. Das Spektrum der angebauten Pflanzen war außerordentlich breit; aber das wichtigste Getreide war Mais. Einseitige Ernährung mit Mais hat schlimme Folgen, die im letzten Jahrhundert unter anderem auch die sich damals hauptsächlich oder ausschließlich von Mais ernährenden Bauern Venetiens zu spüren bekamen: Sie erkrankten an Pellagra. In Amerika jedoch baute man auch Kürbisse, Bohnen, Erbsen, Kartoffeln und Tomaten und eine Vielzahl anderer Pflanzen an, darunter auch den Kakaostrauch. Dagegen mangelte es an zur Viehzucht geeigneten Tieren: In den Anden hielt man mit Erfolg Lamas, die von den Inkas als Last- und Fleischtiere genutzt wurden. Truthähne und Meerschweinchen kamen erst spät auf und fanden nur geringe Verbreitung. Erstere erfreuten sich später vor allem in den Vereinigten Staaten großer Beliebtheit, wo sie eins der Hauptnahrungsmittel darstellen, vor allem am wichtigsten amerikanischen Feiertag, dem Thanksgiving Day, den die 1620 mit der *Mayflower* (in der Nähe von Boston) gelandeten Pilgerväter Gott weihten, zum Dank, dass sie das erste Jahr in der neuen Heimat überlebt hatten. In Wirklichkeit verdankten sie ihr Überleben aber vor allem den dort ansässigen Indianern, die ihnen Mais und andere Nahrungsmittel, darunter auch Truthähne, lieferten, da die aus Europa mitgebrachten Samen oft nicht aufgegangen waren.

Viehzucht war eine Alternative zum Ackerbau. Gewöhnlich betrieb man beides, und es entstanden sehr effiziente gemischte Acker- und Viehwirtschaften. Unter bestimmten Bedingungen entwickelten sich dank der Viehzucht jedoch ganz neue Kulturen, deren Grundlage manchmal nur eine einzige Haustierart bildete, meist große, für verschiedene Zwecke, z. B. für Transport und als Fleischlieferant verwendbare Tiere. In diesem Fall haben wir es mit Weidewirtschaft zu tun; ein besonders wichtiges Beispiel dafür ist die Pferdezucht. Pferde wurden später als Schafe, Rinder und Schweine domestiziert, vor fünf- bis sechstausend Jahren, in einer von Vorderasien nicht sehr weit entfernten Region, nämlich in der eurasischen Steppe, die sich von Rumänien bis zur Mandschurei erstreckt. Die Bauern kamen aller Wahrscheinlichkeit nach aus Vorderasien dorthin, mussten jedoch feststellen, dass das Gebiet für den Ackerbau nicht sehr geeignet war. Getreidepflanzen, niedrige und bisweilen empfindliche Gewächse, konnten nur schwer mit den hohen Steppengräsern konkurrieren. Dafür traf man das Pferd an, das hier schon seit langem lebte; domestiziert lieferte es Fleisch und war als Lastentier verwendbar. Bald wurde es auch dazu benutzt, Karren zu ziehen: Das Rad wurde anscheinend in dieser Weltgegend und zu dieser Zeit erfunden.

Im Paläolithikum waren die menschlichen Gruppen ziemlich klein geblieben, denn das Jäger- und Sammlerleben erlaubte keine größeren Menschenkonzentrationen. Die Jagdhorde bestand in der Regel aus etwa dreißig Personen; nur selten schlossen sich größere Gruppen zusammen, und dann meist nur für kürzere Zeremonienzeiten mit Riten, Festen und Tänzen. Die Ackerbau betreibende Bevölkerung wuchs dagegen ständig. Sie lebte teils über das Land verstreut in einzelnen Hütten oder Bauernhöfen, wie sie noch heute für die Lombardei und die Emilianische Ebene typisch sind; teils in kleinen oder mittleren Dörfern wie z. B. in den Hügeln am Rand der Poebene und im Apennin. Später wuchsen die Dörfer und wurden zu kleinen Städten. In Süd- und Mittelitalien ist die ganze Bevölkerung in dieser Weise verteilt.

In jener Gegend Vorderasiens, wo der Ackerbau entstanden war, gab es sehr früh große Dörfer und Städte. Çatal Hüyük in der heutigen Türkei zählte schon vor achttausend Jahren fünftausend bis sechstausend Einwohner. Vor siebentausend Jahren gab es in der Gegend südlich von Bagdad sumerische Städte wie Ur mit fünfzigtausend Einwohnern. Solche großen Ballungszentren erforderten eine relativ hoch entwickelte soziale Organisation mit Nahrungsmitteltransporten von den Feldern in die Stadt, Versammlungsstätten für die Bürger, Tempeln und Priestern, Palästen und Herrschern. Parallel dazu gab es die ersten Kriege.

An Konflikten fehlte es in der Geschichte der Menschheit nie, aber solange die gesellschaftlichen Gruppen klein und isoliert blieben, konnten sich Feindseligkeiten kaum auf zahlenmäßig bedeutsamere Gruppen ausweiten, da solche ja gar nicht existierten. Es gab auch keine soziale und wirtschaftliche Organisation, die imstande gewesen wäre, einen Kriegszustand durchzuhalten. In den bäuerlichen Gesellschaften Neuguineas, die noch heute unter Bedingungen leben, die denen der frühen europäischen Ackerbauern nicht unähnlich sind, nahm man (und nimmt man nicht selten noch heute) Konflikte zwischen Familiengruppen oder ganzen Dörfern zum Anlass für «Kopfjagden». Die Beute wurde als Trophäe in den Dörfern der Sieger zur Schau gestellt. Sicherlich gab es auch im Paläolithikum Konflikte, die sich aber vermutlich nie zu regelrechten Kriegen auswuchsen: Auf Felsbildern sieht man Gruppen von Kämpfern mit Pfeil und Bogen, doch die Auseinandersetzungen fanden höchstens zwischen kleineren Clans statt.

Das sollte sich alles ändern. Mit dem Anwachsen der Bevölkerung, die sich nun in immer größeren und dichteren Gruppen zusammenschloss, und mit der Entstehung von ausgedehnten Besitztümern, politischen Gebilden und Handelsbeziehungen nahmen auch die Anlässe für Konflikte zu und damit die Notwendigkeit, sich eine bewaffnete Schutztruppe zu halten. Die Dörfer, die man nun an strategischen Punkten baute, wurden befestigt. Die mit der

Bronzezeit vor etwa fünftausend Jahren beginnende Verwendung von Metallen brachte die Herstellung vor allem von Messern, Äxten und Waffen mit sich, es wurden jedoch auch Broschen, Fibeln, Gefäße, Schmucksachen und Luxusgegenstände angefertigt. In Nordeuropa lassen sich nach Meinung der Archäologen einige Kulturen der beginnenden Bronzezeit anhand der Form ihrer «Streitaxt», andere anhand der Form der friedlicheren «Glockenbecher» unterscheiden.

Die Domestizierung des Steppenpferds fiel ungefähr mit dem Beginn der Bronzezeit zusammen und spielte in der Folge eine wichtige Rolle in der Geschichte Europas und der Welt. Die Weidewirtschaft entwickelte sich nicht nur in der Steppe; auch in vielen anderen Gebieten, in denen Ackerbau nur begrenzt erfolgreich war, züchtete man einheimische Tiere. Der Hirte ist in der Regel Nomade: Er zieht entsprechend der Jahreszeit oder auf der Suche nach neuem Weideland mit seinen Herden umher. Seine Behausungen sind Zelte, seine Nahrung wandert mit ihm. Es gibt viel Freizeit, und so entwickeln sich Kunst und Spiel. Die Menschengruppen können ziemlich groß werden, sodass eine Hierarchie erforderlich wird. Die Herden sind den Angriffen von Raubtieren ausgesetzt und müssen bewacht werden. Man muss zu ihrer Verteidigung, aber auch zum Angriff gerüstet sein, zum Beispiel, wenn man, um die Tiere zu ernähren, keine andere Möglichkeit sieht, als die Felder der Ackerbauern zu überfallen. Dazu braucht es logistisches Geschick und Kampffähigkeit.

Pferde verleihen ungeheure militärische Macht. Das Hirtenleben kann friedlich sein, es kann aber auch die Neigung zum Eroberungskrieg wecken. Und solche Kriege gab es reichlich. Die Völker mit indoeuropäischen Sprachen, die von den Steppen und Oasen der nördlich des

Kaukasus gelegenen Gebiete und aus Zentralasien nach Westen in Richtung Europa und nach Südosten in den Iran, nach Pakistan und Indien vordrangen, waren Hirten. Nicht immer finden die Archäologen Spuren dieser Wanderbewegung, denn Hirtenvölker leben in Zelten, sie bauen keine festen Niederlassungen und hinterlassen selten deutlich sichtbare Zeugnisse. Die Wanderbewegungen lassen sich vor allem anhand der Sprachwissenschaft nachvollziehen: Indoeuropäische Hirten brachten das Griechische nach Griechenland und die italischen Sprachen nach Italien (von wo aus die Römer sie über fast ganz Westeuropa verbreiteten), die germanischen Sprachen nach Mittel- und Nordosteuropa, die slawischen und baltischen in den Osten, die iranischen und indischen in den Iran und nach Indien.

Meist setzten sich die Hirten gegen die ortsansässigen Ackerbauern durch und rissen die Macht an sich. Ihre Sprachen gewannen allenthalben die Oberhand. Auch die barbarischen Invasionen, die das Römische Reich zerstörten, hatten denselben Ursprung. Die letzte Wanderbewegung nomadisierender Hirten, die zu einer festen Ansiedlung in Europa führte, ist die der Magyaren, die 897 n. Chr. von Ungarn Besitz ergriffen; sie sind jedoch anderer Herkunft, denn die Magyaren sprachen – und sprechen – Sprachen anderen Ursprungs, nämlich das Finnougrische aus der in Westsibirien entstandenen uralischen Sprachfamilie.

Andere Wanderbewegungen nahmen ihren Ausgang ebenfalls in der Steppe, allerdings viel weiter östlich und mindestens zweitausendfünfhundert Jahre nach den indoeuropäischen. Diesmal handelte es sich um Nomaden, die mongolische Sprachen sprachen. Die Mongolen bedrohten das gerade (im 3. Jahrhundert v. Chr.) gegründete chinesische Reich; um sie abzuhalten, wurde die Große Mauer gebaut. In den folgenden Jahrhunderten breiteten sie sich über ganz Asien aus und drangen nach Europa vor: Es waren die Hunnen, die das Römische Reich in Angst und Schrecken versetzten. Später errichteten mongolische Völker ein großes Reich in Zentralasien, das China und Indien erobern sollte (der chinesische Kaiser zur Zeit Marco Polos stammte aus einer mongolischen Dynastie). 1453 nahmen ihre osmanischen Vettern Konstantinopel ein und besiegelten damit den Untergang des Oströmischen Reichs. Das Osmanische Reich bedrohte Europa, annektierte den Balkan und stieß bis nach Wien vor, das zweimal belagert wurde, einmal im sechzehnten und einmal im siebzehnten Jahrhundert.

Auch in der arabischen Wüste, in der Sahara und in Vorderasien war die Weidewirtschaft vorherrschend, nachdem die fruchtbaren Täler des Euphrat und des Tigris durch übermäßige Ausbeutung und Versalzung des Bodens zur Wüste geworden waren. Abraham war vor fast viertausend Jahren das Oberhaupt einer nomadisierenden jüdischen Sippe, die zum Monotheismus konvertierte. Die Reise, die er mit seiner großen Familie unternahm, spielte sich in der ersten Hälfte des zweiten Jahrtausends v. Chr. ab und vermittelt uns eine Vorstellung von den Wanderzügen dieser antiken Viehzüchter. Im Alter von 75 Jahren brach Abraham von der Stadt Ur in der Nähe der Euphratmündung in Richtung Norden auf. Er kam durch Babylon und Mari, das damals zum babylonischen Reich gehörte, gelangte zu den über tausend Kilometer von Ur entfernten Städten Haran und Karkemisch. Dann wandte er sich nach Süden, kam wahrscheinlich durch Aleppo und Damaskus in Syrien und gelangte nach Hebron (das in jüngster Zeit durch den Streit zwischen Israelis und Palästinensern berühmt wurde), wo er sich lange aufhielt und die Höhle Machpela erwarb, die er zu seiner Begräbnisstätte bestimmte, bevor er nach Ägypten weiterzog. Hebron ist heute für die Juden eine heilige Stadt, aber auch für die Araber, die über der Höhle von Machpela eine Moschee errichtet haben, ist sie von großer religiöser Bedeutung.

Pferde- und Kamelzüchter (meist wird nur eine Tierart genutzt) bewahrten sich immer einen hohen Grad an Mobilität, die sich für sie als außerordentlich vorteilhaft erwies und es ihnen ermöglichte, rasch große Teile der Welt zu erobern. Die Beduinen bildeten mit ihren Kamelen den Kern des arabischen Heers, das im 7. Jahrhundert n. Chr. Nordafrika besetzte, von dort aus Spanien eroberte und das Frankenreich bedrohte.

Die Weidewirtschaft ist bis heute ein spezieller und bedeutender Beschäftigungszweig. In Vorderasien gibt es immer noch viele nomadisierende Beduinen; sie stellen ein Zehntel der Bevölkerung dar, das aber über neun Zehntel des Bodens verfügt. In diesen besonders trockenen Gebieten leben sie als Kamel-, Schaf- oder Rinderzüchter. Solche Hirtenvölker gibt es auch in der Sahara und in der Sahelzone (die Tuareg, Haussa und Fulani auch weiter südlich) und in anderen Gegenden Afrikas, von den Niloten und den Beja des Sudans bis zu den Hottentotten in Südafrika.

Für die Völker des Mittelmeerraums und Europas erwies es sich in den folgenden Jahrhunderten immer wieder als ein großer Vorteil, dass sie die sehr differenzierte vorderasiatische Ackerbauwirtschaft übernommen hatten, die sie dann in noch fruchtbareren Gebieten zum Einsatz brachten. Anfangs nutzten das die Ägypter, Griechen und Phönizier. Das ägyptische Reich währte mehr als dreitausend Jahre. Die Phönizier kolonisierten dank ihrer Fähigkeiten als Seefahrer und Kaufleute den westlichen Mittelmeerraum; der östliche war kurz zuvor oder in unmittelbarer Konkurrenz dazu von den Griechen kolonisiert worden. Die einwandernden indoeuropäischen Hirtenvölker brachten einen weiteren Vorteil nach Europa: sie stärkten die militärische Kraft der unterworfenen Völker erheblich. Die Römer, die genauso wie die Griechen von indoeuropäischen Hirten abstammten – wenn auch von einem anderen Zweig –, waren die Ersten, die ein sich über den ganzen Mittelmeerraum und einige angrenzende Gebiete erstreckendes Reich errichteten.

Das Oströmische Reich zerbrach unter dem Ansturm der Barbareninvasion, die fast überall Chaos erzeugte: nicht so in Frankreich, wo Dynastien germanischer Abstammung ein Reich schufen, das sich zu einem mitteleuropäischen Imperium entwickeln sollte. Zu Beginn dieses Jahrtausends führte der wirtschaftliche Aufschwung auf unserem Kontinent zu einem beträchtlichen Bevölkerungswachstum, dem auch etliche Pestepidemien nichts anhaben konnten. Die neue Bevölkerungsexpansion sollte dank der von den Portugiesen eingeführten Verbesserungen der Ozeanseefahrt und den daraus resultierenden Entdeckungen neuer Länder ein Ventil finden: Die wichtigste dieser Entdeckungen ist dem glücklichen Irrtum von Kolumbus zu verdanken, der die Größe der Erde und ihre Geographie falsch einschätzte. Er war auf der Suche nach dem Westweg nach Indien und mit der Hoffnung, sich dort zu bereichern, in See gestochen, doch statt nach Indien zu gelangen, stieß er auf ein neues Indien. Auch so brachte er Königin Isabella, die ihm vertraut hatte, unermessliche Reichtümer.

Die eigentlichen Opfer dieser Entdeckung waren die Ureinwohner, und zwar nicht nur der grausamen Behandlung wegen, die ihnen die Konquistadoren angedeihen ließen, sondern weil sie keine Abwehrkräfte gegen die unter Europäern verbreiteten Infektionskrankheiten besaßen und von ihnen beinahe ausgerottet wurden. Man geht davon aus, dass etwa 95 % der Indianer Amerikas an Pocken, Masern, Typhus und diversen anderen von den Invasoren eingeschleppten Krankheiten starben. Die Spanier ihrerseits wussten das ungeheure Glück, Amerika entdeckt zu haben, nicht auf intelligente Weise zu nutzen und zogen keinen großen Vorteil daraus. Die Unmengen von Gold und Silber, die ihre Galeonen in die Heimat brachten, füllten die Kassen des Königreichs, doch es waren Kassen voller Löcher. Die Kriege fraßen mehr Silber, als Amerika zu liefern vermochte. Spanien konnte sich Europas nicht bemächtigen und ging bald bankrott.

Die spanischen Soldaten, die zur Eroberung Amerikas aufbrachen, waren Banditen, die man nicht selten in Gefängnissen angeheuert hatte. Absolute Skrupellosigkeit, maßlose Habgier, aber auch große Kühnheit ermöglichten so sagenhafte Erfolge wie den von Francisco Pizarro. Dieser Abenteurer eroberte mit einem Trupp von nur 168 Spaniern eins der größten Reiche der damaligen Zeit, das der Inkas in Peru. Er trat gegen ein Heer von 80 000 Kriegern an, darunter ausgewählte und absolut ergebene Truppen, Männer, die sich lieber töten ließen, als dass sie die Flucht antraten. Dabei kam ihm natürlich zugute, dass er Waffen und Rüstungen aus Stahl und auch die ersten Feuerwaffen hatte, vor allem aber verfügte er über ein altes Erbe der eurasischen Steppe: das Pferd, das es in Amerika nicht gab. Als Transport-, Kriegs- und (dank der Schrift, die unter den Eingeborenen noch weitgehend unbekannt war) als Überbringer von Botschaften eingesetzt, verschaffte es den Spaniern einen unüberwindbaren Vorsprung.

Listig und brutal, wie er war, brach Pizarro, genauso wie

seine Kollegen, immer wieder sein den Eingeborenen gegebenes Wort. So versprach er den Inkas, bzw. ihrem Herrscher Atahualpa, die Freiheit im Tausch gegen ein ganzes Zimmer voller Gold, und als die vereinbarte Goldmenge herbeigeschafft worden war, ließ er ihn trotzdem töten. Mexiko, das zweite amerikanische Großreich, wurde von Hernán Cortez erobert, dessen Heer kaum größer war als das von Pizarro.

In weniger als zwei Jahrhunderten hatten die Europäer fast ganz Amerika eingenommen. Nun gingen sie daran, Afrika, ganz Ozeanien und Teile von Asien zu erobern. Diese Erfolge bestärkten sie in der Überzeugung, die Besten und Intelligentesten, mit einem Wort: die Übermenschen zu sein. Im letzten Jahrhundert brachte ein französischer Diplomat, Joseph-Arthur Comte de Gobineau, ein Buch mit dem Titel *Versuch über die Ungleichheit der Menschenrassen* heraus, das große Verbreitung fand.[1] Darin vertrat er die These, dass das Schicksal der Zivilisationen durch ihre rassische Zusammensetzung bestimmt werde und dass die Vermischung mit anderen Rassen zum Verlust der Vitalität und schöpferischen Kraft führe. Einem halbmythischen Volk, den «Ariern» – er meinte damit die indoeuropäischen Nomaden, die Europa erobert hatten, vor allem aber deren direkte Abkömmlinge, also die Deutschen –, schrieb er alle positiven Eigenschaften zu und behauptete, die arische Zivilisation könne nur dann weiter gedeihen, wenn sie nicht durch Vermischung mit minderwertigen Völkern verunreinigt werde. Im letzten Jahrhundert inspirierte er viele mit seinen Ideen (man denke nur an Richard Wagner), und noch in unserem Jahrhundert beeinflusste er Männer wie Adolf Hitler.

Der Rassismus blühte nicht nur im Deutschland des

letzten Jahrhunderts, sondern in jedem Land, das auf der Erfolgswelle schwamm. Schon bei den Griechen galten all jene als Barbaren, die nicht Griechisch sprachen, und bei den Römern jedes andere Volk außer ihnen selbst und den Griechen – um nur die Völker zu nennen, deren Geschichte uns am vertrautesten ist. Nun, warum dann nicht auch die Engländer erwähnen, die Franzosen, die Italiener, die aus dem Süden genauso wie die aus dem Norden?

Dabei muss man freilich zwischen Nationalstolz, Patriotismus und Rassismus unterscheiden. Rassismus ist die Überzeugung, dass es eine natürliche biologische Überlegenheit gibt, die nach allgemeiner Vorstellung unveränderlich ist und nicht verloren gehen kann (solange es keine Vermischung mit «minderwertigen» Völkern gibt, wie Gobineau hinzufügt). In Wahrheit war genetische Vermischung immer von Vorteil, ja, sogar notwendig, und «Rassenreinheit» ist wissenschaftlich gesehen ein Unsinn. Zudem werden im Dunstkreis des Rassismus genetische und kulturelle Werte in einen Topf geworfen. Kulturell bedingte Merkmale können sich manchmal sehr rasch ändern, während genetische Merkmale über lange Zeit ziemlich stabil bleiben. Um sich davon zu überzeugen, braucht man nur daran zu denken, wie vergänglich der soziale oder kulturelle Erfolg eines Volks oder einer Gruppe ist (er dauert allenfalls einige Jahrhunderte, wie wir aus der Geschichte der Antike und der Neuzeit lernen können). Das gilt vor allem in unserer Zeit, in der sich kulturelle Veränderungen sehr viel rascher vollziehen, da die Kommunikation schneller geworden ist. Dagegen besteht kein Zweifel, dass genetische Veränderungen von Völkern äußerst langsam vor sich gehen. Die Europäer haben in den letzten fünf Jahrhunderten zwar die Welt erobert, aber in den letzten fünfzig Jahren haben sie sie fast vollständig wieder verloren. Dass die

Amerikaner heute die Nummer eins sind (auch was die Telefonvorwahl anbelangt), liegt, wie Gobineau einwenden würde, daran, dass auch die Amerikaner genetisch Europäer sind. Das Gegenargument könnte jedoch in fünfzig Jahren oder schon früher von den Chinesen oder den Japanern kommen, die keine Europäer sind. Hinzuzufügen ist noch, dass die genetischen Unterschiede zwischen den Völkern, vor allem zwischen den europäischen (z. B. zwischen Franzosen, Deutschen, Engländern), äußerst gering sind und dass wir so gut wie nichts über die erblichen Aspekte psychischer Eigenschaften wie z. B. Intelligenz, Ehrlichkeit, Tatkraft und Unternehmungsgeist wissen, um die es sich ja im Grunde handelt.

Was Gobineau dazu brachte, seine rassistische These zu formulieren, war die Tatsache, dass die Europäer in den letzten Jahrhunderten enorm erfolgreich gewesen waren und die Welt erobert hatten. Warum? Eine einleuchtende Antwort auf diese Frage gibt der in Los Angeles lehrende amerikanische Physiologe Jared Diamond in einem vor kurzem erschienenen Buch, dessen Titel auf Englisch *Guns, Germs and Steel* heißt (also Gewehre, Bakterien und Stahl).[2] Diamond, der dreißig Jahre lang immer wieder bei den Eingeborenen Neuguineas lebte, weiß, dass deren Intelligenz der unseren in nichts nachsteht, und weist nach, dass der europäische Erfolg durch strukturelle, geographische und ökologische Faktoren begünstigt wurde, die wir uns nun etwas genauer ansehen wollen.

Die meisten Getreidearten mit hohem Nährwert und die am besten zur Zucht geeigneten Tiere waren in Vorderasien bereits in der Wildform vorhanden. Nur ein Stück weiter, jenseits des Kaukasus, gab es das Pferd. Ackerbau und Viehzucht hatten also in diesen von der Natur begünstigten Regionen besonders gute Startbedingungen. Aber nicht nur das: Sie konnten sich von dort aus nach Osten bis zum Pazifik und nach Westen bis zum Atlantik ausbreiten, denn der südliche Teil Eurasiens erstreckt sich über einen auf dem gleichen Breitengrad liegenden Streifen. Das «Pflanzenpaket» aus Vorderasien konnte überall Wurzeln fassen, und die Zuchttiere fanden allenthalben das ihnen gemäße Klima zum Leben.

Das einzige Zuchttier, das nicht ausschließlich aus dem Vorderasien stammt, ist das Schwein, das man auch in China domestizierte und bei der großen Wanderbewegung nach Indonesien und Polynesien mitgenommen hatte. Das in Peru gezüchtete Lama blieb auf die Andenregionen beschränkt. Auch in anderen Weltgegenden finden sich große Tiere (Afrika z. B. ist reich an Säugetieren), die aber aus verschiedenen Gründen zur Viehzucht ungeeignet waren. Einige davon können gezähmt werden – wie der Elefant, den man sowohl in Afrika als auch in Asien als Arbeitstier und für Kriegszwecke verwendet, sie lassen sich aber nicht domestizieren. Die meisten diesbezüglichen Versuche mit den verschiedensten Tierarten scheiterten, in der Antike ebenso wie in der heutigen Zeit. Afrikas Geschichte wäre, laut Diamond, anders verlaufen, wenn sich Rhinozerosse reiten ließen und man mit ihnen eine Angriffskavallerie aufstellen könnte, aber das war, wie gesagt, unmöglich.

Ackerbau und Viehzucht gestatteten also in Vorderasien viel früher als anderswo die Entwicklung städtischer Zivilisationen. Die Bevölkerung wuchs rasch an und verbreitete sich über eine gewaltige Fläche, die weit über die Grenzen des Ursprungsgebiets hinausreichte. Als die Situation reif war für die Expansion in den Rest der Welt, konnte dieser große Anfangsvorteil dank der Vervollkommnung der Hochseeschifffahrt im 14. Jahrhundert endlich Früchte tragen. Mit einer jahrtausendelangen technologischen Entwicklung im Rücken konnten sich die Europäer in der übrigen Welt leicht durchsetzen. Ihre Schrift beispielsweise war in fünf Jahrtausenden zur Perfektion gebracht worden, während es in Mittelamerika lediglich eine ideographische Schrift gab und in dem von Pizarro eroberten Inkareich nur ein simples Hilfsmittel für Buchhaltungs- und Verwaltungszwecke.

Nur eine einzige Zivilisation hätte Europa Konkurrenz machen können: China. Auch dort hatte sich ungefähr vom gleichen Zeitpunkt an eine stabile Agrikultur entwickelt, ja, sogar mehrere. China war schon seit nunmehr über zweitausendzweihundert Jahren ein Zentralreich. Viele nützliche Dinge hatten die Chinesen lange vor den Europäern erfunden: Kompass, Buchdruck, Gusseisen und Schießpulver (das allerdings nicht für kriegerische Zwecke, sondern für Feuerwerk verwendet wurde). Was die Bevölkerungszahl betrifft, liegen die Chinesen heute in der gleichen Größenordnung wie die Europäer und ihre Nachfahren (in Amerika und anderswo). Nur haben sie sich nie der Eroberung der Welt gewidmet: Auswanderung wurde in China nicht staatlich organisiert und gefördert. Sie fand nur privat statt. Zu Beginn des 15. Jahrhunderts erreichten Expeditionen mit Hunderten von Schiffen, die viel größer waren als die Karavellen des Kolumbus, die afrikanische Ostküste. Damals wollte eine politische Gruppierung den Ausbau der vorhandenen Flotte vorantreiben: Hätte sie den Sieg davongetragen, wären die Chinesen den Europäern vielleicht zuvorgekommen. Es setzte sich jedoch eine isolationistische Partei durch, die die Schiffswerften abreißen ließ und die Hochseeschifffahrt verbot.

Europa hatte also einen Anfangsvorteil aufgrund der geographischen, ökologischen und sozioökologischen Bedingungen, die für die Entwicklung der Landwirtschaft und folglich einer schnell wachsenden und bis vor kurzem ständig weiter expandierenden Bevölkerung besonders günstig waren. Durch weitere Ereignisse wurden mögliche Konkurrenten bei der Eroberung der Welt ausgeschaltet. Der Erfolg der Europäer war also nicht, wie Gobineau meinte, einer überlegenen Intelligenz der «Arier» zu verdanken, die im Übrigen nie nach Europa gekommen sind: Der Begriff Arier bezeichnete nämlich nur die Aristokratie jener Viehhirten der Steppen, die aus dem Iran nach Indien, also in die entgegengesetzte Richtung, wanderten. Erst Gobineau und nach ihm die Deutschen gebrauchten das Wort in der Bedeutung eines vermeintlich herausragenden Volks (natürlich ihres eigenen). Unter Napoleon unternahmen die Franzosen den Versuch einer nicht sehr dauerhaften Eroberung Europas, und das nach Gobineaus Ansicht wahrhaft «überlegene» Volk, also das deutsche, versuchte es zweimal ohne Erfolg und fügte damit der ganzen Welt unermessliches Leid und enormen Schaden zu.

Rassistische Theorien entbehren jeder wissenschaftlichen Grundlage. Es gibt keinerlei Beweis dafür, dass die «Weißen» oder die «Gelben» oder wer auch immer über eine höhere «angeborene» Intelligenz verfügen, noch gibt es Beweise dafür, dass Rassenmischung die Ursache eines «Niedergangs» wäre. Allenfalls lehrt die Genetik, dass das Gegenteil der Fall ist: Die Kreuzung verschiedener Arten innerhalb einer Gattung bringt gewöhnlich besonders kräftige «Hybriden» hervor, also sehr lebens- und reproduktionsfähige Individuen. Ein gutes Beispiel dafür sind Kinder aus Mischehen, die oft sehr gesund und schön sind.

Die Landwirtschaft war ein typisches Beispiel für ein notwendiges Übel: Sie löste das Problem des Steinzeitmenschen, schuf aber viele neue Probleme. Im Paläolithikum hatte die menschliche Spezies ständige Erfolge zu verzeichnen gehabt, sodass es schließlich vor zehntausend Jahren zu einem Bevölkerungsüberschuss kam, der sich angesichts der damaligen Ressourcen als kritisch erwies und eine Veränderung nötig machte: Man ging zum Ackerbau über, der die Ernährung einer weitaus größeren Zahl von Menschen ermöglichte. Dies zog eine ganze Reihe weiterer Neuerungen nach sich, die zu einer raschen Zunahme der Weltbevölkerung führten, bis es in einigen Gebieten zu viele Menschen gab. Wir haben uns innerhalb von zehntausend Jahren vertausendfacht und stehen heute vor einem ähnlichen Problem wie damals die Menschen im Paläolithikum.

Eine lange Erfahrung lehrt, dass sich die Natur auf dreierlei Weise gegen Überbevölkerung wehrt: Seuchen, Hungersnöte und Kriege, die drei Hauptursachen tiefen, allgemeinen menschlichen Unglücks. In dieser Hinsicht sieht es bei uns im Augenblick nicht sehr gut aus. Überall auf der Welt finden Kriege statt, die zum Glück derzeit lokal begrenzt sind. Es besteht die Hoffnung, aber nicht die Gewissheit, dass sie es auch bleiben. Auch ein absichtlich oder zufällig ausgelöster Atomunfall ist nicht auszuschließen, der weit größere Schäden anrichten würde und gigantische Auswirkungen hätte. Doch auch die kleineren Kriege waren und sind von erschreckender Brutalität, wie z. B. Vietnam, Kambodscha, Bosnien und Ruanda beweisen. Schwere Hungersnöte sind namentlich in Afrika an der Tagesordnung – trotz moderner Techniken der Nahrungsmittelproduktion und des Transports und trotz der Arbeit internationaler Hilfsorganisationen. Die jüngste Seuche ist Aids. Heute sind davon etwa dreißig Millionen Menschen betroffen; weit mehr sind daran gestorben, seit diese Krankheit vor zwanzig Jahren erstmals in Erscheinung trat. Sie breitet sich weiter aus, ist aber in die Phase des «linearen Wachstums» eingetreten, d. h., die Ausbreitungsgeschwindigkeit bleibt konstant und nimmt nicht mehr Jahr für Jahr zu, wie es anfangs der Fall war. Dies ist eine Eigenschaft, die allen Seuchen gemein ist. Es lässt sich jedoch schwer voraussagen, wann die Aids-Epidemie abklingt, und eine wirkliche Behandlungsmöglichkeit gibt es derzeit nicht. Insgesamt hat die Medizin dank Chemotherapie, Sulfonamiden und Antibiotika auf dem Gebiet der Infektionskrankheiten große Fortschritte gemacht. Bakterien und Viren reagieren jedoch erfolgreich auf den Krieg, den wir gegen sie führen, und es ist bereits abzusehen, dass die Wirkung der verfügbaren Medikamente schwächer wird und irgendwann vielleicht ganz aufhört. Ob es einfach sein wird oder überhaupt möglich ist, immer wieder neue zu finden, wissen wir nicht.

Die Zivilisation der Ackerbauern und Viehzüchter wird in Europa als die neolithische bezeichnet: Der Gegensatz zwischen alt («paläo») und neu («neo») besteht im Übergang vom Sammeln zum Produzieren von Nahrung. Der Wortteil «lithikum» (von griech. *lithos*, Stein) bezieht sich auf die damals benutzten Steinwerkzeuge, die einzigen, die sich gut erhalten haben und deshalb von den Archäologen leicht untersucht werden können. Von anderen damals verwendeten Materialien wie Holz oder Knochen finden sich seltener Spuren. Metalle wurden erst einige Jahrtausende später verwendet und brachten neue Vorteile, aber auch neue Probleme mit sich, denn sie wurden größtenteils benutzt, um Waffen herzustellen, und sorgten dafür, dass Kriege effizienter und grausamer wurden.

Jede Innovation bringt Verbesserungen, sonst würde man nicht danach suchen und sie nicht übernehmen, aber jede Neuerung ist auch mit Nachteilen verbunden. So segensreich die Landwirtschaft ist, so teuer kommt sie uns zu stehen. In der Bibel ist nur vom «Schweiße deines Angesichts» die Rede, und vermutlich war das Jäger- und Sammlerleben in günstigen Gebieten wirklich leichter, vergnüglicher und mit weniger Schwerarbeit verbunden. Doch das ist nicht das einzige Problem. Die immer größeren Menschenkonzentrationen boten einerseits zwar Vorteile («Stadtluft macht frei» hieß es im Spätmittelalter, und in Afrika flüchten die Bauern noch heute vom Land in die Stadt, wo es Arbeit und Vergnügungen gibt), brachten aber auch Unheil mit sich. Zum Beispiel Epidemien, die sich dort, wo viele Menschen zusammenkommen, also in den Städten, viel leichter entwickeln können. Schon zur Zeit Boccaccios, im Florenz des 14. Jahrhunderts, wusste man genau, wie man sich vor Seuchen retten konnte: Man zog sich aufs Land zurück. Die Haustierhaltung führte zwar zu einer besseren Versorgung mit Nahrung und anderen nützlichen Materialien wie Häuten und Fellen, aber auch zu neuen Infektionskrankheiten (manche behaupten, zu allen großen Infektionskrankheiten), die durch Parasiten ausgelöst wurden, die auf den Menschen übertragbar sind.

Sowohl der Ackerbau als auch die Viehzucht zogen weitere Innovationen nach sich und vermehrten Eigentum und Macht um ein Vielfaches. Von den drei großen Triebkräften, die die Zivilisationsgeschichte begleiten – Ansehen, Macht und Geld –, kannte das Paläolithikum nur die erste. Der Jäger und Sammler konnte keine Reichtümer anhäufen, da er Nomade war und sein gesamtes Hab und Gut mit sich herumschleppen musste. Im Paläolithikum gab es keine gesellschaftlichen Hierarchien, keinem wurden besondere Befugnisse zugestanden. Man neigte im Allgemeinen sogar dazu, die Bedeutung von jemandem, der sich durch ruhmreiche Taten hervortat – die meist in besonderem Geschick bei der Jagd, beim Tanzen oder Singen bestanden –, eher zu schmälern. Wer ein Tier erlegte, hatte gewöhnlich Anspruch auf die besten Bissen, den größten Teil der Beute aber musste er stets mit den anderen teilen.

Der Ackerbau macht Grundbesitz möglich, erfordert aber auch Organisation, damit Gemeinschaftsarbeiten wie der Bau von Bewässerungssystemen durchgeführt werden können. Auf diese Weise lässt er eine Hierarchie entstehen und ermöglicht die Herausbildung privilegierter Klassen, die ihren erworbenen Status von einer Generation auf die nächste übertragen. Bald wurden teilweise sagenhafte Reichtümer angehäuft, und wir finden ganze Völker, die einem einzigen Oberhaupt unterworfen sind. Diese Akkumulation von gemeinsam produzierten Reichtümern in den Händen einiger weniger bezeichnet Diamond als Kleptokratie (Herrschaft der Diebe), ein Phänomen, das seit Jahrtausenden bis in die Gegenwart jede zentralistische, nicht egalitäre Gesellschaft kennzeichnet. Dort, wo die Bürger vor dem Gesetz nicht wirklich gleich sind, ist der Unterschied zwischen den alten Imperien und den heutigen Republiken lediglich graduell: In modernen Staaten liegt der Prozentsatz der von der Zentralmacht umverteilten Güter weit höher (aber nicht überall! man denke nur an Mobutos Zaire, wo die Staatsgüter dreißig Jahre lang das Privatvermögen des Diktators waren).

Das Privateigentum war der Anfang des Kapitalismus, ja, dessen notwendige Voraussetzung. Ist es überhaupt möglich, wirklich Gleichheit aufrechtzuerhalten, so, wie sie z. B. bei den Steinzeitmenschen herrschte, und damit den

Kapitalismus zu vermeiden? Das soziale und ökonomische Desaster in den kommunistischen Systemen lässt diesbezüglich keine großen Hoffnungen aufkommen. Die Menschen sind sehr unterschiedlich, was ihre Geschicklichkeit, aber auch was ihre Habgier betrifft. Verbindet sich ausgeprägte Habgier mit Skrupellosigkeit und Geschicklichkeit im Ausnutzen politischer und finanzieller Gegebenheiten, kann es leicht zu «kleptokratischen» Situationen kommen, in denen einige wenige eine große Zahl von Unterjochten – Dienern oder Sklaven – ausbeuten und enorme Reichtümer anhäufen. So brachte auch der Kommunismus, der theoretisch solche Situationen beseitigen wollte, dort, wo er bisher politisch verwirklicht wurde, in Wirklichkeit noch schlimmere Kleptokratien hervor, weil er einer Bürokratie, deren Lauterkeit und Effizienz unmöglich zu kontrollieren war, enorme Macht übertrug. Die Folgen waren tragisch. Auch der Kapitalismus förderte Situationen von Machtmissbrauch und extremer Unehrlichkeit, war aber immerhin effizienter. Die Vermögensungleichheit und damit die Unzufriedenheit ließ er allerdings bis ins Unendliche wachsen, und nur dank fast zwei Jahrhunderte währender sozialer Kämpfe wurden grundlegende Korrektive eingeführt. In den fortschrittlichsten Demokratien genießt der größte Teil der Bevölkerung einen nie gekannten Grad an Gleichheit.

Die Demokratie ist, verglichen mit der fünftausendjährigen Geschichte der Staatsordnungen, ein sehr junges System. Von allen derzeitigen Systemen ist sie aber das einzige, das imstande ist, die Entfaltung der Fähigkeiten des Einzelnen zu fördern und mit der Zeit eine echte Gleichberechtigung zwischen den Bürgern herzustellen. In einem kommunistischen System gibt es, was das Vermögen der Einzelnen betrifft, zweifellos geringere Unterschiede, und es besteht ein größeres Interesse an der Erziehung der Bürger als in einem kapitalistischen System oder in einer absoluten Monarchie. In allen drei Systemen gibt es enorme Unterschiede, was die Macht der Individuen betrifft. Im Kommunismus und in der absoluten Monarchie sind Veränderungen nur durch einen Staatsstreich, dessen Ausgang immer unsicher ist, oder durch blutige Kämpfe möglich. Die Demokratie, die sich bisher nur in einigen kapitalistischen Ländern durchsetzen konnte, strebt hingegen durch die Einführung von Verfassungsgarantien eine Begrenzung der Macht des Einzelnen an und bietet die Möglichkeit zu Veränderungen auf friedlichem Wege, ohne Bürgerkriege. Wir können diese Probleme, die sich auf das private und kollektive Glück stark auswirken, hier jedoch nur kurz andeuten. Sie gründlicher zu behandeln würde uns zu weit von dem wegführen, was wir uns vorgenommen haben.

Was hat das alles mit Glück zu tun? Wozu dieses lange Kapitel über die Geschichte der Menschheit? Glück ist das Gegenteil von Unglück. Privates und kollektives Unglück abzuschaffen heißt natürlich noch nicht, dass wir automatisch glücklich werden, es ist aber ein wichtiger Schritt in Richtung Glück. Unwissenheit ist eine der großen Ursachen des Unglücks, und wenn wir in der Menschheitsgeschichte Bescheid wissen, kann uns das helfen, die Alternativen zu erkennen, die in Frage kommen. Das gleiche Vorgehen empfiehlt sich natürlich auch für die eigene, private Geschichte, aber hier muss jeder alleine sehen, wie er zurechtkommt.

Die Landwirtschaft bedeutete für die Menschheit die große Wende. Sie beseitigte viele Probleme, brachte aber auch neue mit sich. Eins davon, der Bevölkerungsüberschuss, ist noch dasselbe wie vor nunmehr zehntausend Jahren, denn die Zahl der Menschen nimmt weiterhin übermäßig zu, und so stehen wir heute – allerdings in viel gravierenderer Weise – vor den gleichen Schwierigkeiten, mit denen unsere Vorfahren zu kämpfen hatten. Es gibt wieder zu viele Menschen, und ohne ein ausgewogenes Wirtschaftswachstum und systematische Formen der Nahrungsmittelverteilung bedeutet das für einen großen Teil der Menschheit Hunger.

Zusätzlich haben wir heute Probleme, die es damals nicht gab: die Gefahr entsetzlicher Kriege und bereits stattfindender mörderischer lokaler Kriege, eine zunehmende Belastung der Umwelt und in vielerlei Hinsicht auch eine Verschlechterung der Lebensqualität, vor allem in den Städten. Der rasante technische Fortschritt führte in den entwickelten Ländern zu einer starken Steigerung des Konsums. Die Folge ist das vorzeitige Schwinden der Weltressourcen und eine rasch zunehmende Verseuchung unserer Umwelt mit Produkten, deren Giftigkeit nicht ausreichend bekannt war und es bis heute nicht ist.

Die Medizin hat zwar große Fortschritte gemacht, und viele Krankheiten konnten bekämpft werden, sodass wir heute länger leben. Aber auch das bringt nicht nur Nutzen, sondern auch Kosten mit sich. Der rasche Export des medizinischen Wissens in die ganze Welt verursachte eine Bevölkerungsexplosion. Europa hatte zweihundert Jahre, um sich auf das ständige Sinken der Sterblichkeitsrate einzustellen, und konnte die Geburtenquote verringern, bevor es zu einem exzessiven Bevölkerungswachstum kam. Die Entwicklungsländer dagegen hatten keineswegs die Zeit, auf den raschen Rückgang der Sterblichkeitsrate dank der Einführung simpler Gesundheitsmaßnahmen und einiger Schlüsselmedikamente eine entsprechende Senkung der Geburtenrate folgen zu lassen. Denn die gehorcht komplizierten psychischen Gesetzen. Deshalb sind viele aufstrebende Länder in Afrika, in weiten Teilen Asiens und in Mittel- und Südamerika einem unglaublich hohen demographischen Druck ausgesetzt.

Genau wie gegen Ende der Steinzeit bezahlen wir mit großem Leid und nie gekannter Ungewissheit den Tribut für einen allzu raschen, unkontrollierten Fortschritt. Die Welt ist erneut in Gefahr. Bleibt nur die Hoffnung, dass wir uns dessen alle rasch bewusst werden und entsprechend handeln, doch die Prognosen sind nicht sehr ermutigend. Für eine viel größere Zahl von Menschen als am Ende der Steinzeit geht es ums Überleben: Die Nahrung ist knapp und die Zukunft völlig ungewiss.

Der Energiebedarf ist enorm gestiegen: Von der traditionellen Energiegewinnung aus Holz und tierischen Exkrementen ging man in den letzten Jahrhunderten zur Kohle und danach zum Erdöl über, und nun stehen wir vor der Frage, ob wir, angesichts immer größerer Umweltprobleme, bei der Atomenergie bleiben sollen. Die Kommunikationsgeschwindigkeit wurde in den letzten Jahrzehnten enorm gesteigert und ist im Begriff, unser Leben zu revolutionieren, wobei einige Probleme gelöst, aber mit Sicherheit andere aufgeworfen werden, die wir uns noch nicht einmal vorstellen können.

Obwohl diese Probleme jeden von uns angehen, können sie nicht vom Einzelnen gelöst werden. Sie erfordern global abgestimmte komplexe Aktionen, die größtenteils noch gar nicht vorhersehbar sind.

Häufig jedoch neigen wir zu einem ganz anderen Verhalten: Wir verdrängen die Probleme oder fliehen vor ihnen. Es gab immer Menschen, denen die Welt, der Kontakt mit anderen Menschen, die vielleicht zu hektisch oder zu böswillig waren, unerträglich schien. Früher suchte man dann vielleicht die Stille eines Klosters oder, als Eremit, die Einsamkeit. Wer heute die Möglichkeit hat, einen Ort zu verlassen, der ihm aus wirtschaftlichen, politischen, religiösen oder persönlichen Gründen unerträglich geworden ist, stößt, dank der verbesserten Verkehrsverbindungen, auf viel geringere Schwierigkeiten als früher. Dennoch erfordert der Entschluss, anderswo ganz neu anzufangen, großen Mut (oder die Kraft der Verzweiflung). Millionen von Menschen in den ärmsten Ländern treffen eine solche Entscheidung und flüchten sich in reichere Länder, sofern man ihnen dort eine sichere Bleibe bietet. Doch obwohl viele Auswanderer hoffen, ins Gelobte Land aufzubrechen, ist jede Emigration auch mit großen Problemen verbunden. So gab der Massenexodus in Richtung Amerika in den letzten fünfhundert Jahren zwar vielen Europäern, die zu einem Leben in Armut verdammt oder Verfolgungen ausgesetzt waren, die Möglichkeit, sich eine neue Existenz aufzubauen. Gleichzeitig aber brachte er Tod und Elend über die seit Jahrtausenden auf diesem Kontinent lebenden Ureinwohner, die nun ihrerseits in Armut gestürzt und verfolgt wurden und am Ende vor den Trümmern der Welt standen, die vor dem Eintreffen der Europäer die ihre gewesen war.

Emigration ist nach wie vor eine gute Lösung im Fall von Schwierigkeiten, obwohl sie Zeiten der Einsamkeit, der Unsicherheit und der Bitterkeit mit sich bringen kann. Ein Emigrant muss viele Hindernisse überwinden und ist Anfeindungen ausgesetzt, da er oft als minderwertig angesehen wird. Viele der Italiener, die um die Jahrhundertwende in die Vereinigten Staaten auswanderten, waren in der gleichen Lage wie heute die Asylbewerber aus außereuropäischen Ländern. Sie waren bettelarm und zu einem hohen

Prozentsatz Analphabeten. Erst nach zwei, drei Generationen hatten sie annähernd die gleichen Lebensbedingungen wie die anderen vor ihnen eingewanderten Amerikaner.

Ohne Zweifel haben die Menschen ganz unterschiedliche Chancen, glücklich zu werden, je nach ihrer sozialen und geographischen Herkunft, dem Kulturkreis, dem sie angehören, oder der augenblicklichen Lebensphase, in der sie sich befinden. Aber auch die Unterschiede in Temperament und Charakter scheinen bei der Veranlagung zum Glücklichsein eine Rolle zu spielen.

Auf viele Fragen wissen wir noch keine Antwort. Warum zum Beispiel gibt es so große Unterschiede in der Lebenseinstellung der Menschen? Können wir es schaffen, unsere persönliche Situation zu verbessern, oder bleibt uns nichts anderes übrig, als uns in unser Schicksal zu fügen? Wir haben gesehen, dass die Ethik als Wissenschaft vom Glück entstanden ist. Hat man mehr Chancen, glücklich zu werden, wenn man sich um die anderen kümmert, oder sollte man besser nur an sich selbst denken?

VII Warum wir sind, wie wir sind

Alle Menschen gehören ein und derselben Spezies an – unter insgesamt drei Millionen existierender Tier-, Pflanzen- und Bakterienarten. Lange Zeit glaubte man – ob man nun ein Wissenschaftler war oder nicht –, das Leben unterscheide sich grundlegend von der unbelebten Materie. Vor allem im Westen bildete sich die Überzeugung heraus, alles sei von einem außerhalb der Materie stehenden, möglicherweise in einem besonderen Teil des Universums lebenden übernatürlichen Wesen erschaffen worden und vor allem die lebenden Organismen seien das Ergebnis seiner besonderen Schöpfung.

Zweifelsohne gibt es zwischen Leben und unbelebter Materie wichtige Unterschiede, aber lediglich einige Religionen beharren immer noch auf der Überzeugung, dass man als Erklärung dafür eine besondere Schöpfung heranziehen müsse. Eine Auffassung, die sich seit dem letzten Jahrhundert immer mehr durchsetzte, ist die, dass das Leben spontan entstand und dass alle lebenden Organismen das Ergebnis der Transformation der ersten sehr einfachen Organismen sei, die sich nach und nach zu allen die Erde bevölkernden Arten differenziert haben. Der Mensch wäre nur eins der Beispiele dafür, und zwar eins der jüngsten. Dies ist die Evolutionstheorie, die bereits von einigen griechischen Philosophen vertreten worden war. Der römische Dichter Lukrez legte sie mit großer Klarsicht dar, und er ahnte auch bereits, welches eine der Hauptkräfte der Evolution sein könnte: die natürliche Auslese. Erst Mitte des neunzehnten Jahrhunderts jedoch lieferte der große englische Biologe Charles Darwin eine bis heute überzeugende Erklärung dafür.

Wir wissen nicht, ob es nur auf der Erde Leben gibt oder – in ähnlicher oder anderer Form – auch in anderen Welten. Der berühmte Chemiker Svante Arrhenius stellte die Hypothese auf, dass das Leben von außen gekommen und möglicherweise durch Meteoriten auf unseren Planeten gelangt sei. Diese Hypothese wurde jüngst von dem großen Biochemiker Francis Crick wieder aufgegriffen, der in den fünfziger Jahren, zusammen mit einem anderen sehr tüchtigen Biologen namens James Watson, die chemische Struktur des Erbmaterials, der DNA, herausgefunden hat.

Es ist noch nicht gelungen, die chemischen und physikalischen Prozesse, durch die Leben möglich wurde, im Labor vollständig zu reproduzieren. Es wurden zwar viele, aber nicht alle Phasen des Lebens reproduziert, und deshalb steht der letzte Beweis, dass es spontan entstanden ist, noch aus.

Der Ursprung des Lebens ist ein Ereignis, zu dem es nur mit äußerst geringer Wahrscheinlichkeit kommt. Für die Annahme, dass dies so ist, gibt es viele Gründe. Wenn sie richtig ist, dann könnte es sich als äußerst schwierig erweisen, die Sequenz von Ereignissen, aus der das Leben hervorgegangen ist, im Labor komplett zu reproduzieren. Möglicherweise war die Zeit zu kurz, als dass sich dieser Prozess auf der Erde hätte vollziehen können: Dies ist einer der Gründe, weshalb man annimmt, das Leben sei aus dem Weltraum gekommen.

In Wirklichkeit betrug der Zeitraum, in dem es zu diesem für unwahrscheinlich gehaltenen Ereignis kommen konnte, fast eine Milliarde Jahre. Die Erde entstand vor etwa 4,5 Milliarden Jahren, und in mehr als 3,5 Milliarden Jahre altem Gestein fand man fossile Reste, die anscheinend von bakterienähnlichen Mikroorganismen stammen, wie sie noch heute existieren. Damals sah die Erde ganz anders aus, als wir sie kennen: Der Planet war von einem Ozean bedeckt, in dem wahrscheinlich das Leben entstand. In der Atmosphäre gab es noch keinen Sauerstoff, und die Temperatur der Oberfläche war höher. Erst später kam es zu einem Abkühlungsprozess.

Deshalb ist es auch nicht verwunderlich, dass Bakterien, die bei höheren, nahe dem Siedepunkt des Wassers liegenden Temperaturen existieren können, zu den Lebewesen gehören, die aus verschiedenen Gründen als die ältesten heute existierenden gelten. Sie benötigen, im Gegensatz zu anderen Bakterien, zum Leben keinen Sauerstoff, sondern Schwefel oder Eisen – beides noch heute auf der Erde weit verbreitete Elemente. Der Sauerstoff, der heute 21 % der Atmosphäre bildet und für tierisches Leben unerlässlich ist, erschien erst später: Er wurde von grünen Pflanzen produziert, die zu den ersten Lebewesen gehörten, die sich aus den ältesten Bakterien entwickelt haben.

Die physikalische und chemische Natur des Lebens ist heute genau bekannt. Lebende Organismen verdanken ihre Eigenschaften einer speziellen Substanz, der Desoxyribonukleinsäure oder DNA. Diese hat eine besondere, relativ einfache Struktur, die man als eine aus aneinander gereihten Bausteinen bestehende, potentiell endlose, jedenfalls sehr, sehr lange Kette beschreiben kann.

Diese Bausteine heißen Nukleotide, von denen es nur vier verschiedene Arten gibt. Es handelt sich um nicht sehr komplexe und einander sehr ähnliche chemische Substanzen. Sie unterscheiden sich nur in einem Bestandteil, der aus jeweils einer von vier Verbindungen namens Adenin, Cytosin, Guanin und Thymin, abgekürzt A, C, G, T, besteht. Ein DNA-Strang besteht aus Nukleotiden, die in einer bestimmten Reihenfolge aneinander hängen. Diese stellt sozusagen die «Signatur» jedes DNA-Segments dar. Die Reihenfolge der vier Komponenten eines Abschnitts kann zum Beispiel sein: AGACCTTTGAGT... Wir können diese Komponenten als «Buchstaben» des DNA-Alphabets ansehen und ein DNA-Segment als Information, die von Generation zu Generation weitergegeben wird, damit ein Teil unseres Körpers auf ganz bestimmte Weise «konstruiert» wird. Wenn man von der DNA als dem Buch des Lebens spricht, so ist dies ein sehr passendes Bild.

Die DNA ist der Hauptbestandteil der Chromosomen: kleinen, in jeder Zelle enthaltenen und nur unterm Mikroskop sichtbaren Strukturen. Ein Mensch besteht aus Tausenden Milliarden von Zellen, deren jede, mit wenigen Ausnahmen, dreiundzwanzig Chromosomenpaare enthält. Die beiden Hälften eines jeden Paares sind sich in Form und Funktion sehr ähnlich. Sie unterscheiden sich nur hinsichtlich der DNA, da jeweils eine Hälfte vom Vater und die andere von der Mutter stammt. Jedes Chromosom besteht aus einem sehr langen DNA-Strang. Würde man alle Chromosomen einer menschlichen Zelle auseinander rollen und aneinander hängen, erhielte man einen über einen Meter langen, äußerst zarten Faden.

Um sich klarzumachen, wie kompliziert das Erbgut eines Individuums ist, genügt die Feststellung, dass jeder einzelne DNA-Strang insgesamt, auf allen dreiundzwanzig Chromosomen, etwa drei Milliarden Nukleotide enthält.

Diese Sequenz umfasst alle für die «Herstellung» eines Menschen notwendigen Informationen.

Alle Ähnlichkeiten zwischen verwandten Individuen sind auf die Genauigkeit zurückzuführen, mit welcher die von den Eltern an die Kinder weitergegebene DNA kopiert wird, und auf die Präzision, mit der die Botschaft funktioniert, die bei der Entstehung eines neuen Individuums durch die DNA von einer Generation an die nächste übermittelt wird. Zwischen Eltern und Kindern sind viele erstaunliche Ähnlichkeiten festzustellen, aber auch Unterschiede, da beide Eltern zum Erbgut eines Kindes beitragen und das Ergebnis nicht das genaue Mittel zwischen den Eigenschaften der beiden Elternteile ist, sondern komplizierteren Regeln folgt. Nur bei eineiigen Zwillingen manifestiert sich die ganze Macht der Vererbung. Zwar weisen auch solche Zwillinge Unterschiede auf, sie sind aber meist so klein, dass selbst die eigene Mutter die beiden Geschwister nicht immer auseinander halten kann.

Unterschiede zwischen eineiigen Zwillingen haben zweierlei Ursachen. Einigen dieser Unterschiede liegen kleine Fehler beim Kopieren der DNA zugrunde, wie sie bei der Reproduktion jeder Zelle vorkommen können. Diese Fehler, so genannte Mutationen, sind allerdings sehr selten. Weitere Unterschiede sind auf die jeweiligen Einflüsse der Umwelt zurückzuführen, in der die Kinder aufwachsen. Sie sind für zwei Individuen nie absolut gleich. Bisweilen, wenn auch selten, kommt es in der persönlichen Geschichte von Zwillingen zu gravierenden Unterschieden, sodass sie sich völlig verschieden entwickeln. Wenn zum Beispiel einer von beiden an Kinderlähmung oder einer anderen Krankheit mit bleibenden schweren Folgen erkrankt, kann es sein, dass sich die beiden Zwillinge kaum noch gleichen. Unterschiede, die sich während der Entwicklung herausbilden, sind jedoch nicht auf die Kinder übertragbar.

Die Unterschiede zwischen allen anderen Individuen, auch zwischen Geschwistern, sind sehr viel größer als die zwischen eineiigen Zwillingen. Sie sind vor allem auf das unterschiedliche Erbmaterial zurückzuführen, das jedes Kind von den Eltern erhält. Dazu kommen dann mit der Zeit die Unterschiede in der Umwelt und in der individuellen Entwicklung der Person. Jedes Individuum entsteht aus der Verschmelzung eines vom Vater produzierten Spermiums mit einer Eizelle der Mutter. Alle von einem Individuum erzeugten Spermien sind verschieden, ebenso alle Eizellen. Eineiige Zwillinge gehen aus einer *einzigen*, von *einem* Spermium befruchteten Eizelle hervor, die sich, *bevor* sie sich zu reproduzieren beginnt, in zwei fast völlig gleiche Hälften spaltet. Aus beiden dieser Hälften entwickelt sich ein eigener Embryo. Da sich aber jeder dieser beiden Embryonen aus *demselben* Spermium und *derselben* Eizelle entwickelt hat, hatte ihre DNA kaum Gelegenheit, sich zu differenzieren. Von diesem Punkt an jedoch kann jeder der beiden eine unterschiedliche Geschichte haben.

Die Macht der Vererbung ist erstaunlich, und eineiige Zwillinge sind der schlagendste Beweis. Sie beeindrucken uns vor allem durch ihre äußerliche Ähnlichkeit, die natürlich am augenfälligsten ist, aber auch die psychischen Ähnlichkeiten können verblüffend sein. Eine lustige, vor einiger Zeit im «New Yorker» erschienene Karikatur zeigt das Wartezimmer eines Patentamts, in dem zwei rundliche, bebrillte, schon leicht kahle Typen sitzen und sich gegenseitig verblüfft und etwas misstrauisch mustern. Wie der Leser sich schon denken kann und wie auch die beiden gerade festgestellt haben, gleichen sie sich aufs Haar. Aber nicht nur das: Jeder von ihnen hält eine komplizierte, aus Motoren, Röhren, Rädchen und anderem Schnickschnack zusammengebaute kleine Maschine auf den Knien, und auch die beiden Maschinen sind absolut gleich. Unter der Zeichnung die Erklärung: Die beiden Zwillinge wurden bei der Geburt getrennt und wussten nichts voneinander. Sie trafen sich zufällig, als jeder von ihnen am selben Tag seine Erfindung beim Patentamt anmelden wollte: ein Perpetuum mobile.

Auch wenn es so extreme Fälle natürlich nicht gibt, kann die Ähnlichkeit zwischen Menschen mit gleicher Erbsubstanz wirklich enorm sein. Der Einfluss der Gene auf unser Schicksal ist nicht zu unterschätzen. Wir werden später noch einmal darauf zurückkommen.

Noch heute gibt es Menschen, die daran zweifeln, dass die Evolution tatsächlich stattgefunden hat. Für diese Skepsis gibt es hauptsächlich zwei Gründe. Der eine ist religiöser Art: Bis vor relativ kurzer Zeit hielt sich die christliche Religion buchstabengetreu an die Bibel, die von der Schöpfung aller Lebewesen spricht. Heute hat sich die Situation geändert: Die größte christliche Kirche, die römisch-katholische, hat ihre frühere unnachgiebige Position aufgegeben und akzeptiert zumindest die Möglichkeit, dass die Evolution stattgefunden haben könnte. In den verschiedenen Sektionen der protestantischen Kirche gibt es nach anfänglicher Ablehnung der Darwin'schen Evolutionstheorien heute grundlegend unterschiedliche Haltungen gegenüber der Naturwissenschaft und vor allem gegenüber der Evolutionstheorie. Der zweite Grund liegt darin, dass die Evolution sehr langsam vor sich geht und wir nur in Ausnahmefällen etwas davon bemerken.

Es gibt einige sehr einfache Tatsachen, die uns bei aufmerksamer Betrachtung zweifelsfrei davon überzeugen, dass die biologische Evolution stattgefunden haben muss und noch immer weitergeht. Die Evolution, also der ständige Wandel der Organismen von meist – aber nicht immer – einfacheren zu komplexeren Formen ist unvermeidlich, denn Lebewesen reproduzieren sich, und die Reproduktion ist nie absolut perfekt, sodass die Organismen von Generation zu Generation mutieren, obwohl Veränderungen gewöhnlich sehr selten sind.

Bei jedem Kopiervorgang kommt es zu Fehlern: Deshalb sind Mutationen unvermeidlich. Einer der Ersten, der die Erblichkeit spezieller Mutationen erkannte, war der französische Physiker Maupertuis[1], der im 18. Jahrhundert im Fall der Polydaktylie (bei der meist ein sechster Finger vorhanden ist) in der Familie eines Berliner Chirurgen feststellte, dass sie sowohl vom Vater als auch von der Mutter weitergegeben sein konnte. Maupertuis errechnete, dass diese Mutation bei einem von zwanzigtausend Berlinern vorkam, und wies anhand der Wahrscheinlichkeitsrechnung nach, dass sie erblich sein musste.

Heute sind Tausende verschiedener Mutationen bekannt, die größtenteils Ursachen von Krankheiten sind. Von vielen wissen wir auch, mit welcher Häufigkeit sie vorkommen. Eine der häufigsten ist das Down-Syndrom, früher als «Mongolismus» bezeichnet, bei dem aufgrund der Mutation drei anstatt der regulären zwei Kopien eines bestimmten Chromosoms vorhanden sind. Dies führt zu einer geistigen Behinderung und zu veränderten, an den mongoliden Typ erinnernden Gesichtszügen. Die Häufigkeit liegt bei etwa einer von tausend Geburten. Die meisten Mutationen kommen aber viel seltener vor, auch wenn sie sich dann in einer bestimmten Population häufen können.

Reproduktion und Mutation: Die Genforschung hat nachgewiesen, dass dies die zwei grundlegenden Eigenschaften des Lebens sind.

Reproduktion bedeutet die Erzeugung von Individuen, die dem Original sehr ähnlich sind; sie wird möglich durch die Präzision des Kopiervorgangs der DNA. Dabei ist von wesentlicher Bedeutung, dass die DNA praktisch fehlerfrei kopiert wird. Ein Organismus kann nur dank einer großen Zahl höchst empfindlicher Mechanismen «funktionieren». Wir haben verschiedene Sinnesorgane wie Augen und Ohren, wir haben Stützorgane wie die Knochen und Bewegungsorgane wie die Muskeln; wenn wir alle Funktionen des Organismus aufzählen wollten, ergäbe es eine lange Liste. Die DNA-Verdoppelung, die zur Erzeugung eines neuen Organismus führt, muss ziemlich exakt sein, um all die hoch komplizierten, zum Leben in einer oft schwierigen und feindlichen Welt notwendigen Aktivitäten zu ermöglichen. Individuen, die blind oder taub sind oder denen andere wichtige Funktionen fehlen, haben ohne fremde Hilfe geringe oder gar keine Überlebenschancen, und außerhalb der menschlichen Spezies kommt es nur in Ausnahmefällen vor, dass schwer behinderten Individuen die Hilfe zuteil wird, die ihnen ein Weiterleben ermöglicht.

Die Herstellung der DNA-Kopie, aus der ein neues Individuum hervorgeht, läuft aber nicht immer fehlerfrei ab. Es kommt zu Mutationen. Oft entstehen sie durch den einfachen Austausch eines Nukleotids durch eins der vier anderen oder durch den Wegfall oder das Hinzufügen von Nukleotiden. Solche Kopierfehler können sich als ziemlich schädlich erweisen, deshalb ist es nicht verwunderlich, dass es in der Natur effiziente Reparaturmechanismen gibt, um sie zu beheben. Einige Fehler bleiben aber bestehen. Dies kann einen mehr oder weniger schweren, meist sehr spezifischen Defekt bei dem Individuum zur Folge haben, das der Träger der neuen DNA ist. In diesem Fall erreicht es möglicherweise nicht das reproduktionsfähige Alter. Ein großer Teil der modernen Medizin wurde entwickelt, um solche Defekte zu behandeln. Häufig aber bewirkt der Kopierfehler keine Funktionsstörung; und wenn es zu einem Defekt kommt, kann er ganz unwesentlich sein. In seltenen Fällen kann das Individuum, das Träger eines speziellen Kopierfehlers ist, gegenüber dem Träger einer identischen DNA-Kopie sogar begünstigt sein. Kopierfehler können also einschneidende Folgen haben. Sie wirken sich oft negativ aus, sind in vielen Fällen zu vernachlässigen und in einigen seltenen Fällen sogar von Vorteil. Wie man sich leicht vorstellen kann, ist die genetisch relevante Evolution größtenteils auf die seltenen positiven Auswirkungen zurückzuführen.

Ein Bild aus der Philologie kann uns helfen, die Bedeutung von Mutationen besser zu verstehen. In mittelalterlichen Klöstern wurden antike Manuskripte von Hand abgeschrieben. Auf diese Weise konnten griechische und lateinische Texte, die sonst verloren gegangen wären, erhalten und verbreitet werden. Jeder Mönch, der einen solchen Text abschrieb, machte dabei unvermeidich Fehler: entweder aus Zerstreutheit oder weil er eine Stelle nicht genau entziffern konnte oder vielleicht auch absichtlich, weil er einen (möglicherweise nur in seiner Vorstellung existierenden) Fehler korrigieren oder den Text verständlicher machen wollte. Die Abschrift eines Manuskripts wurde oft an ein anderes Kloster weitergegeben, wo es erneut kopiert wurde. Das fehlerhafte oder, allgemeiner gesagt, nicht ganz perfekte Exemplar wurde auf diese Weise selbst zur Kopiervorlage, und manchmal war nicht einmal mehr zu erkennen, dass unterwegs eine Neuerung eingeführt worden war.

Durch die Analyse der Unterschiede zwischen Manuskripten desselben Texts, die in unterschiedlichen Epochen oder an verschiedenen Orten angefertigt wurden, lässt sich die Geschichte eines Textes zurückverfolgen. In gleicher Weise gehen wir vor, wenn wir den Weg der biologischen Evolution nachvollziehen wollen. Im Fall der Manuskripte will man den Originaltext rekonstruieren. Den Forschern geht es in diesem Fall also nicht um den Entwicklungsweg, sondern um das Original. Im Fall der biologischen Evolution interessiert die gesamte Geschichte der Veränderungen, vor allem aber versucht man herauszufinden, durch welche Faktoren sie hervorgerufen wurden und welche Folgen sie haben.

Die Auswirkungen einer Mutation gleichen denen im Fall des mittelalterlichen Kopisten, der einen Text abwandelt: Gelangt ein solcher Text in ein anderes Kloster, wird er seinerseits zur Vorlage für weitere Kopien. Der Fehler wird also auf alle nach dieser Vorlage angefertigten Abschriften übertragen. Im Fall der DNA breitet sich der Kopierfehler über die folgenden Generationen auf alle Nachkommen des Individuums aus, bei dem die Mutation erstmals aufgetreten ist.

Eine Mutation kann, wie gesagt, folgenlos bleiben. In seltenen Fällen kann sie sich aber unter bestimmten Lebensbedingungen oder auch ganz allgemein sogar vorteilhaft auswirken. Es kommt ja auch vor, dass der Fehler eines Schreibers oder Druckers das Verständnis eines Textes nicht beeinträchtigt, sondern sogar verbessert, dass die ursprüngliche Bedeutung durch eine neue ersetzt wird, die einen Satz aus irgendeinem Grund interessanter macht.

Ein Kopierfehler war vermutlich auch bei der Legende

über den berühmten Seigneur de La Palice mit im Spiel. La Palice, ein französischer Feldherr, der 1525 in der Schlacht von Pavia fiel, in der Frankreichs König Franz I. vom Heer Kaiser Karls V. geschlagen wurde, soll eine Vorliebe für Binsenwahrheiten gehabt haben, weshalb man im Italienischen noch heute von La-Palice-Wahrheiten spricht. Seine Soldaten sangen ihm zu Ehren folgendes kleines Lied:

Hélas! La Palice est mort,
il est mort devant Pavie.
Hélas! S'il n'étoit pas mort
il feroit encore envie.
(O weh! La Palice ist tot,
gefallen vor Pavia.
O weh! Wäre er nicht tot,
würde man ihn immer noch beneiden.

Da in der Schrift des sechzehnten Jahrhunderts der Buchstabe s leicht mit f zu verwechseln war, wurde aus «feroit» (im heutigen Französisch «ferait») «seroit» (heute «serait»), und durch eine fälschlich vorgenommene Trennung wurde «envie» zu en vie. Dadurch wurde der Sinn der letzten zwei Strophen verändert, die nun so lauteten:

Hélas! S'il n'étoit pas mort,
il seroit encore en vie.
(O weh! Wenn er nicht gestorben wäre,
wäre er noch am Leben.)[2]

Die Legende, dass La Palice eine Vorliebe für La-Palice-Wahrheiten hatte, wurde wahrscheinlich von einem französischen Dichter verbreitet, der zur Zeit Ludwigs XIV. in

Mode war. Eines seiner langen Gedichte enthält in jedem der vielen Vierzeiler eine solche Wahrheit. Der folgende König, Ludwig XV., verbot das Singen dieses Liedes in den Tavernen und auf den Straßen von Paris, um zu verhindern, dass das Gedenken an den tapferen Feldherrn und getreuen Diener des Königs von Frankreich ins Lächerliche gezogen wurde – allerdings mit geringem Erfolg. Spott kann tödlicher sein als das Schwert!

Biologische Evolution ist die ständige und unvermeidliche Veränderung, der alle lebenden Organismen unterworfen sind. Mutationen verursachen vererbbare Veränderungen, und deshalb müssen Organismen, die sich reproduzieren, auch evolvieren. Eine Kopie ist nie perfekt, auch wenn der «Fehler» vielleicht ganz geringfügig ist, und dieser Fehler bewirkt unvermeidlich eine Evolution. Ohne Mutationen gäbe es übrigens keine Evolution, da perfekte Reproduktionsmechanismen in der Natur nicht existieren.

Trotzdem fragt sich manch einer vielleicht immer noch, ob es Evolution tatsächlich gibt. In der Tat geht sie äußerst langsam vonstatten. Wenn wir uns mit Menschen von früher vergleichen, über die wir sehr genaue Informationen haben, wenn wir also beispielsweise die realistischsten Abbilder alter Griechen oder Römer betrachten, dann scheinen sie sich in ihrem Aussehen kaum von uns zu unterscheiden, abgesehen natürlich von den normalen Unterschieden zwischen Individuen. Die Zeit, die zwischen diesen Menschen und uns liegt, ist aber viel zu kurz, als dass es zu Veränderungen hätte kommen können: Zweitausend oder zweitausendfünfhundert Jahre reichen nicht aus, um Unterschiede hervorzubringen, die auf den ersten Blick erkennbar wären.

Blicken wir jedoch noch weiter zurück, dann sind sehr

wohl Unterschiede festzustellen. Vor fünfzigtausend Jahren lebten in Europa Menschen, die ganz anders aussahen als die, die heute auf der Erde leben. Was wir von ihnen sehen können, sind allerdings nur die Knochen, denn die Weichteile haben sich nicht erhalten. Wenn uns aber die Unterschiede zwischen uns und dem damals in Europa lebenden Neandertaler immer noch nicht überzeugen, können wir weiter zurückgehen. Die vor einer Million Jahren lebenden Menschen weisen zum Beispiel markante Unterschiede in Form und Größe des Schädels und des Gesichts auf. Das Gehirn unserer fernsten Vorfahren war bedeutend kleiner als unseres, wobei zu betonen ist, dass die Evolution des menschlichen Gehirns eine der schnellsten uns bekannten Evolutionen war.

Wichtige Beweise für die Evolution liefert die Untersuchung von Fossilien. Wenn wir den Querschnitt eines Gebirges betrachten, sehen wir, dass das Gestein aus Schichten besteht. Es ist leicht zu erkennen, dass diese Schichten aus der Ablagerung von Materialien entstanden, die anfangs vielleicht flüssig waren (z. B. vulkanische Lava) und sich dann verfestigten. Die ältesten Schichten sind im Allgemeinen die am tiefsten liegenden und die obersten die jüngsten. Wo ein Fluss den Fels erodiert hat, ist die Schichtung des Bodens besonders deutlich zu erkennen. Im Grand Canyon, einer über 1600 Meter tiefen Schlucht, die der Colorado River in das Coloradoplateau in Arizona geschnitten hat, kann man im tiefsten Teil sehr alte Schichten sehen, nach oben hin werden die Gesteinsschichten immer jünger. In bestimmten Fällen wurden durch unterschiedliche Vorgänge an manchen Stellen der Erde tiefere Schichten nach oben gehoben, manchmal bis an die Oberfläche, sodass sie sichtbar werden, ohne dass Grabungen nötig sind.

Schon vor zweitausendfünfhundert Jahren hatte Herodot[3] in den Bergen Ägyptens Muschelfossilien gefunden und daraus den richtigen Schluss gezogen, dass diese Berge früher vom Meer bedeckt gewesen sein mussten. Aristoteles jedoch führte in seiner großen Systematisierung des menschlichen Wissens, die fast zwanzig Jahrhunderte lang tief greifenden Einfluss ausübte, eine falsche Erklärung für die Fossilien ein (wie er übrigens auch viele andere naturwissenschaftliche Erscheinungen falsch deutete). Sein Ansehen war aber so groß, dass ihm kaum jemand zu widersprechen wagte. In der Renaissance schlugen Leonardo da Vinci und Girolamo Fracastoro Deutungen vor, die den modernen sehr nahe kommen.

Die Fossilien liefern uns sozusagen die geschriebene Geschichte der Evolution. Lange Zeit musste man sich dabei notwendigerweise mit Informationen morphologischer Art begnügen, heute dagegen ist man so weit, dass man in bestimmten Fällen sogar die DNA von Organismen untersuchen kann, die seit mehreren Millionen Jahren tot sind. In Organismen, die in Bernstein eingeschlossen sind, unterlag die DNA den geringsten Veränderungen und kann uns helfen, die Geschichte des Lebens mit einem außergewöhnlichen Genauigkeitsgrad zu rekonstruieren. Wenn Crichton, der Autor von *Jurassic Park*[4], allerdings behauptet, auf der Grundlage von Dinosaurier-DNA, die im Magen von in Bernstein eingeschlossenen Schnaken gefunden wurde, welche einen Dinosaurier gestochen hatten, ließen sich lebende Dinosaurier rekonstruieren, dann ist dies eine Übertreibung.

Die Evolution geht in der Regel sehr langsam vor sich, denn die meisten Organismen sind höchst komplex, und ihre Nachkommen müssen, um zu überleben, so perfekt sein, dass alle lebenserhaltenden Funktionen effizient vollzogen werden können. Deshalb dürfen Mutationen, die überleben, also «Fehler», die zur Produktion eines neuen gesunden Individuums führen, nur selten vorkommen, und sie dürfen sich vor allem nicht nachteilig auswirken. Es besteht also nur geringe Aussicht, dass sich eine biologische Veränderung beim Menschen im Lauf unseres Lebens oder auch in der die letzten fünftausend Jahre, also kaum zweihundert Generationen umfassenden Geschichte im engeren Sinn bemerkbar macht.

Allerdings ist die Evolution nicht immer so langsam, dass sie sich nicht beobachten ließe. Bei einigen Organismen, nämlich bei den kleinsten, den Viren und Bakterien, die sich sehr rasch reproduzieren, lässt sich die Evolution verfolgen. Zeiteinheit der Evolution ist eine Generation. So merkwürdig es scheinen mag: In einer Menschengeneration, die durchschnittlich fünfundzwanzig bis dreißig Jahre dauert, kommt es etwa zur selben Anzahl von Mutationen wie in einer manchmal nur zwanzig Minuten währenden Bakteriengeneration. Die Mutationsfrequenz oder Mutationsgeschwindigkeit ist, wenn die Zeit in Generationen gemessen wird, bei zwei so unterschiedlichen Organismen also etwa gleich hoch. Das bedeutet, dass bei Bakterien pro Minute annähernd genauso viel Evolution stattfindet wie beim Menschen in einem ganzen Jahr. Da ein Jahr etwa 525 600 Minuten hat, kann es bei einem Bakterium in einem Jahr zu so viel Evolution kommen wie beim Menschen in einer halben Million Jahren. Und innerhalb von 500 000 Jahren hat sich der Mensch ja wirklich sichtlich verändert: Das Gehirn ist größer geworden, die Muskulatur ist weniger kräftig und der Knochenbau nicht mehr so massiv. Viele affenartige Züge des Schädels und des Knochenbaus sind verschwunden.

Die Evolution der Bakterien macht sich leider nur allzu deutlich bemerkbar, denn sie geht auf unsere Kosten. Vor etwa fünfzig Jahren kam das Penicillin auf den Markt: Angeblich hat es Winston Churchill, der einer der ersten Kranken war, dem es noch während des Krieges verabreicht wurde, das Leben gerettet. Damals war es gerade entdeckt worden und noch nicht im Handel. Churchill hatte sich eine Form von Lungenentzündung zugezogen, die zu 50 % tödlich ist, wenn sie unbehandelt bleibt. Vielleicht hätte der Zweite Weltkrieg einen anderen Verlauf genommen, wenn Churchill damals gestorben wäre, doch zum Glück rettete ihn das Penicillin. Dank dieses Medikaments konnte die durch Pneumokokken hervorgerufene Lungenentzündung so wirksam bekämpft werden, dass sie heute nahezu verschwunden ist.

Die Pneumokokken brauchten ziemlich lange, um eine Resistenz gegen Penicillin und andere, später entwickelte Antibiotika auszubilden. Erst in jüngster Zeit sind sie anscheinend wieder auf dem Vormarsch. Viel schneller verlief die Evolution bei anderen Bakterien, die eine beträchtliche Fähigkeit zur evolutiven Rebellion an den Tag legten. Heute sind die verschiedensten Bakterien gegen eine große Zahl von handelsüblichen Antibiotika unempfindlich: Gegen bestimmte Erreger, die noch vor wenigen Jahrzehnten effektiv bekämpft werden konnten, gibt es nur noch ganz wenige Antibiotika, die mit Erfolg eingesetzt werden können.

Es kommt aber noch schlimmer: Anfangs überlebten die resistenten Keime nur ein einziges oder wenige Antibiotika. Dann entdeckte man, dass es Mechanismen des Genaustauschs zwischen Bakterien gibt, die – grob gesagt – mit dem geschlechtlichen Austausch vergleichbar sind, der den Austausch von Genmaterial bei Tieren und bei vielen

Pflanzen ermöglicht. Fragmente von Bakterienchromosomen (dabei handelt es sich natürlich immer um DNA) können in andere Bakterien eindringen und deren Erbsubstanz um neue Fähigkeiten bereichern. Diese Fragmente sind zu Paketen zusammengefasst, von denen einige (für die Bakterien) besonders wertvolle, gegen viele Antibiotika resistent machende Gene enthalten. Die Tuberkulose, eine in den hoch entwickelten Ländern dank der Antibiotika bezwungene und fast verschwundene Krankheit, ist heute wieder so gefährlich wie früher. Müssen wir die Sanatorien im Gebirge wieder eröffnen und zu alten Behandlungsmethoden wie dem Pneumothorax zurückkehren?

Vielen erscheint es nach wie vor unvorstellbar, dass die Natur aus dem Nichts lebende Organismen entwickelt haben soll. Einige weigern sich auch zu glauben, dass Reproduktion und Mutation, so grundlegend sie sein mögen, eine ausreichende Erklärung dafür liefern, dass durch Evolution Lebewesen entstehen, die mit Geschicklichkeit und so raffinierten Organen wie Augen und Ohren und vielem mehr ausgestattet sind, ganz zu schweigen vom Gehirn.

Reproduktion und Mutation reichen in der Tat nicht aus. Bei den in Klöstern kopierten Handschriften kommt es im Lauf der Zeit zu Unterschieden, doch es findet keine Entwicklung von einfachen zu komplexeren Strukturen und auch keine bessere Anpassung an die Lebensbedingungen statt, wie es bei den Lebewesen geschah. Um das Leben und die Evolution zu erklären, fehlte noch etwas sehr Wichtiges: die von Charles Darwin Mitte des letzten Jahrhunderts entdeckte natürliche Selektion, die dazu führt, dass sich nützliche Mutationen durchsetzen und schädliche ausgeschaltet werden.

Schädliche Mutationen haben eine geringe oder gar keine

Wahrscheinlichkeit, weitergegeben zu werden, sich also auf die folgenden Generationen zu vererben. Sie verschwinden bald nach ihrem Auftreten wieder oder bleiben selten, weil ihre Träger Schwierigkeiten haben, zu überleben oder sich fortzupflanzen, oder gar nicht dazu imstande sind. Wirkungslose («selektiv neutrale») Mutationen können sich zwar ausbreiten, aber nicht so stark, dass sie zahlenmäßig zunehmen. Es bleibt dem Zufall überlassen, ob sie sich vermehren, verringern oder ganz verschwinden. Sie verändern die Zukunft der Organismen nicht (so wie kleinere Fehler beim Kopieren der mittelalterlichen Manuskripte den Sinn nicht ernsthaft veränderten). Entscheidende Veränderungen werden durch vorteilhafte Mutationen verursacht, die zwar selten sind, sich aber umso rascher ausbreiten, je größer der Vorteil ist, der sich daraus für den betroffenen Organismus ergibt.

Die Mutationen, die Bakterien gegen Antibiotika und chemische Medikamente resistent machen, sind ein gutes Beispiel. Man kann diesen Vorgang ganz leicht experimentell reproduzieren. Eine «reine» (also nur aus einer Bakterienart bestehende) Bakterienkultur im Reagenzglas enthält Hunderte von Millionen oder auch Milliarden von Bakterien. Gibt man eine ausreichende Menge eines Antibiotikums wie z. B. Penicillin dazu, gegen das die Bakterien empfindlich sind, sterben sie ab, sofern es nicht bei einem von ihnen zu einer resistent machenden Mutation gekommen ist. In diesem Fall kann sich aus einem einzigen mutierten Bakterium eine ebenso große Kultur entwickeln, die diesmal ausschließlich aus resistenten Bakterien besteht. Man beachte, dass die Antibiotikaresistenz nicht durch das Antibiotikum selbst induziert wird, das lediglich als Selektor für die resistenten Bakterien wirkt. Vor fünfzig Jahren wurde noch diskutiert, ob die Bakterienresistenz gegen Antibiotika auf die Selektion von schon vorher in der Kultur vorhandenen Mutanten zurückzuführen sei (die Wirkung des Antibiotikums lässt nur die Bakterien überleben, die über die entsprechenden Gene verfügen, um ihm zu widerstehen) oder auf eine Induktion der Resistenz durch das Antibiotikum (die antibiotische Wirkung führt dazu, dass einige Bakterien resistent werden). Dann kam man zu dem Schluss, dass bis auf einige Ausnahmefälle der resistente Typ durch eine Mutation entsteht, zu der es auch in Abwesenheit des Antibiotikums kommt: Das Antibiotikum selektioniert ihn, weil in seiner Gegenwart nur die unempfindlichen Keime wachsen, die empfindlichen dagegen nicht.

Auf ganz ähnliche Weise war das Lied, das an Seigneur de La Palice erinnert, dank einer Art natürlicher Selektion so erfolgreich: Der Vorteil bestand darin, dass es durch eine Mutation besonders lustig wurde. Nur deshalb erinnert man sich noch heute daran, fast fünfhundert Jahre nach seiner Entstehung.

Die natürliche Auslese hat auf diese Weise die Evolution auf vorteilhafte Wege geführt, die nicht vorhersehbar waren, weil die Mutation zwar Lösungen bewirkt, sie aber nicht beurteilen kann. Es gibt viele verschiedene Optionen, um eine so komplizierte Struktur wie einen lebenden Organismus zu verbessern und zu verfeinern. Die Mutation bietet nach dem Zufallsprinzip mögliche Lösungen an, die Selektion wählt automatisch die für den gegebenen Lebensraum am besten geeigneten aus, denn die Individuen, die in ihrer Umwelt am besten funktionieren, haben die größten Chancen, zu überleben und sich zu reproduzieren. Nachteilige und neutrale Mutationen werden automatisch verdrängt oder vernachlässigt, während sich die genetisch vorteilhaften Typen von selbst durchsetzen, da sie die einzigen sind, die per definitionem überleben und die meisten Nachkommen erzeugen. Ihre Zahl nimmt also in den folgenden Generationen im Vergleich zu den anderen automatisch zu, bis sich die Umwelt erneut ändert und wieder andere genetische Typen bessere Chancen haben.

Um die natürliche Auslese zu verstehen, muss man sich klarmachen, dass es sich im Grunde um nichts anderes als einen völlig automatischen demographischen Prozess handelt. Es wird oft gesagt, die natürliche Selektion bevorzuge die am besten an die Umwelt angepassten Individuen. Dieser Satz kann jedoch missverständlich sein. Oft ist gar nicht so leicht ersichtlich, warum bestimmte genetische Typen besser angepasst sind als andere. In Bezug auf die natürliche Auslese bedeutet «am besten angepasst» lediglich, dass ein Individuum mehr Nachkommen hinterlässt als weniger gut angepasste Typen, dass es also größere Chancen hat, zu überleben und Nachkommen zu zeugen.

Auch beim Menschen gibt es deutlich sichtbare Prozesse der natürlichen Auslese: zum Beispiel die Hautfarbe, die von Natur aus ursprünglich wahrscheinlich braun war. In stärker der Sonne ausgesetzten Gegenden, vor allem dort, wo die UV-Strahlung besonders stark ist, wurde sie dunkler, um besser gegen Epitheliome geschützt zu sein, die sich infolge der UV-Strahlung in der Haut bilden (Schwarze erkranken weniger häufig an dieser Art von Tumoren als Weiße). Im Norden dagegen, vornehmlich in Europa, wo sich eine Ernährung auf der Grundlage von Getreideprodukten durchsetzte, die besonders arm an Vitamin D ist, trägt die hellere Haut zur Vermeidung von Rachitis, einer schweren Vitamin-D-Mangelkrankheit, bei. Die ultravioletten Sonnenstrahlen können in weiße Haut eindringen und bestimmte, in Getreide enthaltene Substanzen in Vitamin D umwandeln. Auch die Form des Gesichts, der Augen und des Körpers spiegelt Anpassungen ans Klima wider, die zweifelsfrei auf natürliche Ausleseprozesse zurückzuführen sind. Je nach Umwelt wurden unterschiedliche somatische Züge begünstigt. Auch die Resistenz gegen bestimmte, weit verbreitete Infektionskrankheiten wie Malaria führte zu bekannten und genau erforschten Phänomenen genetischer Anpassung.

Reproduktion, Mutation und natürliche Auslese sind also die drei Faktoren, durch die Evolution möglich wird. Evolution ist unvermeidlich, da durch den Reproduktionsprozess automatisch Neuerungen eingeführt werden. Aus den verschiedenen dabei entstehenden Varianten wählt die natürliche Selektion solche aus, die mit dem Leben kompatibel und für den Überlebenden bisweilen sogar besonders günstig sind.

Wenn wir den mutierten Typ als den «besten» bezeichnen, der mit größter Wahrscheinlichkeit überlebt und die meisten Nachkommen erzeugt (die beiden demographischen Phänomene, die natürliche Auslese automatisch und unvermeidlich machen), dann bedeutet Evolution normalerweise eine «Verbesserung». Diese zeigt sich darin, dass der mutierte Typ besser an die Umwelt angepasst ist als seine Artgenossen, die größere Schwierigkeiten haben, zu überleben und Nachkommen zu zeugen. Oft, aber nicht immer, bringt eine Verbesserung auch größere Komplexität mit sich. Ebenso wie die Komplexität nimmt auch die Vielfalt durchschnittlich zu, denn im Lauf der Zeit wächst die Zahl der per Mutation eingeführten Varianten. Evolution bedeutet also Transformation, Differenzierung und Zunahme an Komplexität. Die natürliche Auslese wurde auch als «Kampf ums Dasein» gesehen, eine Deutung, die vor allem im vergangenen Jahrhundert reüssierte. «Bluttriefende Zähne und Klauen», so sah man die Natur. Es besteht kein Zweifel, dass es einen Kampf zwischen den Arten und eine ökologische Pyramide gibt: Wer weiter oben rangiert, beutet den weiter unten Platzierten auf die brutalste Weise aus, die es gibt: Er frisst ihn auf. Und auch innerhalb einer Spezies findet zweifelsohne ein Konkurrenzkampf statt. Die natürliche Auslese zwingt zum Überleben und zur Reproduktion um des biologischen Erfolges willen: eine Notwendigkeit, die blutige Kämpfe mit sich bringen kann.

Der Kapitalismus wurde als Manifestation der natürlichen Auslese im sozialen Bereich gesehen. Der freie Wettbewerb dient (solange er wirklich frei ist) dazu, die Preise zu senken, die Motivation der Unternehmer und die Leistung der Arbeiter sicherzustellen, die sonst nachlassen würde. Er hat also eine gewisse Ähnlichkeit mit der natürlichen Selektion und wird bisweilen als regelrechter Daseinskampf gesehen, der – auch wenn dabei in der Regel kein Blut fließt – sehr grausam sein kann, genauso wie der zwischen verschiedenen lebenden Arten. Diese Übertragung von Prinzipien der Evolutionstheorie auf die sozialen Beziehungen der Menschen wird als Sozialdarwinismus bezeichnet. Auch wenn er von Darwin selbst nie vertreten wurde, fand er vor allem im letzten Jahrhundert bei Soziologen und Biologen eine gewisse Resonanz.

Nicht nur in der Arbeitswelt, auch in der Politik kommt es zu Kämpfen, die weder Skrupel noch moralische Gesetze kennen und oft viel schlimmere Folgen haben als in der Tierwelt. Der sexuelle Konkurrenzkampf führt bei Tieren zu Konflikten, die einen oder sogar beide Rivalen das Leben kosten können, in der Regel aber sind diese Kämpfe ritualisiert und gehen ohne ernsthafte Verletzung der Kontrahenten aus.

Hat uns die Natur zu hemmungslosen Egoisten gemacht, und ist dieser Egoismus eine unerlässliche Eigenschaft, ohne die wir nicht überleben können? Mitnichten. Es wäre ein Fehler, im Sozialdarwinismus das Gesetz zu sehen, von dem menschliche Gesellschaften geleitet sind. Um zu verstehen, weshalb das nicht so ist, müssen wir uns aber etwas eingehender mit den Bedingungen befassen, die den Fortbestand des Lebens möglich machen.

VIII Biologische Imperative

Einige biologische Imperative sind für alle Lebewesen die gleichen. Das oberste Gebot lautet: überleben. Ein Organismus ist so gebaut, dass er dank der ihm zur Verfügung stehenden Mittel leben und sich reproduzieren kann. Bei vielen Arten verbringt das Individuum sein ganzes Leben als Einzelgänger, außer zur Paarungszeit: Es hat also alle anderen artgleichen wie artfremden Tiere gegen sich. Das Gleiche gilt auch für ein in Gesellschaft lebendes Tier, allerdings mit einem wichtigen Unterschied, denn das soziale Leben bringt klare Vorteile mit sich. Die gefährlichste Konkurrenz ist grundsätzlich die mit anderen Arten, und die größte Gefahr droht von Raubtieren. Jede Spezies hat ihren Feind, und die Wahrscheinlichkeit, ihm zum Opfer zu fallen, kann für ein Tier, das in sozialen Gruppen lebt, geringer sein.

Ist das Individuum geschlechtsreif, wird auch das zweite Gebot aktuell: die Fortpflanzung. Bei fast allen höheren Organismen ist für die Reproduktion die Vereinigung zweier Individuen verschiedenen Geschlechts nötig, und so sucht jeder den Kontakt zu einem anders geschlechtlichen Individuum der gleichen Spezies. In der Regel geschieht die Befruchtung in einer bestimmten Jahreszeit, meist im Frühjahr. Sie wird durch einen Hormonzyklus gesteuert, der den Zeitpunkt der Geburt der Jungen optimieren soll. In der Paarungszeit sind beide

Geschlechter zur Reproduktion bereit. Beim Menschen bleibt das Interesse an der Fortpflanzung das ganze Jahr hindurch bestehen, auch wenn die Geburtenquote in einem ziemlich typischen, von Land zu Land unterschiedlichen Zyklus von Monat zu Monat schwankt. Bei vielen Arten ist der Kontakt zwischen Männchen und Weibchen auf die zur Befruchtung nötige Zeit beschränkt. Die Individuen beiden Geschlechts verbringen in diesem Fall den größten Teil ihres Lebens als Einzelgänger. Die Weibchen kümmern sich um die Jungen, die Männchen bewachen vor allem ihr persönliches Revier. Andere Tierarten führen das ganze Jahr hindurch ein genau geregeltes soziales Leben in unterschiedlich großen Gruppen, die zumindest einen großen Teil des Lebens gemeinsam verbringen. Geselligkeit ist biologisch determiniert, das heißt, sie ist ebenso wie ihr Fehlen bei bestimmten Spezies von der Natur selbst auferlegt.

Es gibt also ein drittes biologisches Gebot, das soziale, auch wenn es im Gegensatz zu den beiden anderen nicht für alle Spezies gilt. Einfache Formen von Geselligkeit gibt es bei verschiedenen Tierarten, auch bei den aus nur einer einzigen Zelle bestehenden Lebewesen, den Einzellern. Komplexere Arten sind Vielzeller, sie bestehen also aus vielen, untrennbar miteinander verbundenen Zellen, die einen einzigen Organismus bilden, für dessen Wohlergehen sie kooperieren, indem sie die verschiedensten Funktionen ausüben.

Die enge Verbindung vieler gleichartiger Zellen ist der erste Schritt zur Bildung eines vielzelligen Organismus. Wenn aus einer Vielzahl von Zellen ein Individuum entsteht, können sich unterschiedliche, auf verschiedene Aufgaben spezialisierte Zellarten herausbilden. Auf diese Weise werden mannigfaltige Funktionen und damit eine höhere Effizienz ermöglicht.

Zwischen den beiden Extremen, den Einzellern, die ein isoliertes Leben führen, und den komplexesten Vielzellern, zu denen auch der Mensch gehört, gibt es viele Zwischenformen. Die einfachsten vielzelligen Organismen sind Kolonien genetisch gleichartiger Einzeller, bei denen die Spezialisierung einzelner Zellen fehlt oder völlig reversibel sein kann. Die einzelne Zelle bewahrt sich also wenigstens potentiell die Möglichkeit, wieder unabhängig zu werden und eine neue Kolonie zu gründen. Die wichtigsten Beispiele dafür sind Schwämme, Hydrozoen (verzweigte, im Meer lebende Hohltiere, die die Medusen ausbilden), Seeanemonen und Korallen.

Weiter oben auf der Komplexitätsskala der Organismen wird die Spezialisierung der verschiedenen Zelltypen praktisch irreversibel, obwohl sie mit wenigen Ausnahmen nach wie vor die gleiche genetische Ausstattung haben, da sie alle von der ersten Zelle abstammen, aus welcher der neue Organismus hervorgegangen ist, z. B. einem durch ein Spermium befruchtetes Ei.

Einen vielzelligen Organismus kann man gedanklich als eine Gesellschaft von Zellen ansehen, aber Gesellschaften vielzelliger Individuen sind etwas anderes. Die Individuen sind hier gewöhnlich genetisch verschieden, auch wenn zwischen den Mitgliedern einer Gesellschaft oft ein bisweilen sehr enges Verwandtschaftsverhältnis besteht. Bei dieser Form von Geselligkeit behält jeder Organismus seine physische Individualität und seine Mobilität, anders als bei Kolonien niederer Organismen wie Korallen und Schwämmen, bei denen es zu einer engen Verbindung und manchmal auch zu einer Verschmelzung der die Kolonie bildenden Individuen kommt.

Die ausgeprägteste Soziabilität wird bei Insekten wie Ameisen, Termiten, bestimmten Bienen- und Wespenarten erreicht, die man «eusozial» (vom griechischen Präfix ἐυ, «gut») nennt, um auf die großen Vorteile der vortrefflichen und komplexen Organisation ihrer Gesellschaften hinzuweisen. Eine eusoziale Kolonie besteht aus Organismen, die sich zu Kasten differenzieren. Jede Kaste übernimmt bestimmte Aufgaben und übt bestimmte Funktionen zum Wohl der Gemeinschaft aus. Die Gesellschaft wird von einem befruchteten Weibchen gegründet (bei den Termiten manchmal auch nur von einem Männchen, dem König). Die reproduktiven Aufgaben werden geteilt. Die Schwestern der Königin, die steril oder fast steril sind, helfen der Königin – meist das einzige fortpflanzungsfähige Weibchen – bei der Aufzucht des Nachwuchses. Alle arbeiten zu diesem Zweck zusammen, schaffen Nahrung für die Larven herbei, helfen, sie zu beschützen, und verzichten auf eigenen Nachwuchs.

Eine andere Form der Soziabilität, bei der keines der Individuen auf Fortpflanzung verzichtet, gibt es bei sehr vielen Wirbeltieren, der höchsten Stufe der zoologischen Organisation. Unter den Primaten, zu denen wir Menschen und die Affen gehören, ist geselliges Leben die Regel. Aber auch viele andere Säugetiere und Vögel sowie niedere Wirbeltiere wie Fische, Reptilien und Amphibien können ein recht komplexes Sozialleben haben, das gewisse Ähnlichkeit mit dem der Primaten aufweist.

Die größte Komplexität findet sich beim Menschen. Alle Individuen unserer Spezies sind gewissermaßen Teil einer einzigen Gesellschaft, auch wenn diese aus geographischen Gründen und wegen der Unzulänglichkeit der Kommunikation zersplittert ist. Der beste Beweis dafür ist, dass Konzerte berühmter Sänger oder die Fußballweltmeisterschaften von über einer Milliarde Menschen auf der ganzen Welt mitverfolgt werden, seit globale Kommunikation möglich ist.

Wie bei allen anderen Tieren gibt es sicherlich auch beim Menschen eine während einer langen Evolution entstandene biologische Grundlage der Soziabilität. Mehr als alle anderen Tiere aber hat der Mensch ein reiches kulturelles Leben entwickelt, und deshalb kommt den sozialen Beziehungen der Menschen eine wichtigere Rolle zu als bei jeder anderen Spezies. Doch auch beim Menschen gibt es, wiewohl in viel bescheidenerer Form und ohne irreversible Spezialisierung, ähnliche Erscheinungen. In der Familie eines unserer Vettern zum Beispiel verzichteten zwei Schwestern auf die Ehe und blieben ihr Leben lang im Haus des verheirateten Bruders, um der Schwägerin bei der Aufzucht der fünf Kinder zu helfen. Solche Fälle waren damals keineswegs die Ausnahme; sie waren sogar recht häufig. Es handelt sich um eine von vielen altruistischen Leistungen innerhalb der Familie. Die Hilfe bei der reproduktiven Arbeit ist eine klassische Form des biologischen Altruismus, der gewöhnlich auf die Verwandtschaft beschränkt bleibt. Der früher recht verbreitete Brauch, ein Kind von einer Amme stillen zu lassen, wenn die Mutter aus biologischen oder gesellschaftlichen Gründen nicht dazu in der Lage war, ist eine Form des sozialen Austauschs. Ein Beispiel für allgemeinen Altruismus sind auch die Gesetze der Gastfreundschaft, die bei fast allen Völkern gelten. Grundlage des Gesellschaftslebens ist der Verzicht auf ungehemmten Egoismus, zu dem die beiden ersten biologischen Imperative veranlassen würden.

Für die Wissenschaft, die sich mit dem sozialen Verhalten von Tieren befasst, gibt es zwei Bezeichnungen, die zwei etwas voneinander abweichenden Anschauungen entsprechen. Der Name Ethologie bzw. Verhaltensforschung wird meist von europäischen Wissenschaftlern benutzt, während der von Edward O. Wilson in seinem 1975 veröffentlichten gleichnamigen Buch geprägte Begriff «Soziobiologie» mehr in den Vereinigten Staaten verbreitet ist (oder war). Die Ethologie ist umfassender (Ethologie bedeutet «Untersuchung der Sitten»): Sie erforscht alle Verhaltensweisen der Tiere, darunter auch das Sozialverhalten. Das Betätigungsfeld der Soziobiologie ist enger begrenzt, nicht nur, weil sie sich auf die sozialen Aspekte beschränkt, sondern auch, weil sie sich (wie ihr Name sagt) auf die biologischen Grundlagen der Soziabilität konzentriert und dabei die Mitwirkung kultureller Faktoren außer Acht lässt. Dies war vor allem anfangs eine Schwäche der Soziobiologie, mit der die Tendenz aufkam, auch die menschliche Gesellschaft ausschließlich oder fast ausschließlich als Resultat eines biologischen Determinismus zu sehen. Der Begründer der Soziobiologie, E. O. Wilson, ist einer der bedeutendsten Spezialisten für eusoziale Insekten und hat die sozialen Phänomene aus der Perspektive der Ameisen, Bienen und Termiten untersucht: Bei diesen Arten ist jedes soziale Verhalten genetisch genau festgelegt. Die von Wilson begründete neue Wissenschaft hatte namentlich in den Vereinigten Staaten einigen Erfolg und wurde von vielen mit geradezu missionarischem Eifer aufgegriffen, was dazu führte, dass eine Gegenreaktion in Gang kam. Später wurde die Disziplin umbenannt, und heute spricht man meist von Verhaltensökologie. In seinen Büchern befasst sich Wilson auch mit der kulturellen Anpassung, scheint ihr aber nie die ihr zukommende Bedeutung beizumessen, vor allem, wenn es um die Spezies Mensch geht.

Es besteht kein Zweifel, dass der Mensch Neigungen und angeborene psychologische Prädispositionen erben kann, die auch im sozialen Bereich eine Rolle spielen und zumindest teilweise biologischen Ursprungs sind, und ebenso wahr ist, dass die Untersuchung der Soziabilität bei eng mit dem Menschen verwandten Tieren zum Verständnis dieser Phänomene beitragen kann. Nur darf man dabei nicht die Rolle der Erziehung und allgemein die Auswirkungen der soziokulturellen Umwelt außer Acht lassen, also das, was wir insgesamt als Kultur bezeichnen. Ebenso wenig darf man vergessen, dass es auch bei Tieren nachweisliche und wichtige Beispiele für kulturelle Phänomene gibt, auch wenn diese entschieden weniger eindrucksvoll sind als beim Menschen.

An dieser Stelle wäre eine Definition von Kultur angebracht, auch um klarzustellen, dass damit nicht oder nicht nur das gemeint ist, was vor allem in Italien idealistische Philosophen wie Benedetto Croce darunter verstanden, und auch nicht das, was gemeinhin als Kultur bzw. Bildung bezeichnet wird, nämlich die Gesamtheit der intellektuellen Kenntnisse, über die jemand verfügt. In ihrer weitesten Verwendung bedeutet Kultur die Gesamtheit der Verhaltensweisen, Fähigkeiten, Kenntnisse und Technologien, die von Generation zu Generation weitergegeben wird, sodass es nicht nötig ist, das Rad, das Streichholz oder die Integralrechnung immer wieder neu zu erfinden. Alle Tiere sind lernfähig, aber man muss unterscheiden zwischen dem, was man von sich aus lernen kann, und dem, was uns von vorausgegangenen Generationen und von all jenen vermittelt wird, die mit uns leben. Die Bewahrung der Kulturgüter wird möglich durch die Weitergabe von Kultur, und daran wirken wir alle mit, indem wir lernen (von den Eltern, Lehrern usw.) und lehren (unsere Kinder, Schüler, Freunde).

Auch unter Tieren gibt es eine Weitergabe von Kultur, was man aber erst vor wenigen Jahrzehnten erkannt hat, als man sozusagen mit der Nase darauf gestoßen wurde. In England lernten nämlich Ende der vierziger Jahre bestimmte Vögel, den Stannioldeckel der Milchflaschen, die der Milchmann dort frühmorgens vor die Haustür stellt, mit dem Schnabel aufzupicken und die Milch herauszuschlürfen. Ihre Artgenossen, aber auch andere Vogelarten, guckten sich die neue Methode bei ihnen ab, und bald kam es auf den Britischen Inseln zu einer regelrechten Epidemie dieser morgendlichen Milchdiebstähle, deren man nur Herr wurde, indem man die Stannioldeckel durch stabilere, vogelsichere Verschlüsse ersetzte.

Heute kennen wir in der Tierwelt viele Beispiele für die Weitergabe bestimmter Techniken durch Beobachtung und Nachahmung. Auch die Benutzung von Werkzeugen kann ein Tier von einem anderen übernehmen. Es kommt sogar vor, dass sich Tiere gegenseitig etwas regelrecht beibringen. Eins der interessantesten Beispiele sind die Stöckchen, die Schimpansen in die Gänge von Termitenbauten schieben, um an die Termiten heranzukommen, die für sie ein besonderer Leckerbissen sind. Die Insekten krabbeln an den Stöckchen hoch und können so von den Affen bequem vernascht werden. Zweifelsohne ein Beispiel für eine durch Beobachtung erlernte Werkzeugbenutzung. Natürlich versetzt die Sprache den Menschen in die Lage, Dinge zu tun, zu denen andere Tiere nicht fähig sind. Durch die sprachliche Vermittlung eines Lehrers, aus einem Buch oder einer mit Bildern versehenen Anleitung und in Zukunft vielleicht mit Hilfe eines interaktiven Computers zu lernen, ist natürlich etwas ganz anderes, als auf bloße, mehr oder weniger zufällige Beobachtung angewiesen zu sein.

Wir wissen nicht genau, wann die menschliche Sprache den heutigen Artikulationsgrad erreicht hat. Ihre Komplexität und Effizienz ist bei allen lebenden Menschen unabhängig von ihren ökonomischen Lebensbedingungen gleich hoch, ob es sich um Seehundjäger wie die Eskimos oder um Elefantenjäger wie die afrikanischen Pygmäen oder um Broker in New York handelt. Das weist darauf hin, dass sich die menschliche Sprache bereits in sehr früher Zeit entwickelt hat, noch vor den großen Wanderungsbewegungen, in deren Folge die heutige Menschheit vor mindestens 70 000 Jahren den Planeten zu kolonisieren begann. Wahrscheinlich wurde das letzte Perfektionsstadium schon von den ersten anatomisch modernen Menschen in Afrika erreicht, die sich vermutlich dank dieser hoch entwickelten Sprache auf der gesamten heute bewohnten Erde ausbreiten konnten.

Die großartige Entwicklung der Fähigkeit, zu kommunizieren und immer komplexere Werkzeuge zu schaffen, war das Resultat einer langen biologischen und kulturellen Evolution. Infolge dieser Innovation veränderte sich die Struktur der menschlichen Gesellschaft tief greifend und differenzierte sich unvermeidlich von den Gesellschaften anderer Wirbeltiere, der Säugetiere und Primaten – jedenfalls unter bestimmten Aspekten, mit denen wir uns jetzt befassen wollen. Dabei braucht man keineswegs nach metaphysischen Unterschieden zu suchen.

Die Anthropologen sind immer auf der Suche nach dem, was uns von den Tieren unterscheidet. Früher hielt man den Menschen für die einzige Spezies, die imstande ist, Werkzeuge zu benutzen. Das stellte sich dann als falsch heraus, obwohl Werkzeuge im Leben der Menschen eine viel größere Bedeutung haben als im Tierreich. Neuerdings kam die Behauptung in Mode, nur der Mensch besitze die Fähigkeit, Symbole zu deuten. Doch wenn Schimpansen und Gorillas keine Symbole verstehen, wie erklären wir dann, dass sie die Bedeutung Hunderter von Wörtern erlernen können? Die Tatsache, dass die uns am nächsten stehenden Affen die Frage «Welche Farbe hat dieser Gegenstand?» richtig beantworten können, zeigt uns, dass sie in der Lage sind, sogar abstrakte Begriffe zu verstehen. Trotz ihrer Unfähigkeit zu vokalisieren ist es heute möglich, mit Menschenaffen zu kommunizieren. Man benutzt dazu nicht die Stimme, sondern andere Mittel wie entsprechend programmierte Rechner, die Taubstummensprache oder Ähnliches. In Versuchen, die äußerste Geduld erfordern, fanden Forscher heraus, dass man Menschenaffen die Bedeutung und den Gebrauch von Wörtern beibringen kann, nicht anders, als man sie auch Kindern vermittelt, obwohl Kinder viel schneller lernen. Allerdings gelang es nicht, ihnen auch die Grammatik nahe zu bringen, jedenfalls nicht in überzeugender Weise, obwohl die besten dieser «Schüler» Sätze mit mehr als einem Wort oder Symbol bilden können. Die Satzstellung freilich ist viel schwerer zu lernen, und vielleicht fehlen auch den am engsten mit uns verwandten Affen die dafür erforderlichen biologischen Strukturen.

Kultur ist eine Art der Anpassung, die neue Lösungen ermöglicht. Auch sie wurde zweifellos durch die natürliche Selektion gefördert. Kulturelle Anpassung kann die durch natürliche Selektion erfolgende biologische Anpassung zumindest teilweise ersetzen. Grundsätzlich geht sie viel schneller vonstatten, was natürlich ein großer Vorteil ist. Hier ein einfaches Beispiel: Die Völker, die in Sibirien heimisch sind, wo ein eisiger, für die Augen sehr schädlicher Wind weht, entwickelten im Lauf der Jahrtausende durch Mutation und Selektion Fettpolster unter den Lidern, sodass nur ein schmaler Schlitz frei bleibt und das Auge vor der Kälte geschützt ist. Wer heute nach Sibirien reist und nicht dank dieser jahrtausendelangen Anpassung geschützt ist, erzielt die gleiche Wirkung mit einer Schutzbrille, also einem Kulturprodukt.

Beim Menschen stehen Kultur und Natur oft in Widerspruch zueinander, und das führt manchmal zu Problemen. Die Kultur beeinflusst unser Verhalten zuweilen in einer Weise, die mit den biologischen Imperativen kaum vereinbar ist. Ein Beispiel dafür ist Bungeejumping, ein in einigen Gemeinschaften Ozeaniens übliches, sehr gefährliches traditionelles Spiel: Die jungen Männer springen kopfüber von einem hohen Baum, wobei sie nur durch eine am Fußknöchel und an einem hohen Ast des Baumes befestigten Liane gesichert sind, deren Länge und Dehnbarkeit exakt so berechnet sind, dass der Springer dicht vor dem Erdboden aufkommt, ohne Schaden zu erleiden. In den letzten Jahren kam Bungeespringen auch unter den jungen weißen Australiern und dann auch in anderen Ländern in Mode, wenn auch in einer ungefährlicheren Form: Man stürzt sich von einer Brücke und hat statt des festen Bodens einen Fluss unter sich. In den Vereinigten Staaten und in vielen europäischen Ländern kann man sich für wenig Geld und möglicherweise an einen Lehrer angekoppelt (so ist es weniger gefährlich: Der biologische Imperativ setzt sich wieder durch) mit einem Fallschirm ins Nichts fallen lassen. Ähnlich riskante Spiele sind in vielen Ländern verbreitet: Der gewagteste Sport ist wohl die Kopfjagd, wie sie zum Zeitvertreib in Neuguinea praktiziert wird. Die australische Regierung konnte dieses Spiel nur mit viel Mühe und Scharfsinn aus dem östlichen Neuguinea (Papua) verbannen. Im Westteil der Insel pflegt man die Tradition bis heute. An der Küste der Emilia Romagna war vor einigen Jahren bei Jugendlichen der Brauch in Schwang, nach dem Discobesuch im Auto mit ausgeschalteten Scheinwerfern und ohne zu bremsen den Berg hinab und über die auch nachts ziemlich befahrenen Straßen zu rasen. Glücksspiele sind zwar weniger blutig, aber die vielen Selbstmorde glückloser Spieler zeigen, dass auch sie lebensgefährlich sein können, wenn auch weniger als das nur selten gespielte russische Roulette. Auch der Gebrauch von Drogen ist ein Beispiel für lebensgefährliches Verhalten.

Verstoßen nicht alle diese extremen Spiele und Sportarten gegen das oberste biologische Gebot des Überlebens? Einige davon lassen sich zumindest teilweise dadurch erklären, dass sie möglicherweise Vorteile hinsichtlich des zweiten biologischen Imperativs, der Reproduktion, bringen: Der junge polynesische Bungeespringer hat bei den Frauen der Insel möglicherweise bessere Chancen und findet leichter eine Gefährtin. In anderen Fällen überwiegt wohl der eher egoistische Nervenkitzel, der durch die Gefahr bzw. beim Glücksspiel durch die Hoffnung auf Gewinn noch gesteigert wird. Die heute am weitesten verbreitete Form des Selbstmords durch eine Überdosis Rauschgift ist leicht dadurch zu erklären, dass das natürliche Glücksgefühl dem durch die Droge ausgelösten ganz ähnlich ist. Dies gibt Anlass zu der Vermutung, dass es vielleicht noch einen weiteren biologischen Imperativ gibt, nämlich die Suche nach dem Glück.

Die erwähnten Verstöße gegen das biologische Gebot des Überlebens sind auf kulturellem Weg weitergegebene Phänomene, die zeigen, dass Kultur nicht immer der Natur folgt oder dabei sehr verschlungene Pfade und manchmal auch Irrwege einschlägt.

Wer glaubt, dass die Phantasie der Natur der menschlichen unterlegen sei, der irrt. Wenn es um den zweiten Imperativ geht, übertrifft die Natur bisweilen sich selbst und bringt erstaunliche und mannigfaltige Phänomene hervor. Ein Beispiel dafür ist der Wettkampf um die Reproduktion. Es ist allgemein bekannt, dass männliche Vögel mit einem besonderen Federschmuck ausgestattet sind, um die Weibchen anzulocken. Es handelt sich dabei um genetische Unterschiede nicht nur zwischen verschiedenen Spezies, sondern auch innerhalb ein und derselben Art. Aber auch hier gibt es rein kulturelle Phänomene. Einige Sperlingsvögel Ozeaniens legen mit viel Geschick einen «Garten» an, um die Weibchen anzulocken und sie zu verleiten, ihr Nest in der Nähe zu bauen. Dieser Garten kann je nach Vogelart aus aufgeschichteten und manchmal kreisförmig angeordneten Blättern bestehen, deren silbrig schimmernde Oberfläche aus ästhetischen Gründen oder der besseren Sichtbarkeit wegen nach oben gewandt ist. Oder es werden kleine Türmchen aus ineinander verflochtenen Zweigen gebaut, vielleicht mit einem Moosteppich davor, der mit Beeren und Blüten geschmückt ist. Manche Vögel bauen regelrechte kleine Lauben, wieder andere errichten Spaliere aus zwei Reihen dünner Ästchen, und manchmal wird dieses Spalier noch mit einer Paste aus Speichel, Kohle und Blattsaft «verputzt». Diese «Ziergärten» werden auf einem gemeinsamen Terrain angelegt, wie eine Art Ausstellung, auf der jeder eine Probe seiner Kunst gibt. Es kommt auch vor, dass ein neidischer Konkurrent das Werk eines Gegners beschädigt.

Diese Zurschaustellung der Geschicklichkeit auf einem gemeinsamen Terrain wird als *Lek* oder Arenabalz bezeichnet. Bei den *Leks* anderer Vogelarten beschränken sich die Männchen darauf, sich auf einem bestimmten Areal selbst zur Schau zu stellen. Dabei beanspruchen die kräftigsten Männchen einer Gruppe meist den besten, zentral gelegenen Platz für sich, während die jüngeren, für die es eine «Warteliste» gibt, am Rand gehalten werden. In solchen *Leks* suchen die Weibchen mehrere Männchen auf, um sich ihren Paarungspartner auszuwählen. Bei einigen Vogelarten sitzen die Männchen still da und warten – vielleicht auf einem Telegraphendraht –, ohne etwas zu tun, andere führen kunstvolle Tänze vor. Besonders berühmt sind die des Auerhahns. Auch andere Tiere veranstalten *Leks*, so zum Beispiel viele afrikanische Antilopenarten: Auch hier umkreisen die Weibchen die Arena und versuchen, in deren Mitte zu gelangen, wo sich die kräftigsten Männchen befinden. Wenn ein Weibchen aufgefordert wird, kann es an Ort und Stelle auf die «Brautwerbung» eines Männchens eingehen, das sein Interesse bekundet.

Solche Praktiken führen natürlich zu einem polygamen System, das die sozial dominanten Männchen begünstigt. Unter Vögeln ist Polygamie aber keineswegs die Regel. Es gibt sogar viele strikt monogame Arten, bei denen im Fall des Todes eines Partners der Hinterbliebene keine neue «Ehe» eingeht, sondern oft gewissermaßen an gebrochenem Herzen stirbt.

Auch das in Italien übliche abendliche Promenieren durch die Straßen im Stadtzentrum ist im Grunde nichts anderes als ein *Lek*. Dabei geht es natürlich nicht ausschließlich um die Partnerwahl.

Warum werden soziale Gruppen gebildet? Das Leben in Gemeinschaften kann aus vielen Gründen von Vorteil sein: Oft geht es um die Verteidigung, aber auch um größere Effizienz bei der Futtersuche oder bei anderen für das Überleben und die Fortpflanzung wichtigen Aktivitäten.

Ein sehr starker Antrieb zur Gruppenbildung ist die Abwehr von Feinden. Dabei wechseln die Gruppengröße und die speziellen Formationen je nach Spezies und je nach den Umständen, um optimalen Schutz zu bieten. Eine allzu große Gruppe erregt leichter die Aufmerksamkeit der Räuber, gleichzeitig nimmt aber mit der Gruppengröße auch die Wahrscheinlichkeit zu, dass wenigstens eins der möglichen Opfer das Nahen des Raubtiers bemerkt und Alarm schlägt. Die Art der Bedrohung und die Warnmechanismen unterscheiden sich von Spezies zu Spezies.

Wer Alarm schlägt, setzt sich oft einem persönlichen Risiko aus. Ein gutes Beispiel dafür sind die gesellig lebenden so genannten Präriehunde, kleine Nagetiere, die sich Gänge in Erdhügel graben und manchmal regelrechte unterirdische «Städte» anlegen. Unter der Erde sind sie vor Raubvögeln sicher, aber um Nahrung zu finden, müssen sie sich ins Freie wagen. Ein Tier, das einen Raubvogel bemerkt, müsste aus Gründen des Überlebens so schnell wie möglich zum nächsten Loch rennen und hineinschlüpfen. Wenn es vorher seine Gefährten warnt, riskiert es, leichter bemerkt zu werden, schon weil es länger draußen bleiben muss. Dafür können sich seine Nachbarn in Sicherheit bringen. Das Tier, das den Alarmruf ausstößt und sich dadurch einem besonderen Risiko aussetzt, handelt also altruistisch gegenüber der Gruppe.

Die Vitalität einer sozialen Gruppe – also ihre Überlebenschancen und ihr Fortpflanzungserfolg – hängt bis zu einem gewissen Grad vom Altruismus zumindest einiger

Individuen der Gruppe ab. Das Vorhandensein irgendeiner Form von Altruismus ist eine notwendige Bedingung dafür, dass das Gemeinschaftsleben für die Gruppe Vorteile bietet.

Nun wird man sich fragen, was diese biologischen Imperative mit unserem Thema, dem Glück, zu tun haben. Die Antwort darauf lautet: Sie sind die Grundlage des Glücks. Der Tod ist eine der Hauptursachen für Angst und Unglück der Menschen. Vermutlich ist auch diese Angst ein biologischer Mechanismus, der die Überlebenschancen erhöht. Der Zelle, die darauf programmiert ist, abzusterben, fehlt diese Sensibilität, über die das Individuum verfügt. Das Gebot der Fortpflanzung wiederum entfacht die größten menschlichen Leidenschaften – wir brauchen hier nicht näher darauf einzugehen. Auch der soziale Imperativ ist eine Quelle großen Glücks oder schweren Unglücks. Gesellschaftlicher Erfolg oder Misserfolg, Reichtum und Armut, Lachen und Weinen sind Phänomene, die mit den sozialen Beziehungen zusammenhängen. Wir sind so programmiert, dass Glück mit dem biologischen Erfolg hinsichtlich der erwähnten biologischen Imperative tendenziell deckungsgleich ist. Natürlich gibt es auch Ausnahmen: die Neigung zum Selbstmord, der Verzicht auf Reproduktion, der Wunsch, der Welt zu entsagen und sich in eine Höhle, in die Wüste oder in ein Kloster zurückzuziehen. Aber das sind höchst seltene Fälle, Reaktionen auf abnorme Situationen.

IX Das Gefangenendilemma

Der Sozialdarwinismus, den wir bereits erwähnt haben, beschreibt die menschliche Gesellschaft als eine Welt, in der das Gesetz des Dschungels herrscht: ein Versuch, Sozialverhalten in Begriffen der natürlichen Auslese zu erklären. Im letzten Jahrhundert fand eine unkontrollierte industrielle Entwicklung statt, der Kapitalismus bewegte Kapital und Arbeitskräfte in nie da gewesenem Ausmaß, das Feudalsystem war noch nicht untergegangen, und die Demokratie begann gerade erst Fuß zu fassen. Kein Wunder, dass damals hemmungsloser Individualismus und Egoismus herrschten, die den Vergleich zwischen dem sozialen Leben und dem grausamen Gesetz des Dschungels durchaus berechtigt erscheinen ließen. Zudem war es bequem, eine vermeintlich biologische Erklärung für die schlimmsten Exzesse des Kapitalismus zu haben (die Schwarzen sind primitiv und unterentwickelt, die Weißen eine überlegene Rasse, folglich ist es nur natürlich, dass die Schwarzen ihnen zu Diensten sind) und daraus eine Art moralischer Rechtfertigung abzuleiten. Auch heute sind Situationen, die an die Entstehungszeit des Sozialdarwinismus im vergangenen Jahrhundert erinnern, keineswegs selten. Ein Beispiel dafür ist die Mafia, die sich nicht nur in Italien und Amerika, sondern auch in ganz Asien ausbreitet und in den neu entstandenen Republiken der ehemaligen Sowjetunion das Sagen hat. Zugleich ist sie ein

Beispiel dafür, dass keine Gesellschaft, auch wenn sie kriminell ist, ohne «Moralvorschriften» auskommen kann. Wie eisern diese in mafiosen Organisationen sind, ist bekannt. Und je strikter sie befolgt werden, umso effizienter das System. Die Mafia verlangt und fördert Tugenden – die Teil der gängigen Moral sind – wie Mut, Loyalität und Gehorsam gegenüber den Vorgesetzten, trotzdem ist sie asozial, da dieses Verhalten nur gegenüber der eng begrenzten Gruppe gilt, die davon profitiert. Die Beziehung zwischen der Mafia und der übrigen Gesellschaft ist die Gleiche wie die zwischen zwei Spezies, von denen eine das Raubtier und die andere die Beute ist.

Darwin selbst hat die Thesen des Sozialdarwinismus nie vertreten. Zwar ist in einer Räuber-Beute-Beziehung bzw. Wirt-Parasit-Beziehung zwischen zwei verschiedenen Spezies gewöhnlich einer von beiden – meist die Beute bzw. der Wirt – der Unterlegene, eventuell auch auf blutige Weise. Jede lebende Spezies ernährt sich von anderen lebenden Spezies, denn jede benötigt Nahrung und findet sie nur in den ihr im ökologischen Kreislauf unterlegenen Arten. Der Sozialdarwinismus aber überträgt dieses Gewaltverhältnis auf die Beziehungen innerhalb ein und derselben Art. Sicher gibt es auch zwischen artgleichen Individuen Konkurrenzkämpfe, wenn es um die beiden wichtigsten biologischen Imperative, das Überleben und die Reproduktion, geht. Bei sozialen Arten wäre das Leben jedoch unmöglich, wenn diese beiden Imperative nicht durch den sozialen Imperativ gemäßigt würden, der die negativen Auswirkungen der Interaktionen zwischen artgleichen Individuen abschwächt und die positiven verstärkt.

Mit diesen sozialen Einflüssen wollen wir uns hier befassen, auch um mit der Vorstellung aufzuräumen, dass die natürliche Selektion unvermeidlich zu blindem Egoismus führt. Tatsächlich entdeckte man erst in diesem Jahrhundert, dass die natürliche Auslese altruistisches Verhalten begünstigt. Der individuelle Überlebenstrieb ist sicherlich Ursache von Egoismus, soziales Leben aber wird erst durch das Vorhandensein bestimmter Formen von Altruismus möglich. Die beiden Kräfte können in entgegengesetzte Richtungen wirken. Dadurch, dass sie sich gegenseitig neutralisieren, kommt es zu einem Gleichgewicht zwischen Egoismus und Altruismus, das soziales Leben ermöglicht und so vorteilhaft macht, dass es dem Überleben der Art nützt.

Aufschlussreich ist, auf welchen Wegen die natürliche Auslese Altruismus entstehen lässt. Alle höheren Tiere kommen auf die Welt, weil der Imperativ der Reproduktion dazu treibt, das zu tun, was zur Erzeugung von Nachwuchs führt. Der Trieb zum ersten Schritt der Reproduktion, die Kopulation (oder entsprechende Mechanismen bei Tieren, bei denen – wie z. B. bei Fischen – die Befruchtung nicht im Körper, also durch Einführung des Penis in die Vagina stattfindet), ist naturgemäß sehr stark, aber für die Arterhaltung nicht ausreichend. Vor allem bei Säugetieren und Vögeln, aber auch bei vielen anderen Tieren ist der Nachwuchs bei der Geburt noch nicht selbständig, sondern bedarf längere Zeit der Betreuung durch die Eltern. Bei den meisten dieser Arten ist es vor allem die Mutter, die dem Nachwuchs intensive, lang andauernde und manchmal für die Eltern selbst mit Gefahren verbundene Pflege angedeihen lässt. Der so genannte «Mutterinstinkt» kann die Mutter sogar dazu treiben, ihr Leben zu opfern, um das ihrer Sprösslinge zu retten, und die Ernährung und Erziehung der Kinder bringt nicht nur Risiken mit sich, sondern erfordert auch über einen großen Zeitraum hinweg enormen Kraftaufwand.

Die Mutter, die ihr Leben für das ihrer Kinder opfert, ist ein Beispiel für Altruismus. Der Begriff Altruismus ist in diesem Zusammenhang nicht unumstritten, denn man kann diesen Trieb auch anders sehen (wie einige es tun) und einwenden, dass die Mutter zwar ihr Leben hingibt, dafür aber ihre Gene rettet. Falls ein Gen existiert, das den mütterlichen Altruismus stimuliert, ist dieses Gen dann altruistisch oder egoistisch zu nennen? Es ist altruistisch, da es die Gene des anderen rettet, und egoistisch, da es sich selbst rettet.

In Wirklichkeit bringen solche Definitionen in Bezug auf die Gene nicht viel. Wenn eine Mutter oder auch eine mit dem Nutznießer nicht verwandte Person jemandem das eigene Leben oder ein anderes Gut opfert, ist sie sich bewusst, was sie verliert, und deshalb scheint es gerechtfertigt, von «Altruismus» zu sprechen (auch wenn der Betreffende Genuss aus seinem Altruismus ziehen kann). Gene haben dagegen keine Wahrnehmung ihrer selbst oder des Verhaltens, zu dem sie ihren Träger veranlassen, und deshalb besagt der Ausdruck «egoistische Gene» gar nichts. Wissenschaftlich wird der Ausdruck «egoistische Gene» jedoch verwendet, um Teile der DNA zu bezeichnen, die keine Funktion zu haben scheinen. Unser Wissen über diese «egoistischen Gene» (die parasitären Charakter haben oder einfach da sind, ohne zu schaden) ist jedoch noch unvollständig, was schon des Öfteren zu Missverständnissen geführt hat. Es besteht jedenfalls keinerlei Zusammenhang mit dem Egoismus oder Altruismus des einzelnen Individuums.

Zum genauen Verständnis des Altruismus sind zwei entscheidende Aspekte des Phänomens zu beachten. Erstens die Tatsache, dass durch das Opfer des als «altruistisch» bezeichneten Individuums für dieses selbst Kosten entstehen, während es einem anderen Nutzen bringt. Kosten und Nutzen müssen mit gleicher Münze bewertet werden: Auf der Evolutionsebene berechnet man sie in Bezug auf die natürliche Selektion, also auf Überleben und Reproduktion. Der zweite Aspekt betrifft den Unterschied zwischen Altruismus unter Verwandten und Altruismus unter nicht verwandten Personen. Im Fall des altruistischen Opfers zugunsten eines Verwandten, also z. B. eines Kindes, Geschwisters oder Cousins, wird zwar das Überleben oder die Reproduktion eines Individuums begünstigt, das die gleichen Gene, einschließlich eines hypothetischen «Altruismusgens» (falls ein solches existiert) haben kann. Die Betonung liegt aber auf dem Wort «kann», denn unsere Verwandten haben nicht unbedingt die gleichen Gene wie wir. Nur eineiige Zwillinge besitzen identische Gene; Mutter und Kind haben nur 50 % des Erbmaterials gemeinsam, denn das Kind erhält die Hälfte seines Erbmaterials vom Vater und die andere Hälfte von der Mutter. Der Verwandtschaftsgrad zwischen Geschwistern ist (unter diesem Aspekt) so hoch wie der zwischen Eltern und Kindern. Bei entfernteren Verwandten sinkt die Wahrscheinlichkeit, dass der Nutznießer die gleichen Gene besitzt wie der Altruist.

Warum sind diese Überlegungen so wichtig? Wenn der Altruist bei seiner Tat stirbt und es ihm vielleicht auch nicht gelingt, die Person zu retten, für die er sich eingesetzt hat, gibt es einen Altruisten weniger. Die Gesellschaft wird ärmer an Altruisten. Es wäre aber besser, wenn sie Altruisten hinzugewinnen oder zumindest keinen verlieren würde. Kommt der Altruist hingegen nicht um und gelingt die Rettung, könnte es in der Bevölkerung einen Altruisten mehr geben, nämlich den Geretteten. Denn es wäre denkbar, dass jemand, der dank der Hilfe eines anderen einer schweren Gefahr entronnen ist, bei einer späteren Gelegenheit seinerseits einem Hilfsbedürftigen beisteht. Die Bevölkerung würde also insofern besser werden, als der durchschnittliche Altruismus zunehmen könnte. Werden wir auf diese Weise also alle zu Altruisten oder verschwindet der Altruismus aus der menschlichen Gesellschaft? Oder pendelt er sich bei irgendeinem Mittelwert ein?

Die mathematische Theorie der biologischen Evolution, die zu Beginn dieses Jahrhunderts entwickelt wurde, befasst sich bis heute mit diesem Problem. Sie hat drei Begründer, die alle drei mehr oder weniger zur gleichen Zeit und alle drei ziemlich lang lebten: der Mathematiker R. A. Fisher, der auch der Vater der modernen Statistik ist, J. B. S. Haldane (ebenfalls Engländer) und der Amerikaner S. Wright. In seinem berühmten Buch *Die Evolutionstheorie*[1] zeigt Haldane anhand einer (erfundenen) Geschichte, wie ein den Altruismus förderndes Gen sich in der Bevölkerung ausbreiten kann, weil es von der natürlichen Auslese begünstigt wird. Ein Individuum A sieht, wie B, ein Verwandter von ihm, in einem Fluss zu ertrinken droht. B ist ein Cousin ersten Grades von A; die Wahrscheinlichkeit, dass die beiden ein gleiches, von einem gemeinsamen Vorfahren geerbtes Gen haben, ist eins zu acht. Ist die Wahrscheinlichkeit, dass A bei seinem Rettungsversuch Erfolg hat, ohne sein eigenes Leben zu verlieren, größer als eins zu acht, dann ist die altruistische Tat von A, der B in den Fluss nachspringt, aus der Sicht der Ökonomie der natürlichen Auslese auch für die Gene von A vorteilhaft, denn das Überleben von B und damit der Gene von B bedeutet auch das Überleben der Gene von A, zumindest nach der Wahrscheinlichkeitsrechnung. Zu den Genen von A gehört auch das Altruismusgen, das sich auf diese Weise in der Bevölkerung ausbreiten kann. Um es noch deutlicher zu sagen: Das Verhältnis zwischen dem Nutzen, der dem Begünstigten erwächst, und den Kosten, die sich für den Altruisten ergeben, muss größer sein als eins zu acht (oder, allgemeiner ausgedrückt, größer als der Anteil gemeinsamer Gene bei den beiden Verwandten). Im Fall der Rettung eines Ertrinkenden steht das Leben des einen wie des anderen auf dem Spiel, weshalb die potenziellen Kosten der altruistischen Tat mit dem potenziellen Nutzen der zu rettenden Person vergleichbar sind.

Wer einem Ertrinkenden ins Wasser nachspringt, stellt natürlich nicht erst ein derartiges Kalkül an. Oft besteht auch kein Verwandtschaftsverhältnis zwischen Retter und Gerettetem, weshalb wir es hier mit einer anderen Kategorie von Altruismus zu tun haben, der sich aber ebenfalls auf die Ausbreitung des Altruismus in der Bevölkerung auswirken kann. Diese Fälle zeigen, dass es falsch wäre, zu glauben, beim Altruismus spielten nur genetische Faktoren eine Rolle: Das Sozialverhalten wird auch von vielen anderen Faktoren beeinflusst, und einer der wichtigsten davon ist die Erziehung.

Die Beobachtung der Natur zeigt freilich, dass Altruismus umso häufiger vorkommt, je enger die Verwandtschaft ist. Kolonien von Einzellern wie Schwämme, Korallen etc. bestehen aus lauter genetisch gleichartigen Individuen. Das gilt auch für die genetisch fast durchweg identischen Zellen, die vielzellige Organismen bilden, zu denen auch der Mensch gehört. Viele dieser Zellen sind dazu bestimmt, ja geradezu darauf programmiert, zum Wohl des Individuums zu sterben, von dem sie ein Teil sind. Das ist der Fall bei den roten Blutkörperchen und allen Zellen jener Gewebe, die sich zur Lebzeit des Individuums ständig reproduzieren, wie Haut und Schleimhäute, Bindegewebe (Knochen, Knorpel, Sehnen etc.), sowie bei den für die Immunabwehr zuständigen Zellen.

Individuen, die eine Einzellerkolonie formen, oder Zellen, aus denen ein Organismus besteht, sind wie eineiige Zwillinge, und hier erreicht der Altruismus biologisch gesehen seinen Höhepunkt. Das gilt aber nicht für das persönliche Verhalten, wobei die Situation bei menschlichen eineiigen Zwillingen wieder anders ist, weil sie eine viel ausgeprägtere Individualität haben als ihre Zellen. So kann es zwischen Geschwistern auch Konkurrenz geben, und Geschwisterliebe ist bekanntlich nicht die absolute Regel. Es gibt Geschwister, die sich nicht ausstehen können oder sich sogar hassen. Man hat aber festgestellt, dass eineiige Zwillinge mit ihrem Zwillingsdasein zufriedener sind als zweieiige, die sich aus zwei verschiedenen und von verschiedenen Spermatozoen befruchteten Eiern entwickelt haben und sich nicht mehr gleichen als irgendwelche anderen Geschwister. Vermutlich lieben sich eineiige Zwillinge auch mehr und sind eher bereit, füreinander Opfer zu bringen.

Eine gewisse genetische Ähnlichkeit, die gar nicht besonders groß sein muss, reicht aus, um genetischen Altruismus zu begünstigen. Es ist deshalb nicht weiter erstaunlich, dass Soziabilität in jenen extremen Fällen, in denen der Reproduktionszyklus des sozialen Organismus zu besonders engen Verwandtschaftsverhältnissen führt – dies ist bei Bienen, Wespen, Ameisen und Termiten der Fall –, die größte Chance hatte, sich durchzusetzen. Diese Arten, die man als eusozial bezeichnet, weisen den höchsten Grad an Soziabilität auf. Sie haben ein besonderes Reproduktionssystem, bei dem die Männchen nur das Erbgut der Mutter (ein Chromosom jeden Paares) erhalten, denn sie haben keinen Vater, sondern entwickeln sich aus unbefruchteten Eiern. Die Weibchen dagegen erhalten den üblichen doppelten Chromosomensatz: Ein Chromosom jeden Paares stammt vom Vater und das andere von der Mutter. Nur ein einziges Weibchen im Staat, die Königin, ist fruchtbar und legt Eier. Aus unbefruchteten Eiern schlüpfen Männchen, aus befruchteten Weibchen. Das hat einen sehr hohen Verwandtschaftsgrad zwischen den Weibchen zur Folge: Die genetische Ähnlichkeit beträgt hier 75 % anstelle der üblichen 50 % zwischen Eltern und Kindern oder zwischen Geschwistern bei Arten, bei denen jedes männliche und jedes weibliche Individuum ein Chromosom vom Vater und eins von der Mutter erhält. Der Altruismus bei diesen eusozialen Spezies besteht darin, dass die Weibchen, mit Ausnahme ihrer zur Königin gewordenen Schwester, zu deren Gunsten ganz darauf verzichten, sich zu reproduzieren, und stattdessen als «Arbeiterinnen» bei der Aufzucht ihrer Neffen und Nichten helfen, den Bau sauber halten und notfalls verteidigen.

Was ist am Altruismus genetisch bedingt und was nicht? Wenn der Ähnlichkeitsgrad zwischen dem Altruisten und dem Nutznießer eine so große Rolle spielt, dann wäre zu erwarten, dass Vater und Mutter sich gleichermaßen um die Kinder kümmern, und man müsste auch unter Geschwistern das gleiche Maß an Altruismus finden, da in allen Fällen der gleiche Verwandtschaftsgrad vorliegt. Die sozialen Beziehungen werden aber auch von anderen Faktoren beeinflusst. Bei der Spezies Mensch ist das Verhältnis der Kinder zur Mutter unvermeidlich viel enger als das zum Vater. Das liegt sicherlich vor allem an der während der Schwangerschaft und der Stillzeit entstandenen Vertrautheit und Zuneigung. Aber beim Menschen gibt es auch sehr zärtliche Väter (z. B. bei den Pygmäen und anderen Jägern und Sammlern, und ebenso in Europa, wo sich heute immer häufiger ein Vertrauensverhältnis zwischen Vätern und Kindern entwickelt). Und genauso gibt es Mütter, die ihre Kinder nicht lieben und kein Interesse an ihnen haben.

Die Hilfeleistungen, die in der Natur Individuen der gleichen sozialen Gruppe erwiesen werden, waren Gegenstand zahlreicher, mit sehr modernen Methoden durchgeführter verhaltensökologischer Untersuchungen. Man fand heraus, dass solche Hilfeleistungen nicht auf Verwandte beschränkt sind, obwohl sie unter engen Verwandten häufiger sein können. Das lässt den Verdacht aufkommen, dass Tiere ihre Verwandten vielleicht nicht als solche erkennen und dass Hilfeleistungen deshalb leicht auf die «Nachbarn» oder sogar auf alle Mitglieder der sozialen Gruppe ausgedehnt werden. Doch obwohl es in dieser Frage oft noch an genauen Informationen fehlt, gibt es spezielle genetische Systeme, die eine individuelle Identifikation durch den Geruchssinn ermöglichen.

Man kann also sagen, dass es zwischen Tieren Formen von Altruismus gibt, die von einer Verwandtschaft unabhängig sind. Das lässt sich am einfachsten durch eine entsprechende natürliche Prädisposition erklären. Eine noch einfachere Erklärung für die Entwicklung von Altruismus wäre, dass die Individuen lernen, welche Vorteile aus dem gegenseitigen Austausch von Gefälligkeiten erwachsen.

Am leichtesten kommt es natürlich zu gegenseitigen Hilfeleistungen, wenn sie gleichzeitig erwiesen werden. Jemandem spontan, ohne die Gewissheit einer Gegenleistung, einen Gefallen zu tun erfordert viel Großzügigkeit oder Vertrauen, und zu so viel Wohlwollen ist auch in der menschlichen Gesellschaft nicht jeder bereit. In der Tierwelt gibt es viele Gelegenheiten zu wechselseitiger Hilfeleistung, und es ist zu erwarten, dass diese mit größerer Wahrscheinlichkeit zustande kommt als eine einseitige Gefälligkeit. Gegenseitiges Kratzen, Massieren, Putzen und Entfernen von Hautparasiten, also alles, was unter den Begriff Fellpflege *(grooming)* fällt, ist bei Affen sehr verbreitet und wird oft wechselseitig durchgeführt.

Auch Jagdgemeinschaften bringen einen wichtigen Vorteil: Kleinere Raubtiere wie Hyänen und Schakale können, wenn sie in Gruppen angreifen, auch mit Beutetieren fertig werden, die viel größer sind als sie selbst, weshalb dies ihre typische Jagdtechnik ist. Auch Löwinnen jagen gemeinsam in kleineren Gruppen, wobei sie sich die Aufgaben auf intelligente Weise teilen. Männliche Löwen gehen nicht mit auf die Jagd, sie beschränken sich auf die Zeugung und die Verteidigung des Jagdreviers ihrer Gruppe. Aber auch ihnen kann eine Allianz Vorteile bieten: Zwei Männchen, die gemeinsam auf eine Gruppe von Löwinnen mit ihren Jungen «aufpassen», sind effizienter als ein einzelner Löwe, wenn es darum geht, andere Männchen abzuwehren, die sich der Gruppe anschließen wollen. Solange nur zwei oder wenig mehr Männchen in der Gruppe sind, hat jedes gute Chancen, zur künftigen Nachkommenschaft der Löwinnen beizutragen, wie man anhand von Vaterschaftstests bei den Löwenjungen feststellen konnte. Auch Affen, vor allem Primaten, schließen häufig Bündnisse. So wurde beobachtet, dass sich mehrere Schimpansenweibchen zusammentaten, um ein zu Aggressionen neigendes dominantes Männchen anzugreifen. Schimpansenweibchen sind kleiner als die Männchen, sodass ein einzelnes Weibchen ein Männchen kaum erfolgreich angreifen könnte, vor allem, wenn es sich um ein dominantes und deutlich größeres und stärkeres Tier handelt, während eine ganze Gruppe von Weibchen dies leicht schaffen kann.

Auch die nicht unbedingt wechselseitige Hilfeleistung, bei der also darauf vertraut wird, dass sie bei der nächsten Gelegenheit erwidert wird, ist in der Tierwelt keineswegs selten. Der Mensch ist diese Art des Austauschs von Gefälligkeiten natürlich gewöhnt, zum Beispiel, wenn es um das Verleihen von Geld oder um die Überlassung sonstiger Güter geht, deren Rückgabe nicht immer garantiert ist. Diese Art von Austausch kommt aber nicht nur in der menschlichen Gesellschaft vor. Vampirfledermäuse, die von erfolgreicher Nahrungssuche zurückkehren, geben am Schlafplatz einen Teil des gesammelten Bluts an die Kollegen ab, die bei ihrem nächtlichen Ausflug weniger Glück hatten. Die Blutspende erfolgt von Mund zu Mund und wahrscheinlich nicht nur an Verwandte.

Einen Gefallen, den man einem möglicherweise unbekannten Individuum erweist, wird nicht unbedingt erwidert. Beschließt derjenige, dem die Unterstützung zugute kam, sich nicht kooperativ zu verhalten, wird die Zusammenarbeit möglicherweise abgebrochen. Es kann sein, dass der Altruist einen weiteren Versuch unternimmt, aber irgendwann gibt er wahrscheinlich auf. Die Reaktion des anderen spielt also bei der Entscheidung, ob man eine Allianz, eine Beziehung der gegenseitigen Hilfeleistung herstellen soll oder nicht, eine wichtige Rolle. Eine solche Beziehung könnte man als eine von wechselseitiger Unterstützung geprägte Freundschaft bezeichnen. Sind die gegenseitigen Hilfeleistungen unterschiedlicher Natur, kann es nötig sein, den Umfang der jeweiligen Gefälligkeit zu ermitteln und festzustellen, ob sie einer Erwiderung wert ist oder nicht. Allerdings kann Verrat seitens des Nutznießers eines Gefallens das Ende einer gerade entstehenden «Freundschaft» bedeuten.

Mit diesem Problem hat sich die in der Statistik (und heute auch in der Wirtschafts- und Politikwissenschaft) angewandte Spieltheorie befasst. Diese Forschungsdisziplin analysiert in Frage kommende Strategien und ihre Effizienz. Ein zentraler Untersuchungsgegenstand ist dabei die Frage der Wechselseitigkeit und das Problem, wie diese am besten zu erreichen ist bzw. wie man auf mangelnde Kooperation seitens des Begünstigten reagieren soll. Dieser als «Gefangenendilemma» bekannte Konflikt wurde in Turnieren zwischen Forschergruppen und Computerprogrammen durchgespielt. Das Spiel dieses Namens mag vielleicht abstrakt und schematisch erscheinen, es ist aber so konzipiert, dass eine Analyse der Resultate und ein endgültiges Urteil erleichtert wird. Durch das Turnier soll die optimale Strategie ermittelt werden, um eine Zusammenarbeit zwischen Individuen in Gang zu setzen und einem möglichen Verrat seitens eines Mitglieds einer (tierischen oder menschlichen) Gesellschaft entgegenzuwirken.

Das Gefangenendilemma wird dargestellt als Problem eines Individuums A, das mit einem Individuum B, das A vorher nicht gekannt hat, in einer Gefängniszelle sitzt und auf einen bestimmten Vorteil hofft. Angenommen, es findet nur eine einzige Interaktion statt, dann hat A zwei Möglichkeiten: Er kann B den Gefallen erweisen oder nicht; das Gleiche gilt für B gegenüber A. Die Entscheidung wird von A und B aber jeweils getroffen, ohne dass sie wissen, wie sich der andere verhalten wird. Verhalten sich beide kooperativ, schneiden beide recht gut ab, kooperiert der eine und der andere nicht, profitiert nur Letzterer. Verhalten sich beide unkooperativ (d. h., jeder verrät den anderen), ist der Nutzen für beide am geringsten. Ein Politikwissenschaftler der Michigan University, Robert Axelrod[2], hat das Problem systematisch untersucht und nachgewiesen, dass bestimmte Strategien leichter zur Kooperation führen als andere. Als Beispiel für eine mit der Zeit erreichte Verbesserung der Zusammenarbeit nennt er die (wahre) Geschichte der amerikanischen Senatoren, die im vergangenen Jahrhundert als skrupellos und unzuverlässig galten, während sie in unserem Jahrhundert die Tendenz zur Kooperation entwickelt haben, auch wenn sie gegnerischen Parteien angehören.

Das Gefangenendilemma-Spiel wurde folgendermaßen formalisiert: Wenn sich die beiden Gefangenen (bzw. Spieler) begegnen und die Gelegenheit erhalten, ein einziges Mal zusammenzuarbeiten, hat jeder zwei Möglichkeiten: Er kann dem anderen einen Gefallen tun, d. h. kooperieren, oder ihm den Gefallen verweigern, also nicht kooperieren, d. h. den anderen verraten. Es gibt also insgesamt nur vier Möglichkeiten:

A und B kooperieren,
A kooperiert, B nicht,
B kooperiert, A nicht,
weder A noch B kooperiert.

Nun muss der Gewinn bzw. Verlust von A und B in allen vier Fällen festgelegt werden. Er wird in Gewinnpunkten angegeben, die für Geld oder irgendeine andere Art von Gewinn stehen können. Hier die klassischen Spielregeln:
Wenn A und B kooperieren, erhält jeder 3 Punkte;
wenn A kooperiert und B nicht, gewinnt B 5 Punkte und A keinen;
wenn B kooperiert und A nicht, geschieht das Gegenteil: B geht leer aus und A kassiert 5 Punkte.
Kooperiert weder A noch B, erhält jeder einen Punkt.

Wird das Spiel nur einmal gespielt, dann zeigt sich, dass es für beide Teilnehmer günstiger ist, nicht zu kooperieren. Auch wenn wir die Situation auf eine ganze Gesellschaft übertragen, sehen wir, dass es für alle von Vorteil ist, nicht zu kooperieren. Zwar könnte ein Individuum einen Nutzen aus der gegenseitigen Zusammenarbeit ziehen, aber letztlich ist es günstiger, nicht zu kooperieren, da dies die sicherste Strategie ist, um einen sicheren, wenn auch sehr geringen Profit zu erzielen.

Wer nicht kooperiert, während der andere kooperiert, erhält, wie gesagt, 5 Punkte. Wir nennen diesen Wert T (von engl. *temptation*) die Versuchung, nicht zu kooperieren. Also gilt T = 5.

Mit S (wie engl. *sucker's payoff*, Lohn des leichtgläubigen Opfers) bezeichnen wir den Gewinn des Betrogenen: also S = 0.

R (von engl. *reward*) steht für die Belohnung bei wechselseitiger Kooperation (R = 3) und P (von engl. *punishment*, Strafe) für den geringen Nutzen, den beide erzielen, wenn sie nicht kooperieren.

Es ergibt sich folgendes Gesamtergebnis: Nicht kooperieren ist für beide besser, solange T größer ist als R, R größer als P, P größer als S, R größer als der Durchschnitt von S und T (in unserem Fall ist R größer als der Durchschnitt von S und T, der 2,5 beträgt).

Wir haben diese Zahlen der Genauigkeit halber eingeführt, aber in der Praxis brauchen diese Werte nicht spezifiziert oder spezifizierbar zu sein. Ein Journalist und ein Politiker können durch Zusammenarbeit beide gewinnen, z. B. wenn der Journalist vom Politiker eine Nachricht erhält, die ihm die Chance gibt, sich mit einem Zeitungsartikel hervorzutun, während der andere den Lesern einen Gesetzesvorschlag schmackhaft machen kann.

Der traurige Schluss, dass Kooperation kaum Nutzen bringt, gilt aber nur für den Fall einer einmaligen Interaktion. Gibt es mehrere Gelegenheiten zur Zusammenarbeit, sieht die Situation anders aus. Es wurden die verschiedensten Strategien vorgeschlagen. Die beste Taktik im Sinn des größten allgemeinen Nutzens, die schließlich zu regelmäßiger Zusammenarbeit führt, ist eine Strategie, die viele als vernünftig betrachten und normalerweise am liebsten anwenden. Diese Strategie heißt auf Englisch *tit for tat*, was in etwa heißt, «wie du mir, so ich dir». Der Satz wird gewöhnlich als das *ius talionis*, das Gesetz «Auge um Auge, Zahn um Zahn» gedeutet, in Wirklichkeit aber sollte er nicht nur negativ ausgelegt werden: Es soll nicht nur Böses mit Bösem, sondern auch Gutes mit Gutem vergolten werden. Interessant ist der Ursprung des Ausdrucks *tit for tat*, der, laut Webster's, von *more tip for more tap* kommt, also mehr Trinkgeld für mehr Schnaps. Die Strategie ist ganz einfach und besteht darin, beim ersten Schritt zusammenzuarbeiten und dann bei allen folgenden Zügen immer das zu tun, was der Gegenspieler beim vorausgegangenen Zug getan hat.

Komplizierter wird das Problem, wenn man die Erinnerung an das frühere Verhalten des Gegenspielers oder andere, komplexere Regeln mit einbezieht. Uns soll hier die Feststellung genügen, dass es Strategien gibt, die zu mehr Kooperation führen, und andere, denen dies nicht gelingt. Die *Tit-for-tat*-Strategie erwies sich als die absolut beste.

Axelrods Interesse galt den Politikwissenschaften und der wichtigen Frage, wie sich im Verhältnis zwischen historisch verfeindeten Nationen mehr kooperativer Austausch herbeiführen lässt. Aber die gleichen Probleme betreffen natürlich auch jede andere Art von Kooperation zwischen Individuen, ganz unabhängig von dem zwischen ihnen bestehenden Verwandtschaftsgrad. Mit Hilfe der Strategie «Wie du mir, so ich dir» kann Zusammenarbeit erreicht werden, wenn die Wahrscheinlichkeit besteht, dass sich die Individuen wieder begegnen. Für Tiere (aber auch für Menschen) ist es dabei erforderlich, dass sie sich im Fall einer erneuten Begegnung wieder erkennen können.

Der Schwarze Hamletfisch *(Hypoplectrus nigricans)* wendet anscheinend eine dem *tit for tat* recht ähnliche Strategie sukzessiver wechselseitiger Hilfeleistung an. Dieser Fisch ist ein simultaner Hermaphrodit, d. h., er kann Weibchen- und Männchenfunktionen erfüllen. Die Natur vermeidet jedoch bei allen Hermaphroditen die Eigenbefruchtung und strebt immer nach einer Reproduktion zwischen verschiedenen Individuen, sodass sich ein Individuum nicht selbst fortpflanzen kann. Bei Fischen findet die Befruchtung außerhalb des Körpers statt. Das Weibchen legt im Wasser Eier ab, und das Männchen gibt sein Sperma darüber. Bei der Spezies *Hypoplectrus nigricans* agiert ein Fisch als Weibchen und legt Eier ab, der andere befruchtet sie als Männchen mit seinem Sperma, dann legt der zweite an einer anderen Stelle Eier ab, die vom ersten befruchtet werden. Dieser Vorgang wird mehrmals wiederholt. Würden sich die beiden Fische gegenseitig vertrauen, könnten sie sich diesen ständigen Rollentausch ersparen, aber offenbar bietet dieses Verfahren größere Sicherheit gegen Betrugsversuche.

Das Verhalten der uns am nächsten stehenden Tiere, der Primaten, ist natürlich von besonderem Interesse, da es mit großer Wahrscheinlichkeit dem unseren am ähnlichsten ist. Dabei muss man sich natürlich davor hüten, die Beobachtungen in anthropomorphem Sinn zu interpretieren, und bedenken, dass es auch unerwartete und nicht leicht wahrnehmbare Unterschiede geben kann.

Der Schimpanse ist der am engsten mit uns verwandte Menschenaffe, da die entwicklungsgeschichtliche Trennung zwischen den beiden Arten am spätesten erfolgt ist, nämlich erst vor fünf Millionen Jahren. Beim Gorilla liegt sie etwas weiter zurück, neun Millionen Jahre, beim Orang-Utan dreizehn Millionen Jahre. Alle anderen Affenarten spalteten sich früher ab, viele lange Zeit früher, und man kann davon ausgehen, dass die Unterschiede zwischen ihnen und uns etwa proportional zur Zeit der Trennung sind. Die heutigen, besonders zahlreich vorhandenen Spezies wie Rhesusaffen, Paviane und Schimpansen sind am besten bekannt, aber es wurden auch andere, seltenere Arten erforscht. Die folgenden Beobachtungen stammen aus dem Buch *Der gute Affe* von Frans de Waal, einem holländischen Primatologen, der heute in den Vereinigten Staaten arbeitet.[3]

Zwischen dem Verhalten der Rhesusaffen und dem der Schimpansen gibt es bekanntlich große Unterschiede. Die Rhesusaffen, eine in der ganzen Welt verbreitete Affenart, haben eine äußerst strenge Rangordnung, durch welche die soziale Dominanz festgelegt wird, und die Individuen auf den oberen Stufen der Skala sind sehr aktiv, wenn es darum geht, ihre Rechte geltend zu machen, während die unteren Ränge in ständiger Angst leben. Bei den Rhesusaffen ist die Sympathie für ihresgleichen (Sympathie im ethymologischen Sinn von «Mitgefühl») wenig ausgeprägt oder gar nicht vorhanden. Unter Schimpansen ist die soziale Dominanz viel weniger streng: Es gibt immer ein «Alphamännchen», das die Gruppe kontrolliert, aber nur einen Teil seiner Autorität dazu einsetzt, Streitigkeiten zwischen Untergeordneten – gleichgültig, ob Männchen oder Weibchen – zu schlichten und den Frieden wiederherzustellen. Erweist sich das Alphamännchen als nicht geeignet für seine Aufgabe, wird es auch von den Frauen angegriffen, die normalerweise erwachsenen Männchen untergeordnet sind. Wie wir bereits sagten, verbünden sich in solchen Fällen mehrere Weibchen, die auf diese Weise die Herrschaft eines unbeliebten Alphamännchens stürzen können. Dieses Männchen verliert seinen Rang, wenn es beispielsweise die in es gesetzten Erwartungen nicht erfüllt und den Frieden innerhalb der Gruppe nicht aufrechtzuerhalten vermag. Unter Schimpansen sind «Sympathiebekundungen» üblich, vielleicht nur aufgrund von emotionaler «Ansteckung», aber es gibt auch kollektive Anteilnahme an Problemen, bei Todesfällen und Krankheiten, ebenso wie die wohl bekannten typischen Szenen der Freude und Erregung. Als ein behindertes Weibchen erfolgreich ihr erstes Junges zur Welt brachte, drängten sich alle anderen Weibchen der Gruppe um die Mutter, beglückwünschten sie und nahmen dann reihum das Neugeborene auf den Arm.

Wie bei Menschen kommt es auch bei Affen häufig zu Aggressionen und Konflikten. Bei den Affen folgt darauf oft eine «Versöhnung», die gewöhnlich von bestimmten, für jede Art typischen Ritualen begleitet ist: Goldstumpfnasen fassen sich an den Händen, Tonkeanmakaken umklammern einander und geben sich Klapse auf den Mund, Bonobos (eine langhaarige Zwergschimpansenart) kopulieren hetero- oder homosexuell, je nachdem, wie es sich gerade ergibt.

Es ist sehr schwer festzustellen, ob solche Gewohnheiten angeboren und womöglich genetisch bedingt sind oder ob sie auf «kulturellem» Wege, also durch Erfahrung, Beobachtung und Nachahmung erlernt wurden. Wenn sie nicht genetisch verwurzelt sind, können sie unter bestimmten Umständen verändert werden. Ein von de Waal durchgeführtes Experiment, vielleicht der einzige derartige Versuch mit Primaten, lieferte eine Antwort auf diese schwierige Frage. Im Wisconsin Primate Center, wo de Waal vor einigen Jahren arbeitete, züchtete man sowohl Rhesusaffen – zu deren Eigenarten es gehört, dass sie sich nur schwer versöhnen – als auch Bärenmakaken. Die Bärenmakaken sind etwas größer und kräftiger als die Rhesusaffen, meistens guter Laune, nicht besonders streitsüchtig, hartnäckig, aber tolerant. Nach Streitigkeiten sind sie rasch versöhnungsbereit. Das Experiment bestand darin, je eine Gruppe beider Arten fünf Monate lang (eine lange Zeit für diese Spezies, die nur ein kurzes Leben haben) zusammen in einem Käfig zu halten, um zu sehen, ob etwas von den sanfteren und vermutlich ruhiger lebenden Bärenmakaken auf das Verhalten der Rhesusaffen abfärben würde oder ob das Gegenteil oder vielleicht noch etwas ganz anderes eintreten würde. Man wählte jüngere Rhesusaffen aus und etwas ältere Bärenmakaken (man hoffte ja, diese würden die jähzornigen Rhesusaffen «erziehen», und wollte ihnen einen kleinen Vorteil einräumen).

Anfangs hatten die Rhesusaffen Angst und klammerten sich in einem verschreckten Haufen an die Käfigdecke, während die Bärenmakaken in aller Ruhe ihre neue Umgebung inspizierten. Nach ein paar Minuten bedrohte ein Rhesusaffe sie mit heiseren Knurrlauten. Ein Rhesusaffe hätte darauf reagiert, indem er, je nach seiner Position in der Hierarchie, entweder Unterwerfung gefordert oder sie bezeigt hätte. Die Bärenmakaken hingegen ignorierten die Herausforderung. Nach einer Weile kam es zu Kontakten zwischen den beiden Gruppen, die sich zunächst auf gelegentliches *grooming* beschränkten, wobei die Bärenmakaken, die nur kleine Stummelschwänzchen besitzen, vor allem ein enormes Interesse für die langen, buschigen

Schwänze der Rhesusaffen bekundeten, an denen sie während des *groomings* immer wieder herumspielten.

Allmählich wurden die Interaktionen immer freundschaftlicher, die Gruppen schliefen nachts aber lange Zeit weiterhin getrennt. Die Rhesusaffen übernahmen keines der für Bärenmakaken typischen Verhaltensmuster, aber ihre übliche Kampfbereitschaft ließ allgemein nach. Intensität und Häufigkeit der Streitigkeiten zwischen den Rhesusaffen verringerten sich beträchtlich und erreichten schließlich das gleiche Niveau wie bei den Bärenmakaken, ohne dass die Rhesusaffen die formalen Aspekte ihres Verhaltens veränderten. Gegen Ende des Experiments schliefen die beiden Gruppen sogar auf demselben Schlafplatz.

Dieses Experiment lieferte den objektiven Beweis, dass sich die Rhesusaffen von den friedfertigeren Bärenmakaken hatten beeinflussen lassen. Die Beweise wurden anhand der üblichen, von Ethologen zur Quantifizierung tierischen Verhaltens angewandten Beobachtungen statistisch dokumentiert. Die Häufigkeit, mit der die Rhesusaffen freundliche Laute (das so genannte *girning*) von sich gaben, nahm zu, während durch Stress oder Furcht bedingte und mit auf sozialen Konflikten beruhenden Ängsten verbundene Tätigkeiten wie heftiges Kratzen nachließen. Das bedeutsamste Ergebnis des Versuchs aber war, dass die geringe Konflikthäufigkeit bei den Rhesusaffen andauerte, auch als sie wieder unter sich lebten. Es war zu einer irreversiblen Veränderung ihres Sozialverhaltens gekommen.

Diese Studie könnte Anregungen für Strategien geben, mit deren Hilfe sich soziale Spannungen vielleicht auch zwischen Menschen abbauen lassen. Ein wissenschaftlich höchst bedeutsamer Versuch, denn er beweist, dass gewisse soziale Verhaltensweisen nicht erblich bedingt, sondern auf die soziokulturelle Umwelt zurückzuführen sind. Über die

Rolle der Biologie bei Aggressionsphänomenen wurde viel geschrieben, ohne dass je ein Experiment überzeugend bewiesen hätte, ob Aggressivität genetisch bedingt ist oder nicht. Im Fall der Rhesusaffen und der Bärenmakaken hat sich gezeigt, dass das angespannte Leben der Rhesusaffen soziale Ursachen hat und sich durch experimentelle Einflüsse dauerhaft verändern lässt.

Gibt es bei Affen ein «Moralempfinden»? Bestimmte Beobachtungen lassen vermuten, dass es so ist und dass es sich vor allem bei Schimpansen dokumentieren lässt. Da eine direkte Kommunikation nicht möglich ist, lässt sich natürlich nur schwer herausfinden, ob z. B. die Racheakte, die man bei Schimpansen beobachten kann, wenn ihnen ein Artgenosse etwas angetan hat, eine Hilfeleistung nicht erwidert oder ihnen ein regelrechter Streich gespielt wurde, aus «Gerechtigkeitssinn» oder als Strafe für «unmoralisches» Verhalten verübt werden. Oder ob sie nicht doch bloßer Rachgier oder Feindseligkeit aufgrund einer früheren schlechten Erfahrung entspringen. Menschen werden von ihrem Moralempfinden veranlasst, vor Gericht zu gehen, wenn sie glauben, Unrecht erlitten zu haben. Nicht selten aber weckt die erlittene Kränkung in dem Geschädigten das Verlangen nach Rache, und er versucht, sich selber Recht zu verschaffen. Ebenso wenig lässt sich feststellen, ob die weniger strenge soziale Hierarchie bei Schimpansen, die Bevorzugung von «Bossen», die imstande sind, durch «gerechte» Handlungen den Frieden in der Gruppe und die Bildung von Bündnissen zum Sturz unfähiger Bosse aufrechtzuerhalten, echte Anzeichen für eine Abschaffung sozialer Hierarchien, also Schritte auf dem Weg zur Gleichheit sind. Sicher ist, dass der Mensch, von dem man wohl mit Recht behaupten kann, dass er dem

Schimpansen einiges voraus hat, einen Schritt hin zur Gleichheit vollzogen hat. Vielleicht sollte man eher sagen, «vollzogen hatte», denn die noch heute existierenden Jäger und Sammler leben in einer entschieden egalitären Gesellschaft, während es in den letzten zehn Jahrtausenden eher eine Rückkehr zu sozialen Hierarchien gab. Diese sind natürlich anderer Art als die nicht ökonomisch motivierten Hierarchien bei Tieren, die hauptsächlich den Zweck zu erfüllen scheinen, Reibungen und Konfliktursachen innerhalb einer Gruppe zu verringern, was in sehr großen Gruppen sicherlich nötig ist.

Nach Ansicht von de Waal begann sich das «Moralbewusstsein» bei den direkten Vorfahren des Menschen durchzusetzen, und Anzeichen dafür können wir auch bei unseren eigenen Vorfahren ausmachen. Es wurde also das Terrain für den Wunsch nach jener Gleichberechtigung vorbereitet, der bereits in den frühesten menschlichen Gesellschaften seinen Ausdruck fand, angesichts der technologischen Entwicklungen aber wieder unterging. Der Fortschritt, der einen enormen Anstieg der Bevölkerungsdichte bewirkte, hat das Überleben egalitärer Formen extrem erschwert.

Manche Tiere legen «Städte» mit bisweilen sehr hohen Einwohnerzahlen an, wie die bereits erwähnten Präriehunde, die in Wirklichkeit keine Hunde, sondern Nagetiere sind. Staaten von eusozialen Insekten können aus Millionen von Individuen bestehen. Es mag vielleicht so aussehen, als hätten wir das natürliche Maß überschritten und führten – jedenfalls im Vergleich zu unseren Vorfahren von vor zehntausend Jahren – ein ganz und gar künstliches Leben, vor allem, weil wir mancherorts extrem hohe Bevölkerungsdichten erreicht haben. Doch wir sind keineswegs die ersten Organismen, bei denen das der Fall ist; viele andere soziale Arten haben es uns vorgemacht. Was unsere Spezies vor allen anderen auszeichnet, ist eher die Tatsache, dass wir über unsere menschlichen Ansiedlungen überall auf dem Planeten die Umwelt verändert haben.

Wir verfügen zweifellos über eine große Anpassungsfähigkeit, und die kulturelle Evolution hat uns mit entsprechenden Mechanismen ausgestattet, die viel schneller sind als die natürliche Selektion. All diese Mechanismen basieren auf der Benutzung von Kommunikationsmitteln, und auf diesem Gebiet gab es die bedeutendsten technologischen Innovationen gerade in jüngster Zeit. Wie immer braucht es Zeit, bis wir gelernt haben, damit umzugehen, und auf diesem Gebiet entstehen außer dem Nutzen eben auch Kosten. Hinzu kommt, dass die gesellschaftlichen Konflikte wegen der Entwicklung von Waffen mit immer größerem Zerstörungspotenzial zunehmend gefährlicher wurden. Angesichts ihrer schrecklichen Folgen kommt es heute vor allem darauf an, die Wahrscheinlichkeit, dass sie eingesetzt werden, auf ein Minimum zu reduzieren.

Diese Probleme haben wir zwar bereits angesprochen, aber sie sind für die Zukunft der Menschheit von so großer Bedeutung, dass man gar nicht nachdrücklich genug darauf hinweisen kann. Die Atombombe ist ja nicht das Einzige, was wir zu befürchten haben. Auch das rasante Bevölkerungswachstum, das in keinem Verhältnis zu den auf der Erde verfügbaren Ressourcen steht, bedroht uns wie eine tickende Zeitbombe. Die Länder des Nordens (wie man heute die wirtschaftlich hoch entwickelten Länder gern nennt) haben sich darauf eingestellt und ihre Geburtenquote gesenkt. Auch für die Länder des Südens sind ein paar Krümel in Form von hygienischem Fortschritt und Gesundheitsvorsorge abgefallen, genug, um das Bevölkerungswachstum enorm zu beschleunigen. Die Sterblichkeitsquote sank gegenüber dem bis vor fünfzig Jahren normalen Niveau um das Vier- bis Fünffache, während die Geburtenzahl auf einem unverändert hohen Stand blieb, der früher gerade ausreichte, um die Bevölkerungszahl mehr oder weniger konstant zu halten. Die Folge ist ein Bevölkerungsüberschuss, der sich den für unsere Spezies zuträglichen Grenzen nähert. Wird das Wachstum nicht bald eingedämmt, kann das Leben auf unserem Planeten sehr schwierig werden, denn dann werden ihn jene Mechanismen zerstören, mit denen die Natur auf Übervölkerung reagiert: Epidemien, Hungersnöte, Kriege. Dazu kommt noch die Belastung der Umwelt durch die Menschen, die oft Formen einer irreparablen Zerstörung annimmt. Wer Zeitung liest, der weiß, dass alle diese Katastrophen längst im Gang sind.

Es besteht auch keine Hoffnung, dass die verbesserte Kommunikation ausreichen könnte, um dem Problem der hohen Geburtenquote beizukommen oder die Kriegsgefahr zu bannen. Die Medien verbreiten Fakten, Meinungen und Prinzipien, was aber noch lange nicht heißt, dass die vorgeschlagenen Modelle auch zur Anwendung kommen. Kriege sind seit Jahrtausenden eine Konstante der menschlichen Geschichte, und die Reproduktionsgewohnheiten der Menschen sind von übermächtigen biologischen Trieben und seit Jahrhunderten eingewurzelten Gewohnheiten geprägt. Die Völker auf der Nordhalbkugel der Erde brauchten hundert bis zweihundert Jahre, um ihre Geburtenraten zu senken, und auch erst nach einer zehntausend Jahre währenden Expansionsphase. Es handelte sich weitgehend um ein spontanes Phänomen, das teils auf die geringere Sterblichkeitsquote zurückzuführen war, teils auf vielfältigen anderen Faktoren beruhte: In der Industriegesellschaft bedeuten viele Kinder nicht viele Helfer bei der Feldarbeit, sondern viele zu stopfende Münder. Zudem hat sich die Frau in den zwei letzten Jahrhunderten zunehmend als autonomes Subjekt behauptet und jenen Prozess der Selbstbestimmung in Gang gesetzt, der zu den größten Innovationen des 20. Jahrhunderts gehört.

Auf die Notwendigkeit, unsere Fortpflanzungsgewohnheiten zu verändern und die Geburtenquote zu senken, wurde erst in jüngster Zeit hingewiesen. Nur in China kam es zu einer raschen Umstellung – dank strenger Kontrolle und einem eisernen politischen Willen, der in anderen Teilen der Welt aus verschiedenen Gründen nicht vorhanden ist. Fast überall gilt das chinesische Modell als inakzeptabel und als Beschneidung der elementarsten Menschenrechte. Doch die Zeit drängt. Sollte es noch Jahrzehnte dauern, bis die Länder des Südens ihre Geburtenrate senken, wäre die Menschheit dem Untergang nahe.

Der biologische Imperativ des Überlebens muss sich also mit einem anderen grundlegenden biologischen Imperativ, dem der Reproduktion, messen. Auch hier ist zweifellos Altruismus gefragt. Der Grund, weshalb viele Regierungen und politische oder religiöse Bewegungen die Geburtenquote auf einem hohen Niveau halten wollen, ist vornehmlich egoistisch: Masse ist Macht und ermöglicht es, die Welt oder wenigstens das Nachbarland zu erobern, auf jeden Fall aber die eigene Religion oder Ideologie zu verbreiten. Macht lässt sich leider auch – sogar in einem demokratischen Land – mit Hilfe der Demographie erringen, und wenn dies einer intoleranten religiösen Gruppe oder politischen Partei gelingt, kann es schlimme Folgen haben. Nur gegenüber der Intoleranz ist – einem berühmten Wort zufolge – Intoleranz zu tolerieren.

Im Hinblick auf unser Hauptthema, das menschliche

Glück, ist es von größter Bedeutung, dass der Altruismus Fuß fassen kann. Es geht dabei nicht nur darum, den anderen eine Gefälligkeit zu erweisen, sondern darum, ihnen das Leben überhaupt zu ermöglichen. Der Altruismus, den wir meinen, betrifft große und wichtige, für ein ausgewogenes soziales Leben unerlässliche Dinge, nicht etwa unsinnige oder gar kontraproduktive Förmlichkeiten wie zum Beispiel den Brauch, dem anderen an der Tür den Vortritt zu lassen. Die Engländer, die in solchen Dingen weniger förmlich sind, machen sich dieser Höflichkeitsgeste wegen über die Kontinentaleuropäer lustig, indem sie sagen, dass nichts zwei «continentals» besser aufzuhalten vermag als eine offene Tür.

Dritter Teil
Zwischen Alpha und Omega

X Geboren werden – ein geglückter Versuch

Lohnt es sich, auf die Welt zu kommen? Spontan würde man vielleicht antworten: Kommt darauf an, was geschieht, wenn man geboren ist. Bei genauerem Nachdenken wird uns aber klar, dass die Frage sinnlos ist, denn wer geboren wird, hat keine andere Wahl, als auf die Welt zu kommen.

Wir beschließen nicht selbst, geboren zu werden, und in vielen Fällen steckt auch kein bewusster Entschluss der Eltern dahinter. Es ist der Fluss des Lebens, könnte man sagen, der dafür sorgt, dass Menschen geboren werden. Mutter und Vater zeugen ein Kind und haben dabei noch keine Ahnung, wer kommen wird. Sie wissen nicht, wie ihr Kind aussehen wird und was für ein Leben es einmal hat. Und manchmal kommt nicht nur ein Kind, sondern zwei oder drei auf einmal.

Wer geboren wird, weiß nicht, dass er auf die Welt kommt, und bewahrt in der Regel keine Erinnerung an seine Geburt und an die ersten zwei Lebensjahre. Erst nach einer gewissen Zeit wird ihm klar, dass er sich im so genannten «Leben» befindet. Das Bewusstsein von uns selbst, das wir als das Unterscheidungsmerkmal, das besondere Kennzeichen des Menschseins ansehen und lange Zeit – zu Recht oder Unrecht – einzig und allein unserer Spezies zugestanden und allen anderen Tieren abgesprochen haben, bildet sich, nachdem wir zur Welt gebracht wurden, erst nach und nach heraus.

Allgemein gilt das Leben als höchstes Gut, was freilich noch nicht heißt, dass es sich auf jeden Fall lohnt zu leben. Manche Menschen erreichen einen solchen Grad an Verzweiflung und Überdruss, dass sie beschließen, sich das Leben zu nehmen. Andere hassen das Leben, könnten aber nicht ertragen, dass es ihnen genommen wird. Wieder andere opfern es für einen höheren Wert, zum Beispiel für die Freiheit ihres Landes. Und was ist mit jenen, die benachteiligt, mit schweren körperlichen oder psychischen Mängeln geboren werden? Kann ein Mensch mit schweren Behinderungen Anklage gegen seine Eltern erheben, wenn sie um die Behinderung wussten und ihn trotzdem auf die Welt kommen ließen, obwohl sie es hätten verhindern können? Ein solcher Fall ist bisher nicht bekannt, aber durchaus denkbar.

Religionen, Philosophien und Verfassungen erklären feierlich, das Leben sei heilig, ein unveräußerliches und universales Recht. Im krassen Widerspruch dazu wird die Todesstrafe ebenso wie das Töten von Menschen im Krieg für legitim erklärt. In der harten Wirklichkeit der Fakten zeigt sich also, dass das so pathetisch proklamierte universale Prinzip nur beschränkt gültig ist: in Friedenszeiten und solange bestimmte Gesetze und Vorschriften eingehalten werden, deren Geltungsbereich heute zwar weiter gefasst ist als vor zweitausend Jahren, als ein Sklave von seinem Herrn willkürlich zum Tode verurteilt werden konnte, aber doch immer noch begrenzt ist. Wenn es um das Recht auf Leben geht, ist zudem immer nur das menschliche Leben gemeint. Die meisten Menschen sind der Ansicht, dass das Recht auf Leben z. B. für Schweine und Hühner vor unserem Kochtopf endet.

Bei unserer Spezies ebenso wie bei jeder anderen lebenden Art war der zur Geburt führende Prozess – Anziehung zwischen den Geschlechtern, Paarung, Zeugung, Schwangerschaft und Entbindung – lange Zeit der Natur überlassen. Im Lauf der Geschichte wurde der Eingriff der menschlichen Kultur in jede dieser Phasen immer massiver und hat heute, vor allem in den Industrieländern, einen sehr hohen Grad erreicht. Das gilt nicht nur für die menschliche Geburtenrate. Die Reproduktion sehr vieler Tier- und Pflanzenarten unterliegt in noch weit höherem Maß der menschlichen Kontrolle. In den menschlichen Gesellschaften werden sexuelle Beziehungen, die nicht auf Reproduktion abzielen, immer häufiger. Dank der Verfügbarkeit von Empfängnisverhütungsmitteln ist Befruchtung heute nicht länger die automatische Folge der Paarung. Viele Frauen entscheiden sich für einen Schwangerschaftsabbruch, und Schwangerschaften, die ausgetragen werden, können betreut und, wenn nötig, mit entsprechenden diagnostischen und klinischen Mitteln unterstützt werden, wie sie früher nicht zur Verfügung standen. Viele schwierige Geburten, die noch vor wenigen Jahrzehnten zu schweren Schäden oder zum Tod der Mutter oder des Kindes oder beider geführt hätten, sind heute ohne Risiko möglich. Man kann sagen, dass dort, wo diese Mittel zur Verfügung stehen (wo es also zumindest ein öffentliches Gesundheitswesen gibt), das Kind, das geboren wird, mit höherer Wahrscheinlichkeit als früher gewollt, erwünscht und gesund ist. Wenn man nicht weiß, was einen im Leben erwartet, ist es nicht schlecht, wenigstens einen guten Start zu haben.

In der Natur hat nicht jede Befruchtung eine Geburt zur Folge. Etwa 25 % der menschlichen Embryonen und Föten werden in den ersten Monaten nach der Empfängnis spontan abgestoßen, meist wegen genetischer Fehler oder weil sie sich aus irgendwelchen Gründen nicht im mütterlichen Uterus einnisten können, oder infolge von Krankheiten und Verletzungen der Mutter. Die Häufigkeit dieser unvermeidbaren Aborte genau zu ermitteln ist sehr schwierig, weil sie meist nicht eindeutig bemerkt werden. Die Schwangere nimmt sie oft nur als kleine Verspätung bei der Menstruation wahr. Es gibt Frauen, denen es erst bei der zweiten oder dritten Empfängnis gelingt, eine Schwangerschaft auszutragen. Bei einem kleinen Prozentsatz der Schwangerschaften kommt es noch in den letzten Monaten der Austragungszeit zur Abstoßung des Fötus. Einige Kinder kommen tot zur Welt oder mit so schweren Schäden, dass sie nicht länger als wenige Tage oder Monate überleben können. *Trial and Error*, Versuch und Irrtum und erneuter Versuch: Die Natur wendet diese Methode schon viel länger an als die Wissenschaft. Wenn ein Kind zur Welt kommt, ist das wahrlich ein Grund zum Feiern, denn eine Geburt ist vor allem eines: ein geglückter Versuch.

Geboren wird der Mensch zum Leid – schrieb Giacomo Leopardi – *und schon die erste Lebensstunde bringt eine bittere Kunde.*[1] Gut hundertfünfzig Jahre später gilt der erste Satz noch immer, der zweite dagegen viel weniger als früher. Die perinatale Sterblichkeit, also der Prozentsatz der Todesfälle unmittelbar vor oder nach der Geburt, hat sich in den letzten 200 Jahren drastisch verringert, in erster Linie dank einfacher, aber rigoroser Hygienemaßnahmen, aber auch dank der Fortschritte der Pharmakologie und der Chirurgie in diesem Jahrhundert. Die Säuglingssterblichkeit, also der Prozentsatz der Todesfälle im ersten Lebensjahr, sank in den fortschrittlichsten Ländern von über hundert von tausend auf weniger als zehn von tausend. Zu Leopardis Zeiten, also Anfang des 19. Jahrhunderts, erreichte etwa jedes fünfte Kind nicht das Jugendalter, heute ist dies nur bei etwas mehr als einem von hundert Kindern der Fall. Man überlebt heute die eigene Geburt mit an Sicherheit grenzender Wahrscheinlichkeit. Auch die früher sehr hohe Müttersterblichkeit konnte fast auf null reduziert werden.

Wir kommen nicht von allein auf die Welt. Der Fötus kann nicht aus eigener Kraft heranreifen, kann sich nicht allein aufgrund des Potenzials eines befruchteten Eis zu einem Kind entwickeln. Er muss im mütterlichen Uterus ernährt werden und neun Monate lang (in Einzelfällen genügen weniger als sieben Monate) heranwachsen. Damit dies geschehen kann, muss die Mutter sich während der Zeit der Schwangerschaft entsprechend ernähren und ein gesundes und einigermaßen ruhiges Leben führen können. Wichtig ist auch, dass sie den Beistand und die Zuneigung der Personen in ihrer Umgebung erhält und von fachkundigem Personal betreut wird. Ist das Kind dann auf der Welt, kann es nur leben, wenn es viele Jahre lang betreut wird. Es ist auf jeden Fall besser oder zumindest sehr hilfreich, wenn die Mutter dabei vom Vater des Kindes unterstützt wird und dieser mit ihr zusammen die Aufgabe übernimmt, das Neugeborene aufzuziehen.

Im Alter zwischen vier und sechs Jahren erlangt das Kind eine gewisse Autonomie, sodass es wenigstens eine Zeit lang auch allein überleben könnte, wenn ihm durch einen Unglücksfall plötzlich die Personen genommen werden, die für es sorgten. In brasilianischen Großstädten schaffen es Gruppen von vier- bis zwölfjährigen Kindern, die von ihren Eltern ausgesetzt wurden, sich eine Weile, wenn auch meist nicht sehr lange, schlecht und recht durchzuschlagen, vermutlich dank einer gewissen Gruppensolidarität. Solche sich selbst überlassenen Kinderbanden sind ein schockierendes Phänomen, das für das menschliche Gewissen unannehmbar sein sollte, aber leider erschreckend verbreitet ist. Ein schottischer Anthropologe, Colin Turnbull[2], beschreibt in seinem Buch *Das Volk ohne Liebe* die Tragödie der Ik, eines Volksstamms in Norduganda, der von den Regierungen der Nachbarländer zwangsweise in eine äußerst unwirtliche Gegend umgesiedelt wurde. Hungernd und verzweifelt begannen die Erwachsenen, ihre Kinder zu vernachlässigen, sobald diese nicht mehr gestillt wurden, sodass die Kleinen schon mit zwei oder drei Jahren ohne die Hilfe der Eltern leben mussten. Sie schlossen sich zu Banden zusammen und ernährten sich von faulem Obst, das von den Bäumen gefallen oder von Affen weggeworfen worden war. Am ehesten konnten die etwas größeren Kinder überleben, die bereits auf die Bäume klettern und selbst Früchte pflücken konnten.

Anders als für Tierkinder ist es für Menschenkinder sehr wichtig, dass sie wenigstens bis zur durchschnittlich zwischen zwölf und fünfzehn Jahren eintretenden Geschlechtsreife betreut werden. Besser ist es, wenn sich darüber hinaus noch Menschen um sie kümmern, sodass sie in die Lage versetzt werden, das Leben allein zu meistern und ihre Fähigkeiten so gut wie möglich zu entfalten. In der Industriegesellschaft, in der Spezialisierung und Arbeitsteilung ein noch nie da gewesenes Ausmaß erreicht haben, darf die Verantwortung der Eltern und der Gesellschaft gegenüber den Kindern nicht mit der Adoleszenz aufhören. Vielmehr müssen Jugendliche weiterhin unterstützt und gefördert werden, bis sie eine Ausbildung und die Begabtesten ein Studium abgeschlossen haben, sodass der junge Mensch bis zu einem gewissen Grad wählen kann, welchen Beruf er ergreift und wie er sein Leben gestaltet.

Und wer gezeugt, aber nicht geboren wird? Über die Frage der Abtreibung wird seit Jahrzehnten immer wieder heftig gestritten. Dabei bleibt oft eine grundlegende Wahrheit außer Acht: Ein Kind kann zwar aufgrund eines einfachen biologischen Vorgangs geboren werden, weil es bis zum Augenblick der Entbindung im Uterus der Mutter heranwächst, es kann aber nur groß werden und ein halbwegs glückliches Leben führen, wenn sich Erwachsene seiner annehmen, es aufziehen und für seine Erziehung sorgen. Wenn dazu niemand bereit ist, kann ein Kind nicht leben und heranwachsen, oder nur unter Bedingungen, die eine Beleidigung der Menschenwürde sind. Im Lauf der Geschichte wurde immer wieder von Menschenkindern berichtet, die von Wölfen (wie in der Legende von Romulus und Remus) oder anderen Tieren aufgezogen wurden oder jedenfalls wie Wilde heranwuchsen: Zwischen 1344 und 1970 sind 47 derartige Fälle registriert. Diese Kinder waren, als sie aufgefunden wurden, zwischen 2 und 23 Jahren alt, kaum eines von ihnen (und keines über 5 oder 6 Jahre) konnte, nachdem es von Menschen aufgenommen worden war, noch sprechen lernen.[3]

In den christlich geprägten europäischen Ländern wurde Abtreibung im Namen der göttlichen Mitwirkung an der Zeugung neuen Lebens jahrhundertelang verurteilt, während sie in vielen anderen Gesellschaften unseres Planeten durch die ganze Geschichte hindurch und vielleicht schon in vorgeschichtlicher Zeit praktiziert wurde. Wenn es für die Mutter aufgrund der Umstände problematisch war, eine Schwangerschaft auszutragen, leitete man mit verschiedenen Methoden einen Schwangerschaftsabbruch ein, in der Regel durch Einnahme geeigneter pflanzlicher Substanzen.

Bei den wenigen noch heute existierenden Jäger- und

Sammlergesellschaften wie den Pygmäen im Urwald von Äquatorialafrika sorgt man mit unterschiedlichen Mitteln dafür, dass zwischen den einzelnen Geburten ein Abstand von vier Jahren liegt. Das Nomadenleben zwingt diese Stämme dazu, und zwar aus dem einfachen Grund, dass ein Mann und seine Frau mit mehr als einem Kind auf dem Arm nicht umherziehen können, da einer das Gepäck und die Jagdwaffen tragen muss. Bei diesem Lebensstil ist es vorteilhaft, kein neues Kind zu bekommen, bevor das vorige nicht laufen gelernt hat. Man benutzt deshalb in den drei, vier Jahren nach der Geburt eines Kindes Empfängnisverhütungsmittel, und wenn es zu einer Schwangerschaft kommt, wird sie meist abgebrochen. Viele Gesellschaften akzeptieren im Notfall sogar Kindesmord.

In Europa waren Schwangerschaftsabbrüche zu allen Zeiten weit verbreitet, obwohl sie seit dem 3. Jahrhundert von den religiösen und zivilen Behörden verurteilt und geahndet wurden. Unter den Kirchenvätern herrschte Ungewissheit – auch aufgrund der Unkenntnis der entsprechenden biologischen Vorgänge –, zu welchem Zeitpunkt sich die Seele mit dem Produkt der Empfängnis vereinige.[4] Thomas von Aquin war der Ansicht, dass die Seele nicht schon im Augenblick der Empfängnis im Embryo vorhanden sei, sondern sich erst später, während der Entwicklung des Fötus, mit dem Leib vereinige. Dennoch wurde Abtreibung in jedem Stadium der Schwangerschaft abgelehnt. 1869 drohte Papst Pius IX. als Strafe für Schwangerschaftsabbruch die Exkommunikation an.

Wegen der Illegalität des Schwangerschaftsabbruchs waren Frauen, die keinen anderen Ausweg wussten, jahrhundertelang gezwungen, ihr Leben und ihre Gesundheit aufs Spiel zu setzen und heimlich abzutreiben, mit Eingriffen, die noch primitiver und gefährlicher waren als die ohnehin schon rückständigen medizinischen Methoden der damaligen Zeit. Erst in den letzten Jahrzehnten wurde es möglich, einen Abbruch in den ersten Schwangerschaftsmonaten mit einfachen Mitteln ambulant durchzuführen. Aber auch zu einem späteren Zeitpunkt kann ein Schwangerschaftsabbruch in Notfällen ohne Gefahr für die Schwangere vorgenommen werden.

In unserem Jahrhundert wurde der Schwangerschaftsabbruch zunehmend liberalisiert. Als erstes Land erklärte ihn die Sowjetunion 1920 auf einfachen Antrag der betroffenen Frau für rechtmäßig. 1948 folgte Japan, dann die osteuropäischen Länder und viele andere Staaten der Welt. Heute ist er mit von Land zu Land unterschiedlichen Normen und Beschränkungen in fast allen Ländern der Europäischen Gemeinschaft erlaubt, mit Ausnahme von Irland, wo es den Frauen seit der Volksabstimmung von 1992 jedoch gestattet ist, den Eingriff im Ausland vornehmen zu lassen.

Parallel dazu verschärfte sich die Diskussion über die moralische Zulässigkeit der Tötung ungeborenen Lebens. In den Vereinigten Staaten kam es zu Vorfällen, die von erschreckender Intoleranz zeugen. Fanatische Abtreibungsgegner, deren Bewegung sich ironischerweise «Bewegung für das Leben» nennt, ermordeten Ärzte, die in gynäkologischen Zentren völlig legal Schwangerschaftsabbrüche durchgeführt hatten.

Bei der Diskussion dieses höchst brisanten Themas sollte man unterscheiden zwischen Fällen, in denen die Schwangerschaft aufgrund einer schwerwiegenden Schädigung oder Krankheit des Kindes abgebrochen wird, und den übrigen Fällen.

Wir sind der Ansicht, dass ein Kind ein Recht darauf hat, gesund zur Welt zu kommen, um auf ein glückliches Leben hoffen zu können. Dank der heutigen Untersuchungsmethoden lässt sich im Allgemeinen mit einem hohen Grad an Sicherheit voraussagen, ob das ungeborene Kind an einer schweren genetischen Krankheit leidet, die zu unbehebbaren Schädigungen des Säuglings oder zu tödlichen Krankheiten im Lauf seines Lebens führen.

Ein Kind, das mit schweren Missbildungen geboren wird, kann in vielen Fällen weiterleben, wenn ihm die entsprechende Unterstützung und Betreuung zuteil wird. Moderne Rehabilitationsmethoden ermöglichen in bestimmten Fällen eine begrenzte Eingliederung in die Gesellschaft. Dennoch haben solche Kinder gewöhnlich ein schwieriges und benachteiligtes Leben unter entwürdigenden Bedingungen und benötigen als Heranwachsende wie auch als Erwachsene spezielle Fürsorge. Nach dem Tod der Eltern ist es fraglich, ob jemand anderes bereit ist, die Pflege und Betreuung solcher Menschen zu übernehmen.

In vielen Gesellschaften werden Kinder, die mit schweren Beeinträchtigungen zur Welt kommen, ihr Leben lang wie Gefangene ins Haus verbannt, weil die Angehörigen es als Schande empfinden, ein behindertes Kind zu haben, und es vor der Welt verbergen wollen. Bisweilen werden missgebildete Kinder auch zum Betteln geschickt. Wenn die Familie ihnen den Umgang mit Gleichaltrigen gewährt, sind sie oft Schmähungen und Demütigungen ausgesetzt. Wer das erbärmliche Leben kennt, zu dem solche Kinder in vielen Teilen der Welt verdammt sind, wird das Schicksal, das ihnen im antiken Sparta beschieden war, vielleicht sogar barmherzig finden. Dort setzte man sie im Taygetosgebirge aus, wo sie umkamen. Im alten Rom stürzte man sie von einer Felswand, der Rupe Tarpea, in die Tiefe. In diesen Gesellschaften war klar, dass ein missgebildetes Kind keine Hoffnung hatte, das Erwachsenenalter zu erreichen oder jedenfalls ein menschenwürdiges Leben zu führen, und so zog man es vor, seinem Leiden ein rasches Ende zu setzen.

Unser Gewissen schreckt vor Kindsmord zurück. Dennoch wird er noch heute in einigen Ländern praktiziert, vornehmlich an Neugeborenen weiblichen Geschlechts, sogar wenn sie völlig gesund sind. In China und Indien nahmen solche Kindesmorde in den letzten Jahrzehnten sogar wieder zu. In China, weil Paare aufgrund einer staatlichen Verordnung nicht mehr als ein oder zwei Kinder haben dürfen und die Eltern sich einen Sohn wünschen, der bessere Aussichten hat, später einmal Geld zu verdienen. In Indien aus dem gleichen Grund, obwohl es keine staatliche Geburtenkontrolle gibt: Mädchen bringen kein Geld ins Haus, sondern müssen im Gegenteil mit einer Mitgift ausgestattet werden, wenn sie erwachsen sind. Die Folge ist, dass sich das natürliche, ausgewogene Zahlenverhältnis zwischen weiblichen und männlichen Kindern verändert (in der Regel werden etwas mehr Mädchen als Jungen geboren, ein Mechanismus, der für das Überleben der Art vorteilhaft ist). In Großstädten wie Bombay haben junge Männer Schwierigkeiten, eine Ehefrau zu finden, weil es zu wenig gleichaltrige Mädchen gibt.

In armen Familien und Gesellschaften scheint es für behinderte Kinder keine Hoffnung zu geben. In reichen Familien und Gesellschaften dagegen kann ein mit schweren physischen Beeinträchtigungen geborenes Kind trotz allem ein befriedigendes Leben führen. Wenn es unterstützt und gefördert wird, kann der Wunsch, die angeborene Behinderung zu überwinden, sogar ein starker Antrieb sein. Das Gleiche gilt auch für Menschen, die durch einen Unfall oder eine Krankheit eine schwere Behinderung erleiden. Viele werden auf großartige Weise damit fertig. Ein bewundernswertes Beispiel ist der große englische Astrophysiker Stephen Hawking, der seit seinem zwanzigsten Lebensjahr an einer schweren degenerativen Krankheit leidet. Obwohl er sich nicht mehr mit seiner eigenen Stimme, sondern nur mit Hilfe eines Computers äußern kann, entwickelte Hawking bahnbrechende Theorien von erstaunlicher Originalität über die Struktur des Kosmos. Solche Fälle sind die Ausnahme, aber sie zeugen von der Macht des menschlichen Willens und Intellekts und von der Fähigkeit anderer Menschen, Extremsituationen zu bewältigen. Vor seiner Erkrankung lebte Hawking zwanzig Jahre lang völlig normal: Die Entwicklung seiner Intelligenz war durch keine biologische Behinderung eingeschränkt. Wer dagegen mit einer geistigen Behinderung zur Welt kommt, kann seine entsprechenden Fähigkeiten nie entfalten.

Liegen schwere physische oder geistige Krankheiten vor, erscheint ein Schwangerschaftsabbruch nicht nur völlig legitim, sondern oft sogar eine moralische Pflicht zu sein. Die Mutter, die durch den Schwangerschaftsabbruch verhindern will, dass ein wenig lebensfähiges Geschöpf geboren wird, arbeitet im Grunde mit der Natur zusammen. Einige Religionen streiten der Mutter dieses Recht im Namen eines göttlichen Gesetzes ab, auch wenn feststeht, dass das Kind nicht normal oder mit einer schweren Krankheit zur Welt kommen wird. Wer so argumentiert, spricht im Namen seines Gottes. Wenn dies wirklich der Einstellung Gottes entspräche, kämen einem Zweifel daran, ob es sich um einen barmherzigen Gott handelt. Eltern, die beschließen, eine Schwangerschaft auf jeden Fall auszutragen, obwohl feststeht, dass ihr Kind nie ein normales Leben haben wird, verdammen ein zukünftiges Menschenwesen zu einem schwierigen oder schlicht erbarmungswürdigen Leben.

Wir sind für unser Handeln verantwortlich, ob es uns gefällt oder nicht: Das Leben eines anderen bewusst unglücklich zu machen erscheint den einen aus moralischen Gründen als Pflicht; andere dagegen sind, wiederum aus moralischen Gründen, vom Gegenteil überzeugt. Das Wort vom Recht auf Leben ist oft zu allgemein und abstrakt gefasst und droht so zu einer leeren Floskel zu werden. Man sollte lieber vom Recht auf ein begehrenswertes Leben sprechen.

Wenn jemand davon überzeugt ist, dass sich im Augenblick der Befruchtung oder kurz danach eine unsterbliche Seele mit dem Körper vereinigt, könnte man ihm entgegenhalten: Sollte man, wenn eine Entscheidung im Voraus möglich ist, nicht lieber dafür sorgen, dass ein schwer krankes Kind gar nicht erst geboren wird? Ist es nicht viel besser, der Seele einen Leib zur Verfügung zu stellen, der nicht zu einem baldigen Tod, zu schwerem Leid oder zu einem Leben verurteilt ist, das sich von dem eines Tiers oder einer Pflanze kaum unterscheidet? Warum sollte man ein Kind und diejenigen, die es am meisten lieben, zum Leiden zwingen, wenn es sich vermeiden lässt? Gesundheit gilt den Lebenden als höchstes Gut: Wie kann man sie den eigenen Kindern vorenthalten? Heute ist viel vom Recht des Kindes die Rede: Wie kann man einem Kind das Recht verweigern, gesund zur Welt zu kommen?

Die Entscheidung sollte unserer Ansicht nach jedenfalls immer bei der Mutter liegen. Der Vater des Kindes sowie Ärzte und, wenn möglich, kompetente Berater sollten ihr dabei zur Seite stehen. Ein Schwangerschaftsabbruch ist für die Mutter immer ein Trauma: Sie trägt das Kind in ihrem Schoß und sie ist von den Folgen der Schwangerschaft am meisten betroffen – ob sie diese zu Ende führt oder nicht.

Die Freiheit, eine Schwangerschaft in den ersten Monaten abzubrechen, sollte nach Ansicht der Verfasser dieses Buchs nicht nur im Fall einer schweren Beeinträchtigung des Kindes zugestanden werden.

Wir halten es für absurd, Abtreibung zu verurteilen und als Mord zu bezeichnen, wenn Mord aus Notwehr, im Krieg und bei Polizeiaktionen erlaubt ist. Die Chance eines neuen Individuums, auf die Welt zu kommen, hängt vom Willen und von den Möglichkeiten der Mutter und anderer Menschen ab, ihm auf dieser Erde sozusagen einen Platz einzuräumen. Wo die Bereitschaft der Eltern und ganz allgemein der Erwachsenen und der sozialen Institutionen fehlt, die Verantwortung für ein Neugeborenes zu übernehmen, gestattet ihm auch die Natur das Überleben nicht.[5] Allenfalls könnte es unter günstigen Umständen von anderen Menschen adoptiert werden. Warum Kinder in die Welt setzen, wenn man schon im Voraus weiß, dass sie, wie alljährlich Millionen von Kindern, verhungern werden? Und warum Kinder in die Welt setzen, wenn die Mutter nicht bereit ist, sie großzuziehen, oder nicht für sie sorgen kann, da sie ganz auf sich gestellt ist und in zu schwierigen finanziellen Verhältnissen lebt?

Die Antwort darauf können nur die zukünftigen Eltern geben, oft auch nur die Mütter allein, wenn sie keinen Partner haben. Wenn sie nicht imstande sind oder sich nicht imstande fühlen, ein Kind großzuziehen, wenn sie wissen, dass die Gesellschaft ihnen nicht die nötige Unterstützung bietet oder wenn sie schlicht kein Kind wollen, mit welchem Recht kann man sie zwingen, eins zu bekommen?

Mutterschaft und Vaterschaft sind keine Pflicht, sondern lediglich eine Möglichkeit.

Viel klüger ist es natürlich, eine Empfängnis zu verhindern, wenn ein Kind nicht erwünscht ist. Wenn es aber zur Empfängnis kommt, dann ist man verpflichtet, die Verantwortung für das entstehende Geschöpf zu übernehmen und es nur dann zur Welt zu bringen, wenn man bereit ist, alles zu tun, dass sein Leben unter günstigen Bedingungen verläuft. Dies scheint uns wahre Achtung vor dem Leben.

Hier noch ein weiterer Vers von Leopardi aus seinem wunderbaren Nächtlichen Gesang eines Nomadenhirten in Asien, *Canto notturno di un pastore errante dell Asia*:

Doch welches Zieles wegen
Schenkt und erhält man Leben,
Wenn, um zu leben, man des Trosts bedarf?
Ist Dasein Ungemach,
Warum gehn wir ihm nach?
O reiner Mond, so ist
Das Bild der Erdenfrist.
Doch wenig kümmert dich
Gewiss mein Wort, weil du nicht sterblich bist.

Der Mensch, der sein Leben beginnt, trägt keine Verantwortung für die Welt, in die er hineingeboren wird. Erst wenn er heranwächst und nach und nach die Augen für die Wirklichkeit öffnet, die ihn umgibt, wird ihm bewusst, wie schwierig und wie schön menschliches Zusammenleben sein kann. Er wird entdecken, dass der Zustand einer Gesellschaft die unmittelbare Konsequenz des Handelns und der Intentionen derer ist, aus denen sie besteht. Wenn er erwachsen ist, wird sein Handeln und der Beitrag, den er seinerseits zum Zustand der Gesellschaft zu leisten vermag, von dem Bewusstsein abhängen, das er erlangt hat.

Die Natur gibt uns die Möglichkeit, zur Welt zu kommen, doch diese Möglichkeit ist nur virtuell. Es sind die einzelnen Frauen und Männer, die jede einzelne Frau und jeden einzelnen Mann ins Leben bringen. Niemand ist verpflichtet, sich zu reproduzieren, und das Universum ist in keiner Weise auf die menschliche Spezies angewiesen. Die hat sich ihrerseits vom biologischen Imperativ der Erzeugung von Nachkommen heute weitgehend befreit. Ein Grund mehr, Kinder zu zeugen, die in der Lage sind, das Bewusstsein dieser grenzenlosen Freiheit auszukosten.

Wer den Sinn des Lebens sucht, wird ihn nur im Leben selbst finden: Dies ist der wichtigste Grund, warum man dem Ungeborenen die Möglichkeit geben soll, unter günstigen Bedingungen auf die Welt zu kommen, und dem schon Geborenen, ein menschenwürdiges Leben zu führen.

XI Gene und Schicksal

Heutzutage sind viele Menschen davon überzeugt, dass ihre Zukunft hauptsächlich von den Genen bestimmt sei. Bleibt einem also nichts anderes übrig, als sich dem Schicksal anzuvertrauen, gibt es keine Möglichkeit, es zu ändern? Und stimmt es, dass sich in einigen Jahren jeder sein gesamtes Genom aufschlüsseln lassen kann, sodass man demnächst, anstatt sich von der Chiromantin aus der Hand lesen oder vom Astrologen die Sterne deuten zu lassen, einfach zum Genetiker geht und sich eine Genomanalyse erstellen lässt?

In gewissem Sinn ist es wirklich so, und eine Genomanalyse ist auf jeden Fall zuverlässiger als die üblichen Schicksalsdeutungen aufgrund der Handlinien oder der Tierkreiszeichen. Trotzdem erfreuen sich solche Praktiken großer Beliebtheit, zum einen, weil es viele Leichtgläubige auf der Welt gibt, und zum andern, weil einige dieser professionellen Wahrsager gewiefte Psychologen sind und die heimlichen Ängste und Wünsche ihrer Kunden erkennen können. Außerdem ist bei bestimmten Vorhersagen die Chance, dass sie sich bewahrheiten, ziemlich hoch. Schließlich kommt es recht häufig vor, dass man eine neue Bekanntschaft macht, einen interessanten Menschen kennen lernt, einen Verlust erleidet oder besonderes Glück hat, eine Reise unternimmt, sich verliebt, den Partner verlässt oder von ihm verlassen wird. Erfüllt sich die Prophezeiung innerhalb nicht allzu langer Zeit, sieht man darin eine Bestätigung für die Kunst des Wahrsagers, erfüllt sie sich nicht, ist sie bald vergessen. Als das Geschlecht eines ungeborenen Kindes noch nicht ermittelt werden konnte, boten besonders ausgefuchste «Wahrsager» werdenden Eltern an, mit Hilfe des Pendels oder anderer Methoden vorauszusagen, ob sie ein Mädchen oder einen Jungen bekommen würden, wobei sie versprachen, das vereinbarte Honorar zurückzuerstatten, falls sich die Diagnose als falsch erweisen sollte. Eine solche aufs Geratewohl erstellte Diagnose ist natürlich in der Hälfte der Fälle zufällig richtig, und der Weissager scheint sein Geld wert gewesen zu sein.

Heute ist die Geschlechtsdiagnose eines ungeborenen Kindes mit hoher Sicherheit möglich. Es gibt allerdings wichtigere Errungenschaften: In vielen Fällen kann die Genetik durch eine DNA-Untersuchung eine später auftretende Erbkrankheit eines Individuums sicher vorhersagen. Dazu ist nicht einmal eine Blutentnahme erforderlich, es genügt ein Kopf- oder Körperhaar oder ein Tröpfchen Speichel. Ein schweres erbliches Leiden, die Huntington-Chorea, war eine der ersten Krankheiten, die man durch DNA-Analyse diagnostizieren konnte. Dass es sich um eine Erbkrankheit handelt, war schon lange bekannt. Leidet ein Elternteil an Huntington-Chorea, erkranken die Kinder mit einer Wahrscheinlichkeit von 50 %. Das Leiden manifestiert sich aber meist erst um das vierzigste Lebensjahr (also in einem Alter, in dem die Erkrankten meistens schon Kinder zur Welt gebracht haben, die ebenfalls ein 50 %iges Erkrankungsrisiko haben). Chorea bedeutet Tanz. Anfangs kommt es zu Bewegungsstörungen, und bald werden die Bewegungen unwillkürlich und unkontrollierbar. Früher wurde diese Krankheit, ebenso wie andere, weniger schwere Formen von Chorea, als Veitstanz bezeichnet: Man schrieb dem heiligen Vitus die Kraft zu, diese Krankheit heilen zu können. Huntington-Chorea führt im fortgeschrittenen Stadium zu geistigem Verfall und erst nach vielen Jahren zum Tod.

Die Wahrscheinlichkeit, dass die Geschwister eines Betroffenen erkranken, liegt ebenfalls bei 50 %. Da die Krankheit nicht behandelt werden kann und keine Hoffnung auf Heilung besteht, liegt hier eine klare Indikation für eine Genanalyse bei jeder Schwangerschaft vor, falls die werdende Mutter oder der Vater an dieser Krankheit leidet oder sie bei Verwandten aufgetreten ist. Die DNA-Diagnose ist sicher. Diese Sicherheit zu erreichen war sehr schwierig (man brauchte dazu elf Jahre): Es war eine der ersten Krankheiten, bei der das Chromosom ermittelt wurde, auf dem sich das krankheitsverursachende Gen befindet und bei der man auch dessen Lage annähernd lokalisieren konnte (1983). Um die Geburt eines künftigen Trägers der Krankheit zu verhindern, muss in Familien, in denen die Krankheit bereits aufgetreten ist, die Diagnose «in utero» und so frühzeitig erfolgen, dass im Fall eines positiven Ergebnisses ein prophylaktischer Schwangerschaftsabbruch durchgeführt werden kann.

Die Möglichkeit, alle künftigen Fälle dieser Krankheit noch vor der Geburt des Kranken zu vermeiden, bedeutet einen großen medizinischen Fortschritt. Leider sehen auch sehr aufgeklärte Kreise der Gesellschaft, wie die obersten Behörden der katholischen Kirche und einiger anderer Religionen, noch immer nicht die Notwendigkeit ein, Kranke und ihre Angehörigen vor völlig vermeidbaren Leiden zu bewahren.

Man kann nur hoffen, dass es diesbezüglich zu einem Umdenken in den religiösen Hierarchien kommen wird. In den letzten Jahren hat zumindest der Katholizismus etliche seiner Standpunkte revidiert, und das Oberhaupt der Kirche gab öffentlich viele in den vergangenen Jahrhunderten begangene Fehler zu. Wenigstens in der Frühzeit zeichnete sich das Christentum dadurch aus, dass Güte und Barmherzigkeit einen höheren Stellenwert hatten als in anderen Religionen. Menschen vor großem Leid bewahren zu können ist ein Argument, dem sich die katholische Kirche nicht verschließen sollte, vor allem wenn dieses Leid vermeidbar ist. In der Tat haben inzwischen viele moderne Länder und viele christliche Kirchen den prophylaktischen Schwangerschaftsabbruch akzeptiert.

Was haben diese ethisch höchst brisanten Fragen mit dem Glück zu tun? Die Antwort ist einfach: Die Geburt eines schwer kranken Kindes ist eine der schwerwiegendsten Ursachen des Unglücklichseins, für das Kind selbst ebenso wie für seine Angehörigen. Dank der jüngsten Entwicklungen in der Genetik können sie heute vermieden werden. Warum soll man, wenn man Kinder haben will, im Rahmen des heute Möglichen nicht dafür sorgen, dass sie gesund zur Welt kommen?

Das Problem hat noch einen anderen, mehr materialistischen Aspekt, der den prophylaktischen Schwangerschaftsabbruch im Fall einer schweren Erbkrankheit auch als praktische Notwendigkeit erscheinen lässt, deren Legitimität anerkannt werden muss. Schwere Erbleiden sind chronische Krankheiten, deren Behandlung nicht nur praktisch nutzlos, sondern auch sehr teuer ist. Die Kosten für medizinische Behandlungen steigen ständig und sind inzwischen so hoch, dass sie der Staat, auf dem sie lasten, bald nicht mehr tragen kann. Für die ärmsten Mitglieder der menschlichen Gemeinschaft wird es zunehmend schwieriger, bei heilbaren Krankheiten die entsprechende Behandlung zu erhalten. Die durch Schwangerschaftsabbruch mögliche Prophylaxe, heute noch weitgehend der Entscheidung und der Initiative des Einzelnen überlassen, könnte in der Praxis schon allein aus finanziellen Gründen nötig werden. Dies wirft sehr ernste moralische Probleme auf, denn wir sind uns zwar einerseits praktisch alle einig, dass niemand zum Schwangerschaftsabbruch gezwungen werden kann, auch wenn das Kind unheilbar krank ist, andererseits schränken diejenigen, die aus religiösen Gründen die Abtreibung ablehnen, die Behandlungsmöglichkeiten für solche Kranke ein, die geheilt werden können. Wenn die Gesellschaft einmal nicht mehr in der Lage ist, die immer höheren medizinischen Kosten zu tragen (und das wird sehr bald der Fall sein), dann könnte eine traurige Lösung unumgänglich werden, nämlich dass diejenigen, die den prophylaktischen Schwangerschaftsabbruch ablehnen, die Behandlungskosten für ein an einer vermeidbaren schweren Krankheit leidendes Kind selbst tragen müssen.

Beruhigend ist, dass auch in Italien viele gläubige Katholiken den prophylaktischen Schwangerschaftsabbruch bei erblichen oder angeborenen Krankheiten akzeptieren. In Gebieten, in denen bestimmte Krankheiten bis vor kurzem sehr häufig auftraten, konnten sie auf diese Weise praktisch ausgerottet werden, so z. B. Thalassämie oder Mittelmeeranämie in Sardinien und im Gebiet um Ferrara. Wer weiß, was es bedeutet, ein an einer schweren Erbkrankheit leidendes Kind zu haben, oder wer in der eigenen Familie vielleicht mehrere solcher Fälle erleben musste, dem wird es nicht schwer fallen, einem prophylaktischen Schwangerschaftsabbruch zuzustimmen. Schwerer könnte die Entscheidung für diejenigen sein, die mit dem Problem nicht vertraut sind und keine Erfahrung mit derartigen Situationen haben.

Einige Erbkrankheiten können heute besser behandelt

werden als früher. Das gilt zum Beispiel für die zystische Fibrose oder Mukoviszidose, eine Krankheit, die in Europa mit einer Häufigkeit von etwa 1 von 2000 Säuglingen auftritt. Bis vor kurzem überlebten nur wenige der Betroffenen das Kindheitsalter, heute gibt es eine, allerdings teure und komplizierte Ganzheitsbehandlung, dank deren die durchschnittliche Lebenserwartung der Patienten auf etwa dreißig Jahre erhöht werden konnte (freilich nur in Ländern mit hohem medizinischem Standard). Bei derartigen Krankheiten könnten Zweifel auftreten, ob die Schwangerschaft fortgesetzt werden soll oder nicht. Die Entscheidung für einen Abbruch muss natürlich immer den Betroffenen überlassen bleiben, also dem werdenden Vater und vor allem der werdenden Mutter. Es steht jedoch zu erwarten, dass der präventive Schwangerschaftsabbruch mit der Zeit bei allen schwereren Krankheiten zum Normalfall wird, sofern keine wirksameren oder weniger kostspieligen Therapien entwickelt werden.

Was wird die Genetik in Zukunft können, was sie heute noch nicht vermag? Auf dem Gebiet der Diagnostik wird sie in nicht allzu ferner Zeit (in vielleicht nur zehn bis zwanzig Jahren) alle Krankheiten entschlüsselt haben, deren genetische Bestimmung einfach und leicht zu verstehen ist. Von den Tausenden von Krankheiten, die es gibt, kommen die meisten sehr selten vor, und nur ein geringer Prozentsatz davon ist für einen frühzeitigen Tod oder eine schwere Behinderung verantwortlich. Wir kennen sie noch nicht alle, und viele sind aufgrund ihrer Seltenheit schwer zu erforschen, doch die Genomanalyse, an der Wissenschaftler zurzeit arbeiten, wird die rasche Identifizierung vieler weiterer Krankheiten ermöglichen.

Dabei gibt es jedoch eine Schwierigkeit, die die moderne

Genetik erst seit kurzem mit Mühe zu bewältigen beginnt. Die bisher bekannten Erbkrankheiten sind auf Veränderungen an einem einzigen Punkt des Genoms zurückzuführen, der für jede Krankheit an einer anderen Stelle liegt. Manchmal entscheidet ein einziges vertauschtes Nukleotid von insgesamt drei Milliarden Nukleotiden darüber, ob sein Träger dem Tod geweiht, schwer krank oder gesund sein wird. Die Suche nach einer solchen Mutation, die sich an einem einzigen von drei Milliarden verschiedenen Punkten befinden kann, gleicht der berühmten Suche nach der Stecknadel im Heuhaufen. Heute verfügen wir allerdings über immer effektivere Methoden, und so wird die Identifizierung von pathologischen Situationen, bei denen ein einziger Defekt der DNA ausreicht, um die Krankheit zum Ausbruch zu bringen, etwas einfacher. Viele wichtige Krankheiten können durch eine Mutation verursacht werden, zu der es nur an einem einzigen von vielen verschiedenen Punkten kommt. Es ist bereits schwierig, dies zu untersuchen, noch schwieriger aber ist die Erforschung der so genannten polygenen Krankheiten, bei denen mehrere Defekte an verschiedenen Stellen des Genoms zusammenwirken.

Die schwersten psychischen Krankheiten wie Schizophrenie, das manisch-depressive Syndrom und Autismus sind noch unaufgeklärt, obwohl bereits feststeht, dass eine erbliche Komponente vorhanden ist. Ohne Zweifel wird die genaue Kenntnis der drei Milliarden Nukleotide, also der erfolgreiche Abschluss des Human-Genom-Projekts, der in weniger als zehn Jahren erfolgen wird, diese Forschungen einen großen Schritt voranbringen.

Was wird uns die Genetik über andere, nicht oder nicht unbedingt mit Krankheiten verbundene physische Eigenschaften oder Verhaltensmerkmale sagen können? Wie viel von unserer Persönlichkeit ist in den Genen festgeschrieben? In den nächsten Jahren dürften diesbezüglich sicher interessante Entdeckungen auf uns zukommen, aber ebenso wie im Fall der Krankheiten sollte man auch hier nicht vergessen, dass immer äußere Faktoren, also Umwelteinflüsse, mit im Spiel sind, die auf genetischen Faktoren basierende Voraussagen unvollständig werden lassen. Voraussagen aufgrund genetischer Faktoren sind also immer nur in Begriffen der Wahrscheinlichkeit möglich. Vielleicht lässt sich zwar bald voraussagen, ob ein Individuum begabt sein wird oder ob es dazu bestimmt ist, ein großer Schachspieler, Schauspieler, Musiker, Mathematiker etc. zu werden. In der Realität aber können solche Veranlagungen leicht von den Betreffenden selbst entdeckt werden, da sie ja meist den Beruf wählen, der ihnen liegt. Dennoch kann auch hier der Beitrag der Genetik von Nutzen sein. Allerdings gibt es in diesem Zusammenhang soziale Probleme, die nicht außer Acht gelassen werden dürfen.

Diagnose und Prädiktion spielen eine wichtige Rolle, vor allem, wenn die Mittel vorhanden sind, sie einzusetzen. Eine Diagnose kann jedoch schwer wiegende Probleme mit sich bringen, wenn der potenzielle Kranke bereits geboren ist und die Krankheit zwar noch nicht ausgebrochen ist, aber irgendwann ausbrechen kann und keine Behandlungs- oder Vorbeugungsmöglichkeiten bestehen. Im Fall der Huntington-Chorea erkranken in Familien, in denen ein Elternteil an der Krankheit leidet, die Kinder mit einer Wahrscheinlichkeit von 50 %, meist jedoch erst im Alter zwischen 30 und 40. Sollen sie cinc DNA-Untersuchung vornehmen lassen, um zu wissen, was ihnen bevorsteht? Es wäre gewiss sinnlos und grausam, einen solchen Früherkennungstest zu verlangen, da man ihnen im Fall eines positiven Ergebnisses ohnehin nicht helfen kann. Es gibt jedoch gefährdete Personen, die sich diesem Test freiwillig unterziehen (in den Vereinigten Staaten sind es etwas mehr als 10 %): vielleicht die Verantwortungsvollsten, die nur dann heiraten und Kinder haben wollen, wenn sie wissen, dass sie nicht erkranken werden.

Dass Versicherungsgesellschaften versuchen werden, sich genetische Informationen über ihre Kunden zu beschaffen, um im Fall eines besonderen Risikos höhere Beiträge zu fordern oder eine Lebens- oder Krankenversicherung zu verweigern, ist ein in diesem Zusammenhang nicht zu vernachlässigendes Problem. Solche Informationen zu verlangen ist eine klare Form von Diskriminierung und gesetzlich zu verbieten. Versicherungsgesellschaften berechnen ihr Risiko anhand von globalen Statistiken, wobei alle erhöhten Krankheitsrisiken bereits einkalkuliert sind. Ähnliche, noch gravierendere Probleme stellen sich in Arbeitsverhältnissen, wenn der Arbeitgeber Personalentscheidungen nicht nur aufgrund der persönlichen Eignung eines Bewerbers trifft, sondern diesen einer Genanalyse unterwerfen will.

Diagnose und Prädiktion bringen, wie wir gesehen haben, moralische und praktische Probleme mit sich. Doch auf welchem Stand ist die Gentherapie heute überhaupt und in welchen anderen Bereichen könnte Genetik zur Anwendung kommen?

Die Behandlung genetischer Krankheiten ist bis heute äußerst schwierig, und die Erfolge sind gering. Große Hoffnungen setzt man in die Gentherapie, die darin besteht, dass der defekte Teil des Genoms durch entsprechende DNA-Abschnitte gesunder Menschen ausgetauscht wird. Diese Ultramikrochirurgie, die auf chemischer Ebene durchgeführt werden muss, ist mit erheblichen praktischen Schwierigkeiten verbunden. Einzelne Erfolge wurden bei dem Versuch erzielt, lebensnotwendige Substanzen produzierende Zellen normaler Individuen in den Körper von Patienten einzubringen, die an den seltenen Krankheiten leiden, bei denen fremde Zellen nicht als fremd erkannt werden. Bei Tierversuchen konnte man die für die Krankheit verantwortlichen Zellen im Labor modifizieren und sie dann mit Erfolg wieder einschleusen.

All das ist im Grunde gar nicht so neu: Die schon seit den zwanziger Jahren mögliche Behandlung von Diabetes mit Insulin sowie alle anderen Therapien mit Substanzen (meist Hormonen oder Wachstumsfaktoren), die der kranke Organismus nicht produzieren kann oder zu schnell abbaut, sind Beispiele für so genannte Substitutionstherapien. Bei der Gentherapie soll jedoch nicht das Produkt eines Gens, also eines bei dem Kranken zumindest teilweise inaktiven DNA-Segments ausgetauscht werden, sondern das defekte Gen selbst.

Die Gentherapie wirft nicht mehr ethische Probleme auf als jede andere medizinische Behandlung, solange sie sich darauf beschränkt, tatsächlich nur solche Zellen zu modifizieren, die nicht an zukünftige Generationen weitergegeben werden, also nur die so genannten somatischen Zellen, die die Mehrheit aller Zellen darstellen. Zu den künftigen Generationen tragen nur die für die Produktion von Eizellen und Spermatozoen zuständigen Zellen bei. Veränderungen an solchen Zellen vorzunehmen wird mit Recht als gefährlich betrachtet, da die Auswirkungen auf künftige Generationen unvorhersehbar sind und eventuell schädlich sein können. Der Einzelne kann also, wenn er will, einer Gentherapie zustimmen, die seine somatischen Zellen verändert, während Eingriffe in die Keimzellen als unerwünscht gelten; in diesem Punkt besteht breiter Konsens. Schwieriger könnte es aus technischen Gründen allerdings sein, die Gewissheit zu erlangen, dass keine Auswirkungen auf die Keimzellen zu befürchten sind.

In Amerika spricht man heute von «*Genethics*» (Gen-Ethik)[1], um auf die mit unserem Wissen von den Genen verbundenen ethischen Verpflichtungen hinzuweisen. So wird z. B. empfohlen, bekannte genverändernde Substanzen zu meiden. Es gibt aber sehr viele genverändernde Stoffe (also solche, die Mutationen hervorrufen), und sie sind nicht nur in synthetischen Verbindungen, sondern auch in natürlichen Nahrungsmitteln enthalten. Somit können Empfehlungen dieser Art nur mit durch die Praxis bedingten Einschränkungen befolgt werden. Zum Glück handelt es sich dabei aber um Risiken, die auf einem sehr niedrigen Wahrscheinlichkeitsniveau gehalten werden können.

Die Eugenik ist ein Anwendungsbereich der Genetik, der im vergangenen und zum Teil auch noch in diesem Jahrhundert viele Befürworter fand, heute aber von den meisten Genetikern als inakzeptabel angesehen wird. Die Bezeichnung und das Konzept wurde im vergangenen Jahrhundert von Francis Galton (einem Vetter von Darwin) geprägt, nach dessen Vorstellung durch Förderung der Reproduktion der Besten (positive Eugenik) und Einschränkung der Reproduktion kranker oder sozial unerwünschter Menschen (negative Eugenik) eine Qualitätsverbesserung der menschlichen Spezies bewirkt werden könnte. Es ist der gleiche Gedanke, der auch der Züchtung besonderer Pflanzenarten und Nutztiere zugrunde liegt.

Für die menschliche Spezies ist der Standpunkt aus verschiedenen Gründen inakzeptabel[2], da er gegen die universalen Freiheitsrechte und gegen das Recht auf Selbstbestimmung verstößt, die auch für den Bereich der Reproduktion gelten müssen. Bei der «künstlichen» Selektion in Bezug auf Pflanzen und Tiere wird eine gezielte Auswahl für genau begrenzte und festgelegte Zwecke getroffen (z. B. Jagdhunde, Wachhunde, Hirtenhunde etc., Zug- und Rennpferde, Fleischrinder oder Milchkühe, nicht zu sprechen von den Hunderten von Pflanzenarten, die gezüchtet werden, um Blüten, Früchte oder andere Produkte von vielfältigem Nutzen zu gewinnen). Eine derartige Spezialisierung der Reproduktion von Menschen zu bestimmten Zwecken ist mit der Menschenwürde unvereinbar und erinnert an die Sklavenhaltung. In Amerika stellten Industriebosse der Eugenikbewegung Geld zur Verfügung, um die Reproduktion berühmter Menschen (z. B. die von Nobelpreisträgern) zu fördern, indem man deren Sperma einfror und es Frauen zur Verfügung stellte, die daran interessiert waren, Kinder von solchen Männern zu bekommen. Die Initiative wurde vor allem belacht und war nicht sonderlich erfolgreich.

Die eugenischen Initiativen der Vergangenheit beruhten in Wirklichkeit auf einer totalen Unkenntnis der Prinzipien der Genetik und führten in den dreißiger Jahren zu plumpen rassistischen Diskriminierungen. Für eine vernünftige eugenische Politik gibt es keinerlei Grundlagen, und es bestünden zu viele Möglichkeiten für schwer wiegende Fehler mit weit reichenden negativen Folgen. Eine der Schwierigkeiten liegt darin, dass man von vielen Genen nicht mit Bestimmtheit sagen kann, ob sie «gut» oder «schlecht» sind, da sie unter bestimmten Bedingungen nützlich und unter anderen schädlich sind. Wir wissen noch zu wenig über die Humangenetik, um an die Stelle der Natur treten zu können.

Auch die Natur macht manchmal Fehler, die sie aber in der Regel korrigiert. Unsere Urteile über gut oder schlecht auf dem Gebiet der Genetik basieren auf noch viel zu beschränkten Kenntnissen und können keineswegs als sicher betrachtet werden. Es zeugt von höchster Arroganz, wenn man glaubt, ein solches Urteil treffen zu können und das Recht zu haben, die Natur (oder Gott, je nach individuellem Glauben) zu ersetzen. Die Menschheitsgeschichte ist voll von Beispielen solcher Art, von Kaiser Nero bis Hitler und Mussolini. Wegen der schweren Verirrungen, deren sie sich schuldig machten, gelten sie als exemplarische Fälle von Wahnsinn.

Viele glauben fälschlicherweise, der prophylaktische Schwangerschaftsabbruch zukünftiger, an Erbkrankheiten leidender Patienten sei eine Form von negativer Eugenik. In Wirklichkeit aber wird dadurch lediglich die Geburt zukünftiger Patienten verhindert, die sich ohnehin nicht oder nur in seltenen Fällen reproduzieren würden; es geschieht also das Gleiche wie bei der natürlichen Auslese, nur dass die Kranken gar nicht erst zur Welt kommen. Es kommt zu keiner Veränderung der Population und der Häufigkeit der Gene, deren Träger sie ist, wie es bei wirklichen eugenischen Eingriffen der Fall wäre. Die Krankheiten werden ausgerottet, weil die Kranken gar nicht erst geboren werden, die durchschnittliche genetische Konstitution der Population wird durch diesen Eingriff nicht oder nur ganz geringfügig verändert. Die Eugenik hingegen zielt darauf ab, die genetische Zusammensetzung der Bevölkerung zu verändern – ein Programm, das bei oberflächlicher Betrachtung vielleicht sogar vernünftig erscheinen mag. Wir betonen aber noch einmal, dass unser Wissen nicht ausreicht, um die genetisch vorteilhaftesten Typen auswählen zu können, und dass gigantische Fehler möglich sind.

Zu befürworten ist dagegen die «Euphänik», die die genetische Zusammensetzung der Bevölkerung nicht verändert. Während der Begriff «Eugenik» für die Verbesserung des Genotyps steht, bezeichnet «Euphänik» die Verbesserung des Phänotyps. Der Genotyp ist die genetische Konstitution eines Individuums (seine DNA), der Phänotyp sein Erscheinungsbild, das sich nicht manifestieren kann, wenn die Entwicklung vor der Geburt abgebrochen wird. Der prophylaktische Schwangerschaftsabbruch ist eine Vorsichtsmaßnahme, die weit mehr mit Euphänik als mit Eugenik zu tun hat und in der Form, in der sie normalerweise angewandt wird, keine eugenischen Auswirkungen hat, weil das Genmaterial der Bevölkerung praktisch unverändert bleibt.

In bestimmten Kreisen ist die Naturwissenschaft, namentlich die Genetik, in den letzten Jahren in Verruf geraten. Die Gründe dafür sind zum Teil mangelndes Wissen und unbestimmte Ängste, zum Teil aber auch die ganz präzise Befürchtung, manipuliert zu werden, ohne es zu wissen. Das richtige Mittel gegen solche Ängste kann nur Aufklärung sein. Es gibt heute viele Kontrollinstanzen und Vorschriften, und es sind ganz neue Disziplinen wie die Bioethik und die Gen-Ethik entstanden. Wissenschaftliche Erziehung wird zu einer immer wichtigeren Aufgabe, die auch von der Öffentlichkeit und von den Fachleuten allmählich erkannt wird. Sehr wichtig ist auch, dass populärwissenschaftliche Veröffentlichungen nicht nur klar und ehrlich sind und keine falschen Hoffnungen oder die Illusion wecken, die Wissenschaft werde binnen kurzem mit außergewöhnlichen Fortschritten aufwarten. Der wissenschaftliche Fortschritt konnte zweifellos erheblich beschleunigt werden, aber es gibt nach wie vor äußerst schwierige medizinische Probleme, deren Lösung noch einige Zeit erfordern wird.

Einige Anwendungsbereiche der Genetik oder allgemein der Biologie sind moralisch völlig abzulehnen. Dazu gehört vor allem die biologische Kriegsführung. Die Menschheit hat heute Waffen entwickelt, die den gesamten Planeten vernichten können. Das einzige vernünftige Ziel, das man sich setzen kann, ist die Ächtung von Waffen aller Art, anstatt immer neue, noch grausamere und effizientere herzustellen.

Den Einsatz der Gentechnik bei der Züchtung von Pflanzen und Tieren zum täglichen Gebrauch abzulehnen erscheint dagegen nicht sehr vernünftig. Ziel dieser Techniken ist zweifelsohne eine Verbesserung unserer Lebensqualität. Dank der Erfahrung von Ackerbauern und Viehzüchtern konnten sich im Zeitraum von zehntausend Jahren außergewöhnliche Errungenschaften durchsetzen, und heute haben wir die Möglichkeit, in weitaus kürzerer Zeit neue, bislang für unmöglich gehaltene Fortschritte zu erzielen. Es bestehen große Ängste vor diesen Entwicklungen, obwohl sie in Wirklichkeit keineswegs bedrohlich scheinen.

Freilich sind auch in diesem Bereich unvorhersehbare Folgen möglich. Im Großen und Ganzen aber sind die Eingriffe, um die es hier geht, nur geringfügig. Sie betreffen die Insertion einzelner Gene (also relativ kurzer DNA-Sequenzen), die für bestimmte günstige Eigenschaften wie Resistenz gegen bestimmte Parasiten verantwortlich sind, oder für die Produktion von Substanzen, die die Qualität eines Produkts verbessern können. Früher versuchte man solche vorteilhaften Eigenschaften durch Kreuzung (oder bei Pflanzen auch durch Veredelung) von einem Organismus auf einen anderen zu übertragen. Die Übertragung mit diesen klassischen Methoden ist jedoch meist nur zwischen nah verwandten Arten möglich, und sie ist langwierig und kompliziert. Die Gentechnik kann den Konservatismus der normalen genetischen Mechanismen durchbrechen und Gene zwischen weit voneinander entfernten Arten transportieren. Die Angst, ja Panik, mit der manche auf diese Neuheit reagieren, beruht größtenteils auf völliger Unkenntnis der Genetik und auf einer generellen Angst vor allem Neuen.

Wer sagt, die Gentechnik sei viel wirkungsvoller als die klassische Genetik, der vergisst, dass auch diese schon Experimente unternommen hat, die als sehr gewagt galten und sich als völlig harmlos erwiesen: Aus Kreuzungen zwischen ganz verschiedenen Pflanzen gingen unerwarteterweise völlig neue Gewächse mit den Eigenschaften beider Ausgangspflanzen hervor. So kreuzte man beispielsweise eine Pflanze aus der Familie *Raphanus*, zu der auch das Radieschen gehört, mit einer Kohlpflanze *(Brassica)*. Was dabei herauskam, war ein neuer Organismus, der die Eigenschaften beider Pflanzen in sich vereinigte und dem man den Namen *Raphanobrassica* gab. Er hatte keinen kommerziellen Erfolg, und wahrscheinlich war die Vermarktung auch gar nicht der Zweck des Experiments. Die Synthese zweier sehr unterschiedlicher Organismen zu einem neuen Organismus mit den Eigenschaften beider Ausgangsarten war aber zweifellos etwas Außergewöhnliches. Sie ist bei Pflanzen viel einfacher durchzuführen als bei Tieren. Kreuzungen zwischen verschiedenen Tieren, auch wenn sie nah verwandt sind, führen zu sterilen Nachkommen, bedeuten also einen totalen genetischen Misserfolg, auch wenn sie in der Praxis durchaus nutzbringend eingesetzt werden können. Ein bekanntes Beispiel dafür ist das Maultier. Sogar in der Natur kam es bisweilen zu Kreuzungen zwischen sehr unterschiedlichen Pflanzen (und vielleicht auch zwischen Tieren), die dann im Labor nachgeahmt wurden, um neue Obstsorten zu züchten, die heute im Handel sind.

Ähnliche Ergebnisse wie die von der Gentechnik herbeigeführten gibt es auch in der Natur: So übertrug ein Virus, das auf einem Organismus herangewachsen war, von dem es sich ein Chromosomenstück einverleibt hatte, dieses Stück dann auf einen anderen Organismus, in dessen Genom es aufgenommen wurde. Solche Phänomene sind selten, aber nichts deutet darauf hin, dass sie schädliche Auswirkungen hatten. Die negativen Reaktionen auf neue Tomatensorten, die haltbarer sind, weil man ihnen ein Gen eingepflanzt hat, das die Fäulnis verzögert, sind kaum zu rechtfertigen. Nicht auszuschließen ist dabei, dass die Einführung neuer Produkte bestimmten Interessen zuwiderläuft und dass deshalb Unwissen und Wissenschaftsangst ausgenutzt werden, um die mögliche Konkurrenz zu behindern oder auszuschalten.

Allerdings muss eingeräumt werden, dass es nicht immer einfach ist, mögliche, wiewohl geringe Nachteile eines innovativen Produkts unter Kontrolle zu halten. Denkbar wäre zum Beispiel, dass durch die Verhinderung der Fäulnis bei Tomaten Vitamine oder andere Nährstoffe leichter zerstört werden oder sich giftige Substanzen ansammeln können. Nachteile dieser Art ließen sich zwar leicht kontrollieren, man darf aber bezweifeln, ob solche Kontrollen auch durchgeführt werden. Eine gewisse Vorsicht ist daher durchaus geboten. Ein weiterer wichtiger Gesichtspunkt ist der Geschmack solcher Neuheiten. Behandlungsmethoden, durch die der Handelswert verbessert wird, können zu Geschmacksverlusten oder -veränderungen führen, wie es tatsächlich oft geschehen ist. Hier wird das schöne Aussehen und die Größe von Früchten und Gemüse mit ihrem Wohlgeschmack verwechselt.

Wenn Obst, Gemüse und Fleisch heute nur noch selten so köstlich schmecken wie früher, ist dies aber nicht der Gentechnik anzulasten, die ja noch in den Kinderschuhen steckt. Hypothetische schädliche Folgen der Gentechnik dürfen nicht mit den Auswirkungen anderer, rein kommerzieller Innovationen wie zum Beispiel der Fütterung von Haustieren mit Überresten anderer Haustiere sowie mit Hormonen und Antibiotika verwechselt werden. Die schwerwiegendste Folge dieser Fütterungsmethoden in jüngster Zeit, der so genannte Rinderwahnsinn, hat mit Gentechnologie und Biotechnik nicht das Geringste zu tun, sondern ist auf die Profitgier skrupelloser und ignoranter Viehzüchter zurückzuführen. Das Gleiche gilt für die Verabreichung von Hormonen. Der Einsatz von Antibiotika zur Ertragssteigerung in der Viehzucht hat zweifellos zur Bakterienresistenz und damit zur nachlassenden Wirksamkeit von Antibiotika in der Humantherapie beigetragen. Die Habgier der Produzenten und Händler, das stillschweigende Einverständnis der Kontrollorgane bzw. deren Ignoranz sind hier die wahren Verantwortlichen.

Stimmt es wirklich, dass die Gene unser Schicksal sind? Wir sagen gleich, dass dies eher für bestimmte Krankheiten zutrifft als für das Leben im Allgemeinen.

Die genetische Konstitution ist für die Gesundheit nur zu einem schwer bestimmbaren und je nach den Lebensbedingungen sehr unterschiedlichen Teil verantwortlich. Die Sterblichkeit ist in den letzten Jahrhunderten namentlich in den wirtschaftlich fortschrittlichsten Ländern erheblich gesunken, vor allem im ersten, aber auch im zweiten und zunehmend im letzten Lebensdrittel. Die durchschnittliche Lebenserwartung verlängerte sich im Lauf der Jahrtausende um das Zwei- bis Dreifache und nimmt weiter zu;

auch wer das dritte Lebensalter erreicht, lebt tendenziell länger als früher. Diese Verlängerung der Lebensdauer ist nicht auf genetische Veränderungen, sondern einzig und allein auf bessere Hygiene und bessere Gesundheitsvorsorge zurückzuführen. Diese wiederum sind dem Fortschritt der naturwissenschaftlichen und technischen Kenntnisse und deren Verbreitung sowie der infolge besserer wirtschaftlicher Verhältnisse hochwertigeren Ernährung und der größeren Aufmerksamkeit für die Umweltbedingungen zu verdanken. Vor allem konnten dank dieser Verbesserungen die Infektionskrankheiten eingedämmt oder ausgerottet werden. Chronische Krankheiten sind eher genetisch bedingt, aber auch hier wirken in hohem Maß Umweltfaktoren mit. Krebs entsteht unter Beteiligung genetischer Mutationen, aber seine Ursachen sind oft umweltbedingt: Es gibt viele kanzerogene Substanzen, die wenigstens teilweise vermieden werden könnten.

Unser Erbgut bestimmt fast alles, aber fast immer nur teilweise. Es besteht kein Zweifel, dass die Intelligenz – gemessen anhand des nicht unumstrittenen IQ – zum Teil, aber gewiss nicht ausschließlich erblich bedingt ist, wie es uns einige fanatische Psychologen einreden wollen. Ebenso zweifelsfrei steht fest, dass sich Umwelteinflüsse sehr stark auf den IQ auswirken. Der Intelligenzquotient ist von besonderem Interesse, weil seiner Messung sehr viel Aufmerksamkeit gewidmet wurde. Das heißt jedoch nicht, dass der IQ das misst, was wir unter Intelligenz verstehen. Schon die Tatsache, dass es sich um ein Globalmaß handelt, beweist, dass er nicht sehr aussagekräftig ist. Er dient vor allem dazu, Fähigkeiten wie das Gedächtnis oder die rasche Durchführung logischer Operationen zu bewerten, wie sie für schulisches Lernen sehr nützlich sind. Es gibt jedoch auch andere, sehr wichtige intellektuelle Fähigkeiten und besondere Begabungen, die mit dem IQ wenig oder nichts zu tun haben (z. B. handwerkliches Geschick, Musikalität und allgemein künstlerische Begabung, die alle dazu beitragen, unser Leben angenehmer und interessanter zu machen).

Im Leben aller Menschen wirken auch rein zufällige Faktoren mit, die alles andere als unbedeutend sind, wenn es um unser Glück geht. Ein positives Ereignis wie ein Lottogewinn, ein negatives wie ein Auto- oder Flugzeugunfall sind selten. Weniger selten sind ärztliche Fehler oder bürokratische Irrtümer, die sehr schlimme Folgen haben können und oft schwer oder gar nicht zu vermeiden sind. Einigen Menschen passieren solche Dinge leichter als anderen (und hier können sich wohl auch genetische Faktoren wie besondere Vorsicht, Besonnenheit, Abenteuerlust u. ä. bemerkbar machen). Es ist absurd, zu glauben, dass unser Schicksal offen vor uns liegen wird, wenn wir erst einmal das persönliche Genom entschlüsselt und die Bedeutung von jedem der Milliarden Nukleotide verstanden haben, aus denen wir zusammengesetzt sind. Allerdings kann uns die Kenntnis des Genoms wichtige Hinweise geben. Und wahrscheinlich wird man dann auch so weit sein, bestimmte, weniger erwünschte Aspekte, vor allem im Zusammenhang mit der Gesundheit, positiv zu verändern. Doch das wird weder morgen noch übermorgen geschehen.

Der IQ liefert uns auch ein gut erforschtes Beispiel über die Bedeutung der Genetik bei der Bestimmung psychologischer Merkmale. Dabei handelt es sich um besonders schwierige Untersuchungen, denn man muss sehr genaue Messungen vornehmen können, eine für psychologische Phänomene höchst anspruchsvolle Aufgabe. Die Bewertung der Bedeutung von Erbanlagen ist meist relativ, das heißt, sie erfolgt durch Vergleich mit anderen Ursachen, die zu Variationen geführt haben könnten. Die zu untersuchende Eigenschaft, sei es der IQ oder eine andere Eigenschaft, wird sowohl bei einer Reihe von Individuen als auch bei Verwandten dieser Individuen gemessen. Je enger das Verwandtschaftsverhältnis, desto größer die Ähnlichkeit bei psychischen und auch allen anderen erblichen Merkmalen.

Außer dem biologischen Erbmaterial, also der DNA, gibt es aber, wie gesagt, viele andere, nicht erbliche Ursachen für Variationen, die auf die unterschiedliche Umwelt der einzelnen Individuen zurückzuführen sind. Das normalerweise benutzte Maß der Erblichkeit müsste uns sagen, wie viel von den Unterschieden zwischen zwei Individuen durchschnittlich auf erblichen Unterschieden beruht: Es wird als «genetische Determinierung» bezeichnet und als prozentualer Anteil der gesamten festgestellten Variation ausgedrückt.

Eine der einfachsten Methoden, die genetische Determinierung eines Merkmals zu ermitteln, ist die Messung der Ähnlichkeit zwischen eineiigen Zwillingen. Liegt für ein bestimmtes Merkmal eine hohe Konkordanz oder Ähnlichkeit vor, beträgt die Erblichkeit 100 %, liegt überhaupt keine Ähnlichkeit vor, 0 %. Solche Messungen sind jedoch aufgrund verschiedener Faktoren unvollkommen. Untersucht man zum Beispiel bei gemeinsam aufgewachsenen eineiigen Zwillingen die Ähnlichkeit im Fall des IQ, erhält man sehr hohe Werte, 80 % oder mehr. Eine andere, sicherere Messmethode jedoch untersucht eineiige Zwillinge, die nach der Geburt voneinander getrennt wurden und nicht gemeinsam aufwuchsen. In diesem Fall liegen die

Werte nur bei etwa 60–65 %. Eine dritte Methode, die die Ergebnisse all dieser Untersuchungen mathematisch analysiert und die Auswirkungen der familiären und sozialen Umwelt und anderer möglicher Komponenten besser berücksichtigt, kommt auf noch geringere Werte der biologischen Erblichkeit des IQ, nämlich auf 30–35 %.

Heute können wir aufgrund der Forschungen von Cloninger und anderen folgende Feststellungen als gesichert ansehen:

1. Ein Teil der zwischen Eltern und Kindern oder allgemein unter Verwandten vorhandenen Ähnlichkeit des IQ ist genetisch determiniert, aber in geringerem Maß, als von den manchmal etwas «betriebsblinden» Zwillingsforschern behauptet wird. Tatsächlich ist die genetische Determinierung nur für ein Drittel der individuellen Variation verantwortlich.

2. Es gibt einen Mechanismus der erblichen Übertragung, der nicht genetisch oder biologisch ist, sondern kulturell und sozial. Diese Faktoren, die über die familiäre und soziale Umwelt ererbt sind, haben in etwa das gleiche Gewicht wie die DNA, das heißt, auch sie wirken sich zu einem Drittel aus.

3. Das letzte Drittel der Variation zwischen Individuen beruht auf Phänomenen, die zur persönlichen Geschichte des Einzelnen gehören.

Für andere psychische Merkmale liegen keine so präzisen Untersuchungen, sondern nur ungefähre Werte vor. Für unser Thema besonders interessant ist eine ganz neue Studie, die ergab, dass auch das individuelle Glück weitgehend durch die DNA determiniert ist.[3] Auch hier handelt es sich um eine Erhebung, die mit Zwillingen durchgeführt wurde. Wie bei anderen Studien, bei denen es um die Persönlichkeit geht, benutzte man auch hier Fragebögen, anhand deren in diesem Fall das Wohlbefinden ermittelt werden sollte. Der Proband sollte erklären, ob und in welchem Maß er sich in bestimmten Aussagen wieder erkennt. Hier einige der Sätze, die den Testteilnehmern vorgelegt wurden: «Ich bin von Natur aus fröhlich»; «Wenn ich Entscheidungen treffen muss, bin ich gewöhnlich unsicher und besorgt»; «Wenn ich Schwierigkeiten oder Pech habe, nehme ich das hin, ohne allzu besorgt oder bekümmert zu sein»; «Die Zukunft macht mir Angst» und Ähnliches. Aus den angekreuzten Antworten wird ähnlich wie bei der Ermittlung des IQ ein Glücks-/Unglücksindex ermittelt. Leider sind solche Messungen noch ungenauer und schwieriger als die des IQ, und es liegen viel weniger Erfahrungen damit vor. Wir müssen uns auf die Äußerungen der Befragten stützen, und bei solchen Aussagen sind natürlich Zweifel angebracht. Allerdings blieben die Werte bei nach einiger Zeit mit denselben Individuen erneut vorgenommenen Messungen relativ konstant, was unser Vertrauen in die Methode wieder etwas stärkt, obwohl der enorme Optimismus der Forscher, die über das Experiment berichteten, keineswegs gerechtfertigt ist. In Minnesota gibt es ein Zwillingsforscherteam, das den Eindruck erweckt, geradezu fanatisch an die Ergebnisse seiner Untersuchungen zu glauben, und nicht bereit ist einzuräumen, dass es auch in der Zwillingsforschung Fehlermöglichkeiten gibt. Die von einem von ihnen als verblüffend zitierte Tatsache, dass zwei eineiige Zwillinge, die bei der Geburt voneinander getrennt wurden und bei ihrem ersten Wiedersehen als Erwachsene feststellten, dass sie die gleiche Rasierseife und die gleiche Zahnpastasorte benutzten und beide Lucky Strike rauchten, beweist noch nicht die Gültigkeit solcher Studien. Es bleibt abzuwarten, ob diese Ergebnisse von weiteren Wissenschaftlern bestätigt werden, die mit grundlegend anderen, sichereren Methoden arbeiten. Wie bei allen Studien, bei denen psychologische Phänomene gemessen werden, sind auch hier die Ergebnisse mit großer Vorsicht zu genießen.

Wahrscheinlich sind in nicht ferner Zukunft objektivere Messungen möglich. Schon heute sind viele chemische Verbindungen bekannt, die im menschlichen Gehirn produziert werden und für leicht reproduzierbare, wenn auch nicht immer leicht zu verstehende zerebrale Vorgänge verantwortlich sind. Besonders wichtig unter diesen körpereigenen Verbindungen sind die so genannten Neurotransmitter, die dazu dienen, Impulse einer Nervenzelle (eines Neurons) an eine andere Nervenzelle weiterzuleiten, um bestimmte Vorgänge im Gehirn zu aktivieren. Insbesondere einer davon, das Dopamin, ist möglicherweise für Emotionen verantwortlich, die mit dem Glücklichsein zusammenhängen.

Die erste Studie über die Erblichkeit von Glück wurde von zwei Forschern namens Lykken und Tellegen[4] veröffentlicht, die nachgewiesen zu haben glauben, dass Glücklichsein sogar zu 80 % vererbt wird, also in noch höherem Maß als der IQ. In Wirklichkeit haben sie jedoch keine Möglichkeit, die Auswirkung der soziokulturellen Übertragung zu berechnen, weshalb ihre Schätzung vermutlich sehr übertrieben ist. Auch bei der Interpretation der von ihnen veröffentlichten Zahlen sind Fehler festzustellen. Wie fast alle Zwillingsforscher gehören auch sie zum «Club» derer, die sich in übertriebener Weise für die Macht der Vererbung begeistern. Sie ließen sich sogar zu der (später anscheinend widerrufenen) Äußerung hinreißen, dass der Wunsch, glücklich zu werden, für manche «möglicherweise ebenso vergeblich ist wie für einen Erwachsenen der Wunsch, größer zu werden».

Das Interessanteste an ihrer Studie ist die Stabilität der Messergebnisse über einen längeren Zeitraum hinweg: Als dieselben Personen nach fünf bis zehn Jahren erneut befragt wurden, erhielt man ganz ähnliche Resultate wie bei der ersten Erhebung. Dies ist eine Bestätigung für die zeitliche Stabilität der Eigenschaft «Glücklichsein», so wie sie durch diese Messungen bestimmt wurde. In Wirklichkeit wird dabei nur bewiesen, dass die Selbsteinschätzung eines Individuums – auf der solche Tests basieren – geringe Tendenz zur Veränderung zeigt. Wie aus ähnlichen Untersuchungen (von Myers und Diener[5]) hervorging, haben besonders vorteilhafte Ereignisse wie ein Lottogewinn oder ein bedeutender Preis, bzw. sehr negative Vorkommnisse wie Lähmung infolge einer Krankheit oder eines Unfalls keine dauerhaften Auswirkungen auf das individuelle Glück. Nach einiger Zeit ist angeblich jeder wieder so glücklich bzw. unglücklich wie zuvor. Demnach wäre jeder Mensch sozusagen auf ein vorherbestimmtes Glücksniveau «geeicht». Um zu wissen, wie glücklich jemand in Zukunft sein wird, bräuchte man also nur sein gegenwärtiges Glücksniveau zu kennen. Diesen Studien zufolge beeinflussen sozioökonomische Verhältnisse und Faktoren wie Bildungsgrad, Religiosität, Geschlecht, Ehesituation, Rasse und Vermögen den normalen Glückszustand nur in ganz geringem Maß, während die Gene die bei weitem wichtigste Rolle spielen.

Solche Untersuchungen über die Erblichkeit von Glück sind, wie gesagt, mit großer Skepsis zu betrachten. Zwei Überlegungen lassen jedoch vermuten, dass doch etwas Wahres daran sein könnte.

Es gibt psychische Zustände und Neigungen, die bei manchen Menschen ein eindeutig pathologisches Niveau erreichen können, wie z. B. bestimmte Formen von Depression oder Schizophrenie, bei denen es zu Alterationen im Glücksempfinden kommt, fast immer im negativen Sinn. Bei diesen Erkrankungen sind erbliche Komponenten maßgeblich beteiligt. Bestimmte Formen des Unglücklichseins können also erblich sein. Bei solchen extremen Zuständen gibt es daran kaum Zweifel.

Ähnlich ließe sich möglicherweise auch in Bezug auf positive Glückszustände argumentieren. Nur gibt es hierfür, abgesehen von den oben erwähnten Studien, die jedoch ausschließlich auf ganz persönlichen, objektiv nicht überprüfbaren Aussagen beruhen, keine von wissenschaftlichen Beobachtungen gestützte Grundlage. Jeder von uns aber weiß aus eigener Beobachtung, dass es Menschen gibt, die immer fröhlich und guter Laune sind und deshalb wahrscheinlich als einigermaßen glücklich eingestuft werden können, und andere, die fast ständig schlechte Laune haben.

Der Leser mit einer gewissen Lebenserfahrung, der Gelegenheit hatte, Verwandte oder Freunde über längere Zeit aus der Nähe zu beobachten, möge sich fragen, ob nicht folgende Beschreibung auf einen seiner Bekannten zutrifft: Er oder sie unterscheidet sich von anderen Menschen durch Gelassenheit, Optimismus, Geselligkeit und ein in der Regel fröhliches Wesen. Solche Menschen haben im Allgemeinen ein offenes Ohr für die Sorgen anderer Leute und sind bereit, sich nützlich zu machen; deswegen gelten sie meist als Altruisten, wenn auch in unterschiedlichem Ausmaß. Viele von ihnen machen gern Geschenke. Es handelt sich um sozial erwünschte Eigenschaften, die sie bei ihren Freunden beliebt machen und die sie sich den größten Teil des Lebens oder das ganze Leben hindurch bewahren, sofern kein schweres Unglück über sie hereinbricht.

Natürlich gibt es auch Vertreter des anderen Extrems, die pessimistisch, streitsüchtig und meistens schlecht gelaunt sind.

Bevor wir diesen Gedanken akzeptieren können, sind zwei Einwände zu machen. Erstens: Darf man die tägliche Stimmung als Maß für das Glücklichsein ansehen? Mangels besserer Messmethoden scheint dies nicht unvernünftig. Zweitens bedeutet die Tatsache, dass ein Mensch sein ganzes Leben lang eine bestimmte Wesensart beibehält, noch nicht, dass diese psychische Konstitution erblich ist. Wir können jedoch hinzufügen, dass in den Fällen, die wir, die Autoren, aus persönlicher Beobachtung kennen, solche Neigungen irgendwie in der Familie liegen. Wie es bei vielen erblichen Merkmalen der Fall ist, können sie auch nur bei einem Elternteil vorhanden sein und nur bei einigen der Kinder. Diesbezüglich liegen nur sehr spärliche und unsichere Beobachtungen vor, die man nicht als Beweis, sondern lediglich als Indiz dafür nehmen kann, dass der Gedanke, es könnte in Bezug auf das individuelle Glück erbliche Unterschiede geben, nicht ganz von der Hand zu weisen ist.[6]

Wir fügen jedoch gleich hinzu, dass die Schlussfolgerungen der amerikanischen Zwillingsforscher aus Minnesota – selbst wenn wir sie *in toto* akzeptieren würden, wovor wir uns hüten – auf jeden Fall auf zu schwachen Füßen stehen, als dass man daraus auf die tatsächliche Existenz eines Glücksgens schließen könnte. Die Auswirkung der Gene auf das Glücklichsein, auf die besagte Studien hindeuten, könnte aus Gründen, die zu diskutieren hier zu weit führen würde, wenn überhaupt, dann sicher nur auf eine Vielzahl von untereinander in komplizierten Beziehungen stehenden Genen zurückzuführen sein.

Akzeptabel erscheint jedoch der Schluss, dass Menschen unterschiedlich glücklich sind, und sicher wird sich die Existenz einer teilweise genetischen Basis des Glücklichseins irgendwann zweifelsfrei feststellen lassen. Genetik ist, wie gesagt, die Wissenschaft, die sich mit der Vererbung, der individuellen Variation, der Evolution befasst. Natürlich ist dort, wo es Variation gibt, diese nicht immer oder nicht ausschließlich erblich. Die DNA scheint aber bei allen Phänomenen, die lebende Individuen betreffen, eine bestimmte Grundbedeutung zu haben, auch wenn es sich nur um partielle und schwer dokumentierbare Einflüsse handelt.

Wir haben im Vorwort zu diesem Buch darauf hingewiesen, dass eine Glückswissenschaft als anerkannte Disziplin noch nicht existiert. Obwohl sich Philosophen und Religionen gründlich mit dem Glück auseinander gesetzt haben – einige Beispiele dafür haben wir in diesem Buch kennen gelernt –, steckt die wissenschaftliche Erforschung des Glücks noch in den Kinderschuhen. Es gibt aber viele Versuche in dieser Richtung, die unterschiedlichen Wegen folgen. Auch unser Onkel Adriano Buzzati-Traverso, der an der Universität Pavia lehrte und einer der einflussreichsten Begründer der italienischen Genetik war, sprach mit seinen Angehörigen immer wieder über dieses Thema. Er hatte sogar begonnen, ein Buch darüber zu schreiben, aber wegen seines frühen Todes konnte er diesen Plan nicht mehr zu Ende führen. Er hielt die Entwicklung einer solchen neuen Wissenschaft, die jedem Einzelnen helfen könnte, sein Glück zu finden, für sehr begrüßenswert.

Es ist ein immenser Erfahrungsschatz vorhanden, aus dem eine solche Wissenschaft vom Glück schöpfen könnte: die Erfahrungen der vielen Tausende von Menschen, die jeder auf seine Weise und bisweilen mit Erfolg versucht haben und versuchen, glücklich zu sein, und die darüber Zeugnis abgelegt haben. Indem wir einige der wichtigsten Wege untersuchen und dabei Übereinstimmungen und Widersprüche aufzeigen und versuchen, bewusstere und präzisere Ziele zu verfolgen, können wir einer solchen Wissenschaft den Weg bahnen. Dies ist die Absicht dieses Buchs, und der Gedanke, dass auch die Genetik ihren Beitrag dazu leisten kann, ist durchaus vernünftig.

XII Die Übergabe der Stafette

Wenn kleine Kinder gesund sind und geliebt werden, sind sie in der Regel glücklich. Daran sehen wir, dass das Leben eine freudige Erfahrung ist, jedenfalls solange sich jemand um einen kümmert. Es ist schön, auf der Welt zu sein, wenn die Welt dich annimmt. Wenn Geborenwerden keine Vorteile hätte, dann gäbe es das Leben vielleicht gar nicht.

«Ogni bambino ha il suo cestino», lautet ein italienisches Sprichwort, «jedes Kind bringt sein Körbchen mit», und das Körbchen eines jeden enthält ganz gewiss die Fähigkeit, das Leben zu genießen und Glück zu schenken. Auch das ist eine Überlebensstrategie, mit der die Natur neugeborene Kinder ausstattet: Ein kleines, wehrloses Wesen ist darauf angewiesen, die Sympathie der Erwachsenen auf sich zu ziehen und freundliche Gefühle in ihnen wecken zu können. Davon hängt sein Leben ab.

Erst mit dem Heranwachsen beginnen die Schwierigkeiten. Wir entdecken, dass die Welt von Leuten bewohnt ist, die genauso sind wie wir selbst, aber oft ganz andere Ziele verfolgen. Daraus ergeben sich Spannungen und bisweilen Konflikte. Das heranwachsende Kind muss sein Allmachtsgefühl aufgeben und ist im Lauf seines Lebens gezwungen, sich mit allem zu messen, was um es herum vorgeht. Der Erwachsene muss dann den größten Teil seiner Kräfte darauf verwenden zu überleben. Möglicherweise muss er um seine Existenz kämpfen, wie es in der Natur eben so ist: Schon die Arbeitssuche kann sich als nicht gerade einfaches Unterfangen erweisen. Mit einiger Wahrscheinlichkeit wird er sich reproduzieren. Er interagiert mit anderen Menschen und muss dabei zwischen Kooperation und Konflikt entscheiden. Tendenziell überwiegt die Kooperation. Würde der Konflikt überwiegen, ginge die menschliche Gesellschaft letztlich unter. Kooperation überwiegt jedoch nur in der Vielzahl, also in der Gesellschaft als Gesamtheit – das Leben des Einzelnen kann von Konflikten zerrüttet sein. Auch die Menschheitsgeschichte verlief nicht anders: Unserer Spezies war außergewöhnlicher evolutionärer Erfolg beschieden, sie bevölkerte den Planeten mit Milliarden von Individuen und übt in verschiedener Form Kontrolle über die Natur aus, aber ganze Bevölkerungen wurden im Lauf der Jahrtausende ausgerottet und ausgelöscht, und andere traten an ihre Stelle. In der Geschichte der Antike wimmelt es ebenso von Völkermorden wie in der modernen Geschichte.

Betrachten wir die heutige erwachsene Gesellschaft in den hoch entwickelten Ländern der Welt, so wagt man sie kaum als glücklich zu bezeichnen. Allenthalben herrschen Zorn und Spannungen, Schmerz und Hass, unbefriedigte Wünsche, Frustrationen, Neid auf diejenigen, die mehr besitzen oder Erfolg haben, wo er uns versagt bleibt. Die Menschen sind von Unsicherheit und Ängsten erfüllt und oft herrscht in ihren Köpfen eine große Verwirrung. Die Phantasien, die das Kind begeisterten, das seine Freude daran hatte, sich Phantasiewelten zu erschaffen, werden beim Erwachsenen zu Projektionen: Wir wollen, dass die Dinge einen ganz bestimmten Verlauf nehmen, dass dieser oder jener sich uns gegenüber in einer ganz bestimmten Weise verhält, und wenn es anders kommt, sind wir enttäuscht. Offenbar sind weder relatives Wohlergehen (das

das Überleben begünstigt) noch Reproduktionserfolg, noch relative Harmonie im sozialen Leben – also die Erfüllung der drei biologischen Imperative – ausreichend, um unser Glück zu sichern.

Jahrzehntelange Forschungen und Studien über das Glück[1] führten zu den gleichen Ergebnissen, auf die jeder mit Hilfe des gesunden Menschenverstands oder der eigenen Erfahrung selbst kommen könnte: Besitz, Wissen oder Macht machen nicht glücklich. Die Korrelation zwischen materiellem Reichtum und innerem Wohlergehen ist äußerst gering. Bedeutender ist der Zusammenhang zwischen demokratischen Institutionen und persönlichem Glück. Schön und attraktiv zu sein und anderen zu gefallen ist hilfreich, aber nicht ausschlaggebend. Eher kommt es darauf an, sich selbst zu gefallen.

Am ehesten wird glücklich, wer ein gutes Verhältnis zu sich selbst entwickelt – das zumindest geht aus diesen Untersuchungen hervor. Eine gewisse individuelle Prädisposition ist zwar festzustellen – wer als Kind zufrieden war, neigt auch als Erwachsener eher zur Zufriedenheit –, dabei lässt sich aber nur schwer zwischen den Auswirkungen der genetischen Konstitution und denen der Umgebung unterscheiden, in der jemand aufgewachsen ist. Der Grad des Glücklich- oder Unglücklichseins ist aber vor allem das Resultat des persönlichen Werdegangs. Der Prozess, der zur Eroberung des Glücks führt, weist einige Konstanten auf: eine gewisse Sympathie für sich selbst, die zur Folge hat, dass man das eigene Denken und Handeln positiv bewertet; Wertschätzung für das Denken und Handeln anderer, die einen für von außen kommende neue Erfahrungen aufgeschlossen werden lässt und zu fruchtbaren Beziehungen fähig macht; eine Mischung aus Realismus (man macht sich keine Illusionen) und Bereitwilligkeit (man weiß nicht, was sich aus einer Begegnung oder aus etwas Neuem ergeben wird, geht aber neugierig darauf zu). Daraus erwächst eine vertrauensvolle Einstellung zum Leben, das nicht als feindlich angesehen wird oder als Terrain, das es zu erobern gilt, sondern als unser erster Verbündeter: denn lebendig zu sein heißt, die Welt entdecken zu können. Auf diese Weise kann man Freude genießen, ohne zu verlangen, dass sie ewig dauert, und Schmerz erleiden, ohne daran zu zerbrechen, in der Liebe über sich selbst hinausgehen, ohne den Partner aus dem Blick zu verlieren. Der glückliche Mensch erwirbt sich einen gewissen Gleichmut: Er versteht und akzeptiert sich selbst, kann deshalb auch andere besser verstehen und Personen und Dinge als das sehen, was sie sind. Er braucht sich in Bezug auf sich selbst und auf die anderen nichts vorzumachen, sich keinen Illusionen hinzugeben, und das hilft ihm, sich selbst und anderen zu vertrauen. Er kann hoffen, dass Menschen und Dinge besser werden, weil er sich dafür einsetzt, sie zu verbessern. Er ist imstande, anderen Gutes zu tun, denn er kann sich selbst Gutes tun.

In der Gesellschaft erfolgreich zu sein, große Kompetenzen zu erwerben, anderen zu befehlen – also alles, was jemanden im Mittelpunkt der Aufmerksamkeit stehen lässt und was heute so wichtig zu sein scheint und schon immer als wichtig galt –, trägt zum Glück eines Menschen nicht mehr bei als das einfache Wissen, das uns Hände, Aufmerksamkeit, unser Körper und unser Geist vermitteln und das in der Fähigkeit zum Ausdruck kommt, etwas (ganz gleich was) gut zu machen, aber auch in der Fähigkeit gipfelt, zu lieben, mit anderen zusammenzuarbeiten und Freundschaftsbeziehungen einzugehen, die gegenseitige Bereicherung bringen. Manche Soziologen bezeichnen heute den Zustand jener Menschen, die dem Leben große Befriedigung abgewinnen, mit dem englischen Ausdruck *flow* (Fließen): Wer in diesem «Flow-Zustand» ist, widmet dem, was er gerade tut, seine ungeteilte Aufmerksamkeit und gewinnt daraus volle Befriedigung. Seiner (vielleicht auch rein kontemplativen) Tätigkeit hingegeben, verändert sich das Subjekt von Augenblick zu Augenblick im Einklang mit dem, womit es gerade beschäftigt ist. Eine solche Erfahrung macht zum Beispiel der Steilwandkletterer, der all seine Kräfte darauf verwendet, das Gleichgewicht seines Körpers am Felsen zu bewahren, ohne sich auch nur einen Augenblick ablenken zu lassen; oder der Segler, der nur auf den Wind, die Wellen, die Geräusche des Schiffs hört; der stundenlang ins Spiel der Klänge versunkene Musiker; der Liebende, der leidenschaftliche Leser, jeder, der sich einer Sache mit ganzem Einsatz widmet, ob es sich um einen chirurgischen Eingriff oder eine Kickerpartie handelt. Dieses Flow-Gefühl lässt sich in etwa vergleichen mit dem, was der Rhythmus eines Lieds, eines Gedichts, eines Musikstücks in uns bewirkt, der uns in seinen Sog zieht und uns mitreißt, den Zuhörer ebenso wie den Ausführenden, und beiden intensiven Genuss bereitet.

Ein in den USA arbeitender Psychologe mit dem schwer auszusprechenden Namen Czikszentmihalyi[2] hat eine Vielzahl von Beobachtungen – eigene und fremde – in Büchern unter dem Begriff *Flow* zusammengetragen, in denen er die Prozesse, die zu diesem Flow-Gefühl im Körper, im Denken, in den Beziehungen, im Beruf usw. führen, genau beschreibt und aufzeigt, dass dieser Zustand, der Teil des kulturellen Erbes jedes Menschen ist, von allen erreicht werden kann.

Das Interessante ist, dass die Schlüsse, zu denen er kommt, mit dem übereinstimmen, was die Zenmeister in

China und Japan und viele andere spirituelle Meister von jeher gelehrt haben: sich voll und ganz auf das zu konzentrieren, was man gerade tut, was immer es sein mag: auf das Essen, wenn man isst, auf das Gehen, wenn man geht, auf den Gesprächspartner, wenn man sich unterhält usw., ohne sich von irgendetwas ablenken zu lassen. Was geschieht, geschieht einzig und allein in der Gegenwart, und wer es mit voller Hingabe erlebt, entdeckt Augenblick um Augenblick das, was es zu entdecken gibt. Der Zenmeister Takuan schrieb für einen gelangweilten Reichen, der ihn um einen Rat bat, wie er seine Zeit am besten verbringen könne, acht chinesische Ideogramme:

Dieser Tag, Zeitsplitter, kostbares Juwel,
Er kommt kein zweites Mal.

Dieser Tag kehrt nicht wieder.
Jeder Augenblick ist wie ein Juwel von unschätzbarem Wert.[3]

Kann man trotz allem, was überall auf der Welt geschieht, glücklich sein? Viele fanden ihr Glück in der Einsamkeit, in einem einsiedlerischen, beschaulichen Leben. Wer aber die Gesellschaft von seinesgleichen liebt, kann der angesichts des Leids, des Hungers und der Brutalität, die in der Welt herrschen, überhaupt heiter und zufrieden sein?

Unserer Meinung nach lautet die Antwort auf diese Frage ja und zugleich nein. Ein Mensch, der bewusst lebt, schottet sich weder gegen die Tag für Tag eintreffenden Katastrophenmeldungen ab, noch verschließt er die Augen vor den Scheußlichkeiten, mit denen er dabei konfrontiert wird. Ganz im Gegenteil: Er nimmt die schreckliche Wirklichkeit der Welt realistisch hin, und zwar deshalb, weil diese Dinge geschehen. Gleichzeitig aber wird er seine Intelligenz darauf verwenden, denen zu helfen, die Hilfe brauchen, und versuchen, den Lauf der Dinge zu verändern. Sein Glück wird durch das Unglück anderer eingeschränkt, aber da er gelernt hat, sein eigenes Leben besser zu gestalten, verfügt er über eine gute Basis, um sich nützlich zu machen. Und die Energie, die er einsetzt, um das Wohlergehen anderer zu fördern, wird wiederum zu seinem eigenen Glück beitragen. Egoismus und Altruismus gehen dabei Hand in Hand, denn wir leben besser, wenn es den Menschen um uns herum gut geht.

Ein einzelner Mensch kann die Welt nicht verändern, aber wenn sich viele zusammentun, lässt sich einiges erreichen. Deshalb ist jeder Beitrag wertvoll. Die Augen vor dem Leid anderer zu verschließen heißt, darauf zu verzichten, sich selbst zu entdecken, denn die menschliche Leidensfähigkeit ist ebenso wie die Genussfähigkeit im Grunde bei allen gleich. Was anderen widerfährt, erweitert auch unsere eigene Erfahrung.

An dem erschreckenden ökonomischen Ungleichgewicht in der Welt, das eine ungeheure Zahl von Menschen zu Sklaven macht, während ein sehr geringer Teil der Menschheit (nicht mehr als 20 %) die Ressourcen der Welt unter sich aufteilt, wird sich weder auf kurze noch auf lange Sicht etwas ändern, solange jedermann Nutzen aus dem Verlust eines anderen zieht. Um das zu erreichen, was wir heute haben, waren Jahrtausende demographischen Wachstums und differenzierter technischer Entwicklung nötig, und dabei haben sich auch die Formen der Kontrolle und der Ausbeutung der Schwachen durch die Starken weiterentwickelt und verfeinert. Man denke nur an die Auswirkungen, die die Produktion und der Einsatz von Waffen oder auch die Entscheidung, in einer Region oder einem Wirtschaftszweig in großem Maßstab Kapital zu investieren oder nicht, auf das Leben von Millionen Menschen haben. Man braucht keine tiefgründigen Analysen, um zu verstehen, dass es kein Zufall ist, wenn mindestens ein Viertel der Menschheit heute hungert oder an der Grenze des Existenzminimums lebt.

Ist es möglich, jedem die gleiche Würde zu verleihen? Die Antwort, die sich im Westen in den letzten zweihundert Jahren durchgesetzt hat, lautet Demokratie. Die Idee ist großartig: Jeder hat die gleichen Rechte und ist vor dem Gesetz gleich. Die Macht, die man einigen einräumen muss, damit sie die Gemeinschaft lenken können, wird von allen erwachsenen Staatsbürgern für einen begrenzten Zeitraum erteilt, und die Regierenden werden für das, was sie tun, zur Verantwortung gezogen.

Wäre dieses System verwirklicht, würde es jedem gestatten, frei zu leben. Ideen und Tätigkeiten könnten sich entfalten: Das ist es, was man von einer Gemeinschaft erwartet, in der jeder effektive Gleichberechtigung genießt und jeder dem gleichen Gesetz gehorcht. Wie wir aber wissen, ist dies nicht die ganze Wirklichkeit, denn obwohl die demokratischen Institutionen in den Ländern, in denen sie Fuß fassen konnten, eine außergewöhnliche soziale Vitalität gefördert haben, ist die Verteilung der Macht alles andere als paritätisch, und auch das Gesetz ist nicht für alle gleich. Große Wirtschaftsgruppen und große kriminelle Organisationen machen den Staaten die Macht streitig, die Machtkonzentration schränkt die Entscheidungsfreiheit der Peripherie weitgehend ein, die Bürokratie erklärt dem Bürger den Krieg, die soziale Herkunft eines Menschen zählt oft mehr als seine Fähigkeiten, die wirtschaftliche Ausgangssituation entscheidet darüber, welche Ausbildung und damit welche Berufsaussichten dem Einzelnen offen stehen. Die Justiz sieht den Reichen mit anderen Augen als den Armen, der eine gilt etwas und der andere gilt nichts. Fast überall auf der Welt wird der untreue Staatsbeamte, der korrupte Politiker, der Boss einer kriminellen Organisation nur selten nach Recht und Gesetz verurteilt, wenn er Macht und Einfluss besitzt. Im Gefängnis landen im Allgemeinen der kleine Dieb, der Drogenabhängige und der Kleinverbrecher, der keine Protektion genießt.

Die Demokratie ist ein noch sehr junges System. Obwohl es bereits vor mehr als zweitausend Jahren entsprechende Experimente gab – von den griechischen Stadtstaaten bis zum isländischen Parlament (um das Jahr 1000), von den Kommunen des italienischen Mittelalters bis zur Herausbildung des Konstitutionalismus in England –, setzte sie sich in den Vereinigten Staaten erst vor zweihundert, in Italien vor fünfzig, in Griechenland und Spanien vor zwanzig Jahren durch (in den letztgenannten drei Ländern nach langer Anlaufzeit). Evolutionär gesehen eine lächerlich kurze Zeit. Die Demokratie ist einem Kind vergleichbar, das gerade erst laufen lernt: Kein Wunder, dass sie immer wieder stolpert.

In einer modernen Demokratie hat der Bürger das Recht zu wählen und die Pflicht, Steuern zu zahlen. Er muss die Gesetze einhalten, und in vielen Ländern wird er zum Militärdienst herangezogen. Dafür verpflichtet sich der Staat, die Grundfreiheiten und die Menschenrechte zu garantieren, wichtige Dienstleistungen wie Währung und Verteidigung, Schul- und Gesundheitswesen zur Verfügung zu stellen, und er garantiert (theoretisch) Gleichbehandlung und Chancengleichheit. Wenn der Bürger das Gefühl hat, dass seine Stimme wertvoll ist, hat dies positive Auswirkungen, denn dann hat er ein Interesse daran, wenigstens mit der Kraft seiner Meinung zu partizipieren und dem Staat eine Richtung zu geben. Je stärker die Beteiligung der Bürger, desto präziser – und damit gewichtiger – ihre Stimme.

Viele demokratische Systeme sind aus der Auflehnung gegen autoritäre Regime und soziale Ungleichheit hervorgegangen. Von den oben genannten vier Staaten formten sich die Vereinigten Staaten im Unabhängigkeitskrieg gegen das englische Mutterland, Italien im Befreiungskampf gegen das faschistische Regime, Griechenland und Spanien im Widerstand gegen die Diktatur. Die Demokratie entsteht als Projekt des freien und zivilen Zusammenlebens, doch sie gedeiht nur, wenn die Bürger tatsächlich die Volkssouveränität ausüben, d. h., wenn sie das staatliche Handeln ständig lenken und kontrollieren. Man darf sich nicht der Illusion hingeben, dass ein demokratisches System, sobald eine Verfassung proklamiert wurde und freie Wahlen garantiert sind, wie eine große Maschine von selbst läuft, wenn sie einmal in Gang gekommen ist und nur alle vier, fünf Jahre geölt werden muss. Staatliche Institutionen, die hierarchisch organisiert sind und nicht der Kontrolle durch das Volk unterliegen (die sich auf die direkte Wahl der Parlamentsabgeordneten oder der Regierung beschränkt), werden bald zu einer übermächtigen, den Bürger erdrückenden Bürokratie. Die bürokratischen Prozeduren und das Interesse der Politiker entfernen sich dann immer mehr von der Wirklichkeit und von der Sprache der einfachen Leute. Nach und nach sprießen neue Privilegien und alte kommen wieder auf. Der Bürger, der sich diskriminiert fühlt, wenn er sein Recht durchsetzen will, beginnt, den Staat zu verachten, oder macht sich auf die Suche nach einflussreichen Fürsprechern.

In der ältesten Demokratie der Neuzeit, den Vereinigten

Staaten[4], geben nur etwa 40 % der Wahlberechtigten ihre Stimme ab. Und die anderen? Sie beteiligen sich aus zwei Gründen nicht an den Wahlen. Die einen können sich nicht mit dem sozialen System identifizieren und wollen nichts mit dem Staat zu tun haben. Die anderen sind der Ansicht, dass es auf ihre Stimme ohnehin nicht ankommt, sei es, weil keine der zur Wahl stehenden Parteien sich zum Fürsprecher ihrer Interessen macht, sei es, weil sie glauben, dass alle Parteien sowieso das Gleiche tun, wenn sie erst einmal an der Regierung sind. Jeder dieser Gründe ist eine Niederlage für die Demokratie.

Das Verhältnis zwischen Bürger und Macht sagt etwas darüber aus, ob die Demokratie eine Zukunft hat, da die Volkssouveränität nur erhalten bleibt, solange die höchste Staatsgewalt, die auf einige wenige übertragen wurde, damit sie die Interessen aller wahrnehmen, einer ständigen Überprüfung unterliegt (die Institutionen also zur Transparenz verpflichtet sind) und permanent kontrolliert wird (also widerrufbar ist). Wer an der Regierung ist, muss sich die fünf klassischen Fragen stellen lassen: Was für eine Macht hast du? Von wem hast du sie erhalten? Für wen übst du sie aus? Wem bist du dafür verantwortlich? Wie können wir uns von dir befreien? Von den Antworten hängt die Qualität des betreffenden Systems ab.

Dass sich das Projekt der Demokratie erst vor so kurzer Zeit durchsetzen konnte (und dass bis heute nur eine Minderheit der Weltbevölkerung daran beteiligt ist), liegt unter anderem daran, dass es sich um eine komplizierte Staatsform handelt und großes Engagement erforderlich ist, sie effizient zu gestalten. Wenn ein Einzelner oder eine kleine Gruppe regiert, ist im Grunde alles viel einfacher. Wenn alle bestimmen – der demokratische Traum –, ist eine Einigung viel schwerer zu erreichen. Ein solches System braucht stabile Grundpfeiler, um bestehen zu können. Die Alphabetisierung muss universal sein, denn einem Staatsbürger, der nicht lesen, schreiben und rechnen kann, fehlt im Grunde die Kompetenz, sich zur Staatsführung zu äußern. Die Schulbildung muss zumindest bis zum Jugendalter allgemein sein, denn durch gleiche Arbeitschancen können große soziale Unterschiede und die Entstehung von Sklavenklassen vermieden werden. Einkommensschwächeren Familien müssen bestimmte Grundleistungen wie Strom, Wasser, Gesundheitsvorsorge und Wohnung garantiert werden, denn nur dann kann jeder ein vollwertiger Bürger sein. Der Staat muss überdies stark genug sein, um sich gegen die Interessen der großen Zentren wirtschaftlicher, politischer und militärischer Macht verteidigen zu können, und er darf die Bürger nicht systematisch zum Nutzen der herrschenden Klasse ausplündern.

Wo große Armut herrscht und die Menschenwürde in Frage gestellt ist, kann ein solches egalitäres System nur schwer entstehen. Denn dazu müssen sich die Individuen, aus denen sich die Bevölkerung zusammensetzt, ihrer Rechte bewusst sein und den Wunsch haben, sie auszuüben. Die gleichen Rechte müssen auch den anderen zugestanden werden, selbst wenn sie einer anderen Religion, einer anderen Ethnie und einer anderen Einkommensgruppe angehören. Wenn dem nicht so ist und die herrschende Klasse aus politischen Gründen trotzdem freie Wahlen ansetzt, dann stimmen die Bürger möglicherweise für die Abschaffung der demokratischen Strukturen, denen sie z. B. ein göttliches Gesetz vorziehen (wie die *Scharia*, das heilige islamische Gesetz), das Männern und Frauen oder Andersgläubigen vielleicht nicht die gleichen Rechte zubilligt. So geschah es in Algerien, das in den letzten Jahren von einem blutigen Bürgerkrieg zerrissen wurde. In Indien, wo eine jahrtausendealte Kastenordnung besteht, ist der traditionellen Kultur zufolge alles, was dem Individuum widerfährt, notwendige Folge seiner in früheren Leben vollbrachten Taten, weshalb jeder den ihm gebührenden Stand und das Dasein hat, das er verdient. Eine solche Einstellung rechtfertigt jede soziale Ungleichheit und ist ein Hindernis für Veränderungen. In Indien gibt es demokratische Institutionen, seit sich die englischen Kolonialherren zurückzogen, doch scheint der Staat eher auf der Basis eines Korruptionssystems zu funktionieren, wie übrigens auch in vielen anderen Ländern der Welt. Es gibt keine «Rechtssicherheit», die einzige Sicherheit ist das Geld.

Sind die Grundbedürfnisse erfüllt und werden die Bürger zur Demokratie erzogen, dann entwickeln sie sich nach und nach zu immer besseren und kompetenteren Kennern der Staatsdinge. Sie organisieren sich, um mit Hilfe der Regierungsinstrumente Antworten auf ihre Bedürfnisse zu finden, haben ein waches Auge auf die Politiker und mischen sich auf vielerlei Weise ein. Je fester eine demokratische Kultur Fuß fasst, desto mehr erscheint die Zentralisierung der Macht als eine primitive Form der Staatsführung. Forderungen nach lokaler Autonomie und radikalen Formen der Dezentralisierung werden laut, man will die Souveränität näher zum Volk bringen, das sein Schicksal so weit wie möglich selbst in die Hand nehmen möchte.

In Europa werden die Nationalstaaten, so wie sie sich in den vergangenen Jahrhunderten herausgebildet haben, mit der Zeit zunehmend obsolet und stehen einerseits der Forderung nach einer gemeinsamen europäischen Währung, Regierung, Rechtsprechung und Verteidigung und andererseits der Notwendigkeit einer starken lokalen Autonomie entgegen. Das, was nur einen Teil und nicht das Ganze angeht, wird besser vom Teil als vom Ganzen durchgeführt. Es handelt sich jedoch um massive, verfestigte Strukturen, die sich ihre Privilegien nicht so leicht werden nehmen lassen. An der Schwelle zum dritten Jahrtausend weist allerdings manches in diese Richtung, und das entspricht auch der natürlichen Entwicklung der Ausübung der Bürgerrechte.

Wie also die oben genannten Untersuchungen ergaben, ist Demokratie dem Glück förderlich, und deshalb beziehen wir sie zu Recht in unsere Überlegungen mit ein. Effektive Gleichheit gibt jedem die Möglichkeit, sein Talent zu entfalten, und eine Gesellschaft von Gleichen entwickelt Solidarität, weil alle im selben Boot sitzen. Die Demokratie hat zwar erst vor kurzem Laufen gelernt, aber sie kann sich so rasch entwickeln wie jedes kulturelle Phänomen, und wenn sie weiter vorankommt, brauchen wir keine tausend Jahre zu warten, um gute Ergebnisse zu sehen. Sie hat hinsichtlich der natürlichen Selektion einen großen Vorteil: Gleichheit fördert den Austausch, und Kooperation erleichtert das Überleben.

Jede neue Generation übernimmt die Welt, die Natur und mit ihr die Kultur als Erbe von der vorausgegangenen Generation. Die Eltern geben an ihre Kinder Werte und Verhaltensweisen weiter, die Schule vermittelt das verfügbare Wissen, die Kommunikationsmittel informieren und spiegeln in gewisser Weise die Gesellschaft wider. Der junge Mensch erbt von denen, die vor ihm da waren, die biologische Konstitution, die natürliche Umwelt, die Kulturform. Wie bei einem Staffellauf übergibt ein Läufer das Staffelholz an den nächsten, jede neue Generation beginnt dort, wo die letzte angekommen war.

Bliebe bei dieser Übergabe alles so, wie es ist, hätte sich die Menschheit nie verändert. Jede Generation aber bringt neue Entdeckungen und Erfindungen hervor und lanciert neue Ideen und Vorschläge. Wenn diese aufgegriffen werden, erneuern sie die Tradition, und selbst wenn ihnen kein sofortiger Erfolg zuteil wird, können sie sich doch im Lauf der Zeit verbreiten. So wie bei der biologischen Weitergabe werden auch bei der kulturellen immer wieder Mutationen angeboten, allerdings mit zwei großen Unterschieden. Erstens können kulturelle Neuheiten – wie z. B. technische Innovationen – im Lauf des Lebens ständig hervorgebracht werden, sie treten nicht nur bei jedem Generationenwechsel auf. Zweitens werden sie nicht nur an die Nachkommen weitergegeben, sondern potenziell an alle Mitglieder der Gesellschaft. Das führt zu einer außergewöhnlich schnellen Ausbreitung vorteilhafter Neuerungen. So brauchte zum Beispiel der Bogen im Paläolithikum einige Jahrtausende, um sich auszubreiten, die Wassermühle im Mittelalter wenige Jahrhunderte und der Computer im 20. Jahrhundert wenige Jahrzehnte.

Obwohl sich das Tempo der Veränderung im Lauf der menschlichen Geschichte (parallel zur wachsenden Zahl von Individuen, von denen die Erfindungen ausgehen) ständig beschleunigt hat und obwohl die Kommunikationsmittel Neuerungen heute weiträumig verbreiten, verändern sich Gewohnheiten und Bräuche stets langsam. Das äußere Erscheinungsbild – Kleidung und Haarschnitt – verändert sich binnen kurzer Zeit, viele soziale Institutionen dagegen wandeln sich sehr langsam: Religionen ändern sich im Lauf der Zeit nur wenig; der Übergang von der Polygamie zur Monogamie oder umgekehrt erforderte dort, wo er stattgefunden hat, viele Jahrhunderte; bis die Anerkennung der Gleichberechtigung von Mann und Frau erreicht war, dauerte es Jahrtausende.

Ähnlich wie die Anpassungsfähigkeit des Organismus

begrenzt ist, so ist es auch die des Sozialkörpers: Die Gesellschaft ist misstrauisch gegenüber neuen Vorschlägen und nimmt sie nur widerstrebend an, vor allem, wenn sie zu tiefgreifenden Veränderungen in der traditionellen Lebens- und Denkweise führen oder bestehende Interessen bedrohen. Die Elektrizität wurde erst Jahrzehnte nach ihrer Erfindung übernommen und als nützlich anerkannt. Die Vorstellung, dass die Erde nicht der Mittelpunkt des Universums ist, sondern nur ein Himmelskörper von vielen, die sich im Kosmos bewegen, setzte sich erst fast zweitausend Jahre nach ihrer Formulierung durch; wer sie verteidigte, wie Galilei, wurde verfolgt. Das Recht des Souveräns, in göttlichem Auftrag zu regieren, wurde noch in unserem Jahrhundert proklamiert und im größten Teil der Welt erst nach blutigen Kämpfen abgeschafft, wie z. B. in der Französischen Revolution. Als vor einigen Jahren in Italien einige Gruppen von Untersuchungsrichtern die in der öffentlichen Verwaltung herrschende Korruption und die heimlichen Absprachen zwischen Sektoren des Staates und großen kriminellen Organisationen zu verfolgen begannen, versuchten die verschiedensten Kräfte, diese Aktion zu durchkreuzen.

Die Weitergabe von Kultur geschieht hauptsächlich in der Familie. Das Kind ahmt die Verhaltensweisen der Eltern nach, ähnlich wie es ihre Gene übernommen hat. (Allerdings verändern sich Gene nur sehr wenig, während sich Verhaltensweisen im Lauf des Lebens weiterentwickeln). Die Einflüsse, die man in den ersten Lebensjahren erfährt, sind von ausschlaggebender Bedeutung, und obwohl es in der Pubertät oft zu einer abrupten Abwendung oder zum Bruch kommt, finden sich beim Erwachsenen Einstellungen und Werte, die er in der Kindheit angenommen hat. Durch die ersten Spielkameraden und die anderen Menschen, mit denen das Kind nach und nach in Kontakt kommt, später dann durch die Schule und das Fernsehen (durch das Fernsehen früher als durch die Schule!) sieht sich das Kind einer Vielzahl von Informationsquellen, Anregungen und Lebensmodellen ausgesetzt. Der grundlegende Erziehungsprozess vollzieht sich aber immer durch die Nachahmung von Vorbildern: Man übernimmt Verhaltensweisen, Meinungen usw. von den Personen, die einen anregen, die man achtet oder die Qualitäten haben, die man auch gerne hätte. Noch als Erwachsener erinnert man sich, wenn man vor schwierigen Entscheidungen steht, manchmal an das Vorbild eines Menschen, den man schätzt.

Was in der Zeit des Heranwachsens geschieht, entscheidet größtenteils über die Persönlichkeitsstruktur des Erwachsenen. Wer als Kind geschlagen wurde, wird dazu neigen, seine Kinder ebenfalls zu schlagen, wer im Luxus aufgewachsen ist, wird sich schwer mit Armut abfinden. Umgekehrt wird jemand, der nicht kochen kann, auch seine Kinder nicht in der Kochkunst unterweisen können, so wie ein korrupter Vater ihnen keine Ehrlichkeit beibringen kann. Natürlich kann der Heranwachsende Gelegenheit finden, das zu lernen, was ihm Familie und Schule nicht mitgeben konnten. Aber dazu wird es viel leichter kommen, wenn die Erwachsenen, die das Kind beeinflusst haben, Wert auf Lernen, Neugier und vorurteilsfreie Suche legten. Jemandem, dem starre Ansichten, Misstrauen gegenüber allem Neuen und eine vorbestimmte soziale Identität mitgegeben wurden, wird es viel schwerer haben. Der Sohn eines Hirten wurde jahrhundertelang selbst auch Hirt, und der Königssohn wurde König.

Aus all diesen Gründen entscheidet die Erziehung über die Zukunft einer Gesellschaft. Hoch entwickelte Gesellschaften versuchen deshalb, ihren Jugendlichen eine allgemeine Schulbildung auf Staatskosten zukommen zu lassen, ohne Ansehen der Klasse und der Religion, um den künftigen Staatsbürgern eine gemeinsame Basis zu geben. Eine Erziehung, die die Fähigkeiten des Schülers entwickeln hilft und unabhängiges Denken fördert, trägt viel dazu bei, glückliche Menschen heranzubilden, denn für jemanden, der lernt, seine Gaben zu entfalten, kann das Leben begeisternd sein. Die Schule ist aber immer Spiegel der Gesellschaft, die ihre Fehler und Mängel oder, schlimmer, ihre Intoleranz in sie hineinträgt. Und von welcher Gesellschaft, die wir kennen, wollten wir behaupten, dass sie das gute Leben liebt und sich bemüht, das Glück und das harmonische Zusammenleben der Bürger zu fördern?

Dazu nur ein Beispiel: Jeder Staat bestraft schwere Verbrechen mit Gefängnis (manche Länder sogar mit dem Tod). In den westlichen Demokratien hat sich eine während der Aufklärung entstandene Auffassung durchgesetzt, die in der Freiheitsberaubung ein zweifaches Ziel sieht: die Haft verhindert eine Wiederholung des Verbrechens, und die Absonderung in der Mikrogemeinschaft soll eine Umerziehung des Verurteilten und seine Wiedereingliederung ins Leben ermöglichen. Wie vielen Häftlingen aber hat die Haftstrafe die Möglichkeit gegeben, ein «neues Leben» anzufangen? Sehr selten sind auch Urteilssprüche, die eine «rehabilitierende» Bestrafung verhängen, die den Verurteilten zum Nachdenken über seine Tat und zur – symbolischen – Wiedergutmachung des Schadens zwingen. So ist die Haft nach wie vor bloße Bestrafung für unsoziales Verhalten und befriedigt ein atavistisches Rachebedürfnis. Kann eine Gesellschaft, die nicht in der Lage ist, diejenigen zu erziehen, die eine Verfehlung begangen haben, junge Menschen wirklich zu einem spontanen und nicht nur per Gesetz erzwungenen zivilen Zusammenleben erziehen?

Die Aussichten für das dritte Jahrtausend sind nicht gerade heiter. Es scheint, als kämen nun, da die Menschheit den Lebensraum auf dem Planeten bis in den letzten Winkel besiedelt hat, all ihre Sünden ans Licht.

Das Hauptproblem ist unser Verhältnis zur Natur. Wir zerstören die Umwelt und entziehen uns damit unsere Lebensgrundlage. Die Wirtschaft fordert unbegrenzte Entwicklung, die fossilen Energieressourcen und viele Rohstoffe sind aber bekanntlich nur in begrenzter Menge vorhanden. Je mehr die Bevölkerung zunimmt und je mehr Technik zum Einsatz kommt, umso größer die Belastung dieser natürlichen Ressourcen.

Das Elend treibt Millionen von Notleidenden aus dem Süden der Welt in Richtung Norden, der zwar reich ist, aber vielen seiner eigenen Bürger keine Arbeit mehr geben kann. Wir haben es hier mit einer historischen Schuld zu tun, denn der Norden hat den Süden jahrhundertelang mit Waffengewalt okkupiert und dessen Arbeitskräfte und Rohstoffe ausgebeutet. Es ist eine Schuld, die nie vergolten wurde, z. B. durch die Bereitstellung von Arbeitsplätzen in den Ländern des Südens. Heute weht der Wind jedoch aus einer anderen Richtung: Der an billigen Arbeitskräften und Rohstoffen reiche Süden ist, mit den Ländern des Fernen Ostens an der Spitze, auf dem Weg, sich bei der Warenproduktion die ökonomische Vorherrschaft zu erobern. Es sieht so aus, als könne Europa, das jahrhundertelang die Welt beherrscht hat, in naher Zukunft in eine marginale Rolle abgedrängt werden.

Der Zusammenbruch des sowjetischen Blocks wurde fast überall freudig begrüßt, denn die kommunistischen Regierungen hatten im Namen der Gleichheit die Freiheit und Kreativität der Menschen unterdrückt und die Bürokratenklasse verherrlicht. Es kommt nicht darauf an, dass alle gleich leben, denn kein Mensch auf der Welt gleicht dem anderen, sondern darauf, dass alle gut leben können. Das Ende des Regimes hinterließ ein Vakuum, denn die Bürger waren seit Generationen nicht mehr daran gewöhnt, selbständig zu denken und zu handeln. In dieser Hinsicht war die kulturelle Weitergabe unterbrochen worden. Wie immer müssen die Schwächsten die Folgen dieser Implosion tragen, zum Beispiel die Alten, die nicht einmal genug zum Essen haben. In anderen Ländern, die zusammenbrachen – wie Afghanistan nach einem zwanzigjährigen Bürgerkrieg, in dem sich die Erwachsenen gegenseitig niedermetzelten –, blieb ein Heer von Waisenkindern zurück. Was kann ein Kind, wenn die das Weltbild prägende Übertragung der Werte von den Eltern auf die Kinder unterbrochen ist, anderes tun, als zum Gewehr zu greifen, um sich durchzuschlagen?

In Westeuropa, wo nach den Massakern dieses Jahrhunderts niemand mehr etwas von Krieg wissen will, wo das Bevölkerungswachstum spontan zurückging und die Krise vielleicht nicht nur vorübergehend ist, wo viele, die den Wohlstand ausprobiert haben, zur Erkenntnis gelangt sind, dass dieser für die Lebensqualität nicht ausschlaggebend ist, könnte sich eine neue Einstellung durchsetzen: Anstatt die verfügbaren Ressourcen bis zum Letzten auszubeuten und immer neue soziale Ungleichgewichte zu schaffen, könnte man auch den Fuß vom Gaspedal nehmen und für die Wiederherstellung des uns von der Natur überlassenen Erbes sorgen, weniger arbeiten, dafür aber allen Arbeit geben, die Arbeiter am Besitz der Produktionsmittel beteiligen, um auf diese Weise allen mehr Anreiz zu geben, und stärker das Menschheitserbe – Forschung, Kunst und praktische, auf die Technik angewandte Intelligenz – begünstigen, anstatt die Anhäufung von Reichtum zu fördern. Es ist vor allem eine Frage der Einstellung: Man muss sich für das Gleichgewicht und die Harmonie mit der Natur und mit den Menschen entscheiden, statt beide beherrschen zu wollen. Das ist ein Traum, wird mancher sagen, doch die Geschichte verlangt neue Antworten.

XIII Die große Angst

Man kommt auf die Welt, wächst heran, pflanzt sich fort und zieht Kinder groß, hat Liebesbeziehungen und pflegt Freundschaften, und man müht sich ab, um seinen Lebensunterhalt zu verdienen. Manche müssen in den Krieg ziehen, andere leiden an schweren Krankheiten, einige finden dauerhaftes Glück und wieder andere altern verbittert und voller Groll. Dann löst sich alles in nichts auf, der Tod verschlingt jedes Leben, ob es erhebend oder beschwerlich war. Von denen, die gelebt haben, bleibt nur die Erinnerung, und auch sie schwindet innerhalb von wenigen Generationen. Der Tod, so Aristoteles, schmerzt vor allem den Glücklichen, denn er hat am meisten zu verlieren. Das klingt zwar logisch, dennoch kann man nicht ganz einverstanden sein, denn der Glückliche hat ein erfülltes Dasein hinter sich, er hat alles ausgekostet, was das Leben ihm zu bieten hatte, und man könnte sich vorstellen, dass er es ohne das Gefühl, etwas versäumt zu haben, hinter sich lässt. Aber vielleicht stimmt auch das Gegenteil, dass nämlich der Unglückliche mehr am Leben hängt, weil er bedauert, dass ihm so viel entgangen ist.

Welche Einstellung man zum Tod auch haben mag, die wenigsten sind wirklich darauf vorbereitet, ihm ins Auge zu sehen. Es sei uns gestattet, unbefangen über dieses sonst mit so viel Ernst behandelte Thema zu sprechen, denn dem Tod kommen wir ohnehin nicht bei. Der Grund dafür ist nahe liegend: Von dem Augenblick an, in dem das Bewusstsein in uns erwacht, lernen wir nie etwas anderes kennen als das Leben. Aber alles, was uns von diesem Zeitpunkt an widerfährt, findet seine Negation im Tod, der unausweichlich ist. Das ist das Einzige, was wir über ihn wissen. Obwohl die Beobachtung der Welt uns lehrt, dass Leben und Tod eng miteinander verknüpft sind, und dass alles, was geboren wird, natürlicherweise zum Sterben bestimmt ist, können wir nur schwer akzeptieren, dass unsere Wahrnehmung ebenso wie die der Menschen erlischt, die wir lieben, und dass die Körper, diese so vollkommenen und raffinierten Gebilde, sich in die Substanzen auflösen, aus denen sie zusammengesetzt sind.

Eine mit Epikur oder vielleicht schon vor ihm entstandene antike Tradition besagt, dass der Tod für uns keine Bedeutung hat, denn ist er einmal da, sind wir nicht mehr da, und so kann er uns nicht mehr beunruhigen. Solange wir lebendig sind, sind wir lebendig; wenn wir tot sind, sind wir nicht mehr da und können nicht mehr leiden; der Todeskampf ist nur ein vorübergehender Schmerz wie vieles andere im Leben. So klarsichtig diese Argumentation ist, die Angst vor dem Tod vermochte sie nicht zu zerstreuen. Stattdessen herrschte jahrtausendelang im Osten wie im Westen die Überzeugung vor, dass die menschliche Seele unsterblich sei. Die Ägypter und die Hindus sahen den Tod als Übergang zu einer körperlosen Existenz, in welcher die Seele nur für kurze Zeit verweilt, um dann erneut in einen Körper einzutreten. Nach Auffassung von Christen und Moslems lebt die Seele weiter, vom körperlichen Dasein für immer befreit (für die Moslems verfügt sie weiterhin über die Sinneswahrnehmungen, die sie im irdischen Leben besaß, denn der Leib ist als Schöpfung Gottes vollkommen). Von den drei «Buchreligionen» fehlt nur bei den Juden (aber nicht bei allen) der Glaube an ein überirdisches Leben.

Die Religionen sprechen von Paradies und Hölle, von Orten, wo die Seele, vom Körper getrennt oder in ihm gefangen, ewige Qualen leidet, erstarrt im furchtbaren Bewusstsein ihrer Verfehlungen und Sünden; und von Stätten der Glückseligkeit, wo sie neues Leben findet und zu Erkenntnis und Freude gelangt, wie sie ihr unbekannt waren, solange sie einen Leib bewohnte. In Bezug auf das Paradies gibt es vielfältige Traditionen und Lehren. In Dantes *Paradies* wird den Seelen umso mehr Gnade und Erkenntnis zuteil, je mehr sich ihre Augen für die unendliche Weisheit und Liebe Gottes öffnen. Im Paradies des Koran ergötzen die Gläubigen Allahs sich an süßen Früchten, an Bächen und blühenden Bäumen, an schönen und reinen Mädchen (den Uri), die eigens für sie geschaffen wurden, an Festmählern mit köstlichen Fleischspeisen und klaren Getränken, die kein Kopfweh machen.

In der im Orient vorherrschenden Sicht ist jeder dem Tod, aber ebenso der Wiedergeburt unterworfen: Im zeitlosen Zustand zwischen zwei Existenzen erschaut man die Kräfte, die das Universum beleben, die unzähligen Daseinsweisen, die vielen Höllen und glücklichen Welten. Der Gestorbene begreift nicht unbedingt, was sich seinem inneren Blick zeigt; getrieben von seinem im Leben erlangten psychischen Zustand, den er mit in den Tod nimmt, wird er zu einer der zehntausend Welten hingezogen, in der seine Wiedergeburt erfolgt.

Nach christlicher Tradition werden die Toten mit dem Leib wieder vereint, der am Jüngsten Tag auferstehen und unsterblich sein wird. Für den Hinduismus dagegen ist es das höchste Ziel, sich vom Leib und damit vom eigenen Selbst zu befreien: Wenn der Mensch sich in der göttlichen

Natur der Weltseele erkennt, kann er den Kreislauf von Geburt und Tod und Wiedergeburt verlassen, und die Kette der Reinkarnationen findet ein Ende.

Natürlich ist weder bewiesen, dass die Seele existiert, noch dass sie unsterblich ist oder sich reinkarniert, und ebenso wenig, dass sie sich in nichts auflöst. Wir haben kein gesichertes und universal anerkanntes Wissen darüber, was nach dem Tod geschieht, ja, es gibt nicht einmal Anhaltspunkte dafür, dass überhaupt etwas geschieht. Sich zum Tod zu äußern ist so schwierig, dass Religionen wie das Christentum oder der Islam eine Glaubensfrage daraus machten. Für die Hindus (ebenso wie für die Buddhisten) ist es dagegen eine Erfahrungsfrage: Der Mensch kann zur Erinnerung an seine früheren Existenzen gelangen, nachdem er vielleicht eine Vielzahl von Leben durchlaufen hat; dieses Erinnern wird ihm helfen, den Kreislauf der Inkarnationen zu verlassen.

Der Begriff des Weiterlebens der Seele nach dem Tode ist auch außerhalb der großen religiösen und philosophischen Strömungen weit verbreitet. Immer wieder hört man von Leuten, die behaupten, sie seien im Traum von geliebten Verstorbenen aufgesucht worden (die ihnen vielleicht sogar wertvolle Ratschläge gegeben haben). Schon in der frühesten Antike beschwor man die Geister der Toten, und in unserer Zeit sind spiritistische Sitzungen, bei denen «Medien» mit Geistern in Verbindung treten, weit verbreitet. Aus dem Scheintod Wiedererwachte berichten von intensiven Erfahrungen an der Schwelle zum Jenseits. Dass solchen mysteriösen Episoden und schwer einzuordnenden Phänomenen so viel Beachtung geschenkt wird, zeigt unsere Unwissenheit in Bezug auf das, was nach dem Leben kommt.

In der Regel geben Tote kein Zeichen ihrer Präsenz

mehr, sie erscheinen ihren liebsten Freunden auch nicht im Traum, um ihnen mitzuteilen, wie es ihnen ergeht, und sie kehren nicht zurück, um die sie Beweinenden zu trösten oder erlittenes Unrecht zu bestrafen. Wer gestorben ist, lebt allenfalls in der Erinnerung und in der Liebe derer fort, die ihm nahe standen, und bisweilen auch im Gedenken der Nachwelt.

Unser Wissen endet an der Schwelle zum Tod. Falls es nach dem Ableben des Körpers noch irgendwelche Formen des geistigen Erkennens gibt, dann müssen sie ganz anders sein als die, über die wir als Lebende diskutieren und uns verständigen können.

Von persönlichen Überzeugungen oder überlieferten Glaubensvorstellungen abgesehen, darf man mit gutem Grund sagen, dass die große Mehrheit der Menschen keine Ahnung hat, was sie erwartet. Der Tod ist das große Unbekannte, und er macht Angst.

Mystiker und Heilige haben ihn willkommen geheißen, und viele Märtyrer gingen ihm singend entgegen. Auch nicht religiöse Menschen sind mit großer Würde in den Tod gegangen. Normalerweise aber hat niemand Lust zu sterben, und auch wer dem Tod nah ist, klammert sich verzweifelt ans Leben. Die Diagnose einer tödlichen Krankheit ruft deshalb Reaktionen der Ablehnung hervor. Man fühlt sich von den Ärzten betrogen und zürnt mit der ganzen Welt, verfällt in düstere Depressionen und hält es für eine unerträgliche Ungerechtigkeit, dass das Leben überall weitergeht und man selbst gezwungen ist, Abschied zu nehmen.

Es ist schmerzlich, in Bezug auf etwas, das uns so unmittelbar betrifft, so hoffnungslos unwissend zu sein. In den Kulturen der Völker gibt es eine außerordentliche Vielfalt von Darstellungen des Jenseits: Vielleicht trieb gerade diese quälende Unwissenheit die Menschen dazu, es mit ihren Phantasien zu bevölkern und ihm die Erfüllung der im Diesseits unerfüllt bleibenden Sehnsüchte zuzuschreiben, den Wunsch nach Frieden und Liebe ebenso wie den nach jungfräulichen Mädchen.

Das Unbekannte regt die Phantasie an: Man kann ihm alle Eigenschaften geben, denn vom Tod kehrt niemand zurück, um davon zu erzählen (bis auf Jesus Christus, bei dem es aber sozusagen zu «demonstrativen» Zwecken geschah: Er musste damit seine Göttlichkeit manifestieren). Die überirdischen Stätten entsprechen den Vorstellungen des Volkes, das sie erschafft. Die biblische Hölle ist die *Gehenna*, ein Tal südlich Jerusalems, Verbrennungsplatz für Unrat und Ort der ewigen Verdammnis. Zu den paradiesischen Gärten des Koran haben auch Frauen Zugang, die eigentlichen Protagonisten jener Gefilde der Glückseligkeit aber sind die Männer. Die ihnen als Gefährtinnen zugesellten Uri sind unirdische, engelhafte Wesen. In einer Männergesellschaft verwundert es auch nicht, dass Frauen im Paradies kaum in Erscheinung treten.

Wenn uns auch verschlossen bleibt, was nach dem Tod geschieht, können wir doch über die Haltung angesichts des Todes sprechen. Die Geschichte liefert uns dazu eine unerschöpfliche Dokumentation. Wie viele Menschen haben wohl seit Bestehen der Menschheit auf der Erde gelebt? Grob gerechnet mindestens 80 Milliarden in den letzten hunderttausend Jahren, davon über 70 Milliarden allein in den letzten zehntausend Jahren, also seitdem es die Landwirtschaft gibt. Wenn jeder dieser Menschen ein sich teilweise von anderen Leben unterscheidendes Leben geführt hat, dann wird auch jeder auf seine eigene Weise gestorben sein. Gäbe es eine Enzyklopädie des Glücks, der wir entnehmen könnten, was die Menschen, von denen sie berichtet, glücklich gemacht hat, dann müsste sie auch dem Tod dieser Menschen einen Platz einräumen, denn einige von ihnen sind sicher glücklich gestorben.

Der sokratische Philosoph Antisthenes antwortete auf die Frage, was der Gipfel menschlichen Glücks sei: «Glücklich zu sterben.»[1] Eine der heutigen Einstellung, die – religiöse Menschen ausgenommen – im Leben den einzigen Ort möglichen Glücks sieht und den Tod ignoriert, genau entgegengesetzte Haltung. Heute strebt man danach, sich möglichst lange wenigstens einen Anschein von Jugendlichkeit zu bewahren. Die Worte des Antisthenes besagen dagegen, dass das Beste, wonach ein Mensch trachten könne, etwas ganz anderes sei: dass ihn nämlich seine Erforschung des Lebens dahin führt, den Tod als höchste Krönung des Lebens zu sehen und glücklich in ihn einzugehen als jemand, der Sinn und Ziel des Lebens erkannt hat. Eine ähnliche Einstellung kommt auch in den frappierend klarsichtigen Worten eines Fragments von Leonardo da Vinci zum Ausdruck: *Während ich glaubte, ich würde lernen, wie man leben soll, habe ich gelernt, zu sterben.*[2] Wer das Leben ganz ergründet hat, nimmt den Tod bereitwillig hin, denn das Leben verstehen heißt auch den Tod verstehen. Wer den Tod annimmt, wer sterben «lernt», erlangt im Leben ungeahnte Freiheit, wie Leonardo da Vinci an anderer Stelle sagt: Tu, wie es dir gefällt, denn jedes Ding hat seinen Tod.

Der schottische Philosoph David Hume, der die traditionelle Metaphysik erfolgreich kritisierte und behauptete, die Erfahrungstatsachen berechtigten uns nicht, allgemeine Aussagen über das zu machen, was in der Welt geschehe, galt bei seinen Zeitgenossen als Atheist, obwohl er selbst abstritt, einer zu sein. Als er dem Tod nahe war, fragte man sich in den gebildeten – und meist religiösen – Kreisen des damaligen London voller Neugier, was der Philosoph, der gewiss nicht an ein Leben im Jenseits glaubte, jetzt wohl sagen würde? James Boswell, ein gläubiger und weitgereister Literat, der dreißig Jahre jünger war als Hume, besuchte diesen und machte ein Interview mit ihm, das vor einigen Jahren als der «journalistische Knüller des achtzehnten Jahrhunderts» bezeichnet wurde:

Er meinte: ... daß Unsterblichkeit, wenn es sie denn überhaupt geben sollte, allgemein sein müsse; daß ein Großteil der menschlichen Rasse kaum irgendwelche intellektuellen Qualitäten habe; daß ein Großteil in jungem Alter sterbe, bevor er zur Vernunft gekommen sei; aber trotzdem müßten dann alle unsterblich sein: Ein Lastenträger, der sich um zehn Uhr morgens mit Gin betrinke, müsse unsterblich sein. Der Abschaum aus jedem Jahrhundert müsse demzufolge erhalten werden, und somit müßten neue Welten geschaffen werden, um eine solche Unzahl aufzunehmen ...

Ich fragte ihn, ob ihm der Gedanke an eine völlige Auslöschung kein Unbehagen bereite. Er sagte: Keineswegs. Nicht mehr als der Gedanke, noch nicht existiert zu haben ... «Nun», sagte ich, «Mr. Hume, ich hoffe, daß ich recht habe, wenn wir uns in einem zukünftigen Leben wieder treffen. Und erinnern Sie sich dann bitte, daß Sie keinesfalls scherzten, als Sie heute all diese ungläubigen Äußerungen machten. «Nein, nein», sagte er. «Aber ich werde so lange vor Ihnen dort sein, daß es keine Neuigkeit mehr sein wird.»[3]

Der Tod schreckte Hume nicht mehr, als ihn das Leben schreckte, und deshalb konnte er es sich leisten, Scherze darüber zu machen. Daran gewöhnt, das zu bewerten, was die Erfahrung Augenblick für Augenblick bringt, und über die Tatsachen zu reflektieren, die sie uns liefert, war der

Philosoph bereit, mit dem Tod genauso umzugehen, wie er mit dem Leben umgegangen war: er untersuchte und beurteilte, was er bringen würde. Er gab sich indes nicht der Illusion hin, dass er danach noch dazu imstande sein würde.

Eine alte chinesische Legende erzählt von drei Weisen, die immerzu fröhlich waren und lachten. Sie reisten von einem Land ins andere, machten Scherze und erheiterten alle, denen sie unterwegs begegneten. In den Dörfern setzten sie sich auf den Marktplatz und begannen so herzlich zu lachen, dass sie damit alle ansteckten, bis der ganze Platz von Gelächter widerhallte.

Als einer der drei starb, erwarteten die Leute, dass die beiden Hinterbliebenen um ihn trauern und ihn beweinen würden. Doch mitnichten: Lachend und tanzend feierten sie seinen Tod. «Wir haben uns immer gefragt, wer von uns als Erster sterben wird», erklärten sie. «Und er hat gewonnen. Er ist sein ganzes Leben lang fröhlich gewesen, wie anders könnten wir ihn ehren als durch Lachen, so wie wir es immer zusammen getan haben? Er würde uns Dummköpfe heißen, wenn wir es anders machen würden. Für uns ist er auch gar nicht tot. Denn wie kann das Leben verschwinden, wie kann das Lachen sterben?»

Sie weigerten sich, die Leiche den Dorfleuten auszuhändigen, die die rituellen Waschungen vornehmen wollten. «Unser Freund hat uns genaue Anweisungen hinterlassen», erklärten sie. «Er will so verbrannt werden, wie er ist, in seinen Kleidern.» Eigenhändig legten sie ihn auf den Scheiterhaufen.

Als die Flammen um den Toten züngelten, begann es zu knattern und zu knallen. Der Himmel füllte sich mit bunten Lichtern. Auf dem Scheiterhaufen explodierten Fontänen von Feuerwerkskörpern. Der alte Weise hatte sich vor seinem Tod damit die Kleider gefüllt und sich einen letzten Scherz erlaubt. Das ganze Dorf brach in ein kolossales Gelächter aus und tanzte mit den zwei Freunden des Toten.

Von Indien bis Japan gibt es zahlreiche Traditionen, die den Tod mit ganz anderen Augen sehen als wir. «Er ist da, er ist da!», lautet ein berühmter Tantra-Aphorismus. Alles, was existiert, alles, was geschehen kann, ist immer gegenwärtig, in jedem Augenblick; es ist nie irgendwo anders. Lebend tragen wir den Tod in uns, und wenn wir tot sind, tragen wir das Leben in uns; am Ende des Lebens gewinnt der Tod die Oberhand, und aus dem Tod wird neues Leben erwachsen. Der Übergang ist ein Augenblick der Verwandlung, aber was sich wandelt, bleibt immer dasselbe.

Von Dschuang Dsï wird erzählt, dass er bei der Geburt seines Sohnes verzweifelt weinte; zu den Verwandten, die gekommen waren, um sich mit ihm zu freuen, und ihn fragten, warum er sich so sonderbar verhalte, sagte er, er sei traurig, weil er in der Geburt den Tod gesehen habe. Als seine Frau starb und sein Freund Hui Dsï ihn besuchte, um ihm sein Beileid auszudücken, saß Dschuang Dsï vor seiner Haustür, *trommelte auf einer Schüssel und sang. Hui Dsï sprach: «Wenn eine Frau mit einem zusammengelebt hat, Kinder aufgezogen hat und im Alter stirbt, dann ist es wahrlich schon gerade genug, wenn der Mann nicht um sie klagt. Nun noch dazuhin auf einer Schüssel zu trommeln und zu singen, ist das nicht gar zu bunt?»*

Dschuang Dsï antwortete: «Nicht also! Als sie eben gestorben war, denkst du, daß mich da der Schmerz nicht auch übermannt habe? Aber als ich mich darüber besann, von wannen sie gekommen war, da erkannte ich, daß ihr Ursprung jenseits der Geburt liegt ... Da entstand eine Mischung im Unfaßbaren und Unsichtbaren, und es wandelte sich und kam zur Geburt. Nun trat abermals eine Verwandlung ein, und es kam zum Tod. Diese Vorgänge folgen einander wie Frühling, Sommer, Herbst und Winter, als der Kreislauf der vier Jahreszeiten. Und nun sie da liegt und schlummert in der großen Kammer, wie sollte ich da mit Seufzen und Klagen sie beweinen? Das hieße das Schicksal nicht verstehen. Darum lasse ich ab davon.»[4]

Mehr als vielleicht jede andere Tradition wandte der tibetanische Buddhismus seine Aufmerksamkeit jahrhundertelang dem Tod zu und erforschte ihn mit Hilfe der Meditation. Der Buddhismus kam vermutlich im 8. Jahrhundert n. Chr. nach Tibet, der Legende nach durch Padmasambhava, einen aus Indien stammenden Erleuchteten, der den von Buddha gepredigten Weg des *Dharma*, also das Handeln im Einklang mit dem Ganzen, gegen den einheimischen Dämonenglauben durchsetzte. Für den tibetanischen Buddhismus sind Leben und Tod ebenso wie der nach dem Tod eintretende und zur Wiedergeburt führende Prozess Seinszustände. Jeder dieser Zustände wird als *bardo* bezeichnet, und jedem ist es möglich, zum Erwachen zu gelangen, also zur Vereinigung mit dem Allbewusstsein, das das Universum beseelt. Doch auch wenn das Erwachen jederzeit kommen kann, ist der Augenblick des Todes doch die größte Gelegenheit dazu, wenn jeder sieht, wie sein Bewusstsein innerhalb eines Augenblicks im Weltganzen aufgeht.

Aus dieser Sicht ist der Tod der Augenblick der höchsten Erkenntnis, ja, mehr noch: Für den, der dies begreift, gibt es keinen Tod, denn er ist eins mit dem Ganzen geworden, und das Ganze endet niemals. Longchenpa, ein tibetanischer Meister des 14. Jahrhunderts, legt uns dies in seinem Testament auf wunderschöne Weise dar (ungewöhnliche Ausdrücke sind in der Anmerkung erklärt)[5]:

Am wolkenlosen Nachthimmel geht auf der Vollmond
«Herr der Sterne» ...
Das Antlitz des Padmasambhava, meines barmherzigen Herrn,
zieht mich mit seinem milden Leuchten zu sich und heißt mich willkommen.

Die Freude, die ich beim Sterben habe, ist viel viel größer
als die Freude der Kaufleute, die große Schätze
anhäufen auf dem Meer,
oder der göttergleichen Herren, die sich brüsten
mit siegreichen Schlachten,
oder der Weisen, die zur Ekstase
der vollkommenen Versenkung gelangten.
Gleich einem Reisenden, der sich auf den Weg macht,
wenn der Augenblick des Abschieds gekommen ist,
verweile ich nicht länger in dieser Welt,
sondern werde wohnen in der Feste der großen Glückseligkeit
der Abwesenheit des Todes.

Mein Leben ist zu Ende, mein Kharma hat sich erschöpft,
die Wohltaten der Gebete haben sich vollzogen,
die Dinge der Welt sind abgeschlossen,
das Schauspiel des Lebens ist zu Ende.
Im Nu werde ich das wahre Wesen
der Erscheinungen meines Seins erkennen
in den reinen, weiten Reichen des Dichters.
Bald werde ich meinen Platz
am Grunde der Urvollkommenheit einnehmen.

Die Reichtümer, die ich in mir selbst entdeckte,
haben den Geist anderer glücklich gemacht,
ich nutzte die Sendung dieses Lebens.
Indem ich bei euch blieb, meine edlen Schüler,
erfüllte und befriedigte mich in all dieser Zeit
die Freude darüber, die Wahrheit zu teilen.

Nun gelangen alle Bindungen zwischen uns in diesem Leben an ihr Ende.
Ich bin ein Vagabund ohne Ziel, der sterben wird, wie es ihm gefällt.
Trauert nicht um mich, aber fahrt fort zu beten.
Diese Worte sind mein sprechendes Herz, das spricht, um euch beizustehen.
Betrachtet sie als Wolke von Lotusknospen,
und euch selbst seht in eurer Frömmigkeit
als Bienen, die in sie eintauchen, um übersinnliche Freude daraus zu saugen.

Mögen durch das Gute dieser Worte
alle Wesen aller Reiche des Samsar
am Grunde der Urvollkommenheit das Nirwana erlangen.

Darf man sich selbst töten? Darf man den Tod, da er ja ohnehin kommen wird, vorwegnehmen? Auch der Selbstmord ist ein Thema, das seit Jahrtausenden diskutiert wird. In der Antike war er verbreitete Praxis und weitgehend akzeptiert: Er rief Mitgefühl hervor, wenn sich jemand von Schmerz oder Demütigung überwältigt das Leben nahm, und galt als achtenswert, wenn er als das kleinere Übel oder als einziger ehrenhafter Ausweg angesehen wurde (es ist besser, sich umzubringen, als Freunde zu verraten, und unter bestimmten Umständen ist es besser, sich den Tod zu geben, als in Feindeshand zu fallen). In diesem Fall ermunterte man den Betroffenen sogar dazu. Lagen keine gewichtigen und offenkundigen Gründe für eine Selbsttötung vor, hielt man sie für einen Akt der Feigheit. Keiner jedoch verweigerte dem anderen das Recht, sich umzubringen. Für bestimmte Geistesströmungen wie den Stoizismus garantierte die Bereitschaft, sich das Leben zu nehmen, dem Weisen die höchste Freiheit.

Die Einstellung zum Selbstmord änderte sich unter dem Einfluss der monotheistischen Religionen, die den Leib des Individuums als Eigentum Gottes, nicht des Menschen sahen: Es hängt nicht von uns ab, am Leben zu sein, deshalb haben wir auch kein Recht, es uns zu nehmen. Der einzige Richter über Leben und Tod ist der Allmächtige, dessen Plan in Bezug auf die Menschen unerforschlich ist. Der Selbstmörder leugnet seinen Schöpfer und verdient ewige Qual. Wer sich selbst tötete, durfte im Christentum nicht in geweihter Erde begraben werden, seine Leiche wurde außerhalb der Friedhofsmauern verscharrt.

Die Staaten, die ihre Legitimation bis in die Neuzeit hinein von der Kirche bezogen, nehmen nach wie vor eine ähnliche Haltung ein: Der Leib des Individuums ist Teil des großen virtuellen Körpers des Staats. Laizistische Staaten äußern sich nicht zu dem, was nach dem Leben kommt, dennoch verbieten sie dem Bürger, es sich zu nehmen, denn wenn er sich tötet und dadurch die Kollektivität seiner selbst beraubt, fügt er dieser eine Verletzung zu. Selbstmord wird einhellig als eine Tat wider die Gesetze der Natur gesehen, die das Leben begünstigen: Der Einzelne, der den anderen sich selbst wegnimmt, handelt wie jemand, der einen anderen umbringt, und ist auf seine Weise ein Mörder.

Trotz der universalen Verurteilung verüben Menschen weiterhin Selbstmord, aus Gründen, die im Wesentlichen immer die Gleichen sind: Verzweiflung, berufliches Scheitern, enttäuschte Liebe, erlittene Erpressung, der Wunsch, seinen Verfolgern zu entfliehen, ein tödliches Leiden, eine Geisteskrankheit. Manche bringen sich bei törichten Wettspielen um, andere, weil sie keinen Grund zum Weiterleben sehen. In manchen Fällen lohnt sich jede Mühe, den Selbstmordkandidaten zu retten: den Mann, der sich vom

Sims des fünfzehnten Stockwerkes hinabstürzen will, das deprimierte junge Mädchen, das Schlaftabletten schluckt, um mit dem Leben Schluss zu machen, den Vater oder die Mutter, die über den Verlust eines Kindes nicht hinwegkommt. Es gibt aber auch Fälle, in denen sich der Lebensmüde nicht von seinem Plan abhalten lassen wird: Dem enttarnten Spion, dem Beamten, dem man Betrug nachgewiesen hat, der Mutter, die mit ansehen musste, wie ihre ganze Familie niedergemetzelt wurde, erscheint Selbstmord vielleicht als der einzige Ausweg. Der chronisch Depressive versucht vielleicht immer wieder, sich das Leben zu nehmen, und möglicherweise gelingt es ihm, bevor er sich durch wiederholtes Misslingen entmutigen lässt.

Einen überzeugten Selbstmörder von seinem Vorhaben abzubringen ist sicher sehr schwierig, und das gesetzliche Verbot ist das Letzte, was ihn kümmert. Keine Vorschrift kann den, der es unbedingt will, davon abhalten, sich unter den Gashahn zu legen oder sich vom Turm einer Kathedrale hinabzustürzen. Und welches Recht, so ließe sich argumentieren, kann der Staat im Namen der Gemeinschaft wohl auf den Selbstmordkandidaten erheben? Hätte sich die Gemeinschaft um ihn gekümmert, wäre es zu einer solchen Verzweiflungstat vielleicht gar nicht gekommen. Es gibt immer noch Staaten, die die Todesstrafe verhängen. Wenn sich ein Gericht das Recht anmaßen kann, einen Menschen töten zu lassen, wie kann es dann einem Bürger verbieten, sich selbst das Leben zu nehmen? Jeder von uns ist auch sein eigener Richter vor dem Tribunal seines Gewissens. Was berechtigt also den Staat, dem Einzelnen zu verbieten, sich den Tod zu geben?

Eingestandenermaßen nicht viel. Zwar nimmt der Selbstmörder der Gemeinschaft etwas (besser gesagt jemanden, nämlich sich selbst) weg, und möglicherweise bringt er mit seiner Tat eher seine Angehörigen in Schwierigkeiten als seine Gläubiger; und zweifellos greift der Selbstmörder in die natürliche Ordnung der Dinge ein und stellt sich dem Fluss des Lebens entgegen. Andererseits gibt es Entscheidungen, die einzig und allein einen selbst angehen, die man in seinem Innern trifft und für die man keinem Staat Rechenschaft ablegen muss: wen man heiratet, welchen Beruf man ergreift, ob man Kinder haben will oder nicht, ob man nach dem Tod begraben oder eingeäschert werden will. Entscheidungen, die den Tod betreffen, stehen nur dem Individuum zu, um dessen Tod es geht. Hat man sozusagen seine Schuldigkeit gegenüber den Angehörigen, den Freunden, der Gesellschaft getan, warum sollte man dann nicht frei sein, seinem Leben ein Ende zu setzen, wenn man es so will. Es mag richtig sein, zu versuchen, einen Selbstmordkandidaten von seinem Vorhaben abzubringen. Was aber, wenn er auf unsere Argumente völlig gleichgültig reagiert, wenn er taub ist für die Worte des Sozialarbeiters, des Pfarrers, des Psychologen, der Angehörigen? Und wenn er nicht imstande ist, sein Leben selbst zu beenden, und uns bittet, ihm dabei zu helfen?

Das in den letzten Jahren heftig diskutierte Thema der Euthanasie hängt eng mit dem generellen Verbot zusammen, sich selbst und andere zu töten. Der aus dem Griechischen stammende Begriff «Euthanasie» bedeutet bekanntlich «schöner Tod» und bezeichnet jede Art der mitleidsvollen Lebensverkürzung, um Schwerstkranken ohne Aussicht auf Heilung ein qualvolles Ende zu ersparen. Sterbehilfe ist überall gesetzlich verboten. Erst seit jüngster Zeit gibt es einige Ausnahmen: In den Niederlanden wurde Sterbehilfe 1993 faktisch für legal erklärt; im amerikanischen Bundesstaat Oregon wurde sie 1994 per Volksentscheid eingeführt: im Nordterritorium Australiens ist sie seit 1995 bis zur endgültigen Bestätigung oder Aufhebung vorübergehend und in der Schweiz unter bestimmten Bedingungen gestattet. Wo sie gesetzlich erlaubt ist, darf sie nur auf ausdrückliches Verlangen des Patienten erfolgen (falls dieser nicht bei Bewusstsein ist, nur dann, wenn mit Sicherheit feststeht, dass es sein Wunsch wäre). Sie ist nur dann zulässig, wenn eine mit starken Schmerzen verbundene Krankheit im Endstadium vorliegt oder die Krankheit zu so schweren Beeinträchtigungen geführt hat, dass ein Weiterleben unerträglich wäre.

Zu teilweisen Einschränkungen des generellen Tötungsverbots führten Anträge der Angehörigen oder Anwälte von im Koma liegenden Patienten oder unheilbar Kranken. Seit den sechziger Jahren stehen Apparate zur Verfügung, mit deren Hilfe Menschen, die im Koma liegen und künstlich beatmet und ernährt werden müssen, am Leben gehalten werden können. Das Leben von Menschen, die nur noch als vegetative Wesen existierten und deren Zustand als irreversibel galt, wurde auf diese Weise um Jahre verlängert. Die Ersten, die eine gesetzliche Genehmigung forderten, solche lebenserhaltenden Maßnahmen zu beenden, waren Eltern, die ihre im Koma liegenden Kinder in Frieden sterben lassen wollten. In den letzten Jahrzehnten setzte sich nach und nach, wenn auch unter hitzigen Debatten, die Praxis durch, mit Einwilligung der Eltern, des Ehegatten oder der rechtlichen Vertreter «die Schläuche herauszuziehen», wenn keine Hoffnung besteht, dass der Patient das Bewusstsein wiedererlangt.

Wenn die lebenserhaltende Behandlung abgebrochen wird, stirbt der Betroffene einfach deshalb, weil sein Organismus nicht mehr lebensfähig ist. Die Angehörigen und Ärzte lassen im Grunde also nur der Natur ihren Lauf. Etwas ganz anderes ist es, wenn der Patient selbst oder seine Angehörigen den Arzt darum bitten, ihm ein tödliches Medikament zu verabreichen. In diesem Fall greift man aktiv ins Leben eines Menschen ein, um es auf sein Verlangen oder mit seiner Zustimmung – falls er bei Bewusstsein ist – oder auch ohne dieselbe – wenn er kein Bewusstsein mehr hat – abzukürzen. Diese «Beihilfe zum Selbstmord» wird fast überall strafrechtlich verfolgt.

Die Euthanasiedebatte wurde ausgelöst durch die großen Erfolge der modernen Medizin. Die menschliche Fähigkeit, Leben zu verlängern, wo die Natur es zum Sterben verurteilt, ermöglicht benachteiligten Kindern, zu leben und aufzuwachsen, und Erwachsenen, schreckliche Unfälle und Krankheiten zu überleben. Sie ist aber auch in der Lage, einen Patienten weiterleben zu lassen, obwohl sein Leben nur noch unsägliches Leiden ist. Oft sind solche Kranken gar nicht mehr imstande, sich selbst den Tod zu geben, und können nur andere bitten, ihnen dabei zu helfen; manche sind nicht einmal mehr fähig, eine solche Bitte zu äußern. In anderen Fällen bitten Patienten um Sterbehilfe, obwohl sie noch viele Jahre zu leben hätten. Es gibt Krankheiten, die keine Hoffnung auf Heilung lassen und zu einem fortschreitenden und unaufhaltsamen Verfall führen. Medikamente können in solchen Fällen oft nur lebensverlängernd und bisweilen (aber nicht immer) schmerzlindernd wirken. Solche Patienten können dazu verdammt sein, jahrzehntelang, vielleicht gelähmt oder zu keinem autonomen Leben mehr fähig, in einem Bett oder Rollstuhl dahinzuvegetieren und ein Leben zu führen, das für sie keinen Sinn mehr hat. Doch die staatlichen Gesetze verwehren ihnen den Tod.

Welches Recht kann der Staat auf den Tod eines Menschen geltend machen? Ein demokratischer Staat kann keine religiösen oder ideologischen Überzeugungen aufzwingen. Er kann nicht sagen: «Du darfst dein Leben nicht verkürzen, denn sonst wirst du die Ewigkeit in den Höllenflammen verbringen», oder «du darfst dich nicht töten, sonst wirst du dich in einer Ratte reinkarnieren». Der demokratische Staat soll den Bürgern Freiheit und Sicherheit garantieren, damit sie unter anderem die Religion ausüben und die Überzeugung vertreten können, die sie wünschen: Daraus leitet sich seine Legitimation ab. Jeder ist frei, seine eigene Einstellung zum Tod zu haben, und es ist nicht einzusehen, mit welchem Recht die Gesetzgebung verfügt, dass *jeder* auf den natürlichen Tod warten muss und keiner ihm entgegengehen darf.[6]

Es ist an der Zeit, viele unserer Ansichten in Bezug auf Leben und Tod zu revidieren. Der Staat hat das Recht, ja, die Pflicht, zu verhindern, dass jemand ermordet wird, dass man Kranke in der Klinik bzw. zu Hause dem Tod überlässt, dass jemand verhungert oder dass junge Mädchen Selbstmord begehen. Er muss, wenn es möglich ist, eingreifen, um eine unbesonnene Tat, eine von momentaner Verzweiflung diktierte Entscheidung zu verhindern. Aber er kann nicht verhindern, ja, er muss sogar gewährleisten, dass der Bürger besonders bei terminalen Krankheitszuständen frei über seine Existenz entscheiden kann und sie beenden darf, wenn dies sein Wunsch ist, weil ihm das Weiterleben unerträglich ist und keine Aussicht auf Besserung besteht.

Ärzte, die Sterbehilfe leisten, hinter Gitter zu bringen ist keine Lösung. Gewiss ist die Gefahr von Missbrauch und Irrtümern ein großes Problem für den Fall, dass Euthanasie legalisiert wird: Die Klinik, die den unheilbar kranken Patienten tötet, um Kosten zu sparen oder seine Organe weiterzuverwenden; Angehörige, die auf das Erbe schielen und behaupten, der im Koma liegende Ehegatte habe den Willen geäußert, unter solchen Umständen nicht weiterzuleben; eine Fehldiagnose, die den Patienten veranlasst, sich den Tod zu geben oder geben zu lassen, bevor er infolge der (vielleicht nur vermeintlichen) Krankheit nicht mehr dazu imstande ist.

Würde der Gesetzgeber sich mit der Situation auseinander setzen, statt die Augen davor zu verschließen, wäre dies auch ein Beitrag, um die Kranken zu beruhigen, denn dann müssten strenge Richtlinien ausgearbeitet werden, um sicherzugehen, dass derjenige, der um sein Ende bittet, fest zum Sterben entschlossen ist und keine Alternative sieht. Ein derartiges Regelwerk würde auch mehr Sicherheit für jene bedeuten, die nicht den Wunsch haben zu sterben, sondern um jeden Preis so lange wie möglich am Leben erhalten werden wollen.

Wer gesehen hat, bis zu welchem Grad manche unheilbaren Krankheiten einen Menschen und seine ganze frühere Persönlichkeit zerstören, der weiß, dass es Grenzen gibt, jenseits deren es sich nicht mehr lohnt zu leben. Gerade die Tatsache, dass die Patienten selbst – und wenn diese kein Bewusstsein mehr haben, ihre engsten Angehörigen – von Ärzten und Richtern das Recht auf einen guten Tod fordern, sollte ein Grund sein, ihn zu gewähren, wenn keine Hoffnung auf Besserung besteht. Viele ziehen einen würdigen Tod einer Existenz als vegetatives Wesen oder einem unglücklichen Leben vor. Es gehört zum Menschenrecht, ihnen die Freiheit zuzugestehen, ihr Leben selbst zu beenden.

Die Staaten haben ein gespaltenes Verhältnis zum Tod, dem großen Gleichmacher. Sie verbieten und verfolgen

Selbstmord und Beihilfe zum Selbstmord und genehmigen Drogen wie Alkohol und Tabak, mit deren Hilfe viele Menschen einen langsamen Selbstmord begehen. Sie erlauben Mord in Kriegszeiten – nicht nur an Soldaten, sondern an wehrlosen Zivilisten –, wollen aber nicht zulassen, dass jemand, für den Weiterleben unerträgliches Leid bedeutet, sein Leben selbst beendet. So wie zur Zeit des Protektionismus in den Vereinigten Staaten der Alkoholschmuggel blühte und in Italien, als die Abtreibung verboten war, die heimliche Abtreibung mit primitiven und gefährlichen Methoden florierte, so ist heute der «gute Tod» jenen vorbehalten, die das Glück haben, Ärzte zu kennen, die aus Humanität und auf eigene Gefahr bereit sind, ihnen dazu zu verhelfen. Wer nicht die richtigen Beziehungen hat, dem bleibt er vorenthalten. Anonym durchgeführte Befragungen unter amerikanischen, europäischen und australischen Ärzten ergaben, dass ein hoher Prozentsatz (zwischen 20 % und über 50 %) der interviewten Mediziner bereit wäre, zum Sterben entschlossenen Patienten die tödliche Injektion zu verabreichen, oder sagten, sie schon einmal verabreicht zu haben. Wie immer warten die menschlichen Bedürfnisse nicht auf eine entsprechende Gesetzgebung.[7]

Der Tod ist der beste Verbündete des Lebenden, lehrte der mexikanische Yaqui-Zauberer Don Juan Matus den amerikanischen Anthropologen Carlos Castaneda, der sein Schüler wurde und in mehreren Büchern die Lehren des alten Indianers schilderte.[8] Wer sich bewusst ist, dass der Tod ihn immer begleitet, vergeudet im Leben keine Zeit mit Nichtigkeiten, sondern widmet sich in jedem Augenblick den Dingen, die er für wichtig hält, im Bewusstsein, dass der einzige Augenblick, auf den er zählen kann, der gegenwärtige ist.

Nicht nur das, was Minute für Minute geschieht, gehört

dem Menschen, sondern auch die grundlegenden Lebensentscheidungen: Nur er selbst kann sie treffen. Über diese Freiheit verfügen wir als Menschen, und wir können sie immer weiterentwickeln, denn sie hängt von uns allein ab. Sie ist der Kraft der Wahrnehmung und der Aufmerksamkeit vergleichbar: Wir sind imstande, uns intensiv auf eine bestimmte Stimme zu konzentrieren und eine andere außer Acht zu lassen, wir können unseren Blick auf etwas richten und etwas anderes aus unserem Gesichtsfeld ausgrenzen. Wir können uns bei unseren Entscheidungen selbst etwas vormachen oder uns von jemandem beeinflussen lassen, der nicht unser Interesse im Sinn hat, wir können uns irren und es bereuen, aber jeder kann und muss selbst entscheiden.

Mit vollem Einsatz zu leben, alle Kräfte darauf zu richten, eine vielleicht ausschlaggebende Wahl zu treffen, das ist es, was dem Dasein Reiz und Intensität verleiht. Wer klarsichtig und bewusst entscheidet, ist auch bereit, die Folgen seines Handelns zu tragen. Er bleibt nicht an seine Herkunft und Erziehung und an die um ihn herum vorherrschenden Anschauungen gebunden, sondern lebt ein Leben, das kein anderer gelebt hat, weil es sein eigenes ist. Es gibt keine «Autorität», die uns das Leben oder den Tod erklären kann. Es gibt nur das, was Menschen in ihrem Leben entdecken und bisweilen auch mitzuteilen vermögen.

Der Tod ist nicht etwas, das plötzlich da ist, sondern ein Prozess, der beginnt, sobald wir auf die Welt kommen. Es kann hundert Jahre dauern, bis er sich vollendet, aber er hat immer schon begonnen. Er geht im Gleichschritt mit dem Lebensprozess, mit dem er unauflöslich verbunden ist. Die Vorstellung zu sterben macht uns Angst; und doch ist es die Gewissheit unseres Endes, die uns helfen kann, im Leben zutiefst entspannt zu sein, denn in diesem einen

Punkt steht unser Schicksal unabänderlich fest. Weil wir sterben, ist Leben möglich.

Wir wissen nicht, was in einer Stunde, in zwei Tagen, in drei Jahren sein wird. Wenn wir offen bleiben für das Unbekannte, flexibel in unseren Überzeugungen, dann können wir das, was geschehen wird, besser verstehen und das Erlebnis des Lebens voll und ganz auskosten. Eine solche Einstellung wird uns auch später, wenn wir unserem Tod begegnen, wertvoll sein. Marguerite Yourcenar trifft den Kern der Sache, wenn sie den römischen Kaiser Hadrian am Schluss des Buchs, in dem sie ihn einen Dialog mit sich selbst führen lässt, den Satz in den Mund legt:

«Wir wollen versuchen, sehenden Auges in den Tod einzugehen.»[9]

XIV Ithaka

Odysseus, Herr von Ithaka, wollte nicht nach Troja ziehen, da ihm geweissagt worden war, er werde erst nach zwanzig Jahren heimkehren. Es ging ihm gut auf seiner Insel, er hatte keine Lust, an dem großen Krieg teilzunehmen, den die Griechen bis an die Küsten Asiens tragen wollten. Als die anderen Fürsten nach ihm sandten, stellte er sich wahnsinnig, um sich der Teilnahme am Krieg zu entziehen. Er spannte die Ochsen ein, pflügte den Strand und säte Salz, doch Palamedes – so erzählt die Sage – überführte ihn der Verstellung, indem er Odysseus' kleinen Sohn vor die Pflugschar legte. Der Vater hielt an und bewies damit, dass er bei klarem Verstand war.

Odysseus zeichnete sich vor den Mauern von Troja bekanntlich durch Tapferkeit und vor allem durch Klugheit und besondere Gewitztheit aus. Als die Griechen nach zehnjährigem Krieg aufgeben und die Belagerung der Stadt beenden wollten, gab er die Anregung zu der berühmten List mit dem hölzernen Pferd, dank deren Troja eingenommen werden konnte.

Homer erzählt die zehn Jahre dauernde Irrfahrt des Helden und seine Heimkehr. Odysseus muss mit Ungeheuern und Schicksalsschlägen aller Art fertig werden. Vom Meeresgott Poseidon unerbittlich verfolgt, verliert er seine Schiffe und seine Gefährten. Mit knapper Not rettet er sich auf ein kleines Eiland, wo ihn die schöne Nymphe Kalypso aufnimmt, bei der er sieben Jahre verbringt. Doch obwohl sie göttliche Macht besitzt, kann sie ihn nicht von seinem Plan abbringen, nach Ithaka heimzukehren.

«Nach der Heimkehr verlangt dich, der honigsüßen, strahlender Odysseus»,[1] sagt Homer von ihm, und der unerschütterliche Wille des griechischen Helden, zu seiner Gemahlin, seinem Sohn, seinem Vater, in seine Heimat zurückzukehren, galt lange Zeit als Symbol für die innere Reise zum eigenen Ich. Ithaka ist ein Ort in uns, und Glück bedeutet auch Heimkehr zu den Ursprüngen, in die Welt, die wir lieben und der wir uns zugehörig fühlen. In der Heimat ist Odysseus kein Krieger, kein Seefahrer, kein Held, sondern einfach er selbst.

Als er nach Ithaka zurückkehrt, sind zwanzig Jahre vergangen. Er hat den Krieg und eine lange Irrfahrt hinter sich und ist welterfahren geworden, wie Dante sagt. Metaphorisch gesehen ist er auch der Mann, der das zu Ende führt, was ihm vom Schicksal bestimmt war. Nun ist er frei und hat nichts mehr zu vollbringen. In gewissem Sinn ist er am Ende angelangt: Er ist zum Sterben bereit, aber noch am Leben.

Versuchen wir einmal, uns in Odysseus hineinzuversetzen, als er zur Heimkehr nach Ithaka aufbricht. Der griechische Lyriker Konstantinos Kavafis[2] wendet sich in seinem Gedicht *Ithaka* an ihn, und jeder von uns könnte der Odysseus sein, von dem er spricht:

Wenn du zur Fahrt aufbrichst nach Ithaka,
So bete, daß ein weiter Weg es werde
Voller Umschwünge, voller Einsichten.
Die Laistrygonen oder die Kyklopen,

Den zornigen Poseidon fürchte nicht,
Dergleichen triffst du nie auf deinem Weg,
Solang dein Denken hoch bleibt und erlesne
Erregung dir an Geist und Körper rührt.
Den Laistrygonen oder den Kyklopen,
Dem wütigen Poseidon wirst du nicht begegnen,
Wenn du sie nicht in deiner Seele schleppst,
Wenn deine Seele sie nicht vor dich stellt.

In der Reise, die Odysseus nach Hause führt, so Kavafis, ist das ganze Leben. Die Schlachten, die zu schlagen waren, sind geschlagen. Nur einen Weg muss er noch gehen, den, der ihn dorthin zurückführt, woher er kommt. Auf dieser Fahrt wird er entdecken, was noch zu entdecken ist. Er weiß nicht, was ihn erwartet, doch im Grunde trägt er schon in sich, was geschehen kann. Schreckliches oder Liebe, es kommt nur darauf an, wonach er sucht.

So bete, daß ein weiter Weg es werde.
Mögen der Sommermorgen viele sein,
Wo du – oh wie mit Dank, oh wie mit Freude! –
Einfährst in Häfen, die du siehst zum ersten Mal.
Mögest du halten an den Handelsplätzen
Phönikiens und die schöne Ware kaufen:
Perlmutter und Korallen, Ebenholz und Amber
Und jeder Art erregende Duftflüssigkeit,
Je reichlicher du kannst, erregende Duftflüssigkeit.
Mögest du gehn in viele Städte nach Ägyptenland,
Damit du lernst – und lernst von Eingeweihten.

Vor dem heimkehrenden Odysseus liegt die Welt, und diese Reise ist seine einzige. Eine andere wird es vielleicht nicht geben, wenn er wieder auf Ithaka ist. Wenn es etwas gibt, das er noch nicht verstanden hat, so ist dies der richtige Augenblick.

Wir alle werden eines Tages nach Ithaka heimkehren. Ob Ithaka die Heimat ist oder der Tod oder eine andere Schwelle, die wir überschreiten müssen, es ist unsere Bestimmung, der wir uns nicht entziehen können. Wir mussten zu dieser Reise aufbrechen, mussten kämpfen, uns auf die Dinge der Welt einlassen. Was nun zählt, ist diese Reise, auf der wir lernen und die unser Leben ist.

Behalte stetig Ithaka in deinem Geist.
Die Ankunft dort ist deine Vorbestimmung.
Doch haste mit der Reise nimmermehr.
Besser, sie daure vieler Jahre Lauf,
Und auf der Insel ankerst du als Greis,
An allem reich, was auf dem Wege du erwarbst,
Niemals erwartend, daß dir Reichtum schenke Ithaka.

Wir dürfen nicht mit leeren Händen heimkehren. Ithaka ist nichts als eine schroffe Insel im Ionischen Meer, ihre einzigen Reichtümer sind die Pflanzen, die dort wachsen, Ziegen und das tiefe Meer. Bei unserer Heimkehr sind wir nicht mehr die, die wir einmal waren. Unser Leben hat sich in all der Zeit ständig verändert. Warum wären wir sonst aufgebrochen?

Ithaka schenkte dir die schöne Reise,
Zu ihm allein bist du hinausgefahren.
Verlange andre Gaben nicht von ihm.

Diese Armut war es, die uns hinaustrieb. Wenn wir die Schätze der Welt schon vorher gekannt hätten, wäre es nicht nötig gewesen, uns auf den weiten Weg zu machen. Deshalb gab Ithaka uns das Geschenk dieser Reise. Ohne sie hätten wir nicht tausend Prüfungen bestanden und viele Länder kennen gelernt.

Wir waren unschuldig, als wir in See stachen, dann hat die Erfahrung uns die Augen geöffnet. Nun kehren wir wissend zu unserer alten Unschuld zurück.

Findest du's arm, Ithaka trog dich nicht,
So weise, wie du wurdest, so erfahren,
Erkanntest du nun wohl, was Inseln Ithaka bedeuten.

Unsere Insel wird nicht anders sein als vorher, aber wir bringen etwas mit, das vorher nicht da war: uns selbst.

Schlussfolgerungen

Sich für das Glück entscheiden

Die Wissenschaft vom Glück ist eine persönliche Wissenschaft. Durch Versuchen, Irren und erneutes Versuchen findet jeder heraus, was ihm hilft, gut zu leben und sich gut zu fühlen. Wir können «auf uns selbst hören», Beobachter, nicht nur Protagonist des Geschehens sein und auf diese Weise erkennen, welche Wirkung unser Verhalten auf uns selbst und auf andere hat. Ist man mit dieser Wirkung nicht zufrieden, kann man versuchen, es das nächste Mal besser zu machen. Man sollte nie glauben, man hätte endgültig begriffen, was das Leben ist. Es gibt viel mehr als das Sichtbare: So wie wir den Meeresgrund nicht sehen, wenn wir an der Wasseroberfläche schwimmen, so erkennen wir unsere Grenzen und Fähigkeiten nicht, solange wir uns nicht bemühen, sie herauszufinden und zu entwickeln. Das zu tun, was uns am meisten reizt, was in unserer Seele die größte Resonanz erzeugt, ist ein instinktives Kriterium, wie man das Leben angehen sollte. Wenn wir unsere Intuition auf die Probe stellen, werden wir erkennen, was das Richtige für uns ist.

Es liegt in jedermanns Macht, sich auf der Grundlage der eigenen Gegebenheiten selbst zu formen: Dies ist die Voraussetzung, aus der ein glückliches Leben entstehen kann. Wir haben das Zeug, um glücklich zu werden, und brauchen dazu keine speziellen Fähigkeiten. Auch benachteiligte Menschen können ein zufriedenes Leben führen.

Den Weg weist uns das Leben selbst. Jeder Tag hält neue Entdeckungen bereit. Neugier und Freude, Liebe und Dankbarkeit nutzen sich durch häufigen Gebrauch nicht ab. Sie vervielfältigen sich eher und verändern denjenigen, der den Zugang dazu findet.

Wir können auf vielerlei Weise besser werden, zunächst aber ist jeder gut, so wie er ist, denn er hat keinen anderen Ausgangspunkt als sich selbst. Religionen und Ideologien kämpften jahrtausendelang gegen diese Tatsache an und behaupteten, die Menschen seien niemals gut, so wie sie sind, sondern müssten sich bessern, um sich in diesem oder in einem anderen Leben Anerkennung zu verdienen. Im Christentum ist die erste Sünde gar die vom Stammvater des Menschengeschlechts auf alle Nachkommen übertragene Erbsünde. Die uralte menschliche Unsitte, allen vorzuschreiben, was erlaubt ist und was nicht, ist eine Haltung, die nicht das Glück fördert, sondern die Macht dessen, von dem die Vorschriften ausgehen. Wenn man die geistige Kontrolle über einen anderen Menschen ausübt, kann man großen Einfluss über ihn gewinnen.

Nur aus eigenen Entdeckungen und einem autonom erworbenen Bewusstsein kommt das Verstehen, das uns überzeugt und dazu anregt, unsere Suche fortzusetzen. Wenn das, was ich tue, meine Fähigkeit, die Dinge zu verstehen, meine Beziehungen zu den anderen und mein Interesse am Leben steigert, erhalte ich ermutigende Signale und finde meinen Weg. Vielleicht kann ich meine Entdeckungen mitteilen, vielleicht auch nicht; dank solcher Entdeckungen aber konnte im Lauf der Zeit all das Form annehmen, was wir heute über die Menschen und über die Welt wissen (oder zu wissen glauben).

Glück zu definieren ist schwierig, ja, vielleicht unmöglich, und man wird sich ohnehin nie auf eine einzige Definition einigen können. Viele aber werden darin übereinstimmen, dass es nicht sehr konstruktiv ist, von einem Glücksbegriff auszugehen, der Glück als den raren Augenblick großer Freude über einen unverhofften Erfolg oder über die Erfüllung einer lang gehegten Hoffnung sieht. Wir wissen, dass solche Gnadenzustände von kurzer Dauer sind; bald kehrt wieder Normalität ein. Natürlich ist so ein plötzlicher Glücksfall, der erfolgreiche Abschluss eines Projekts oder die Erfüllung eines lang gehegten Traums, höchst angenehm. Wünschenswerter (und Thema dieses Buchs) sind jedoch die dauerhafteren Zustände der Zufriedenheit, Fröhlichkeit und Ausgeglichenheit.

Jüngste Forschungen geben Anlass zur Vermutung, dass vor allem bei diesen dauerhafteren Zuständen eine genetische Komponente mitwirkt und dass Glücklichsein gleichsam ein Merkmal der individuellen Persönlichkeit ist. Es handelt sich um zwei ganz verschiedene Aussagen, und es ist sehr wichtig, sie zu unterscheiden. Als wir über das Thema Gene und Schicksal sprachen, versuchten wir klarzustellen, dass die Gene bei unserer Entwicklung eine wichtige Rolle spielen, dass es bei allem, was geschieht, aber immer auch auf das physische und soziale Umfeld ankommt. Eineiige Zwillinge sind sich, wie wir gesehen haben, in der Regel sehr ähnlich, aber es kann auch vorkommen, dass sie völlig verschieden sind. Unterschiede in der Umwelt und der persönlichen Geschichte bewirken ebenso wie Unfälle oder in der Entwicklungsphase erlittene Krankheiten bisweilen erhebliche Unterschiede und zeigen eindeutig, dass es falsch ist, in den Genen ein unwiderrufliches Schicksal zu sehen. Natürlich sind nicht alle Menschen gleich zufrieden oder unzufrieden, und dabei spielt ihr Naturell sicherlich eine Rolle. Der eigentliche Unterschied aber ist auf die Umwelt zurückzuführen, in der jemand aufwächst, und auf die Entscheidungen, die er im Lauf seines Lebens trifft.

Dem Glück sind Grenzen gesetzt, und das größte Glückshindernis sind Krankheiten. Dass man Mittel und Wege gefunden hat, schwere Erbkrankheiten zu vermeiden, und damit den Patienten und ihren Angehörigen großes Unglück erspart, ist ein bedeutender Fortschritt, und ihn rückgängig zu machen wäre ein unverzeihlicher Fehler.

Es gibt Leute, die in der Vermeidung von Erbkrankheiten durch Schwangerschaftsabbruch eine Form der «negativen Eugenik», also der genetischen Verbesserung der Menschheit durch Ausmerzung von genetischen Krankheiten aus dem Genom, sehen. Das trifft aber nicht zu. Das Genmaterial der menschlichen Spezies bleibt dabei unverändert, denn der menschliche Eingriff kommt hier lediglich der natürlichen Auslese zuvor; die genetische Zusammensetzung der Bevölkerung wird nur in seltenen Ausnahmen beeinflusst. Die Krankheit wird weiterhin mit der gleichen Häufigkeit gezeugt, sie reift aber sozusagen nicht aus, weil sie vor der Geburt gestoppt wird.

Andere, spezifischere Unglücksursachen sind depressive Krankheiten, die *per definitionem* unglücklich machen. Es gibt davon zwei Arten: die häufigeren, sozusagen einfachen, reinen Depressionen und die manisch-depressiven Syndrome, bei denen abnorm erregte Zustände mit depressiven Phasen wechseln. An Letzteren ist eine deutlichere genetische Komponente beteiligt, die jedoch noch nicht genau erforscht ist. Auch andere, etwas weniger häufige psychische Krankheiten wie Schizophrenie haben eine starke genetische Komponente; auch darüber wissen wir noch sehr wenig. Solche psychischen Krankheiten dürfen jedoch in sozialer Hinsicht nicht nur negativ bewertet werden, weil viele der davon Betroffenen eigenwillige, sehr kreative Persönlichkeiten sind, die sich vor allem auf künstlerischem Gebiet auszeichnen. Würde man mit Hilfe der negativen Eugenik systematisch alle Formen von Depression und Schizophrenie ausrotten, so hieße das, wie der englische Genetiker und ehemalige Oxford-Professor John Edwards meint, dem Theater, der Dichtung und der Kunst überhaupt den Garaus zu machen. Schon aus diesem Grund erscheint Eugenik jeder Art wenig ratsam, selbst wenn sie mit den besten Absichten vorgeschlagen wird.

Die Menschheit ist für eine positive wie für eine negative Eugenik grundsätzlich nicht reif, denn sie verfügt weder über die entsprechenden wissenschaftlichen Kenntnisse noch über die nötigen ethischen Fähigkeiten. Genetische Diagnostik dagegen hilft auch im Rahmen der heutigen, noch sehr beschränkten Möglichkeiten, mit geringen Kosten schwere Erbkrankheiten zu vermeiden.

Die großen sozialen Ursachen von Unglück sind wohl kaum genetisch bedingt, sondern die unmittelbare Folge menschlichen Verhaltens. Die Schuld für Krankheiten und Hungersnöte lässt sich bisweilen auf die Natur schieben, aber für Gewalt und Machtmissbrauch, die Unglück über die Welt bringen, sind wir Menschen ganz allein verantwortlich. Es wäre ein schwerer Fehler, nur die Entwicklung raffinierter Technologien und komplexer sozialer Organisationen als Fortschritt der Menschheit zu verbuchen; wahrer Fortschritt hat dort stattgefunden, wo die Menschenwürde und das Recht eines jeden auf Frieden, auf das Lebensnotwendige, auf freie Entfaltung der Fähigkeiten garantiert sind. Was ist Glück im Grunde anderes als ein Leben in Frieden mit sich selbst und mit den anderen?

In den am höchsten entwickelten Teilen der Welt ist diesbezüglich viel erreicht worden seit den Zeiten, da der Sohn keine andere Wahl hatte, als den Beruf des Vaters zu ergreifen, wie es in der mittelalterlichen Gesellschaft der Fall war, oder gar seit der klassischen Antike, in der ein Mensch rechtmäßiges Eigentum eines anderen Menschen sein konnte. Bis wirklich alle die gleichen Rechte und die gleichen Chancen haben werden, in gewissem Rahmen frei über ihre Zukunft zu entscheiden und ein glückliches Leben zu führen, liegt freilich noch ein mindestens ebenso langer Weg vor uns.

In weit zurückliegender Zeit genügte es, für den eigenen Lebensunterhalt drei bis fünf Stunden pro Tag zu arbeiten, so wie es heute nur bei den überlebenden Jägern und Sammlern der Fall ist, die die restliche Zeit mit Plaudern, bei Musik und Tanz verbringen, kurzum, ihr Leben genießen können. Ein europäischer Arbeiter hatte noch vor hundert Jahren dagegen einen Zwölfstundentag, ohne dass er auf eine Rente hoffen konnte. In der modernen Gesellschaft besucht jedermann eine Schule oder sollte sie zumindest so lange besuchen, bis er einen bestimmten Bildungsgrad erreicht hat, der allerdings tendenziell steigt. Oft besteht im Rahmen bestimmter Möglichkeiten freie Berufswahl, obwohl die Arbeitslosigkeit zu einem immer ernsteren Problem wird. Für denjenigen, der Arbeit findet, wird diese zur Hauptbeschäftigung und beansprucht einen Großteil der Zeit, die Hälfte der Wachzeit oder mehr. Deshalb ist die Berufswahl für das individuelle Glück sehr wichtig.

Den Beruf zu finden, der einem gefällt, ist aus vielen Gründen schwierig. Vor allem deshalb, weil man nicht mit

Gewissheit weiß, ob einem ein Beruf gefällt, bevor man ihn lange genug ausprobiert hat, und das ist nicht immer ohne weiteres möglich. Nicht minder schwierig ist es, dann eine neue Wahl zu treffen. In den Vereinigten Staaten kann man leichter als in Europa in fast jeder Lebensphase auf einen anderen Beruf umsatteln, doch je später man sich dazu entschließt, desto schwieriger und mühsamer ist es. Vor allem beim Eintritt ins Berufsleben kommt es darauf an, eine klarsichtige, wohl überlegte Entscheidung zu treffen. Doch gerade in diesem Alter fehlt es oft noch an der erforderlichen Reife. Hilfe und Rat von Angehörigen und von klugen, liebevollen Freunden sind also in dieser Entwicklungsphase eines jungen Menschen besonders wichtig. Die Schule sollte den Angehörigen zur Seite stehen und über in Frage kommende Berufe informieren, Berufspraktika ermöglichen und Tests zur Ermittlung der individuellen Begabungen und Neigungen anbieten, auch wenn solche Eignungstests noch nicht sehr differenziert sind. Oft entwickeln sich die wahren Fähigkeiten erst später und kommen erst nach längerer Erfahrung zum Vorschein. Es gibt jedoch ein wichtiges, wenn auch nicht immer ausreichendes Kriterium, mit dessen Hilfe man feststellen kann, ob eine bestimmte Arbeit in Frage kommen könnte: Man muss gut darin sein.

Die Menschen glücklich zu machen ist für Aristoteles das Ziel einer Politik, die das höchste Gut anstrebt. Die Politik – «architektonische Wissenschaft» *par excellence*, weil sie das Handeln der Bürger lenkt – sollte alles daransetzen, das Glück der Menschen zu fördern, und sie hat es mehr als jede andere Wissenschaft oder Kunst in der Hand, dieses Glück zu ermöglichen. Leider blieb Aristoteles lange Zeit der Einzige, der dieser Ansicht war. Nachdem europäische

Verfassungsrechtler und amerikanische Patrioten sie sich im 17. und 18. Jahrhundert erneut zu Eigen gemacht hatten, geriet sie abermals in Vergessenheit. Moderne Staaten sehen es nicht als ihre Aufgabe an, das Glück der Bürger zu fördern, ihnen geht es eher darum, für Sicherheit und für den Schutz des Eigentums zu sorgen. Die Bürger ihrerseits haben wenig Möglichkeit, sich Gehör zu verschaffen. Die Übertragung der Macht auf demokratisch gewählte Vertreter hat die abgrundtiefe Kluft zwischen dem Bürger und der Macht nur teilweise verringert: Es ist ein Weg voller bürokratischer Hindernisse, undurchschaubarer Vorschriften und Normen, aufgestellt von Behörden, die viel stärker sind als der Einzelne. Glück ist kein Thema der Politik, die in der Regel die Interessen der Parteien fördert und sie als kollektive Interessen ausgibt. Nur selten hält es der Wahlsieger für nötig, im Interesse aller zu regieren, statt im Interesse seiner Gruppe und seiner Wähler.

Es ist jedoch vorstellbar, dass es den Bürgern mit der Zeit gelingt, den ihnen zustehenden Machtanteil einzufordern und der Zentralmacht bestimmte Rechte zu entziehen, um in Angelegenheiten, die sie selbst betreffen, auch selbst zu entscheiden. Wäre Bildung tatsächlich für alle da und von guter Qualität, dann besäßen die neuen Generationen ein ausgeprägtes Bewusstsein für die kollektiven Probleme und wären imstande, das Gewicht ihrer Überzeugungen geltend zu machen. Doch obwohl sich kultureller Wandel bisweilen sehr rasch vollzieht, bahnt er sich doch meistens in Zeiträumen seinen Weg, die das Leben eines Individuums überschreiten. Moden und Erfindungen können sich blitzschnell ausbreiten, doch es kann Generationen dauern, bis sich große Veränderungen in der sozialen Organisation vollziehen. Die Geschichte zeigt aber, dass Eingriffe, die das kollektive Glück begünstigen, mit der Zeit erfolgreich sind: So war es in den vergangenen Jahrhunderten mit der Durchsetzung der Gleichberechtigung der Menschen, und so könnte es in den kommenden Jahren (hoffentlich nicht Jahrhunderten) mit der Durchsetzung gleicher Bildungs- und Berufschancen unabhängig von Geschlecht, Herkunft und Glauben sein.

Sich der Prägungen bewusst zu werden, die man in der Familie und in der Gesellschaft erfahren hat, ist der erste Schritt, sich davon zu befreien und eine eigenständige Sicht zu entwickeln. Jede Generation gibt an die nächste die Umwelt, die Reichtümer, Werte und Verhaltensweisen, die Erfolge und Niederlagen weiter. In archaischen Gesellschaften geschah die Übernahme ohne Widerspruch. Die soziale Gruppe stand zu sehr unter dem Druck des Überlebens, als dass die Jugend es sich hätte erlauben können, von den Regeln der Erwachsenen abzuweichen. In vielen Teilen der Welt ist es bis heute undenkbar, dass Söhne und Töchter nicht die Weltsicht der Eltern übernehmen.

Heute, in einer fortschrittlichen urbanen Gesellschaft, ist dies anders. Den jungen Leuten steht eine Vielzahl von Informationsquellen zur Verfügung, sie werden mit den verschiedenartigsten Werten konfrontiert, deren Einfluss durch die Kommunikationsmittel noch verstärkt wird. Dies begünstigt flüchtige Moden, aber auch kritisches Bewusstsein, es stiftet Verwirrung, bringt aber auch erhebliche Möglichkeiten der Veränderung mit sich. Nach dem Untergang der universellen Modelle und angesichts der zunehmend multikulturellen und multiethnischen Gesellschaften ist jeder aufgefordert, selbständig zu denken und sich eine eigene Vorstellung von der Welt zu bilden.

Es scheint nicht mehr allzu viele Grundwerte zu geben, die eine Generation an die nächste zu deren Nutzen weitergeben kann: Die wichtigsten sind die Überzeugung von der Würde eines jeden Menschen und die Begeisterung für die Entwicklung der menschlichen Fähigkeiten im Beruf und in allen anderen Lebensbereichen. Wer dies gelernt hat, ist frei, intelligent durchs Leben zu gehen. Das Paket von Werten und Verhaltensweisen, das die Gesellschaften an die neuen Generationen weitergeben, enthält aber weit mehr: rigide Maßregeln und Kriterien, die das Innerste und Intimste eines Menschen, seine Psyche, seine Gefühle und seine privaten Verhaltensweisen, wie z. B. sein Sexualverhalten, regulieren wollen. Man impft den jungen Leuten die Familien- oder Gesellschaftsnormen ein, und wer sich nicht daran hält, wird bestraft.

Die Unterdrückung solcher wichtigen Seiten der Persönlichkeit führt zu einer Gewaltbereitschaft, da sie sich, für andere oft unsichtbar, auf das Innere einer Person auswirkt. Wer solche Gewalt erleidet, wird seinerseits gewalttätig, denn er verinnerlicht die auferlegten Verbote, hält sich aber für das, was man ihm angetan hat, irgendwann an jemand anderem schadlos. Viele Religionen und Traditionen verurteilen fast alle Formen der Sexualität und predigen gleichzeitig Frieden: ein Widerspruch in sich, zwei Dinge, die nicht koexistieren können. Wer die Sexualität zu unterdrücken sucht, wird niemals Frieden finden. Im Gegenteil, nur Toleranz gegenüber den Verhaltensweisen der anderen – und dazu gehört auch das Sexualverhalten – kann, solange diese Verhaltensweisen nicht schädlich sind, harmonisches Zusammenleben fördern. Der Slogan «Make love, not war» ist eine kluge Empfehlung. Jedenfalls solange man kann.

Die Achtung vor allen Lebewesen scheint die beste, ja, eine unabdingbare Voraussetzung für ein glückliches Leben zu sein, denn wer glücklich ist, weiß die ganze Vielfalt dessen, was existiert, zu schätzen. In den meisten Kulturen wurde diese Achtung, einmal proklamiert, auf die menschliche Spezies beschränkt und damit deren Macht über Leben und Tod der Tiere und im weitesten Sinn über die Umwelt legitimiert. In Indien konnten sich auch andere Traditionen entwickeln. Sie wurden vor allem vom Buddhismus und Jainismus, der dritten großen Religion Indiens, kodifiziert und gestehen jedem Lebewesen bis hin zum kleinsten Insekt das gleiche Recht auf Leben zu wie dem Menschen. Eine Haltung, die unter anderem in einer vegetarischen Ernährungsweise zum Ausdruck kommt.

Der Vegetarismus hat in den europäischen Ländern, wo die Viehzucht Jahrtausende hindurch einen bedeutenden Beitrag zur Ernährung und zur Wirtschaft leistete, geringe Chancen, sich in einschneidender Weise durchzusetzen. In einer von der Spezies Mensch dominierten Umwelt, aus der Wildtiere weitgehend verschwunden sind, bietet man dem Tier, das man heranzüchtet, die Möglichkeit zu leben; daraus lässt sich vielleicht das Recht ableiten, ihm das Leben zu nehmen, aber keinesfalls das Recht, es zu quälen, in seinen Stoffwechsel einzugreifen, um Profit daraus zu ziehen, oder es in Käfigen zu halten, in denen es kaum Platz hat und sich nicht einmal umdrehen kann. Die industriellen Viehzuchtmethoden in der modernen Gesellschaft machen Tiere zu Konsumgütern, zu Objekten, die aufgezogen werden, damit man sie dann in Stücke schneiden und zu neuen Objekten machen kann, die auf den Markt geworfen werden. Oft ist die Art der Fleischproduktion buchstäblich bestialisch zu nennen.

Einmal abgesehen von der Liebe zu Hunden, Katzen

und anderen Haustieren, spricht die moderne westliche Kultur Tieren nicht nur alle Rechte ab, sondern auch Persönlichkeit, Intelligenz, Kultur, Seele und all das, was wir gern als exklusive menschliche Eigenschaften betrachten. Die wissenschaftliche Forschung ist dabei, mit vielen dieser Vorurteile aufzuräumen, aber wer einen guten Draht zu Tieren hat, gestand ihnen von jeher Persönlichkeit, Intelligenz und Kultur (und manchmal sogar eine Seele) zu. Im Übrigen ist nicht einzusehen, warum das Glücksstreben auf den Menschen beschränkt sein sollte. Es besteht kein Zweifel, dass dieses Streben auch bei anderen, nicht menschlichen Lebewesen vorhanden ist, auch wenn sie es nicht zum Ausdruck bringen können. Schon innerhalb der eigenen Spezies ist Kommunikation schwierig, und die Kommunikation mit Außenstehenden kann noch schwieriger und begrenzter sein. Dank der großen Zuneigung, die manche beim Menschen beliebte Tiere wecken, kann es jedoch zu einem intensiven Gefühlsaustausch kommen, der in uns den Eindruck erweckt, dass Tier und Mensch einander glücklich machen können und dass sie es willentlich tun.

Bei der von einigen orientalischen Traditionen geforderten unbegrenzten Achtung vor jeder Form von Leben scheint eine ganz simple Erkenntnis mitzuspielen: Wer etwas für das Glück anderer tut, tut etwas für sein eigenes Glück. Einem Kind, einem alten Menschen, einem Gleichaltrigen oder auch einem Tier zu helfen, sein Glück zu finden, heißt, sich selbst zu helfen. Wenn wir dem Vogel die Käfigtür öffnen, das Insekt leben lassen, dem Schaf nur Milch und Wolle, nicht aber das Leben nehmen, behandeln wir sie so, wie wir selbst behandelt werden möchten, und indem wir das allgemeine Glück fördern, fördern wir unser eigenes.

Es besteht kaum Hoffnung auf ein neues kollektives Bewusstsein, das dazu führen würde, dass Tieren auch nur ein Bruchteil jener Achtung entgegengebracht wird, die man sich gegenüber den Menschen wünscht. Ein kultureller Wandel in diese Richtung ist nicht in Sicht. Mehr als wahrscheinlich ist jedoch, dass das Bevölkerungswachstum die Menschheit auf lange Sicht zwingen wird, sich vornehmlich von Getreide und anderen Pflanzen zu ernähren und bestimmte traditionelle Formen der Viehzucht aufzugeben, denn ein Getreide- oder Gemüsefeld liefert etwa das Zehnfache an Nährwert wie die entsprechende Weidefläche.

Würden wir uns selbst als eine von vielen Formen des Lebens sehen und nicht als die Herren der Welt und würden wir uns klarmachen, dass wir eine Milliarden Jahre alte Geschichte hinter uns haben, dann könnte vielleicht eine instinktive Solidarität mit den anderen Spezies, die ebenso alt oder älter sind als wir, in uns erwachen. Wenn jeder dem anderen Lebewesen einen Wert zugestehen würde, wäre die Menschheit insgesamt glücklich, und zwar in einer Weise, die bisher nur wenige erfahren haben. Doch wie soll es dazu kommen, wenn dieser Wert *de facto* bis heute noch nicht einmal jedem Menschen zugestanden wird?

Glück ist etwas, was *erfunden* werden muss. Genau wie andere menschliche Schöpfungen und Bestrebungen – z. B. Gerechtigkeit oder das wie auch immer verstandene Wohlergehen oder die demokratischen Freiheiten – ist Glück nicht etwas, das irgendwo vorhanden ist und bloß *gefunden* werden muss. Glück gibt es nur, wenn jemand es zum Leben erweckt: So wie die Gesetze der Gesellschaft und richterliche Entscheidungen mehr oder weniger Gerechtigkeit bewirken können, so sind es vor allem individuelle und kollektive Einstellungen und Entscheidungen, die die Menschen mehr oder weniger glücklich machen. Diesem Punkt sollte unser Interesse gelten.

Das Leben stellt uns jeden Augenblick vor Entscheidungen aller Art. Unbedeutende wie die, ob wir stehen bleiben oder uns setzen sollen; wichtigere wie die, mit welcher Einstellung wir auf eine Sache oder eine Person zugehen sollen; und große Entscheidungen wie die Wahl des Lebenspartners. Viele Menschen haben dabei das Gefühl, dass sie nicht frei sind und dass ihr Leben von äußeren Zwängen bestimmt ist. Die Reihe von Tätigkeiten, aus der sich jede Arbeit zusammensetzt, die tausenderlei Aktivitäten, aus denen sich menschliche Beziehungen entwickeln, setzen uns unter Druck und scheinen uns zu zwingen, immer wieder die gleichen festgelegten Dinge zu tun. Oft schafft man es nicht, auch nur einen Augenblick mit sich allein zu sein, um sich mit dem, was geschieht, auseinander zu setzen und sich zu fragen, was man will und was man nicht will. Das kann sogar so weit gehen, dass jemand sich jahrelang seines Lebens enteignet fühlt.

Sich für das Glück zu entscheiden ist ein gutes Handlungskriterium, und zwar aus zwei Gründen: Erstens muss man sich, um es zu finden, zunächst fragen, was Glück ist, für einen selbst und für die anderen. Und zweitens macht uns dieses Kriterium glücklich, wenn wir es anwenden und wenn es funktioniert. Man wird erkennen, dass es keine grundlegenden Widersprüche zwischen dem gibt, was uns selbst glücklich macht, und dem, was einen anderen glücklich macht. Was über die Liebe gesagt wurde, gilt auch für das Glück: Es ist nicht wie ein Glas Wein, das leer wird, wenn man daraus trinkt. Im Gegenteil, je mehr man liebt, desto liebesfähiger, und je glücklicher man ist, desto glücksfähiger wird man.

Wir haben in diesem Buch ein schwer zu fassendes Thema behandelt und dabei nicht nur unsere eigenen Gedanken dargelegt, sondern uns auch der verschiedensten Beiträge anderer bedient. Rezepte zum Glücklichsein konnten wir nicht anbieten, denn die gibt es nicht, wir hoffen aber, den Leser zum Nachdenken angeregt zu haben.

«Alles schön und gut, aber was sollen wir denn nun tun, um glücklich zu werden?», wird man jetzt fragen.

Gar nichts. Glück ist etwas, das in unserem Inneren stattfindet, es kommt von selbst, wenn man die richtige Einstellung hat. Man braucht nichts Besonderes zu tun, um glücklich zu sein, eher sollte man bestimmte Dinge unterlassen. Das bedeutet aber nicht, dass man einfach die Hände in den Schoß legen soll. Man muss vielmehr versuchen, die Kräfte zu erkennen und zu verstehen, die in den menschlichen Angelegenheiten am Wirken sind. Wenn wir erst einmal verstehen, wie das Spiel läuft – und irgendwann werden wir es verstehen, weil die Welt für alle die gleiche ist –, ergibt sich das richtige Handeln von selbst und wir werden die Kraft haben, die aus der Einsicht in die Dinge erwächst. Wie eine Mutter ihrem weinenden Kind keinen Vorwurf macht, weil sie versteht, warum es weint, so braucht der Erwachsene, der die Augen offen hält, die Welt nicht zu erobern oder sich gegen sie zu wehren, sondern wird in ihr seinen Beitrag leisten, indem er seine Fähigkeiten kultiviert.

Viele der Widrigkeiten, die das Leben schwer machen, kommen aus uns selbst. Wir müssen uns damit auseinander setzen und versuchen, ihre Ursachen zu erkennen. Auch all das, was in den menschlichen Beziehungen geschieht, spiegelt sich in uns selbst wider und wird Teil unseres inneren Lebens: Wenn wir unzufrieden sind, ist es manchmal vielleicht nötig, etwas in der Welt zu verändern (und hier stoßen sich unsere Ziele mit vielen anderen Zielen); bisweilen aber genügt es schon, etwas in sich selbst zu verändern (und hier haben wir, wenn wir zum Dialog mit uns selbst bereit sind, unbegrenzte Handlungsfreiheit).

«Alle Unbill weicht von dem, der die Sonne im Herzen trägt», lautet eine alte chinesische Weisheit. Unser Vermögen, auf die Welt einzuwirken, ist zwangsläufig beschränkt: Wir sind Einzelwesen, und dass ein Einzelner große Macht über die anderen oder über die Natur gewinnt, ist gar nicht wünschenswert. Unsere innere Freiheit dagegen kennt keine Grenzen außer denen, die wir uns selbst setzen oder uns setzen lassen. Diese Freiheit ist eine Quelle großer Macht: Sie kann das Individuum verändern, ihm helfen, seine Fähigkeiten zur vollen Entfaltung zu bringen und jeden Augenblick die ganze Fülle des Lebens auszukosten. Wenn ein Einzelner sich verändert und Bewusstsein erlangt, dann ändert sich auch die Welt, denn die Welt besteht aus einzelnen Menschen.

Gewiss bedarf es einer langen Reihe innerer Veränderungen und immer neuer Augenblicke des Verstehens, bis man ein vollendet glückliches Leben führen kann. Entscheidend ist dabei das Wissen, dass es außerhalb unserer selbst keine unüberwindlichen Hindernisse gibt. «In diesem Leib, der acht Spannen hoch ist», lehrte Buddha, «ist die ganze Welt enthalten, die Auflösung der Welt und der Weg, der zur Auflösung der Welt führt.» Und man sollte wissen, dass das Leben und die Mitmenschen uns oft auf vielerlei Weise helfen können; wir müssen es nur sehen und verstehen. Glück kann auf andere übertragen werden, so wie es zwischen Kindern und Erwachsenen geschieht oder wenn man sich verliebt. Wenn dieses Buch zum Glück des

Lesers beitragen konnte, dann sind wir ihm dankbar, denn damit macht er auch uns glücklich.

Verlieren Sie nicht den Mut. Es gibt unendlich viele Standpunkte, und oft lassen sich Schwierigkeiten schon allein dadurch ausräumen, dass wir den eigenen ein wenig verändern. Wenn wir uns mit anderen Augen umsehen, nehmen wir oft wichtige Dinge wahr, die uns vorher entgangen sind. Und solange man lebt, kann man es immer noch einmal versuchen.

Wie sagte doch Heraklit: Die Sonne ist jeden Tag neu.[1]

Anmerkungen

Die Bücher, bei denen keine näheren Angaben gemacht werden, finden sich in der Bibliographie (mit Ausnahme der Klassiker der Geistesgeschichte, die in vielen Ausgaben vorliegen).

Vorwort

1 Ursula K. LeGuin, *The Earthsea Trilogy*, I, *A Wizard of Earthsea*, Kap. 3 *(The School for Wizards)*, Penguin Books, Harmondsworth 1979, S. 88.

2 Ebd., III, *The Farthest Shore*, Kap. 5 *(Sea Dream)*.

3 Und weiter heißt es: *Während wir die Ehre, die Lust, den Verstand und jede Tugend zwar auch ihrer selbst wegen wollen (denn wenn wir auch nichts weiter von ihnen hätten, so würden uns doch alle diese Dinge erwünscht sein), doch wollen wir sie auch um der Glückseligkeit willen in der Überzeugung, eben durch sie ihrer teilhaftig zu werden. Die Glückseligkeit dagegen will keiner wegen jener Güter und überhaupt um keines anderen willen.* Aristoteles, *Nikomachische Ethik*, dt. v. E. Rolfes, bearb. v. G. Bien, Hamburg 1995, I, 5 (1097b1–6).

4 Zu den unterschiedlichen Bedeutungen des Begriffs «Glück» in den einzelnen Ländern siehe D. G. Myers, *The Pursuit of Happiness* (1992), sowie R. Ingelhart, *Culture Shift in Advanced Industrial Society* (1990). Beide siehe Bibliographie.

5 Devoto-Oli, *Dizionario della lingua italiana*, Le Monnier, Firenze, 1971: 1. Die Erfahrung vollkommener Zufriedenheit; Hochstimmung; im konkreten Sinn: den Wünschen entsprechendes Ereignis. 2. Günstige Fügung, Vorteilhaftigkeit, großer Erfolg.

6 Außer den genannten Bedeutungen gehören der Vollständigkeit halber dazu: Hochgefühl, Freudigkeit; Frohlocken,

Euphorie, Jauchzen; Hingerissensein, Entzücken; Lustigkeit, Frohsinn; Wohlbefinden, Erfüllung, Glückseligkeit (Bruna Monica Quartu, *Dizionario dei sinonimi e dei contrari*, Rizzoli, Milano 1986; *Dizionario analogico della lingua italiana*, UTET, Torino 1991).

7 *Webster's Third New International Dictionary of the English Language*, G. & C. Merriam Company, Springfield, Massachusets, 1971.

Webster's ist das vollständigste amerikanische Wörterbuch. Im *Oxford English* wird «happiness» dagegen definiert als: 1. Günstiges Geschick oder Glück im Leben oder in einer besonderen Angelegenheit; Erfolg, Wohlstand. 2. Angenehmer Zustand der Zufriedenheit, der sich aus einem Erfolg ergibt oder aus der Erlangung von etwas, das man für erstrebenswert hält. 3. Von Erfolg gekrönte Entscheidung oder glückliches Gelingen; glückliche Wahl, Vorteilhaftigkeit; günstige Gelegenheit (*Oxford English Dictionary*, Oxford 1971).

8 Cortelazzo-Zolli, *Dizionario etimologico della lingua italiana*, Zanichelli, Bologna 1980.

9 Neben εὐδαιμονία (das am ehesten dem it. «felicità» entspricht) gab es auch noch andere Ausdrücke für Glück, darunter εὐτυχία und μακαριότης; χαςά (chará), das einen anhaltenden, dauerhaften frohgemuten Zustand bezeichnet (meist mit Freudigkeit, Fröhlichkeit übersetzt); εὐφροσυνη (eufrosìne), fröhliche und wohlgesinnte Gemütsverfassung ὄλβος (olbos), das für Wohlstand, Gesundheit, Wohlergehen steht und ein erfülltes, mit Reichtum gesegnetes Leben meint.

10 Außer *saṃtosa* (Befriedigung) auch *kṛtārthatā*, die Genugtuung, das vollbracht zu haben, was zu vollbringen war; *śarman* bedeutet Zuflucht und Schutz, aber auch Entzücken und Glückseligkeit; *dhanyatā* Fülle und Wohlstand; *śrī* Ausstrahlung und Erfolg; *puṇyodaya* steht für das günstige Schicksal aufgrund tugendhaften Handelns in früheren Leben; *saṃpad* für die Vortrefflichkeit des Körpers, die man durch Yoga erlangt; *harṣa* bezeichnet das Glücksgefühl aufgrund der erschreckenden Begegnung mit der Gottheit; *nivṛtti* steht für das Verlieren des Bewusstseins, Auslöschung, für etwas, das schwindet: vermutlich bezieht es sich auf das Erreichen des *nirvana* (siehe Kap. XIII, Anm. 5).

11 Joseph T. Shipley, *The Origins of English Words (A Discursive Dictionary of Indo-European Roots)*, The Johns Hopkins University Press, Baltimore and London 1984.

12 Cortellazzo-Zolli, a. a. O. Im Italienischen gibt es auch das (allerdings sehr gehobene) «felicitare», das in transitiver Form *beglücken, glücklich machen* bedeutet (Zingarelli, *Vocabolario della lingua italiana*, Zanichelli 1970).

13 Im Griechischen beispielsweise gibt es zwei, «Eros» und «Agape»; Eros steht für sehnsuchtsvolles Verlangen, Agape für die selbstlose, nichtsinnliche Liebe.

14 Thomas Szasz, zitiert von Jon Winokur, *The Portable Curmudgeon*, New American Library, New York 1987, und ebenfalls erwähnt von David G. Myers in *The Pursuit of Happiness*, 1992 (Bibliographie).

15 Herodot, *Historien*, dt. v. A. Horneffer, neu hg. u. erläut. v. W. Haussig, Stuttgart 1955, I, 32.

16 *Prediger* 6, 12.

17 *Encyclopaedia Britannica* (1974), Taoism (The teachings of Chuang-tzu).

18 Andere haben es getan: z. B. Tatarkiewicz, der es in *Über das Glück*, Kap. II, definiert als *dauerhafte, vollkommene und gerechtfertigte Zufriedenheit im Leben, oder ein Leben, das dauerhafte, vollkommene und gerechtfertigte Befriedigung verschafft ... der Unterschied zwischen den beiden [Definitionen] ist formal und rein sprachlich; es handelt sich lediglich um zwei verschiedene Arten, denselben Gedanken auszudrücken.*

19 Shakespeare, *Hamlet*, 1. Akt, 5. Szene.

20 Herodot, *Historien*, a. a. O., I, 30.

21 Dieses und die folgenden Zitate: ebd., I, 86–87.

ERSTER TEIL
KAP. I

1 Dieses Zitat und die Zitate auf den folgenden Seiten: Thukydides, *Der Peloponnesische Krieg*, dt. v. A. Horneffer, Leipzig 1993, V, 84–116.

2 Hobbes, *De Cive (Vom Bürger)*, dt. v. M. Frischeisen-Köhler u. G. Gawlick, Berlin 1959, VIII, I.

3 Herodot, *Historien*, a. a. O., I, 87. Herodot legt diese Worte Krösus in den Mund, siehe Vorwort, Anmerkungen.

4 *Human Development Report* 1996 (Bibliographie).
5 S. D. G. Myers, *The Pursuit of Happiness* (1992), und Mihaly Csikszentmihalyi, *Flow*, 1990, (Bibliographie).
6 *Matthäus* 18,3 und *Markus*, 10,15: *Wahrlich, ich sage euch: Wer das Reich Gottes nicht empfängt wie ein Kind, der wird nicht hineinkommen.*
7 William Wordsworth, *My Heart Leaps Up*, 1807, dt. v. W. Breitwieser, Heidelberg 1959. Der englische Text lautet:
My heart leaps up when I behold
A rainbow in the sky:
So was it when my life began;
So is it now I am a man;
So be it when I shall grow old,
Or let me die!
The child is father of the man;
And I could wish my days to be
Bound each to each by natural piety.
8 Osho, *Dang Dang Doko Dang* (Kap. 6: Joy is the Criterion), Rede vom 16. 6. 1976, in: *Osho's Books on CD-ROM* (Bibliographie).

Kap. II

1 Siehe *Encyclopaedia Britannica* (1974), Stichwort «Ethics».
2 Lao-tse, *Tao-Tê-King*, Kap. 1 u. 2, Reclam, Stuttgart 1961, S. 25/26.
3 Ebd.
4 Zu den Heraklit-Zitaten siehe H. Diels, *Die Fragmente der Vorsokratiker*, Rowohlts Klassiker Bd. 10, Reinbek bei Hamburg 1957, 2. Aufl. 1963, S. 21 ff.
5 *Dhammapada*, 4, 7.
6 Ebd., 1, 5.
7 ... *da sich dies als größtes aller Übel herausgestellt hat*, fährt Sokrates in Platons *Gorgias* fort.
8 Aristoteles, *Nikomachische Ethik*, a. a. O., VII, 3 (1145b21–22).
9 Ebd., III, 5 (1112b31–32).
10 Ebd., VII, 5 (1147a22–23).
11 Ebd., VII, 14 (1153b25–26, 30–32).
12 Ebd., II, 1 (1103b8–9).
13 Ebd., II, 1 (1103a18–19 und 25–26).

14 Ebd., II, 5, (1106b5–7).
15 *Matthäus*, 19, 19.
16 Ebd., 5, 44.
17 Ebd., 18, 22.
18 Ebd., 19, 23. Auch bei *Markus* 10, 23.
19 Ebd., 6, 14.
20 Ebd., 25, 40.
21 Oder *«ist schon in euch»*. Nach dem griechischen Text sind beide Deutungen möglich. *Lukas* 17, 20–21.
22 *Matthäus* 6, 34.
23 *Koran*, dt. v. L. Ullmann, neu bearb. v. L. W. Winter, München 1959, Sure 2, 112.
24 Ebd., Sure 3, 2–3. In der jüdischen Tradition ist *Torah* die Bezeichnung für die fünf Bücher Mose oder den Pentateuch.
25 *Was nennst du mich gut? Niemand ist gut als Gott allein* (*Markus* 10, 18).
26 *Koran*, a. a. O., Sure 2, S. 110.
27 *Koran*, a. a. O., Sure 5, S. 48.
28 *Koran*, a. a. O., Sure 49, S. 11–13.
29 Dabei darf man nicht vergessen, dass bereits der Grieche Aristarchos von Samos (um 310–ca. 230 v. Chr.) annahm, dass sich die Erde um die Sonne dreht, und damit als Erster die heliozentrische These formulierte, was ihm eine Verurteilung wegen Gottlosigkeit und Verderber der Jugend eintrug.
30 Spinoza, *Theologisch-politischer Traktat*, Kap. XVI., hg. v. Günter Gawlik u. Friedrich Niewöhner, Wiss. Buchges., Darmstadt 1989, S. 467/469.
31 Spinoza, *Die Ethik nach geometrischer Methode dargestellt*, dt. v. O. Baensch, Hamburg 1994, IV. Teil, Lehrsatz 37, Anm. 2.
32 Ebd., II. Teil, Lehrsatz 7, Anm.
33 Ebd., II. Teil, Lehrsatz 11, Folgesatz.
34 Ebd., I. Teil, Anhang.
35 Ebd., III. Teil, Lehrsatz 9, Anm.
36 Ebd., IV. Teil, Lehrsatz 8, Beweis.
37 Ebd., IV. Teil, Vorrede.
38 Ebd., IV. Teil, Lehrsatz 37, Anmerkung.
39 Ebd., IV. Teil, Lehrsatz 27.
40 Ebd., IV. Teil, Lehrsatz 37.
41 Ebd., IV. Teil, Lehrsatz 68.

42 Kant behandelt die moralische Frage vor allem in: *Grundlegung zur Metaphysik der Sitten*, 1785; *Kritik der praktischen Vernunft*, 1788; *Metaphysik der Sitten*, 1797.

43 Siehe *Grundlegung zur Metaphysik der Sitten*, hg. v. K. Vorländer, 3. Aufl. Hamburg 1965, S. 52.

44 In G. E. Moore, *Principia Ethica* (Bibliographie).

45 Eingeführt von Kant, Bentham und dem Schotten Thomas Reid (1710–1796), der von der Wahrheit und Universalität der im gemeinen Menschenverstand vorhandenen Moralprinzipien ausging.

46 Siehe dazu Peter Singer, *Praktische Ethik*, Kap. 1, dt. v. O. Bischoff u. a., Stuttgart 1994.

47 Über die neue und erschreckend weit verbreitete Praktik der *kitchen fires* berichtet ein Buch der amerikanischen Journalistin Elisabeth Bumiller, *May You be the Mother of a Hundred Sons (A Journey Among the Women of India)*, Random House, New York & Toronto 1990; Penguin Books 1991.

48 H. Arendt, *Eichmann in Jerusalem. Ein Bericht von der Banalität des Bösen*, Reinbek b. Hamburg 1978, S. 174–175.

49 Buddha in *Dhammapada*, 10, 1; Christus in *Matthäus*, 7, 12 und *Lukas*, 6, 31. Als Aristoteles gefragt wurde, wie wir uns den *Freunden* gegenüber verhalten sollen, antwortete er: So wie wir möchten, dass sie sich uns gegenüber verhalten. Dieser Satz ist symptomatisch für die Haltung der Philosophen der klassischen Antike, die mit einigen wichtigen Ausnahmen allerdings Barbaren, Sklaven, Frauen und Kinder aus der moralischen Welt ausschließen; auch unter den Freien sind nur diejenigen achtenswert, die die Weisheit lieben und die Wahrheit suchen.

50 Konfuzius in den *Gesprächen*, 15, 23: *Tu den anderen nichts, was dir nicht gefallen würde.* Sich in einen anderen hineinzuversetzen – in diesem Kontext wird diese Äußerung gemacht – ist ein Verhaltensprinzip, für das es keine Einschränkungen gibt und welches das ganze Leben lang als Verhaltensregel dienen kann.

Im apokryphen *Buch Tobias*, 4, 16: *Was du nicht willst, das man dir tu, das füg auch keinem andern zu.* Anscheinend findet sich auch in dem alten indischen Epos *Mahabharata* das gleiche Prinzip in der Form: *Niemand möge einem anderen etwas tun, was ihm selbst zuwider wäre.* Wir konnten es aber im Original nicht finden.

51 P. Singer, *Wie sollen wir leben? Ethik in einer egoistischen Zeit* (siehe Bibliographie).

Kap. III

1 *Psalmen*, 146, 5–6.

2 *Das Gilgamesch-Epos*, eingef., rhythm. übertragen u. mit Anm. versehen von H. Schmökel, Kohlhammer, Stuttgart 1985, S. 103.

3 *Johannes*, 6, 54.

4 Heraklit, *Fragmente*, Heimeran, München 1979, S. 9.

5 *Upanishaden*, Diederichs Gelbe Reihe, München 1977, S. 54.

6 *Koran*, Sure 3, 20 in: *Der Koran*, übers. v. Rudi Paret, Kohlhammer, Stuttgart 1962, S. 45.

7 *Herrin Erde und Zagreus, der du über allen Göttern stehst!* Es handelt sich um einen Vers aus *Alkmeonis*, einem griechischen Epos aus dem 6. Jh. v. Chr. oder früher. Zitiert von K. Kerényi, *Dionysos* I, III, 4, Langen Müller, München 1976, S. 81.

8 *Bṛihadâraṇyaka Upanishad*, II, 5, 15, in: *Sechzig Upanishad's der Veda*. Aus dem Sanskrit übers., mit Einl. u. Anm. versehen v. Dr. P. Deussen, Brockhaus, Leipzig 1905, S. 422.

9 Ebd., 2, 5, 14.

10 Ebd., 1, 5, 19, S. 404.

11 *Chandogya Upanishad*, 1, 3, 2 (dt. in *Upanishaden, Die Geheimlehre der Inder*, dt. v. A. Hillebrandt, München 1998, S. 55).

12 *Bṛihadâraṇyaka Upanishad*, 1, 5, 20, a. a. O., S. 404.

13 Ebd., 1, 4, 10, a. a. O. (zitiert nach Diederichs Gelber Reihe, a. a. O., S. 54).

14 *Koran*, Sure 2, 113, a. a. O., S. 18.

15 Ebd., Sure 2, 135, a. a. O., S. 21.

16 Ebd., Sure 2, 137, a. a. O., S. 21.

17 *So habe ich dieses Buch für meinen Freund geschrieben, mit dem ich frei lebe und frei sterben werde.* Dies sind die Schlussworte von *A Woman's Liberation*, der letzten Erzählung in Ursula K. Le-Guins Buch *Four Ways to Forgiveness*, Harper-Collins, New York 1996.

18 Zitiert von Bill Moyers in *Joseph Campbell and the Power of*

Myth, Fernsehserie (1. Programm, *The Hero's Adventure*), Mystic Fire Video, New York 1988.

19 *Matthäus* 5, 3–9.

20 Ebd., 6, 25 und 28–29.

21 F. v. Assisi, *Cantico delle creature* oder *Cantico del sole*, dt. in *Die Blümlein*, üb. v. M. Kirschstein, Hamburg 1958.

22 *I fioretti di San Francesco*, Kap. VIII (in einigen Ausg. Kap. VII).

23 Dantes *Göttliche Komödie*, 2. Band: *Das Paradies*, XXXIII, 142–145, Cotta, Stuttgart, o. J.

24 *Hundert Gedichte Kabirs*, hg. von Rabindranath Tagore, Hyperion Verlag, Freiburg i. Br. o. J., 12, S. 24–26.

25 Ebd., 54, S. 100–102.

26 Ebd., 23, S. 55.

27 Ebd., 76, S. 136/137.

28 Ebd., 79, S. 143–145.

29 Osho, Rede vom 1. 3. 1980. *Fingers Pointing to the Moon*, Kap. 1 *(Being). Osho's books on CD-ROM* (Bibliographie).

30 Laut Cortellazzo-Zolli (*Dizionario etimologico della lingua italiana*, Zanichelli, Bologna 1980) von ἐνθουσιάζειν (enthusiázein), «gottbegeistert» sein. Laut Devoto, *Avviamento alla etimologia italiana*, Le Monnier, Firenze 1968: Ενθουσιάζω, ἔνθυς, verkürzte Form von ἔνθεος: «der Gott in sich hat».

31 *Matthäus*, 26, 52. Petrus wird erwähnt in *Johannes*, 18, 10.

32 Zit. von Karlheinz Deschner, *Kriminalgeschichte des Christentums*, Bd. I, Die Frühzeit, von den Ursprüngen im Alten Testament bis zum Tod des hl. Augustinus (430), Kap. 5 Der hl. Konstantin, der erste christliche Kaiser (Bibliographie).

33 Es handelt sich um eine alte Anekdote, die (mit kleinen Abwandlungen, wie es bei mündlich überlieferten Geschichten üblich ist) sehr oft erzählt wird, z. B. in *101 storie zen*, hg. v. Nyogen Senzaki und Paul Reps, 57 und in Osho, *The Buddha: The Emptiness of the Heart*, Kap. 1 *(The Emptiness of the Heart)*, 1988 *(Osho's books on CD-ROM)* (beide in der Bibliographie).

Kap. IV.

1 Epikur, *Über das Glück*, dt. v. S. Gindro u. D. Vitali, Zürich 1995, S. 59.

2 Platon, *Euthydemos*, 282c–d, in: Platon, Sämtliche Werke, Erster Band, Lambert Schneider, Berlin o. J., S. 500.

3 *Johannes*, 8, 32.
4 Platon, *Das Gastmahl*, 173c, a. a. O., Erster Band, S. 660.
5 Platon, *Das Gastmahl*, 204e–205a, a.a.O., Erster Band, S. 702.
6 Platon, *Der Staat*, VI, 505a, a. a. O., Zweiter Band, S. 238.
7 Platon, *Der Staat*, VII, 517c–d, a. a. O., Zweiter Band, S. 253.
8 Aristoteles, *Nikomachische Ethik*, a. a. O., I, 6 (1098a16–20).
9 Ebd., I, 10 (1099b24–25).
10 Ebd., I, 9 (1099a32–33).
11 Ebd., X, 9 (1179a1–3, 4–5, 8).
12 Ebd., I, 11 (1100a16–17).
13 Ebd., I, 11 (1100b4–7).
14 Ebd., I, 11 (1100b35–1101a5).
15 Ebd., I, 11 (1100b18–21).
16 Ebd., I, 9 (1099a24–28). Delos, eine kleine, fast unbewachsene Felseninsel, war einer der heiligsten Orte des alten Griechenlands. Sie war dem Sonnengott geweiht, und für lange Zeit (seit 426 v. Chr.) wurde dort weder die Geburt noch der Tod eines Menschen geduldet.
17 Ebd., VIII, 1 (1145a4–6).
18 Ebd., VIII, 7 (1157b33–34).
19 Ebd., X, 7 (1177a14–16, 23–25).
20 Ebd., X, 7 (1177b1–4; 4–6, 24–25, 31–34).
21 Ebd., X, 6 (1176b5–6).
22 Epikur, *Über das Glück*, a. a.O., S. 50.
23 Ebd., S. 51–52.
24 Ebd., S. 53.
25 Ebd., S. 54–55.
26 Ebd., S. 55–56.
27 Ebd., S. 57.
28 Ebd., S. 57–58.
29 Ebd., S. 59.
30 Seneca, *Briefe an Lucilius über Ethik*, Buch I, 1. Brief, Reclam, Stuttgart 1977, S. 5. (Es handelt sich um ein literarisches Werk, nicht um einen echten Briefwechsel).
31 Tacitus, *Annalen*, XV, 62.
32 *Hepaphroditus*, Neros Privatsekretär und von ihm freigelassen, wurde sehr reich. 65 n. Chr. leistete er seinem ehemaligen Herrn Beihilfe zum Selbstmord. Dreißig Jahre später, um 96

n. Chr., ließ ihn Domitian, für den er ebenfalls als Privatsekretär arbeitete, deswegen hinrichten.

33 Sextus Empiricus, *Grundriß der Pyrrhonischen Skepsis*, Suhrkamp, Frankfurt 1968, S. 95/96.

34 Plotin, *Enneaden*, I, 4, 6.

35 Ebd., VI, 7, 34.

36 Ebd., VI, 9, 10.

37 Ebd., I, 5, 10.

38 Augustinus, *Bekenntnisse*, dt. v. J. Bernhardt, München 1955, 10. Buch, Kap. 20 (29).

39 Augustinus, *De moribus ecclesiae catholicae ...*, in *Retractationum*, VI.

40 Augustinus, *Vom Gottesstaat*, XIX, 20, Artemis, Zürich u. München 1978, Bd. II, S. 566.

41 Th. v. Aquino, *Summe der Theologie*, 2. Bd., 3. Unters., 2. Artikel. Kröner, Leipzig 1935, S. 23, ... Aristoteles sagt in der *Nikomachischen Ethik* I, 11 (1101a14–21): *Was hindert uns demnach, als glückselig zu bezeichnen denjenigen, der gemäß vollendeter Tugend tätig ist und dabei mit den äußeren Gütern wohl ausgestattet ist, und das nicht bloß eine kurze Zeit, sondern ein ganzes, volles Leben lang ... Demgemäß werden wir diejenigen unter den Lebenden glückselig nennen, denen die genannten Dinge zukommen und zukommen werden, aber freilich glückselig nur als Menschen.*

42 Th. v. Aquin vernachlässigt jedoch die Bedeutung des Geistes unter den aristotelischen Tugenden und misst der Freundschaft (der Aristoteles zwei Bücher seiner *Nikomachischen Ethik* widmet) geringe Wichtigkeit bei. Für Th. v. Aquin sind Freunde wichtig, da sie helfen, gute Werke zu vollbringen, aber nur im Rahmen des unvollkommenen Glücks, das man auf Erden finden kann. Die vollkommene Glückseligkeit braucht keine Freunde.

43 Th. v. Aquino, *Vom Gottesstaat*, 2. Bd., 3. Unters., 1. Artikel, a. a. O., S. 20.

44 Th. v. Aquino, *Vom Gottesstaat*, 2. Bd., 3. Unters., 2. Artikel, a. a. O., S. 21.

45 A. Smith, *The Theory of Moral Sentiments*, dt. *Theorie der ethischen Gefühle*, üb. v. E. v. Löschebrand-Horn, Frankfurt a. M. 1949, III, 5, 7.

46 Spinoza, *Ethik*, IV. Teil, Lehrsatz 18, Anm., a. a. O.

47 Ebd., V. Teil, Lehrsatz 42., a. a. O.

48 Aristoteles, *Nikomachische Ethik*, a. a. O., I, 2 (1095a19–20).

49 Die kyrenaische Schule ist nach der lybischen Stadt Kyrene benannt, als ihr Begründer galt in der Antike Aristippos von Kyrene (435–ca. 360 v. Chr.), der zum Kreis um Sokrates gehörte. Die zeitgenössische Kritik ist jedoch der Ansicht, dass der Hedonismus zuerst von Aristippos' Sohn Aretes und seinem Neffen Aristippos dem Jüngeren theoretisiert wurde. Von Aristippos (dem Älteren) hieß es z. B., *er gewinne Lust aus dem, was gegenwärtig ist, gäbe sich aber keine Mühe in den Genuß von etwas zu kommen, das nicht gegenwärtig ist* (Diogenes Laertios, *Von den Leben und den Meinungen berühmter Philosophen*, Franz Haas, Wien u. Prag 1807, Bd. 1 u. 2., II, 66), eine Behauptung, die auf eine ganz andere Einstellung als die des klassischen Hedonismus schließen lässt.

50 Aristoteles schreibt an vielen Stellen der *Nikomachischen Ethik* über die Lust, hauptsächlich aber in I, 3 und I, 9, in VII 12–15, über die Lust an der Freundschaft in VIII, 4–5 und in IX, 9. Der Lust ist auch das ganze zehnte Buch gewidmet.

51 Diogenes Laertios, a. a. O., X, 118.

52 Epikur, *Brief an Menoikeus*, aus: *Von der Überwindung der Furcht. Katechismus, Lehrbriefe, Spruchsammlungen, Fragmente.* Eingel. u. übertr. v. O. Gignon, Artemis, Zürich u. München 1983, S. 100–105.

53 Wir zitieren nur zwei der vielen Bücher über das Glück: *The Conquest of Happiness* (dt. *Eroberung des Glücks*) von Bertrand Russell (1930) und *Happiness* von Elizabeth Telfer (1980) (Bibliographie).

Das erste ist ein sehr amüsant zu lesender, vorwiegend psychologischer Text, ein Handbuch, das uns hilft, uns selbst zu erkennen und glücklich zu werden. Es ist in zwei Teile gegliedert: Der erste befasst sich mit den Ursachen des Unglücklichseins, der zweite mit den Ursachen des Glücks. Es ist im Russell'schen Stil scharfsinnig, bissig und sehr intelligent geschrieben. Bei der Lektüre ist man erstaunt, wie sehr sich innerhalb von siebzig Jahren die «alltägliche» Problematik des Glücks gewandelt hat.

Das zweite ist ein einfach zu lesender, leicht verständlicher philosophischer Text, der das Thema Glück ebenso anhand der alltäglichen Erfahrung wie der Philosophiegeschichte behandelt und dabei sehr konsequent die besten Instrumente der Sprachanalyse heranzieht, über die die zeitgenössische Philosophie verfügt.

54 Diogenes Laertios, a. a. O., VI, 6.

Kap. V

1 Zu diesen Zahlen s. L. Luca Cavalli-Sforza, P. Menozzi, A. Piazza, *The History and Geography of Human Genes* (Bibliographie).

2 *Gilgamesch-Epos*, Reclam, S. 17, 7.

3 Ebd.

4 Ebd., S. 18.

5 Auf Sumerisch Inanna.

6 Ebd., S. 89.

7 Ebd., S. 80. Der Sonnengott ist Shamash (auf Sumerisch Utu).

8 Weiter vorn wird er genannt: «Der das Leben gesehen hat». Auf Sumerisch heißt er Ziusudra, weiser König und Priester von Schurruppak am Tigris, bevor er «der Ströme Mündung» erreicht, wo er mit seiner Gemahlin ein unsterbliches Leben führt. In einem außergewöhnlichen Stück archaischer Dichtung erzählt Utnapischtim im Gilgamesch von der Sintflut und vom Bau der Arche, in der er ausharrte, bis er wieder trockenes Land erreichte. Die Erzählung ist dem späteren biblischen Sintflutmythos sehr ähnlich.

9 Ebd., S. 81.

10 Zitiert aus: *Das Gilgamesch-Epos*, Kohlhammer, Stuttgart 1985, S. 95.

11 *Gilgamesch-Epos*, Reclam, a. a. O., S. 101.

12 Platon, *Phaidon*, 60b–c, in: Platon, Sämtliche Werke, Erster Band, Lambert Schneider, Berlin o. J., S. 734, Übersetzung von Friedrich Schleiermacher.

13 Ebd., 61d–e, a. a. O., S. 736.

14 Ebd., 65c, a. a. O., S. 741.

15 Ebd., 68b, a. a. O., S. 745.

16 Ebd., 67e, a. a. O., S. 744.

17 Ebd., 77d–e, a. a. O., S. 758.

18 Platon, *Phaidros*, 248c–249b, a. a. O., Zweiter Band, S. 439.

19 Platon, *Phaidon*, 116a, a. a. O., Erster Band, S. 808.

20 *Majjhima Nikaya, Magandiya Sutta*, 10.
21 Ebd., *Ariyapariyesana Sutta*, 13 und 15.
22 Ebd., *Bhayabherava Sutta*, 28, 29, 31, 32 (dt. in *Reden Gotama Buddhas, Aus der mittleren Sammlung*, üb. v. K. E. Neumann, München 1987, S. 35 u. 37).
23 Ebd., *Ariyapariyesana Sutta*, 18, 19. (dt. *Reden Gotama Buddhas*, a. a. O., S. 36.)
24 Ebd., 21 (dt. a. a. O., S. 37).
25 Das hörte ich in einer Rede im Januar 1981 im Ashram von Poona, Indien (F. C. S.).
26 *Digha Nikaya, Potthapada Sutta*, 40.
27 Ebd., *Mahaparinibbana Sutta*, 2, 25–26. Je nachdem, wie der im Text benutzte Ausdruck pali *(dipa)* benutzt wird, kann er mit «Licht» («Lampe») oder «Insel» übersetzt werden. (Im zweiten Fall lautet es dann so: *Seid euch selbst wie Inseln – mit dem Dharma als Insel* …). In der Lehre Buddhas ist keiner eine Insel, weshalb die erste Deutung sinnvoller scheint. Aber die Bedeutung des Satzes ändert sich nicht.
28 Ion, zitiert in Plutarch, *Consolazione ad Apollonio*, 28 (116d).
29 Platon, *Des Sokrates Verteidigung* 30e–31a, a. a. O., Erster Band, S. 23.
30 Zitiert in Sextus Empiricus, a. a. O., VII, 132.
31 *Gilgamesch-Epos*, a. a. O., S. 87.
32 Platon, *Phaidon*, 117a, a. a. O., S. 809.
33 *Majjhima Nikaya, Mahaparinibbana Sutta*, bereits zitiert.
34 Hakuin Zenji, *Song of Zazen* (aus Cornfield, J., Hg., *Teachings of the Buddha*, in der engl. Üb. v. Robert Aitken (Bibliographie).

Zweiter Teil
Kap. VI

1 Joseph-Arthur Comte de Gobineau, *Essai sur l'inégalité des races humaines* (1835–55), 4 Bde.
2 Siehe Bibliographie.

Kap. VII

1 Siehe F. Jacob, *La logica del vivente* (Bibliographie).
2 Die Geschichte der Verwandlung, die die Legende durchmachte, wird sehr schön erzählt in Dante Zanetti, *Vita, morte e trasfigurazione del Signore di Lapalisse*, Il Mulino, Bologna 1992.

3 Herodot, *Historien*, II, 12. Auch Xenophanes von Kolophon (der ein Gedicht «Über die Natur» schrieb), Pythagoras (zit. von Ovid in den *Metamorphosen*) und später Strabo und Plinius der Ältere kamen zu ähnlichen Schlussfolgerungen.

4 Michael Crichton, *Jurassic Park*, Droemer Knaur, München 1998.

Kap. IX

1 J. B. S. Haldane (s. Bibliographie) war (nach R. A. Fisher, 1930) einer der Ersten, die die notwendigen Bedingungen aufzeigten, warum Altruismusgene durch Tod oder mangelnde Reproduktion des Altruisten in einer Bevölkerung nicht verschwinden. Das Rechenbeispiel für das Verhältnis zwischen Nutzen und Kosten der altruistischen Handlung folgt dem Ansatz von W. D. Hamilton. Einzelheiten über die Hypothesen und Rechnungen sowie bibliographische Hinweise finden sich in den Kap. 11–18 des Buchs von J. R. Krebs und N. B. Davies (Bibliographie).

2 Zu den Versuchen zum Gefangenendilemma s. R. Axelrod (Bibliographie).

3 Zum Ursprung des Moralgefühls bei höheren Tieren s. F. de Waal, *Der gute Affe* (Bibliographie).

Kap. X

1 Giacomo Leopardi, Nächtlicher Gesang eines Nomadenhirten in Asien, in: Giacomo Leopardi, *Gedichte und Prosa*, Insel, Frankfurt 1979, S. 70.

2 Colin M. Turnbull, *Das Volk ohne Liebe* Rowohlt, Reinbek 1973.

3 Zu den 47 Fällen in der Wildnis aufgewachsener Kinder s. David Crystal, *The Cambridge Encyclopedia of Language*, IX, 49, *The Origins of Language, Children of the Wild* (Cambridge University Press, Cambridge, U. K., 1987), der sich auf Angaben aus L. Malson & J. Itard, *Wolf children*, N. L. B., London 1972 bezieht.

4 Hieronymus meinte, «der Same bilde sich nach und nach im Uterus und man könne «*nicht von Mord sprechen, bevor nicht die verstreuten Elemente ihr menschliches Erscheinungsbild und Gliedmaßen erhalten hätten*» (*Epistole* 121.4, *Corpus Scriptorum Ecclesiasticorum Latinorum*, 56, 16). Zitiert in Dworkin, *Die Grenzen des Lebens*, Rowohlt, Reinbek bei Hamburg 1994, Kap. 2,

S. 61, in dem die Lehre der Kirche zu diesem Thema vom 4. Jh. bis heute kurz zusammengefasst wird.

5 Als Gegenbeispiele sind allerdings die Fälle der von wilden Tieren aufgezogenen Kinder zu nennen, die freilich nicht sprechen lernten. Wird die Sprache nicht in den ersten Lebensjahren erlernt, ist der Sprachverlust praktisch irreversibel.

Kap. XI

Zu den angeführten Untersuchungen siehe die folgenden Werke (in der Bibliographie):

1 D. Suzuki und P. Knudtson, *Genethics: The Clash between the New Genetics and Human Values.*

2 D. J. Kevles, *In the Name of Eugenics (Genetics and the uses of human heredity).*

3 D. H. Hamer, *The heritability of happiness.*

4 D. T. Lykken und A. Tellegen, *Happiness is a stochastic phenomenon.*

5 D. G. Myers und E. Diener, *Who is happy?*

6 D. G. Myers, *The Pursuit of Happiness.*

Kap. XII

1 Untersuchungen und Experimente überall auf der Welt, vor allem aber in Nordamerika und Westeuropa (S. Argyle, Myers, Csikszentmihalyi in der Bibliographie).

2 Mihaly Csikszentmihalyi (Bibliographie).

3 Takuan, in Senzaki e Reps, *101 storie zen* (32-*Breve instante, gemma rara*) (Bibliographie).

4 Nicht die allerälteste: Die Republik San Marino wurde einige Jahrhunderte früher gegründet.

Kap. XIII

1 Antisthenes, in Diogenes Laertios, *Von den Leben und Meinungen ...*, VI, 5, a. a. O.

2 Leonardo da Vinci, Tagebücher und Aufzeichnungen, List, Leipzig 1940, S. 4.

3 James Boswell, *An Account of my last interview with David Hume, Esq.*, in: *In Extremis*, 1776–1778, The Yale Editions of the Private Papers of James Boswell, McGraw-Hill, New York 1970, S. 11/12.

4 Dschuang Dsï, *Das wahre Buch vom südlichen Blütenland*, dt. v. R. Wilhelm, Eugen Diederichs Verlag, Düsseldorf–Köln 1972, Kap. 18 *(Höchstes Glück)*.

5 Die Verse stammen aus *La radianza immacolata*, Testament des Lonchenpa, Dzogchen-Meister des 14. Jahrhunderts. Zitiert in Sogyal Rinpoche, *Il libro tibetano del vivere e del morire* (Bibliographie).

Karman oder *Karma* bedeutet im alten Sanskrit ursprünglich «Handlung». Das Gesetz des Karma ist das Gesetz von Ursache und Wirkung, aufgrund dessen jede Handlung Folgen zeitigt, aus denen wie bei einer Kettenreaktion neue Handlungen hervorgehen. Im weiteren Sinn bezeichnet Karma die Gesamtheit der Taten, die sich im Lauf der Zeit im Leben eines Menschen ansammeln und seinen mentalen Zustand und den Zwang bedingen, in einer ganz bestimmten Weise zu handeln. Das *Karma*, das ein Mensch mit in den Tod nimmt, entscheidet über seine Reinkarnation, und die Auslöschung des Karma ist unabdingbare Voraussetzung für die Befreiung aus der Vergeltungskausalität der Taten.

Samsara ist der Kreislauf von Leben und Wiedergeburt, der Inkarnationen, mit denen sich die Menschen identifizieren. Unbewusst denken sie, die Welt der Erscheinungen sei die einzig reale Welt, und so bleiben sie Opfer der Täuschung *(maya)*. *Nirvana* bedeutet wörtlich etwas, das erlischt wie eine Kerzenflamme. Es bezeichnet die Auslöschung der Anhaftung an alle Täuschungen, zu der gelangt, wer den Schleier der *maya* zerrissen hat, der Erleuchtete, dem die Augen aufgegangen sind und der über die sich wandelnden weltlichen Dinge hinaussieht.

Die Wurzel allen Übels und allen Leids ist in der buddhistischen Lehre das Nichtwissen. Da wir unsere wahre Natur nicht kennen, haften wir den weltlichen Dingen an, sind Opfer des Zorns oder unseres eigenen Erfolgs und häufen negative Handlungen an, deren Last uns dazu treibt, im Leben immer wieder die gleiche Art von Handlungen zu begehen, und die nach dem Tod eine neue Inkarnation zur Folge hat. Der «leere» Geist dagegen überwindet das Nichtwissen, weil er fähig wird, die wahre Wirklichkeit der Dinge wahrzunehmen. Indem man durch Meditation die Leere erfährt und das Bewusstsein der

Leere erlangt, wird einem Erkenntnis zuteil: Wir reißen die Wurzeln des *Samsara* aus (die in unserem Nichtwissen gründen) und gelangen so automatisch ins Nirvana.

6 Im Laufe des Jahres 1997 stand der Oberste Gerichtshof der Vereinigten Staaten vor der Entscheidung, ob unheilbar Kranke das Recht haben, ihr Leben zu beenden, anstatt weiter dahinzusiechen. Der Gerichtshof holte vor der Entscheidung ein Gutachten von sechs berühmten Moralphilosophen (Ronald Dworkin, Thomas Nagel, Robert Nozick, John Rawls, Thomas Scanlon, Judith Jarvis Thomson) ein. Das Gutachten der *amici curiae* – wie die sechs Berater offiziell genannt wurden – schließt wie folgt:

Jedes Individuum hat das Recht, die «intimsten und persönlichsten Entscheidungen zu treffen, die den Kernpunkt der Würde und Autonomie der Person bilden». Dieses Recht schließt das Recht ein, eine gewisse Kontrolle über den Zeitpunkt und die Art des eigenen Todes auszuüben ... [Sollte der Gerichtshof das Gegenteil beschließen], *wäre seine Entscheidung allein durch die sehr bedeutende Behauptung gerechtfertigt ... daß ein amerikanischer Staatsbürger letztlich nicht einmal prinzipiell das Recht hat, gemäß seinen religiösen und ethischen Überzeugungen und gemäß seiner Ansicht, warum sein Leben einen Wert hat und worin dieser Wert besteht, zu leben und zu sterben.*

(S. Dworkin et al., *Assisted Suicide: The Philosopher's Brief*, in der Bibliographie.)

Die Entscheidung fiel negativ aus. Der Gerichtshof bestritt unheilbar Kranken das Recht, ihr Leben vorzeitig zu beenden.

7 Über solche Umfragen berichten z. B. Peter Singer in *Rethinking Life and Death, 7. Asking for Death*, und Dworkin et al., *Assisted Suicide: The Philosophers' Brief* (Bibliographie).

8 Es handelt sich um eine Konstante in Don Juans Lehre, die praktisch in allen der zahlreichen Bücher wiederkehrt, in denen Castaneda von seinen Erfahrungen als «Zauberlehrling» erzählt.

9 M. Yourcenar, *Mémoires d'Hadrian*, dt. *Ich zähmte die Wölfin. Die Erinnerungen des Kaisers Hadrian*, üb. v. F. Jaffé, München 1961.

Kap. XIV

1 Homer, *Die Odyssee*, XI, 100, dt. von Wolfgang Schadewaldt, Artemis, Zürich u. Stuttgart 1966, S. 189.

2 Konstantinos Kavafis, «Ithaka», in: *Gedichte des Konstantin Kavafis*, dt. v. H. v. d. Steinen, Bibliothek Suhrkamp, Frankfurt 1953, Bd. XV, S. 31/32.

Schlussfolgerungen

1 Heraklit, zit. von Aristoteles in *Meteorologia*, II, 2, 354b33.

Danksagung

Wir danken all jenen, die uns halfen, indem sie einzelne Kapitel oder das ganze Buch gelesen und uns beraten haben.

Unser besonderer Dank gilt Agnese Donati, Ugo Santini und Arturo Seregni, die uns mit bibliographischen Hinweisen und wichtigen Anregungen unterstützt haben. Antonella Comba verdanken wir wertvolle Informationen über den Begriff «Glück» im Sanskrit. Thamthog Rimpoce, Leiter des Mailänder *Centro di Studi tibetani Rabten Geh. Pel. Ling* erläuterte uns die Zusammenhänge zwischen *Samsara* und *Nirwana*. Joseph Greenberg war uns bei der Suche nach den Wurzeln des Begriffs «Glück» behilflich.

Bibliographie

Al-Farabi, Abu Nasr, *Al-Farabi on the Perfect State (Abu Nasr al-Farabi's Mabadi' Ara' Al-Madina Al-Fadila)*, Clarendon Press, Oxford 1985.

Argyle, M., *The Psychology of Happiness*, Methuen & Co., London und New York 1987.

Aristoteles, *Nikomachische Ethik*, hg. v. Günther Bien, üb. v. Eugen Rolfes, Phil. Bibl., Hamburg 1995.

Axelrod, Robet, *Die Evolution der Kooperation*, üb. u. mit ein. Nachw. vers. v. Werner Raub u. Thomas Voss. 4. Aufl., München 1997.

Bankowski, Z., J. H. Bryant (Hg.), *Poverty, Vulnerability, and the Value of Human Life (A Global Agenda for Bioethics)*, Highlights and Papers of the XXVIIIth CIOMS Conference, Ixtapa, Guerrero, Messico, 1994, CIOMS (Council for International Organizations of Medical Sciences), Genf 1994.

Bentham, Jeremy, *Die Prinzipien der Gesetzgebung*, hg. v. Etienne Dumont, üb. v. F. Beneke.

Bibel:

Lutherbibel der dt. Bibelgesellschaft, Stuttgart 1985.

Boezio di Dacia, *Il sommo bene*, in: *Ricerca della felicità e piaceri dell'intelletto*, hg. von F. Bottin, Nardini Editore, Florenz 1989.

Bouquet, C., *Comparative Religion (A Short Outline)*, Peguin Books, London 1956.

Buddha:

Reden des Buddha. Aus dem Pâli-Kanon. Reclam, Stuttgart.

Campbell, Joseph, *Der Heros in tausend Gestalten*, üb. v. Karl Koehne, Insel Verlag, Frankfurt 1999.

Cavalli-Sforza, L., P. Menozzi e A. Piazza, *The History and Geography of Human Genes*, Princeton University Press, Princeton, NJ 1994.

Cavalli-Sforza, L., Cavalli-Sforza, F., *Verschieden und doch gleich*, üb. v. Sylvia Höfer, Knaur, München 1996.

Ceccato, S., *Ingegneria della felicità*, Rizzoli, Mailand 1985.

Changeux, J.-P., M. Kirtsch (Hg.), *Fondaments naturels de l'éthique*, Odile Jacob, Paris 1993.

Cornfield, J. (Hg.), *Teachings of the Buddha*, Shambala, Boston u. London 1996.

Csikszentmihalyi, Mihaly, *Flow: Das Geheimnis des Glücks*, üb. v. Annette Charpentier, Klett-Cotta, 7. Aufl., Stuttgart 1999.

Csikszentmihalyi, Mihaly, *Das Flow-Erlebnis. Jenseits von Angst und Langeweile: Im Tun aufgehen*, üb. v. Urs Aeschbacher, Klett-Cotta, 7. Aufl., Stuttgart 1999.

Csikszentmihalyi, Mihaly, *Die außergewöhnliche Erfahrung im Alltag. Die Psychologie des Flow-Erlebnisses*, üb. v. Ulrike Stopfel u. Urs Aeschbacher, Klett-Cotta, 2. Aufl., Stuttgart 1995.

Dalai Lama:

Dalai Lama, *Das Auge einer neuen Achtsamkeit. Traditionen u. Wege d. tib. Buddhismus. Eine Einf. aus östlicher Sicht.* Goldmann, München 1987.

De Mello, A., *Messaggio per un'aquila che si crede un pollo*, Piemme, Casale Monferrato 1996.

Depew, D. J. (Hg.), *The Greeks and the Good Life*, Proceedings of the ninth annual philosophy symposium, California State University, Fullerton 1980.

Deschner, K., *Kriminalgeschichte des Christentums*, Bd. I, Rowohlt, Reinbek bei Hamburg 1986.

de Waal, F., *Good Natured (On the Origins of Justice and Injustice in Human Beings and Other Animals)*, Harvard University Press, Cambridge, MA 1996.

Diamond, Jared, *Arm und reich. Die Schicksale menschlicher Gesellschaften*, üb. v. Volker Englich, Fischer, Frankfurt 1998.

Dumont, Louis, *Individualismus. Zur Ideologie der Moderne*, üb. v. Una Pfau, Campus, Frankfurt 1990 (Koprod. mit Éditions de la Maison des Sciences de l'Homme, Paris).

Dworkin, R., T. Nagel, R. Nozick, J. Rawls, T. Scanlon, J. Jarvis Thomson, *Assisted Suicide: The Philosophers' Brief*, «The New York Review of Books», 27. 3. 1997 (Vol. XLIV, n. 5).

Dworkin, R., *Die Grenzen des Lebens*, Rowohlt, Reinbek b. Hamburg 1994.

Epikur, *Von der Überwindung der Furcht*, Artemis, Zürich 1949.

Erasmus von Rotterdam:

Erasmus, Desiderius, *Das Lob der Torheit*, üb. u. hg. v. Anton J. Gail, Reclam, Stuttgart 1987.

Franz von Assisi, *Die Blümlein*, übers. v. M. Kirschstein, Hamburg 1958.

Gellner, Ernest, *Pflug, Schwert und Buch*, üb. v. Ulrich Enderwitz, Klett-Cotta, Stuttgart 1990.

Giacomo da Pistoia, *La felicità suprema*, in: *Ricerca della felicità e piaceri dell'intelletto*, hg. v. F. Bottin, Nardini Editore, Florenz 1989.

Gilgamesch:

Das Gilgamesch Epos, eingef., rhythmisch übertr. u. mit Anmerkungen versehen von Hartmut Schmökel, Kohlhammer, Stuttgart 1985.

Gosling, J. C. B., G. C. W. Taylor, *The Greeks on Pleasure*, Clarendon Press, Oxford 1982.

Gruter, M., R. D. Masters, *Balancing Altruism and Selfishness: Evolutionary Theory and the Foundation of Morality*, «Jahrbuch für Recht und Ethik 1996» («Annual Review of Law and Ethics 1996»), Duncker & Humblot, Berlin 1996.

Haas, J. (Hg.), *The Anthropology of War*, School of American Research, Advanced Seminar Series, Cambridge University Press, Cambridge, U. K. 1990.

Haldane, J. B. S., *The Causes of Evolution*, Cornell University Press, Ithaca.

Hamer, D. H., *The heritability of happiness*, «Nature Genetics», 14 : 125–126, 1996.

Hamilton, W. D., *Altruism and related phenomena, mainly in social insects*, «Annual Review of Ecology and Systematics, 3 : 193–232, 1972.

Heraklit:

Heraklit, *Fragmente*, Heimeran, München 1979.

Colli, G., *La sapienza greca, III: Eraclito*, hg. von D. Del Corno, Adelphi, Mailand 1980.

Conche, M., *Héraclite: Fragments*, PUF 1986.

Marcovich, M., *Heraclitus*, The Los Andes University Press, Merida, Venezuela 1967.

Robinson, T. M., *Heraclitus*, University of Toronto Press, Toronto, Buffalo u. London 1987.

Human Development Report 1996, Published for the United Nations Development Programme (UNPD), Oxford University Press, Oxford, U. K. 1996.

Hume, David, *Traktat über die menschliche Natur*, üb. u. hg. v. Theodor Lipps, Felix Meiner, Hamburg 1978.

Ingelhart, R., *Culture Shift in Advanced Industrial Society*, Princeton University Press, Princeton, NJ 1990.

Jacob, F., *La logique du vivant. Une histoire de l'hérédité*, Editions Gallimard, Paris 1970.

Johannes Paul II (Karol Wojtyla), *Varcare la soglia della speranza*, hg. von V. Messori, Mondadori, Mailand 1994.

Jones, H. M., *The Pursuit of Happiness*, Cornell University Press, Ithaca, New York 1953.

Jones, S., *The Language of the Genes (Biology, History and the Evolutionary Future)*, Harper Collins, London 1993.

Kabir:

Hundert Gedichte Kabirs, hg. v. Rabindranath Tagore, Hyperion Verlag, Freiburg o. J.

Kates, R. W., *Population, Technology, and the Human Environment: A Thread Through Time*, in: *The Liberation of the Environment*, «Daedalus», Journal of the American Academy of Arts and Sciences, Estate 1996 (Proceedings of the American Academy of Arts and Sciences, vol. 125, n. 3).

Kerényi, Karl, *Dionysos*, in: Werke in Einzelausgaben, Langen Müller, München, Wien 1976, Band VIII.

Kevles, D. J., *In the Name of Eugenics (Genetics and the uses of human heredity)*, University of California Press, Berkeley u. Los Angeles 1985.

Kohlberg, Lawrence, *Die Psychologie der Moralentwicklung*, hg. v. Wolfgang Althoff, Suhrkamp, Frankfurt 1995.

Koran:

Der Koran, übers. v. Rudi Paret, Kohlhammer, Stuttgart 1962.

Krebs, John R., Davies, Nicholas B., *Einführung in die Verhaltensökologie*, üb. v. Jan Rozman, Blackwell Wissenschafts-Verlag, 3. Aufl., Berlin u. Wien 1996.

Lao-Tse, *Tao-Tê-King*, Reclam, Stuttgart 1961.

Lewis, J., *The Pursuit of Happiness (Family and values in Jefferson's Virginia)*, Cambridge University Press, Cambridge, U. K. 1983.

Locke, John, *Ein Brief über Toleranz*, üb. v. Julius Ebbinghaus, Felix Meiner, Hamburg 1996.

Lykken, D. T. und Tellegen, A., *Happiness is a stochastic phenomenon*, «Psychological Science», 7 : 186–189, 1996.

Macer, D. R. J., *Bioethics for the People by the People*, Eubios Ethics Institute, Christchurch, Nuova Zelanda 1994.

McGill, J., *The Idea of Happiness*, Concepts in western thought series, Institute for Philosophical Research, Frederick A. Praeger, New York, Washington u. London 1967.

Moore, George E., *Principia Ethica*, üb. u. hg. von Burkhard Wisser, Reclam, Stuttgart.

Moroni, A., *Responsabilità verso l'ambiente*, «Studium», 5, Edizioni Studium, Rom 1995.

Myers, D. G., *The Pursuit of Happiness*, Avon Books, New York, 1992.

Myers, D. G., E. Diener, *Who is happy?*, «Psychological Science», 6:10–19, 1995.

Natoli, S., *La felicità (Saggio di teoria degli affetti)*, Feltrinelli, Mailand 1994.

Osho:

Osho's Books on CD-ROM, published and unpublished, Osho Commune International, Poona 1994.

Osho, *Die verborgene Harmonie. Vorträge über Fragmente des Heraklit*, üb. v. Nirvano (Swami Prem), 1989.

Osho, *Death – The Greatest Fiction*, CD. Osho Speaks on the Fear of Death, 1994.

Papyrus Prisse (The Oldest Books in the World – An Account of the Wisdom, Philosophy, Ethics, Manners, Proverbs, Sayings and Refinements as set forth in the Book of Kaqemna and The Precepts of Ptah-Hotep), Horn-Shafer Company, Baltimore, USA 1935.

Platon:

Platon, *Des Sokrates Verteidigung* und *Phaidon*, in: Sämtliche Werke, Bd. I, Lambert Schneider, Berlin o. J.

Quennell, P., *The Pursuit of Happiness*, Constable and Company, London 1988.

Rachels, J., *Created from Animals*, Oxford University Press, Oxford 1990.

Rinpoche, S., *The Tibetan Book of Living and Dying*, Harper, San Francisco 1992.

Rouner, L. S. (Hg.), *In Pursuit of Happiness*, Boston University studies in philosophy and religion, University of Notre Dame Press, Notre Dame, Indiana 1995.

Russell, Bertrand, *Eroberung des Glücks*, üb. v. Magda Kahn, Suhrkamp, Frankfurt 1977.

Savater, Fernando, *Tu, was du willst. Ethik für Erwachsene von morgen*. Üb. v. Wilfried Hof, Campus, 5. Aufl., Frankfurt 1992.

Seneca, *Briefe an Lucilius über Ethik*, Reclam, Stuttgart 1977.

Senzaki, N., P. Reps (Hg.), *101 Zen Stories*, Charles E. Tuttle Company, Tokio 1957.

Singer, Peter, *Praktische Ethik*, üb. v. O. Bischoff, J. C. Wolf u. Klose, Reclam, 2. Aufl., Stuttgart 1994.

Singer, Peter, *Leben und Tod. Das Scheitern der traditionellen Ethik*, Harald Fischer, Erlangen 1998.

Peter Singer, *Wie sollen wir leben? Ethik in einer egoistischen Zeit*, üb. v. Hermann Vetter, dtv, München 1999.

Spinoza:

Spinoza, *Die Ethik nach geometrischer Methode dargestellt*, dt. von O. Baensch, Hamburg 1994.

Spinoza, *Theologisch-politischer Traktat*, hg. v. Günter Gawlik u. F. Niewöhner, Wiss. Buchges., Darmstadt 1989.

Suzuki, D., P. Knudtson, *Genethics: The Clash between the New Genetics and Human Values*, Harvard University Press, Cambridge MA 1989.

Tatarkiewicz, Wladyslaw, *Über das Glück*, üb. v. Zbigniew Wilkiewicz, Klett-Cotta, Stuttgart 1984.

Telfer, E., *Happiness*, The Macmillan Press, London u. Basingstoke 1980.

Tiger, L., *The Pursuit of Pleasure*, Little, Brown & Company, Boston, Toronto u. London 1992.

Thomas von Aquin, *Summe der Theologie*, 3 Bde., üb. v. Joseph Bernhart, Kröner, 3. Aufl., Stuttgart 1985.

Tschuang-Tse:

Chuang Chou, *Sinfonie für einen Seevogel und andere Texte des Tschuang-tse (The Way of Chuang Tzu)*. Hg. v. Thomas Merton, üb. v. Johann Hofmann-Herreros, Patmos, Düsseldorf 1973.

Rede und Gleichnisse des Tschuang-Tse. Dt. Auswahl von Martin Buber, Manesse, Zürich 1951.

Chang, Tsung-Tung: *Metaphysik, Erkenntnis und Praktische Philosophie im Chuang-Tzu*, Klostermann, Frankfurt 1982.

The Book of Chuang Tzu, Penguin Books, London 1996.

Turnbull, C. M., *Das Volk ohne Liebe,* Rowohlt, Reinbek bei Hamburg 1973.

Turnbull, C. M., *The Human Cycle,* Simon & Schuster, New York 1983.

Watson, James D., *Die Doppelhelix. Ein persönlicher Bericht über die Entdeckung der DNS-Struktur,* Rowohlt, Reinbek bei Hamburg 1997.

Zolla, E., *La nube del telaio*, Mondadori, Mailand 1996.

Theo Sommer

Der Zukunft entgegen

Ein Blick zurück nach vorn

256 Seiten. Pappband.

Meist stocherten die Zukunftsdeuter um 1900 im Nebel. Aufbruchstimmung überwog: Der Mensch strebe dem Gipfel der Humanität zu, dem Ende von Krankheit, Hunger und Not und einem goldenen Zeitalter des Friedens. Der Untergang der eurozentrischen Weltordnung, das Inferno der globalen Kriege, die Shoah, die Teilung der Erde in eine amerikanische und eine russische Sphäre – niemand sah es voraus. Ein Blick zurück nach vorn, der Bescheidenheit lehrt: Woher kommen wir? Was sind wir? Wohin gehen wir? Mit souveränem Blick für die großen Zusammenhänge führt uns Theo Sommer, ehemaliger Chefredakteur und jetziger Herausgeber der ZEIT, das Panorama der politischen, geistig-moralischen, ökonomischen und technischen Entwicklungen der vergangenen hundert Jahre vor Augen und eröffnet im zweiten Teil des Buches den Blick auf den Horizont der Welt von morgen.

«Sommer gibt zwar auch eine Fülle von Informationen mit seinem Buch, aber er bietet einen bemerkenswerten Mehrwert: Er ordnet sie ein.» (*Handelsblatt*)

Rowohlt